AF637418

Maja Karlsson

SCHWEDISCHE STRICKJACKEN
für jede Jahreszeit

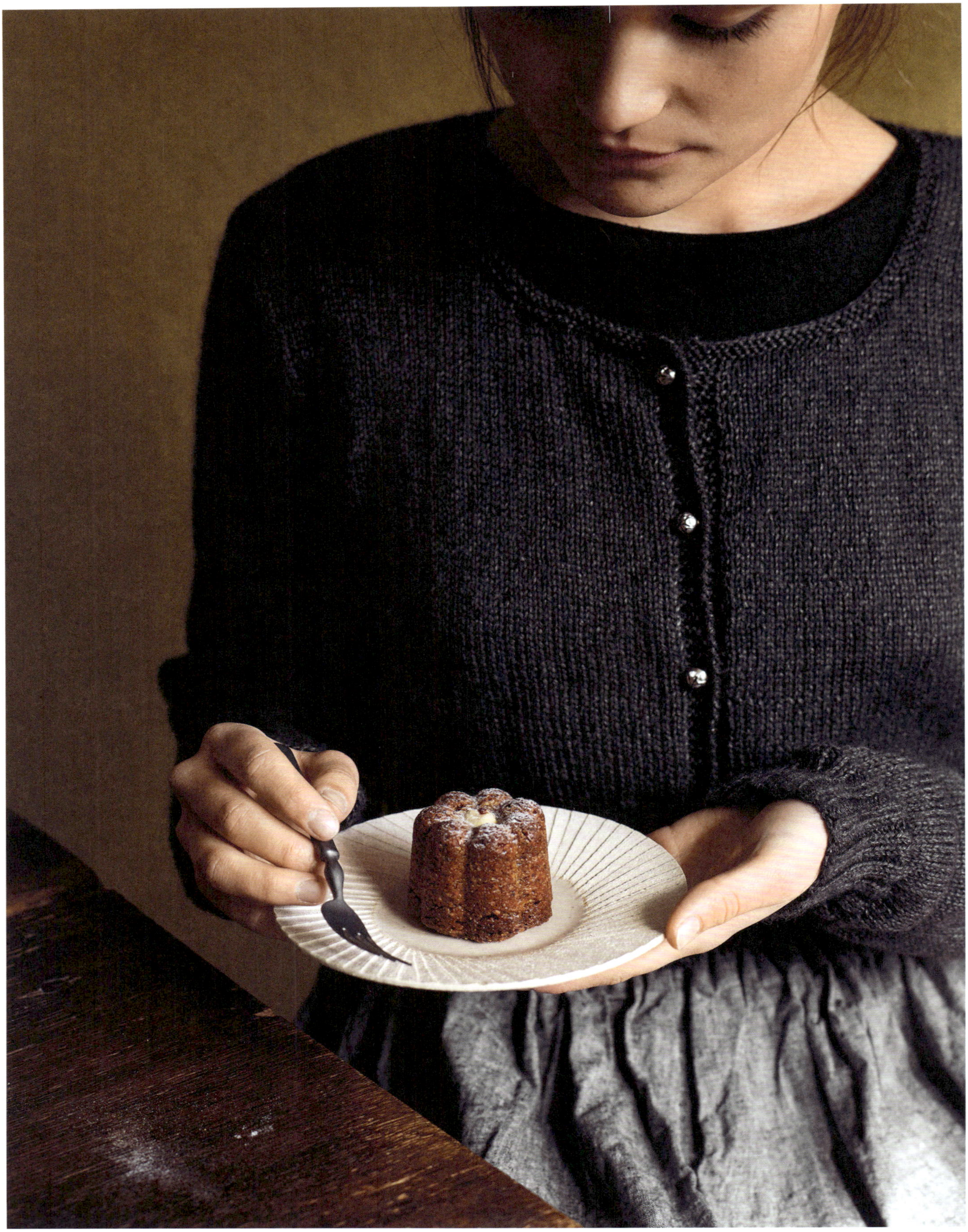

Maja Karlsson

SCHWEDISCHE STRICKJACKEN
für jede Jahreszeit

20 zauberhafte Strickmuster in den Größen 36–48

Fotos: Helén Pe

stiebner

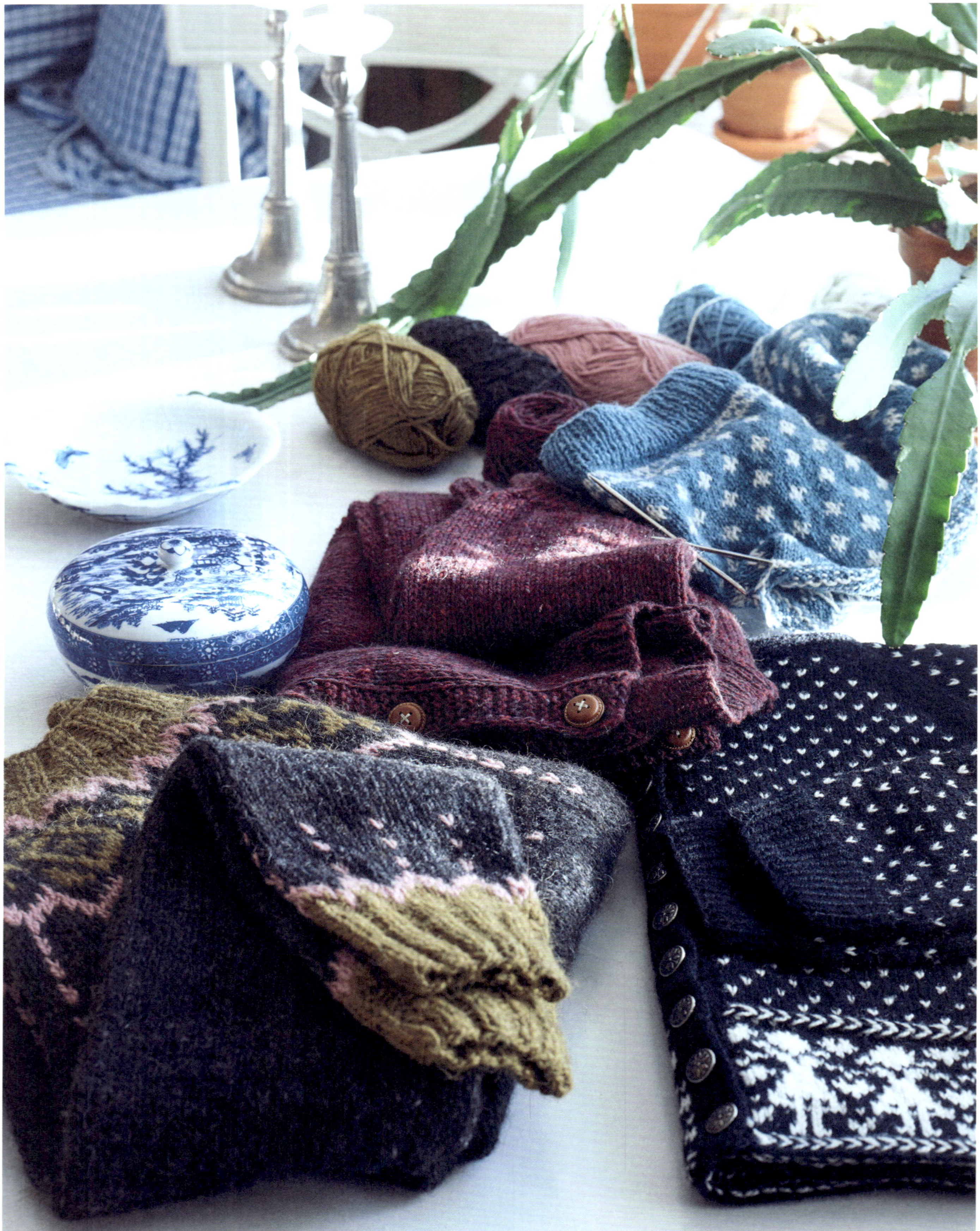

Inhalt

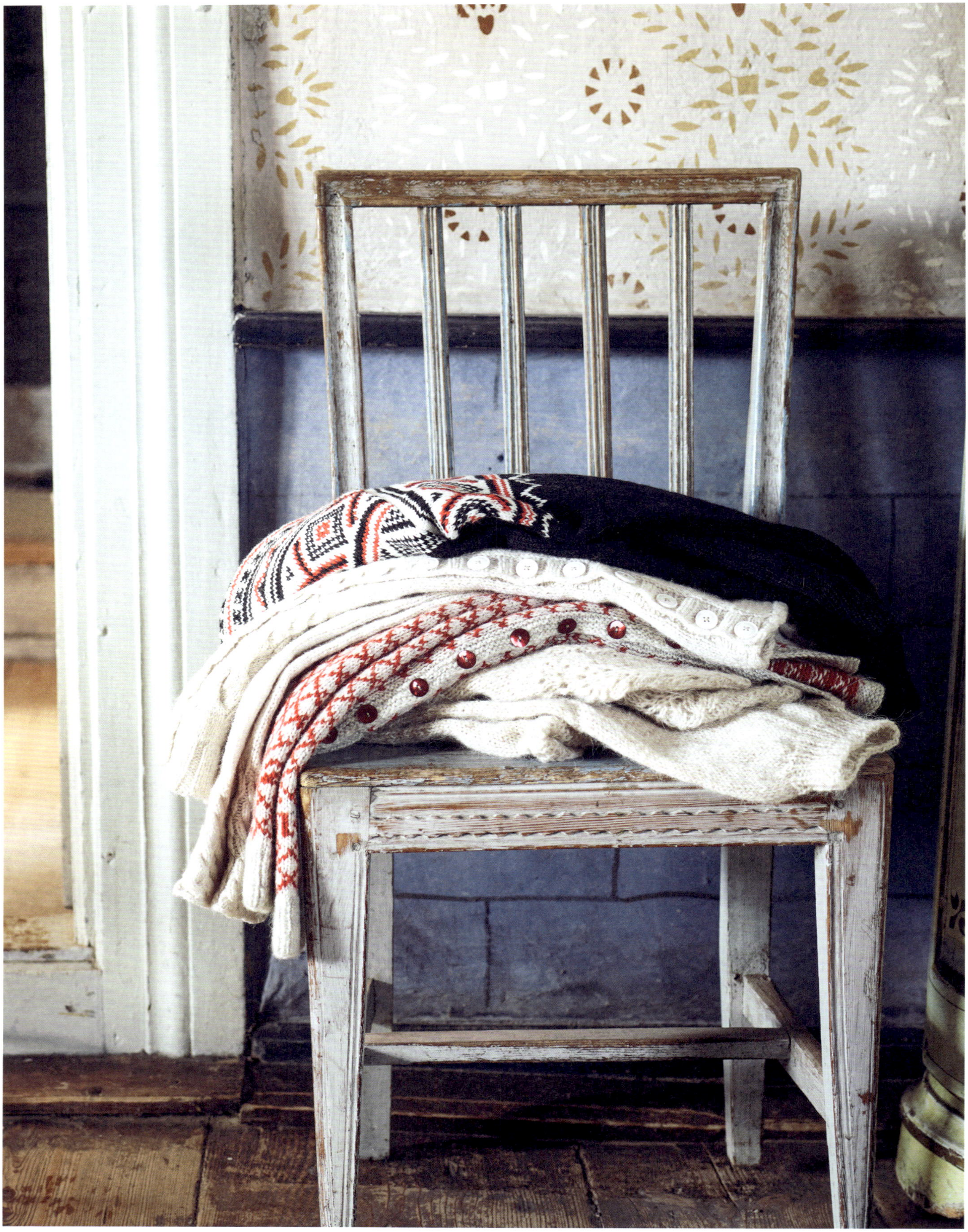

Vorwort

Gibt es Strickjacken für jede Gelegenheit? Das glaube ich schon! Strickjacken sind wie treue Freunde – sie sind da, während die Jahreszeiten wechseln, Feste kommen und gehen. Die Alltagsjacke ist genauso wichtig wie die für besondere Gelegenheiten. Vielleicht sogar wichtiger. Sie trägt uns durchs Leben – bietet Wärme und kuschelige Geborgenheit.

Manchmal brauchen wir feste Werte – etwas, nach dem man den Kompass ausrichten kann. Eine Jacke kann so etwas sein. Etwas Unveränderliches in all der Veränderung.

Ich habe oft Strickjacken getragen, wenn ich verreist bin. Es ist, als hätte man ein bisschen vom Zuhause dabei, ich habe mich gerüstet und gestärkt gefühlt. Wenn ich kleine oder große Sorgen habe, lege ich mir eine auf die Schultern. Aber auch bei Festen habe ich Strickjacken getragen, war gerührt oder glücklich.

Als Stricker:in kann man immer neue passende Jacken stricken. Der Anschlag ist vielversprechend, wenn man weiß, dass die Jacke für eine bestimmte Gelegenheit gedacht ist. Und es ist doch wirklich ein Geschenk, dass man sich seine Traumjacke stricken kann? Jacken für den Alltag, Feste, den Garten, die Reise, die Hochzeit und Weihnachten – so viele Möglichkeiten.

Nun beginnt ein neues Jackenabenteuer. Ich hoffe, Sie kommen mit? Es gibt einen Ausflug nach Norra Djurgården, im Frühling, wenn die Buschwindröschen gerade aufblühen. Dort weiden die königlichen Schafe wie schon seit Hunderten von Jahren. Dann folgt eine Rudertour durch die Schären. Das Boot sieht man in einer kleinen Bucht auf Ljusterö. An einem warmen Sommerabend bewundern wir die Farbenpracht im Dahliengarten in Enskede – so viele Farbtöne in den Beeten. Im Herbst geht's in den Wald, zu einer kleinen Fischerhütte in Undal. Wir sammeln Pilze, Tannenzapfen und Laub – etwas von all dem Guten und Schönen, das der Wald bietet. Im Winter besuchen wir Lilla Hyttnäs in Sundborn und lassen die magische Umgebung, die Karin und Carl Larsson schufen, auf uns wirken. Schauen Sie sich Karins Textilien gern ganz genau an – sie sind immer eine Inspiration.

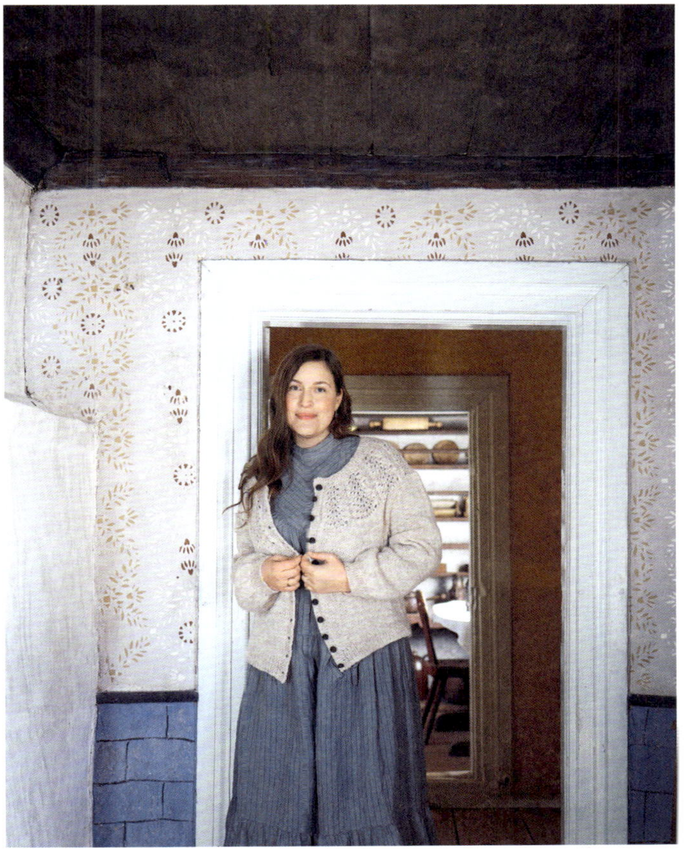

Dann winden wir einfache, grüne Fichtenkränze – genau wie sie sein sollen. Es ist nicht schwer, Sterne aus Papier zu falten und fast wie Zauberei. Zum Schluss feiern wird Weihnachten in Siggebohyttans Bergsmansgård in Bergslagen – einem der schönsten Orte, die ich kenne.

Es wird ein Jackenjahr! Vielleicht wird es manchmal auch schwer, aber eben doch weich, dank der Wolle und den Maschen.

Willkommen in der bezaubernden Welt der Strickjacken. Ich hoffe, es gefällt Ihnen hier und dass die Jacken, die Sie stricken, getragen und bewahrt werden – bis zum letzten Faden.

Herzliche Grüße von Maja, Arvika, Mai 2022

Über Jacken

Das Wort Jacke leitet sich vom französischen Namen Jacques ab. Es war der Spitzname der Bauern, so hieß der Bauernaufstand im 14. Jahrhundert denn auch »Jacquerie«. Und zu deren Tracht gehörte eben auch eine schlichte Jacke, die dann genauso genannt wurde wie ihr Träger. Regional werden Strickjacken übrigens auch Strickwesten genannt. Dann gibt es noch den englischen Begriff Cardigan für eine Strickjacke. Wussten Sie, dass es der siebte Earl of Cardigan, James Thomas Brudenell (1797–1868), war, der dem Kleidungsstück seinen Namen verlieh? Ursprünglich war ein Cardigan eine gestrickte Militärjacke aus Wolle mit Pelzbesatz.

Im Norden hat die Jacke eine Sonderstellung unter der Strickkleidung. In Norwegen feiert man zum Beispiel am 15. Oktober den Tag, an dem Strickjacken gelüftet werden – wer möchte, kann dann seine Jacken raushängen, sodass die Nachbarn die Farbenpracht bewundern können. Und das Jahr ist doch wirklich kaum ohne eine griffbereite Strickjacke zu überstehen? Sie ist weich, leicht zu tragen und perfekt, um im Lagenlook Temperaturen auszugleichen. Man kann einfach reinschlüpfen, wenn es nötig ist. Sie lässt sich auch wunderbar mit allen möglichen Mustern verschönern – etwas, das wir in Skandinavien sehr gern tun.

Unsere reiche Mustertradition wurde von Strickjacken geprägt, sowohl ästhetisch als auch praktisch, weil mehrfarbige Jacken besonders warm, robust und haltbar sind. Das sehen wir zum Beispiel in der Region Hälsingland, wo die gemusterte Strickjacke zur Tracht gehört.

In diesem Buch finden sich die schlichten Strickjacken Seite an Seite mit den edlen Modellen. Das war mir wichtig, denn man braucht beide Sorten im Leben. Deswegen gibt es hier ganz einfache Jacken – wie »Teichbinse« oder »Silhouette«, aber auch festliche wie »Dahlie« und die weihnachtliche Jacke »Kranz«. Haben Sie noch nie eine Jacke gestrickt? Nur die Ruhe, beginnen Sie in dem Fall mit der Anfängerjacke »Prim«.

Möchten Sie 100 Jahre Frauenwahlrecht feiern? Dann passt »Schwesternschaft«. Sie wollen etwas Anspruchsvolles? Dann stricken Sie »Erbe«, die Jacke wird nach norwegischer Tradition rund gestrickt und dann vorn und an den Armlöchern aufgeschnitten. Oder träumen Sie vielleicht von einer warmen Islandjacke? Dann ist »Sundborn« vom Titelbild das Richtige für sie. Ja, die Liste ist lang, und ich hoffe, dass Sie etwas finden, das perfekt zu Ihnen passt.

Die Jacken im Buch werden von oben oder von unten gestrickt, mehrere werden in Runden gearbeitet und dann aufgeschnitten. Manche schmückt ein zweifarbiges Muster, andere Spitzen oder Zöpfe. Ich hoffe, dass Sie neue Techniken entdecken und sich an eine Herausforderung wagen und verschiedene Konstruktionen ausprobieren. Ganz besonders kann ich die hübsche Knopfleiste der Jacke »Novelle« empfehlen und die Möglichkeit, »Tante Anita« mit dem eigenen Monogramm oder einer Jahreszahl zu verzieren.

Und jetzt bin ich ganz gespannt, welche Jacke Sie stricken möchten. Also los, es ist Zeit, Farben auszusuchen, Wolle zu wickeln und anzuschlagen. Viel Freude beim Jackenstricken!

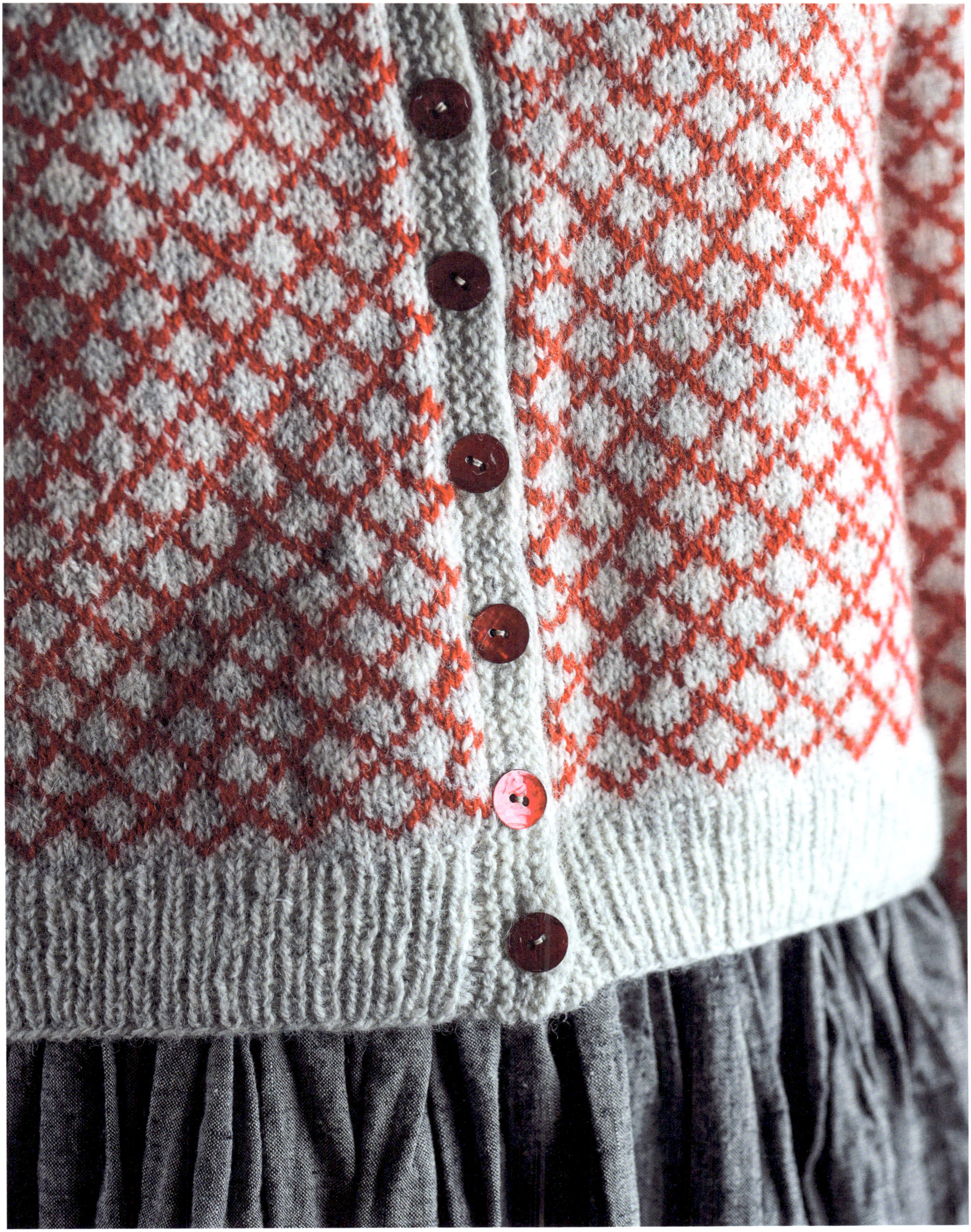

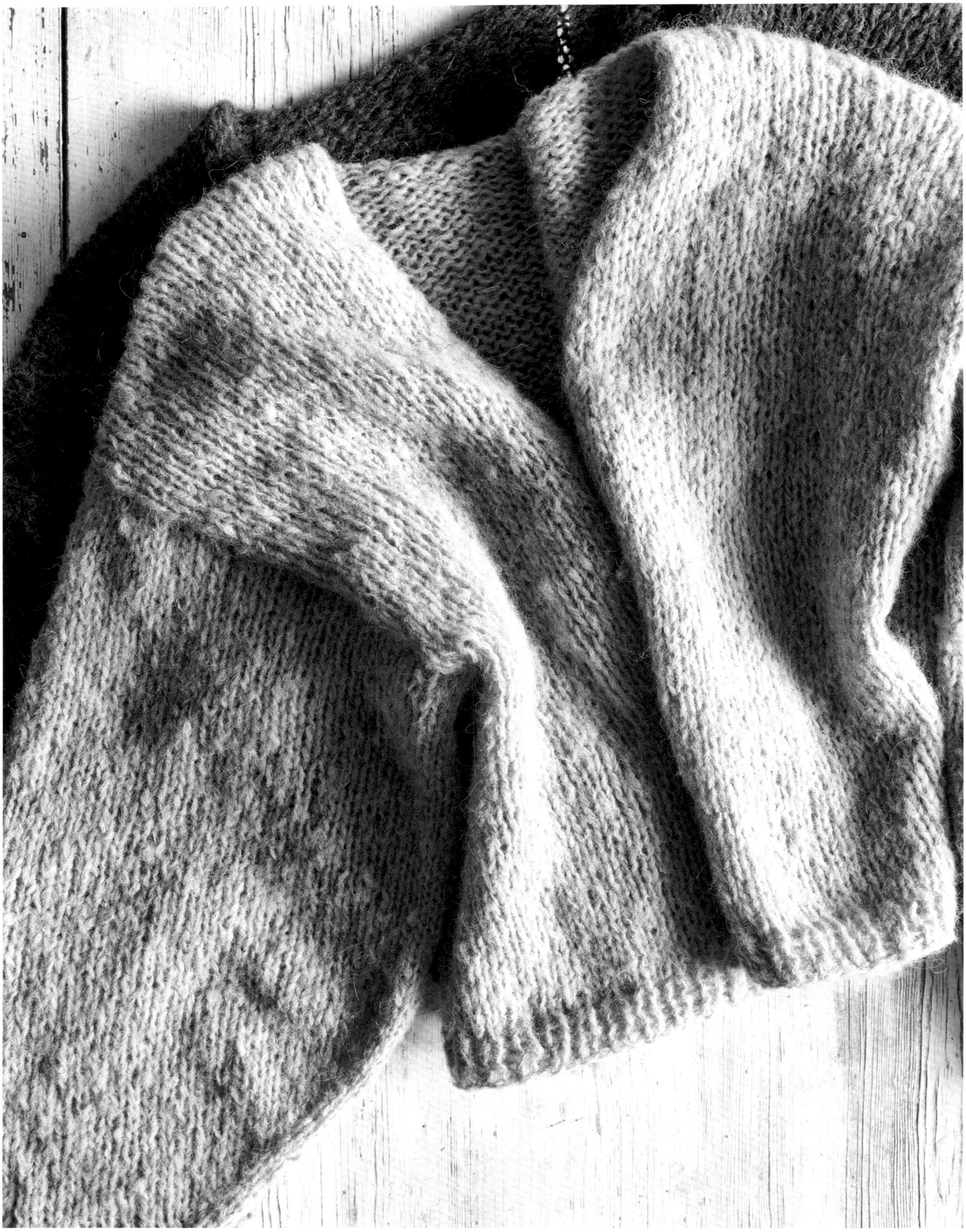

Ein paar Dinge vorweg

- Die Strickjacken gibt es in mehreren Damengrößen.
- Die Anleitungen sind in drei Schwierigkeitsgrade eingeteilt: 1 = Einfach 2 = Mittel 3 = Fortgeschritten
- Um eine Größe zu wählen, muss man den Brustumfang messen. Dann die gewünschte Zugabe für Bewegungsfreiheit addieren und mit den fertigen Maßen der Jacke vergleichen, dann die Größe wählen, die dem Gesamtmaß am nächsten kommt. Mehr zur Größe finden Sie im Strickkurs auf Seite 160.
- Vergessen Sie nicht, dass sich Körper und Ärmel immer verlängern lassen, wenn gewünscht. Dann benötigen Sie allerdings mehr Wolle als in der Anleitung angegeben.
- Lesen Sie vor dem Stricken die komplette Anleitung einmal durch, um eine Vorstellung der Konstruktion und der Methode zu erhalten.
- Alle Abkürzungen finden Sie ab Seite 163.
- Alle Maße in Zentimetern sind ungefähre Angaben.
- Die angegebene Materialmenge bezieht sich auf die Anzahl Knäuel, die verbraucht werden, nicht auf die tatsächliche Menge, die manchmal weniger sein kann.
- Stricken Sie vorher eine Maschenprobe von 12 × 12 cm und zählen Sie aus, wie viele Maschen und Reihen auf 10 × 10 cm kommen. Stimmt die Maschenprobe nicht mit der Anleitung überein, können Sie die Nadelstärke anpassen. Bei zu wenigen Maschen auf dünnere Nadeln wechseln, bei zu vielen auf dickere.
- Wenn Sie nicht mit der angegebenen Wolle stricken, sollte die Ersatzwolle dieselbe Zusammensetzung und Maschenprobe haben.

Das sind die Maße der Strickjacken im Buch

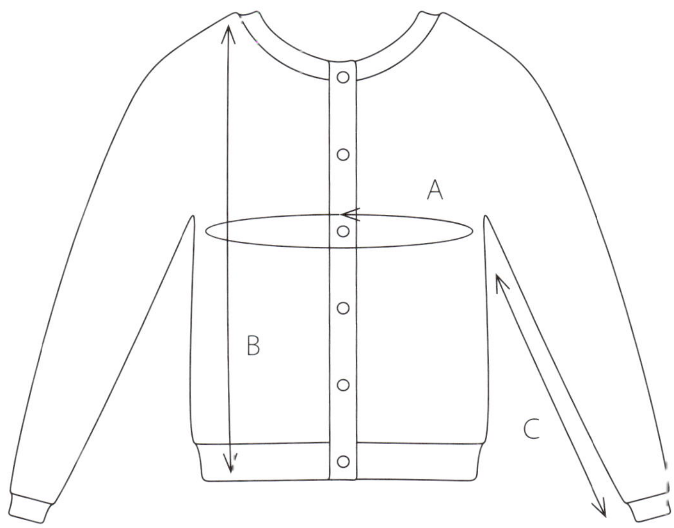

A = Brustumfang
B = Länge
C = Armlänge

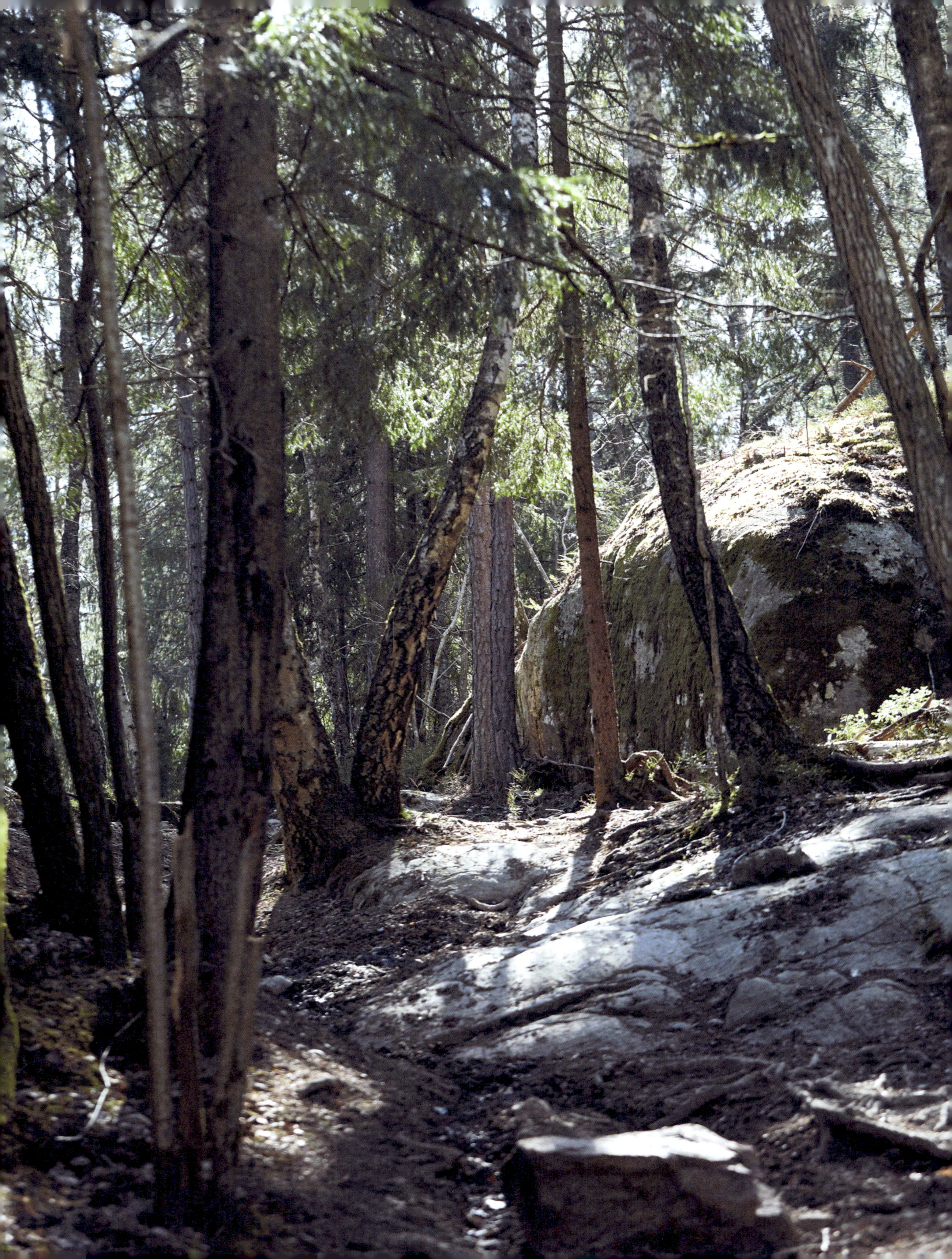

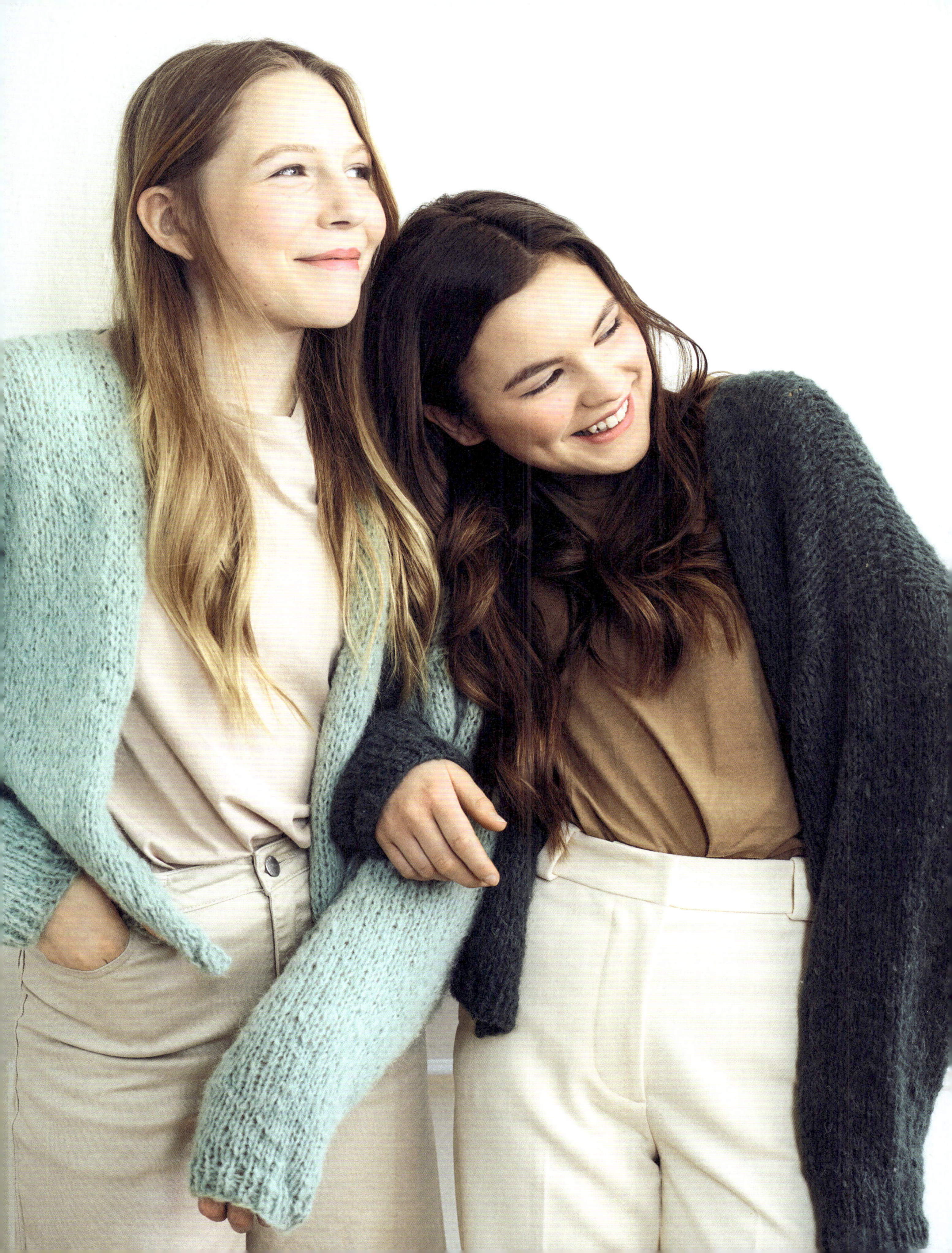

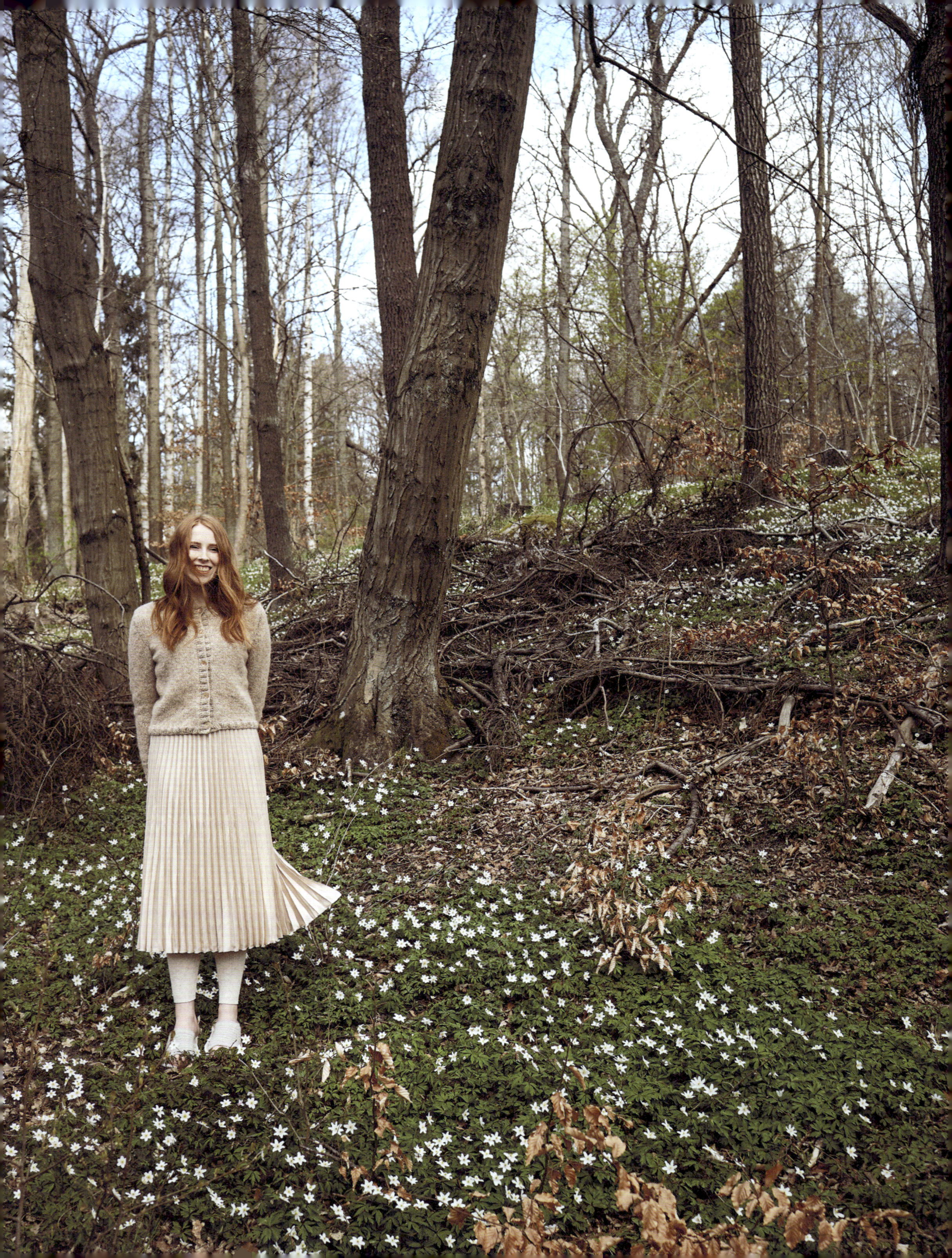

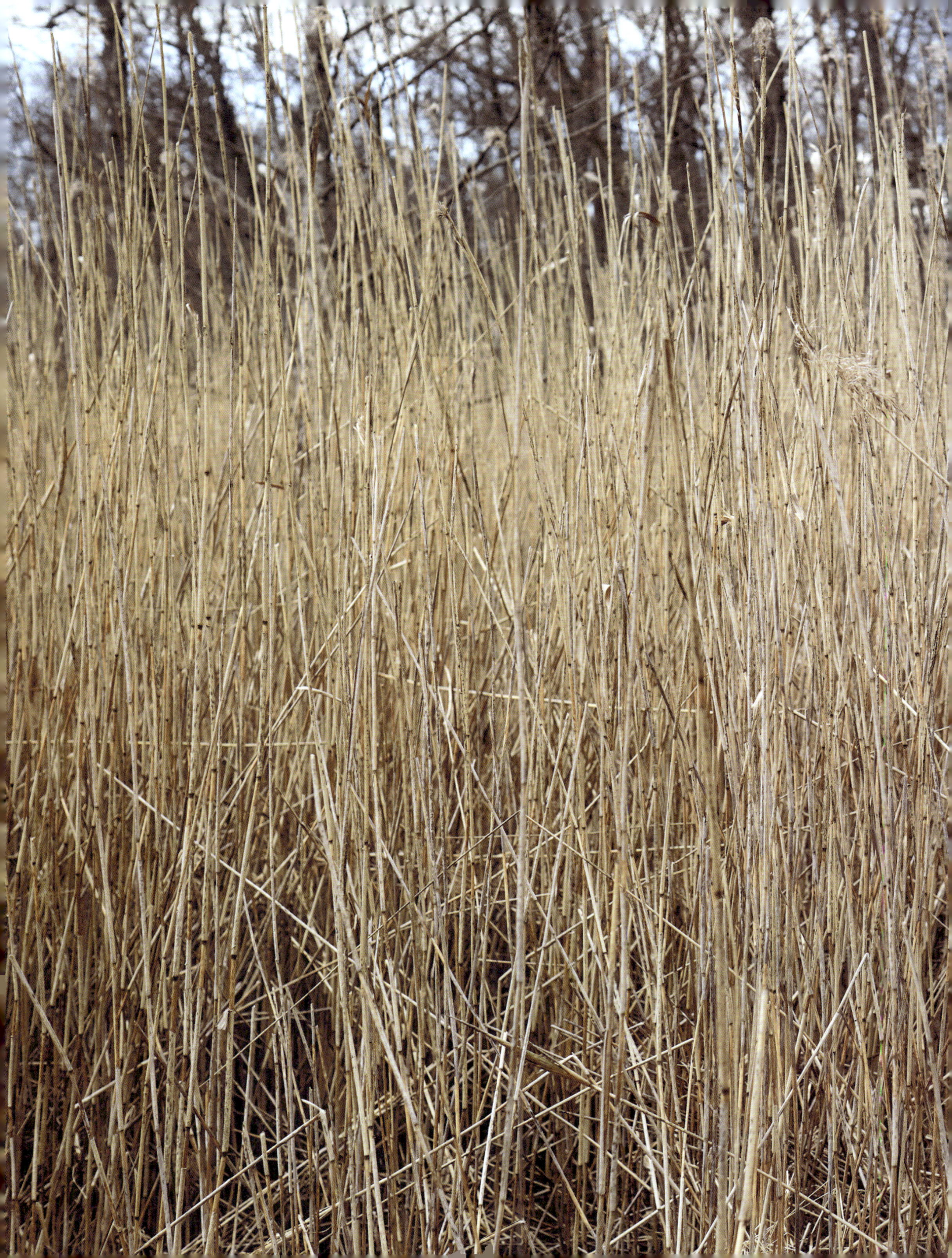

Frühling bedeutet Ende und Anfang. Aus dem Hellgrau sprießt jetzt Grün. Alles wird neu.

Und jeden Frühling passiert dasselbe: Ich will Jacken in gedämpften Farben stricken. Vielleicht möchte ich so mein Farbempfinden langsam aus der Winterstarre erwecken. Nach und nach ergänze ich kräftigere Farbtöne – wie kleine Blüteninseln in all dem Grau. Ganz achtsam, einen Schritt nach dem anderen. Als wandere ich über einen schattigen Feldweg und entdecke plötzlich den ersten Huflattich.

Wenn die Frühlingsblumen erblühen, nehme ich meine gelbe Glasvase und pflücke viele Buschwindröschen. Wir trinken Kaffee auf der Veranda, säubern die Beete und freuen uns über die kleinen Lämmer, die auf der Weide springen. Die Zugvögel kehren zurück, und es fühlt sich wie eine neue Zeit an.

Bald explodiert die Natur in den schönsten Farben. Das Glücksgefühl wird größer und meine Jackenmuster wechseln langsam die Farbe. Willkommen lieber Frühling!

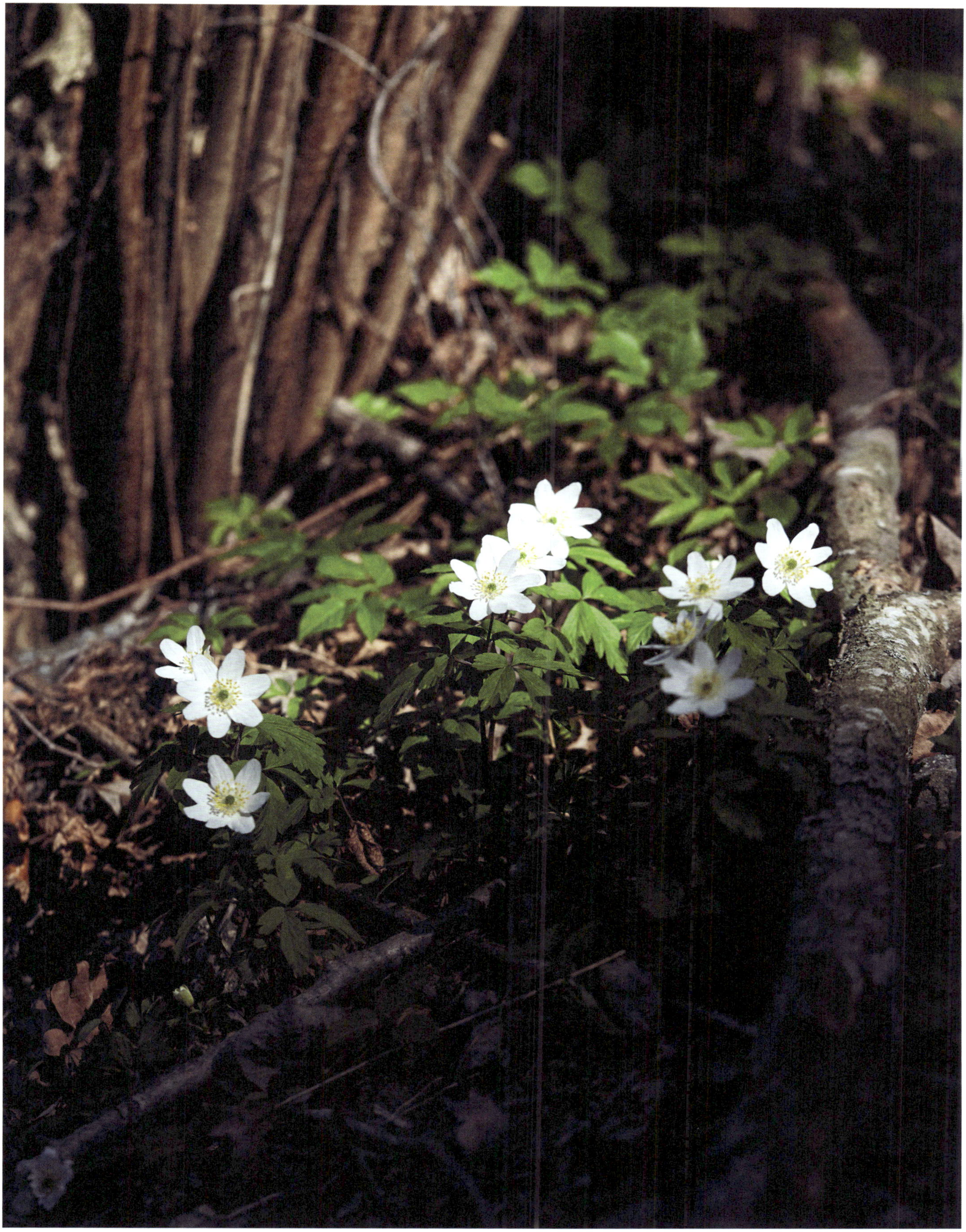

Frühlingswäsche

Früher sammelte man die Kleidung für zwei große Wäschen, eine im Frühling und eine im Herbst. Gewaschen wurde im Freien, an einem Wasserlauf oder einem Seeufer. Weiße Leinenwäsche wurde in großen Töpfen gekocht und dann mit einem sogenannten Bleuel auf einer Bank oder einer Brücke geschlagen und schließlich in einem Wasserlauf ausgespült. Wolle wurde in lauwarmem Wasser gewaschen.

Die Jacke »Frühlingswäsche« ist ganz in Pastellfarben. Ich finde es toll, wenn man dabei Wollreste verwerten kann, für das Muster unten am Ärmel braucht man nämlich nur sehr wenig Wolle. Wählen Sie also ein Lieblingsgarn aus Ihrem Vorrat.

Material: Schwedische Wolle 3-fädig von Järbo (100 % schwedische Wolle, 100 g/180 m)
Maschenprobe: 21 m × 28 R glatt rechts im Muster auf Nadel 4 mm = 10 × 10 cm
Größe: XS (S) M (L) XL (2XL) 3XL (4XL)
Brustumfang: 80 (90) 100 (110) 120 (130) 140 (150) cm
Länge: 52 (52) 52 (53) 54 (55) 55 (56) cm
Ärmellänge: 45 (45) 45 (46,5) 46,5 (46,5) 46,5 (46,5) cm
Menge: Fb 1 = 300 (300) 300 (400) 400 (400) 500 (500) g Gotland Grey (Nr. 59002)
Fb 2 = 25 (25) 25 (25) 25 (25) 25 (25) g Arctic Fox (Nr. 59001)
Fb 3 = Reste von Wasa Crisp (Nr. 59021)
Fb 4 = Reste von Helsinge Dark (Nr. 59020)
Nadelspiel: 3,5 und 4 mm
Rundstricknadel: 3,5 und 4 mm, 60 cm
Zubehör: 10 Knöpfe (13–15 mm), 8 Maschenmarkierer
Schwierigkeitsgrad: 2 von 3
Konstruktion: Die Jacke wird in Reihen auf Rundstricknadeln von oben in einem Stück gestrickt – mit einem Musterband unten an den Ärmeln.
Strickkurs: MM = Maschenmarkierer, siehe Strickkurs Seite 163.

ZUNAHMEN IN HINREIHEN

1 M re neig zun = 1 M rechts neigend zunehmen, siehe Strickkurs Seite 163.
1 M li neig zun = 1 M links neigend zunehmen, siehe Strickkurs Seite 163.

GEGENGLEICHE ZUNAHMEN IN RÜCKREIHEN

1 M re neig zun = aus dem Querfaden von vorn eine M aufn und links ins vordere Maschenglied str
1 M li neig zun = aus dem Querfaden von vorn eine M aufn und links ins hintere Maschenglied str.

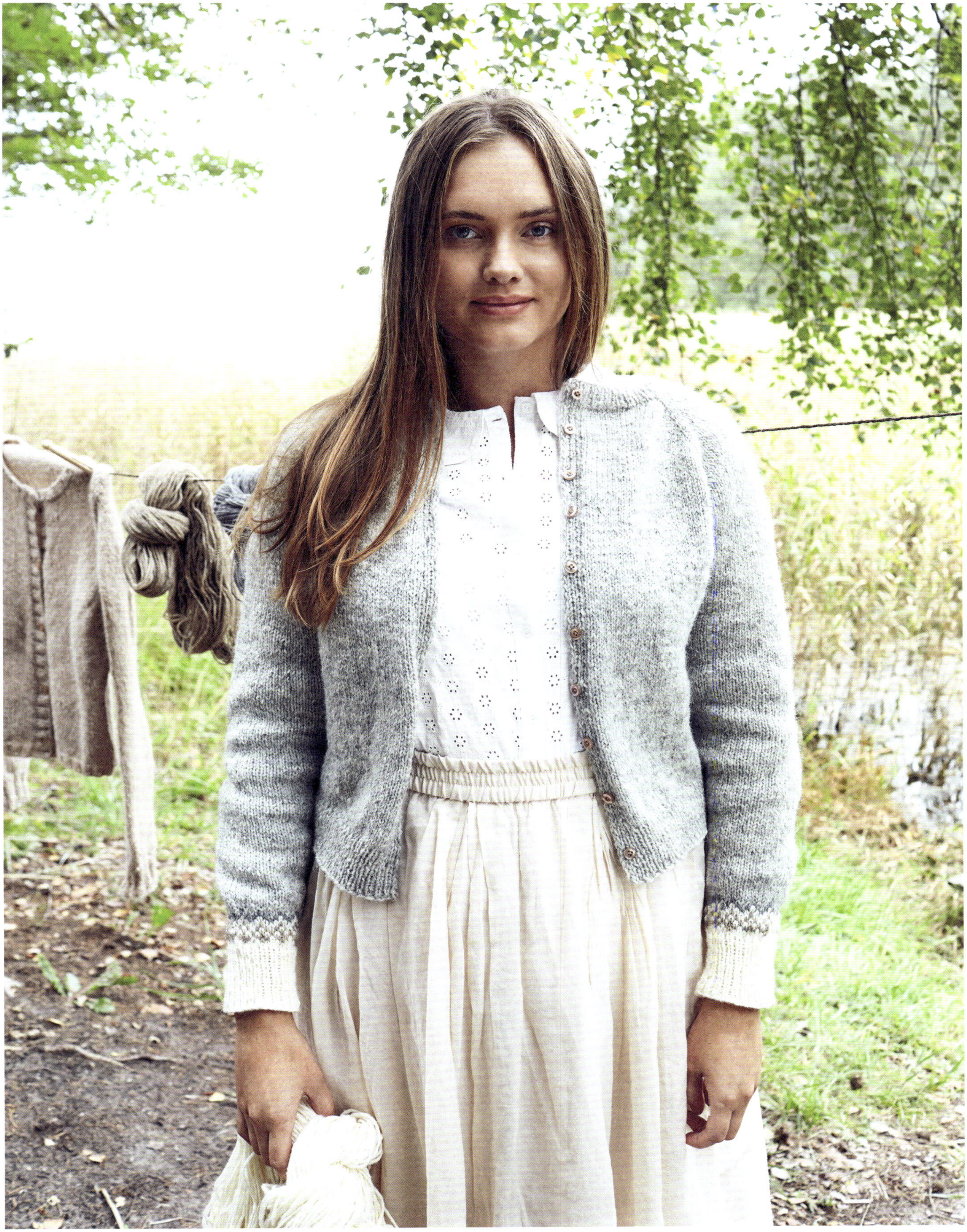

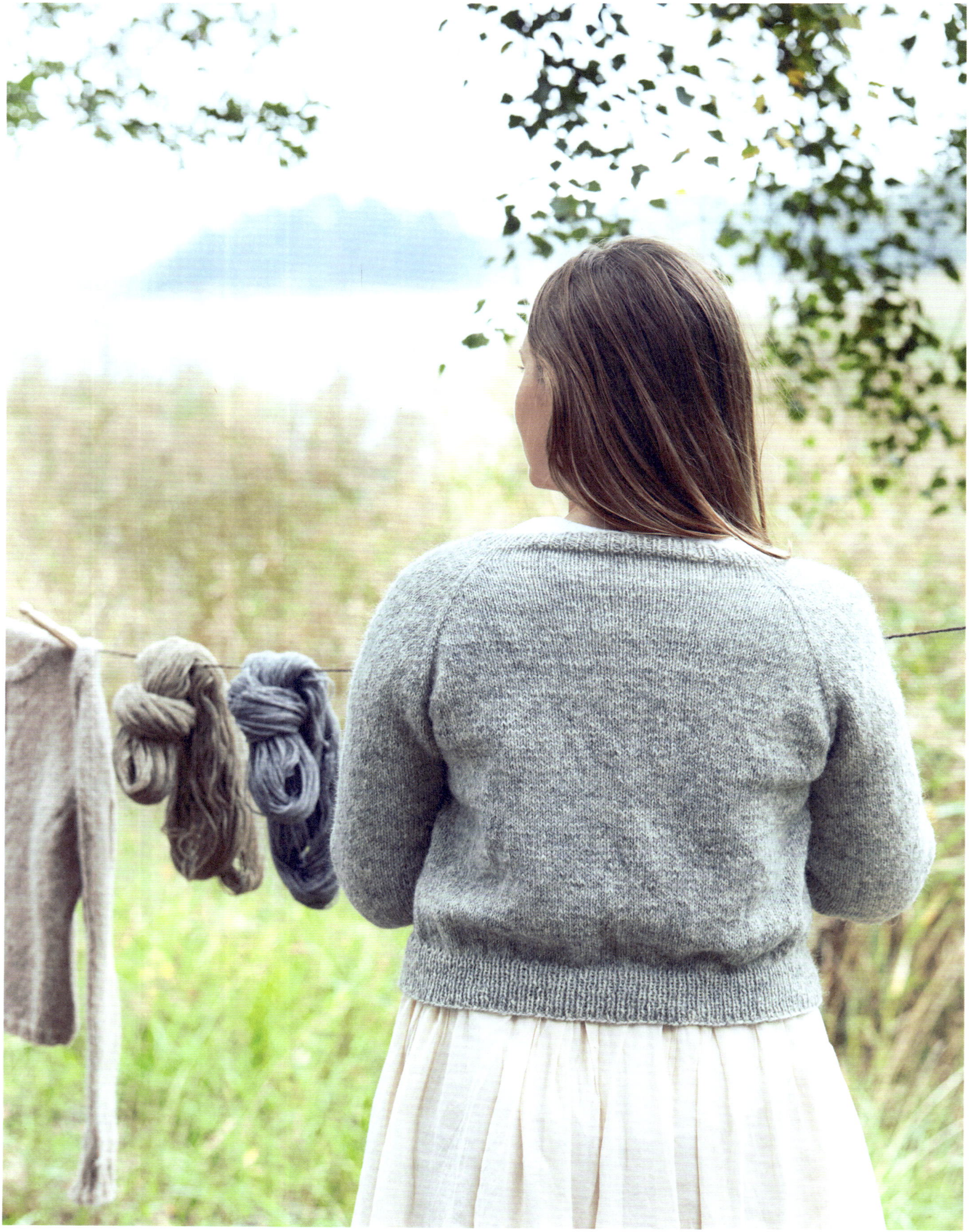

Passe

Rippenbund

Auf einer Rundnadel 3,5 mm mit Fb 1 105 (105) 105 (105) 105 (113) 113 (113) M anschlagen.

R 1 (RückR): Mit Fd vor der Arbeit, 1 M wie zum li Stricken abh, *1 M re, 1 M li*, von *–* bis REnde wdh.

R 2: (HinR): Mit Fd hinter der Arbeit, 1 M wie zum re Stricken abh, *1 M li, 1 M re*, von *–* bis REnde wdh.

R 3: Wie R 1.

R 4 (KnopflochR): Wie R 2, bis noch 4 M übrig sind, U, 2 M re zus, 1 M li, 1 M re. **Achtung!** Auf diese Weise noch weitere 9-mal in jeder 14. R ein neues Knopfloch stricken.

R 5: Wie R 1.

R 6: Wie R 2.

R 7: Wie R 1. In dieser R werden 4 Maschenmarkierer gesetzt (siehe Strickkurs Seite 163): zwischen M 22/23 (22/23) 22/23 (22/23) 22/23 (23/24) 23/24 (23/24) = MM D. Zwischen M 34/35 (34/35) 34/35 (34/35) 34/35 (37/38) 37/38 (37/38) = MM C. Zwischen M 71/72 (71/72) 71/72 (71/72) 71/72 (76/77) 76/77 (76/77) = MM B. Schließlich zwischen M 83/84 (83/84) 83/84 (83/84) 83/84 (90/91) 90/91 (90/91) = MM A. Rippenbund beendet. Auf Rundnadel 4 mm wechseln und glatt rechts in Reihen stricken, wenn nichts anderes angegeben ist.

R 8 (HinR, verkürzte R): Verkürzte Reihen und Wickelmaschen (siehe Strickkurs auf Seite 162). Die ersten 6 M Rippen str wie am Rippenbund, re bis MM C, MMabh, 6 M re, Wickelmasche, wenden.

R 9 (RückR, verkürzte R): Li bis MM B, MMabh, 6 M li, Wickelmasche, wenden. (Die Wickelmasche, wie im Strickkurs auf Seite 162 erklärt, stricken.)

R 10 (verkürzte R): Re bis MM D, MMabh, Wickelmasche, wenden.

R 11 (verkürzte R): Li bis MM A, MMabh, Wickelmasche, wenden. (Die Wickelmasche wie vorher str.)

R 12 (verkürzte R): Bis zu den letzten 6 M re, die letzten 6 M Rippen str wie am Rippenbund.

R 13: Die ersten 6 M Rippen str wie vorher, bis zu den letzten 6 M li und die letzten 6 M Rippen str wie vorher. Jetzt beginnen die Raglanzunahmen:

R 14: 6 M Rippen str, re bis 1 M vor MM A, 1 M re neig zun (siehe Strickkurs), 1 M re, MMabh, 1 M re, 1 M li neig zun (siehe Strickkurs), 10 M re, 1 M re neig zun, 1 M re, MMabh, 1 M re, 1 M li neig zun, re bis 1 M vor MM C, 1 M re neig zun, 1 M re, MMabh, 1 M re, 1 M li neig zun, 10 M re, 1 M re neig zun, 1 M re, MMabh, 1 M re, 1 M li neig zun, bis zu den letzten 6 M re, 6 M Rippen str = 8 neue M = 113 (113) 113 (113) 113 (121) 121 (121) M.

R 15 (XS): Die ersten 6 M Rippen str, bis zu den letzten 6 M li, und die letzten 6 M Rippen str.

(S–4XL): Die ersten 6 M Rippen str, li bis 1 M vor MM D, 1 M re neig zun, 1 M li, MMabh, 1 M li, 1 M li neig zun, li bis 1 M vor MM C, 1 M re neig zun, 1 M li, MMabh, 1 M li, 1 M li neig zun, li bis 1 M vor MM B, 1 M re neig zun, 1 M li, MMabh, 1 M li, 1 M li neig zun, li bis 1 M vor MM A, 1 M re neig zun, 1 M li, MMabh, 1 M li, 1 M li neig zun, bis zu den letzten 6 M li, 6 M Rippen str.

R 16: 6 M Rippen str, re bis 1 M vor MM A, 1 M re neig zun, 1 M re, MMabh, 1 M re, 1 M li neig zun, re bis 1 M vor MM B, 1 M re neig zun, 1 M re, MMabh, 1 M re, 1 M li neig zun, re bis 1 M vor MM C, 1 M re neig zun, 1 M re, MMabh, 1 M re, 1 M li neig zun, re bis 1 M vor MM D, 1 M re neig zun, 1 M re, MMabh, 1 M re, 1 M li neig zun, bis zu den letzten 6 M re, 6 M Rippen str = 121 (129) 129 (129) 129 (137) 137 (137) M.

R 17 (XS–S): 6 M Rippen str, bis zu den letzten 6 M li, 6 M Rippen str. **(M–4XL):** 6 M Rippen str, li bis 1 M vor MM D, 1 M re neig zun, 1 M li, MMabh, 1 M li, 1 M li neig zun, li bis 1 M vor MM C, 1 M re neig zun, 1 M li, MMabh, 1 M li, 1 M li neig zun, li bis 1 M vor MM B, 1 M re neig zun, 1 M li, MMabh, 1 M li, 1 M li neig zun, li bis 1 M vor MM A, 1 M re neig zun, 1 M li, MMabh, 1 M li, 1 M li neig zun, bis zu den letzten 6 M li, 6 M Rippen str.

R 18: 6 M Rippen str, re bis 1 M vor MM A, 1 M re neig zun, 1 M re, MM, 1 M re, 1 M li neig zun, re bis 1 M vor MM B, 1 M re neig zun, 1 M re, MMabh, 1 M re, 1 M li neig zun, re bis 1 M vor MM C, 1 M re neig zun, 1 M re, MMabh, 1 M re, 1 M li neig zun, re bis 1 M vor MM D, 1 M re neig zun, 1 M re, MMabh, 1 M re, 1 M li neig zun, bis zu den letzten 6 M re, 6 M Rippen str.

R 19 (XS–S): 6 M Rippen str, bis zu den letzten 6 M li, 6 M Rippen str. **(M–4XL):** 6 M Rippen str, li bis 1 M vor MM D, 1 M re neig zun, 1 M li, MMabh, 1 M li, 1 M li neig zun, li bis 1 M vor MM C, 1 M re neig zun, 1 M li, MMabh, 1 M li, 1 M li neig zun, li bis 1 M vor MM B, 1 M re neig zun, 1 M li, MM, 1 M li, 1 M li neig zun, li bis 1 M vor MM A, 1 M re neig zun, 1 M li, MMabh, 1 M li, 1 M li neig zun, bis zu den letzten 6 M li, 6 M Rippen str.

R 20: Wie R 18.

R 21 (XS–M): 6 M Rippen str, bis zu den letzten 6 M li, 6 M Rippen str.

(L–4XL): 6 M Rippen str, li bis 1 M vor MM D, 1 M re neig zun, 1 M li, MMabh, 1 M li, 1 M li neig zun, li bis 1 M vor MM C, 1 M re neig zun, 1 M li, MMabh, 1 M li, 1 M li neig zun, bis 1 M vor MM B li, 1 M re neig zun, 1 M li, MMabh, 1 M li, 1 M li neig zun, li bis 1 M vor MM A, 1 M re neig zun, 1 M li, MMabh, 1 M li, 1 M li neig zun, bis zu den letzten 6 M li, 6 M Rippen str.

R 22: Wie R 18.

R 23: Wie R 21.

R 24: Wie R 18.

R 25 (XS–M): 6 M Rippen str, bis zu den letzten 6 M li, 6 M Rippen str.

(L–4XL): 6 M Rippen str, li bis 1 M vor MM D, 1 M re neig zun, 1 M li, MMabh, 1 M li, 1 M li neig zun, li bis 1 M vor MM C, 1 M re neig zun, 1 M li, MMabh, 1 M li, 1 M li neig zun, li bis 1 M vor MM B, 1 M re neig zun, 1 M li, MMabh, 1 M li, 1 M li neig zun, li bis 1 M vor MM A, 1 M re neig zun, 1 M li, MMabh, 1 M li, 1 M li neig zun, bis zu den letzten 6 M li, 6 M Rippen str.

R 26: Wie R 18.

R 27 (XS–L): 6 M Rippen str, bis zu den letzten 6 M li, 6 M Rippen str.

(XL–4XL): 6 M Rippen str, li bis 1 M vor MM D, 1 M re neig zun, 1 M li, MMabh, 1 M li, 1 M li neig zun, li bis 1 M vor MM C, 1 M re neig zun, 1 M li, MMabh, 1 M li, 1 M li neig zun, li bis 1 M vor MM B, 1 M re neig zun, 1 M li, MMabh, 1 M li, 1 M li neig zun, li bis 1 M vor MM A, 1 M re neig zun, 1 M li, MMabh, 1 M li, 1 M li neig zun, bis zu den letzten 6 M li, 6 M Rippen str.

R 28: Wie R 18.

R 29: Wie R 27.

R 30: Wie R 18.

R 31 (XS–XL): 6 M Rippen str, bis zu den letzten 6 M li, 6 M Rippen str.

(2XL–4XL): 6 M Rippen str, bis 1 M vor MM D li, 1 M re neig zun, 1 M li, MMabh, 1 M li, 1 M li neig zun, li bis 1 M vor MM C, 1 M re neig zun, 1 M li, MMabh, 1 M li, 1 M li neig zun, li bis 1 M vor MM B, 1 M re neig zun, 1 M li, MMabh, 1 M li, 1 M li neig zun, li bis 1 M vor MM A, 1 M re neig zun, 1 M li, MMabh, 1 M li, 1 M li neig zun, bis zu den letzten 6 M li, 6 M Rippen str.

R 32: Wie R 18.

R 33 (XS–2XL): 6 M Rippen str, bis zu den letzten 6 M li, 6 M Rippen str.

(3XL–4XL): 6 M Rippen str, li bis 1 M vor MM D, 1 M re neig zun, 1 M li, MMabh, 1 M li, 1 M li neig zun, li bis 1 M vor MM C, 1 M re neig zun, 1 M li, MMabh, 1 M li, 1 M li neig zun, li bis 1 M vor MM B, 1 M re neig zun, 1 M li, MMabh, 1 M li, 1 M li neig zun, li bis 1 M vor MM A, 1 M re neig zun, 1 M li, MMabh, 1 M li, 1 M li neig zun, bis zu den letzten 6 M li, 6 M Rippen str.

R 34: Wie R 18.

R 35 (XS–2XL): 6 M Rippen str, bis zu den letzten 6 M li, 6 M Rippen str.

(3XL–4XL): 6 M Rippen str, bis 1 M vor MM D li, 1 M re neig zun, 1 M li, MMabh, 1 M li, 1 M li neig zun, li bis 1 M vor MM C, 1 M re neig zun, 1 M li, MMabh, 1 M li, 1 M li neig zun, li bis 1 M vor MM B, 1 M re neig zun, 1 M li, MMabh, 1 M li, 1 M li neig zun, li bis 1 M vor MM A, 1 M re neig zun, 1 M li, MMabh, 1 M li, 1 M li neig zun, bis zu den letzten 6 M li, 6 M Rippen str.

R 36: Wie R 18.

R 37 (XS–3XL): 6 M Rippen str, bis zu den letzten 6 M li, 6 M Rippen str.

(4XL): 6 M Rippen str, li bis 1 M vor MM D, 1 M re neig zun, 1 M li, MM, 1 M li, 1 M li neig zun, li bis 1 M vor MM C, 1 M re neig zun, 1 M li, MMabh, 1 M li, 1 M li neig zun, li bis 1 M vor MM B, 1 M re neig zun, 1 M li, MMabh, 1 M li, 1 M li neig zun, li bis 1 M vor MM A, 1 M re neig zun, 1 M li, MMabh, 1 M li, 1 M li neig zun, bis zu den letzten 6 M li, 6 M Rippen str.

R 38: Wie R 18.

R 39: Wie R 37.

R 40: Wie R 18.

R 41: 6 M Rippen str, bis zu den letzten 6 M li, 6 M Rippen str.

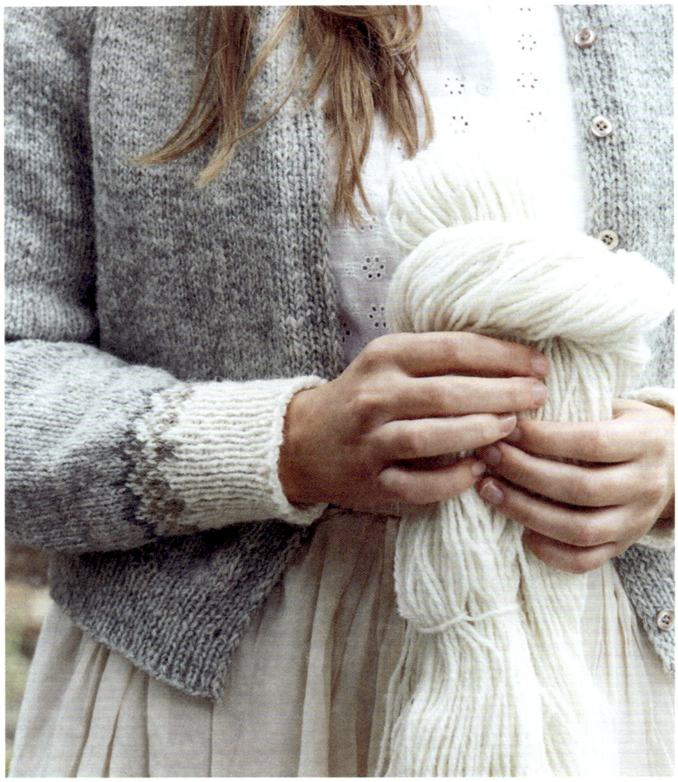

R 42: Wie R 18.

R 43: Wie R 41.

R 44: Wie R 18.

R 45: Wie R 41.

R 46: Wie R 18.

R 47: Wie R 41.

R 48: Wie R 18.

R 49: Wie R 41.

R 50: Wie R 18.

R 51: Wie R 41.

R 52: Wie R 18.

R 53: Wie R 41.

Jetzt sind die Raglanzunahmen für XL–4XL beendet. Insgesamt wurden 28 (XL), 29 (2XL) 31 (3XL) 33 (4XL) Zunahmen gestrickt = 329 M (XL), 345 M (2XL), 361 M (3XL), 377 M (4XL).

R 54 (XS–L): Wie R 18.

R 55: 6 M Rippen str, bis zu den letzten 6 M li, 6 M Rippen str. Jetzt sind die Raglanzunahmen für L beendet. Insgesamt wurden 27 Zunahmen gestrickt = 321 M.

R 56 (XS–M): Wie R 18.

R 57: 6 M Rippen str, bis zu den letzten 6 M li, 6 M Rippen str.

R 58: Wie R 18.

R 59: 6 M Rippen str, bis zu den letzten 6 M li, 6 M Rippen str. Jetzt sind die Raglanzunahmen für M beendet. Insgesamt wurden 26 Zunahmen gestrickt = 313 M.

R 60 (XS–S): Wie R 18.

R 61: 6 M Rippen str, bis zu den letzten 6 M li, 6 M Rippen str.

Jetzt sind die Raglanzunahmen für XS–S beendet. Insgesamt wurden 24 (XS) und 25 (S) Zunahmen gestrickt = 297 M (XS), 305 M (S).

Weiter für die Passe zun, dafür folgende R 1–2 insgesamt 1 (4) 7 (10) 13 (14) 15 (16)-mal wdh.

R 1: 6 M Rippen str, re bis 1 M vor MM A, 1 M re neig zun, 1 M re, MMabh, re bis MM B, MMabh, 1 M re, 1 M li neig zun, re bis 1 M vor MM C, 1 M re neig zun, 1 M re, MMabh, re bis MM D, MM, 1 M re, 1 M li neig zun, bis zu den letzten 6 M re, 6 M Rippen str.

R 2: 6 M Rippen str, bis zu den letzten 6 M li, 6 M Rippen str. Nach allen Zunahmen sind es insgesamt 301 (321) 341 (361) 381 (401) 421 (441) M.

Körper und Ärmel trennen

R 1: 46 (50) 54 (58) 62 (66) 69 (72) M wie vorher mit Rippenbund (rechtes Vorderteil) str, MM entfernen, 62 (64) 66 (68) 70 (72) 76 (80) M stilllegen (= rechter Ärmel), MM entfernen, 85 (93) 101 (109) 117 (125) 131 (137) M re (= Rückenteil), MM entfernen, 62 (64) 66 (68) 70 (72) 76 (80) M stilllegen (= linker Ärmel), MM entfernen. 46 (50) 54 (58) 62 (66) 69 (72) M wie vorher mit Rippenbund str (linkes Vorderteil). Jetzt sind 177 (193) 209 (225) 241 (257) 269 (281) M auf der Nadel.

R 2: Die ersten 6 M Rippen str wie vorher, bis zu den letzten 6 M li, 6 M Rippen str wie vorher.

Körper

R 1: 6 M Rippen str, bis zu den letzten 6 M re, 6 M Rippen str.

R 2: 6 M Rippen str, bis zu den letzten 6 M li, 6 M Rippen str.

R 1 und 2 wdh, bis die Arbeit 21 cm ab dem Teilen misst. Mit einer RückR enden.

Auf Rundnadel 3,5 mm wechseln und 5 cm Rippen stricken (1 M re, 1 M li). Mit einer RückR enden.

Locker im Rippenmuster abk.

Ärmel

Die 62 (64) 66 (68) 70 (72) 76 (80) M des einen Ärmels so gleichmäßig wie möglich auf ein Nadelspiel 4 mm verteilen.

1 M unter dem Ärmel aufn, 62 (64) 66 (68) 70 (72) 76 (80) M re, noch 1 M unterm Ärmel aufn, MM für den Rd-Beginn setzen = 64 (66) 68 (70) 72 (74) 78 (82) M.

32 (32) 32 (37) 37 (37) 37 (37) Rd rechts.

AbnahmeRd: 1 M re, 2 M überzog zus str, bis 3 M vor MM re, 2 M re zus, 1 M li = 2 M abgenommen.

Die AbnahmeRd noch weitere 9 (8) 9 (8) 7 (8) 8 (8)-mal in jd 8. Rd wdh = 44 (48) 48 (52) 56 (56) 60 (64) M. Rechts bis der Ärmel 35 (35) 35 (36,5) 36,5 (36,5) 36,5 (36,5) cm (oder die gewünschte Länge) misst.

Dann glatt rechts im Muster laut Strickschrift Rd 1–8 str (in allen Rd M 1–4 wdh.)

Mit Fb 2: 2 R rechts.

Auf Nadelspiel 3,5 mm wechseln und 6 cm Rippen stricken (1 M re, 1 M li). Locker im Rippenmuster abketten.

Ausarbeiten

Fäden vernähen. Die Jacke vorsichtig spannen, wie im Strickkurs auf Seite 161 erklärt. Die Knöpfe gegenüber den Knopflöchern annähen.

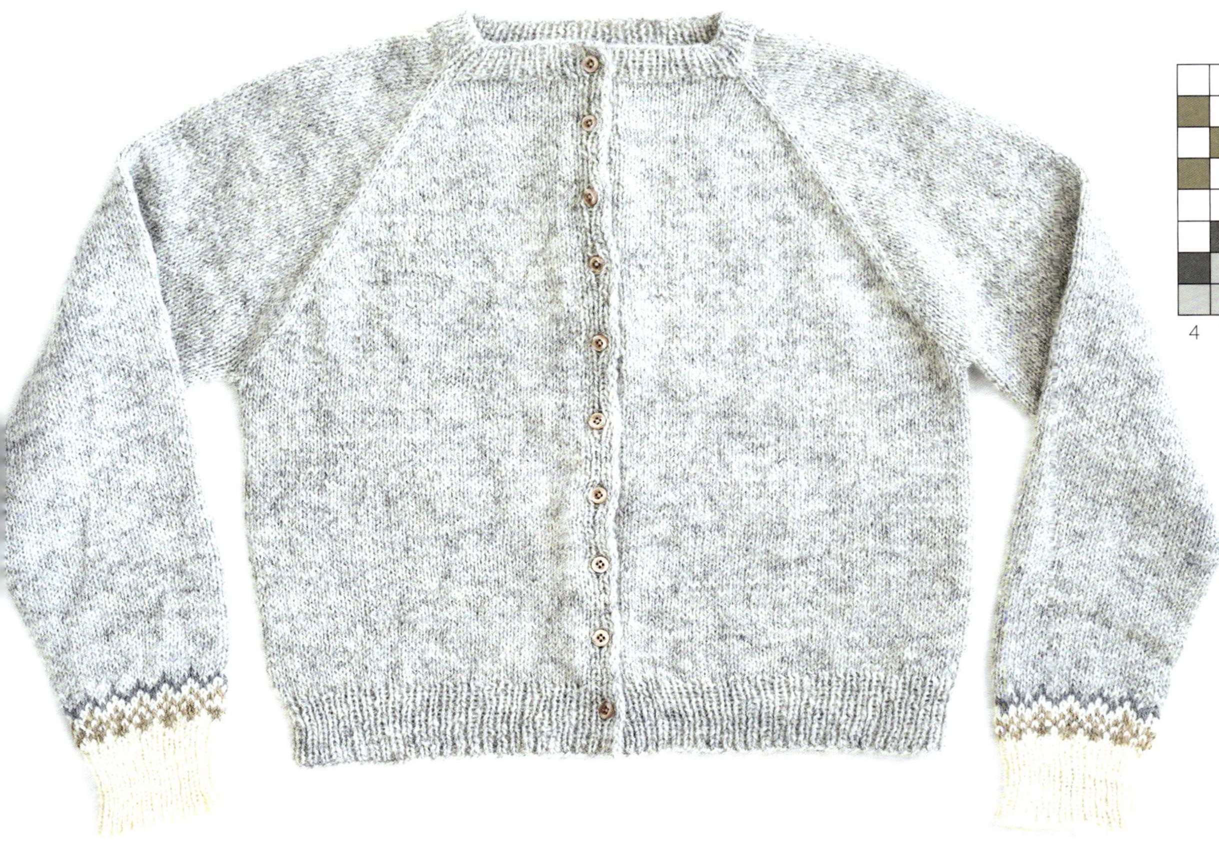

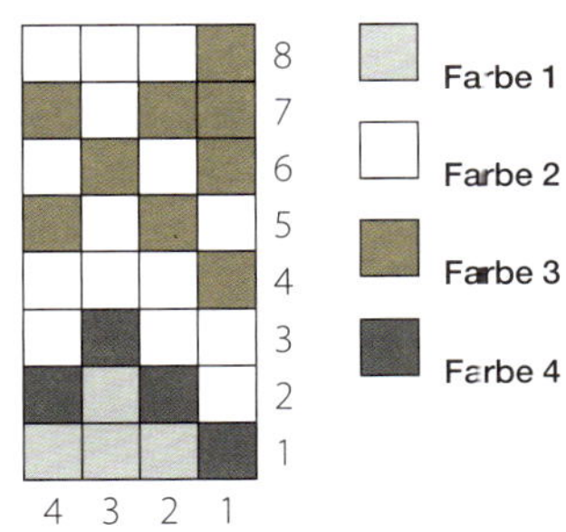

Prim

Würden Sie gern Ihre erste eigene Jacke stricken? Dann kann ich dieses Modell empfehlen!

Prim, was »die Erste« bedeutet, ist eine weiche und bequeme Anfängerjacke, die dank der fluffigen Wolle auch noch schnell zu stricken ist. Um es Strickanfängern leichter zu machen, habe ich dieser Anleitung ein paar Fotos hinzugefügt.

Es ist eine nahtlose Konstruktion – wenn man mit dem Stricken fertig ist, muss man also nicht noch eine Menge Nähte schließen, sondern kann sofort in die Jacke schlüpfen.

Ich hoffe, dass »Prim« ein Eingangstor für alle werden kann, die sich noch nicht an eine Jacke getraut haben! Man kann so viele tolle Sachen stricken, wenn man einmal den ersten Schritt getan hat. Nur Mut!

Material: Børstet Alpakka von Sandnes (96 % gebürstetes Alpaka, 4 % Nylon, 50 g = 110 m)
Maschenprobe: 12 M × 20 R glatt rechts auf Nadel 8 mm = 10 × 10 cm
Größe: XS (S) M (L) XL/2XL (3XL/4XL)
Brustumfang: 100 (116) 132 (146) 160 (176) cm
Oversizezugabe: 20–40 cm
Länge: 52 (52) 54 (56) 58 (58) cm
Ärmellänge: 44 (44) 44 (45) 45 (45) cm
Menge: 250 (300) 300 (350) 350 (400) g.
Jacke 1: SkoMaIønn (Nr. 8581)
Jacke 2: Pistasjis (Nr. 8532)
Rundstricknadel: 7 mm und 8 mm, 80 cm
Nadelspiel: 7 mm und 8 mm
Zubehör: Maschenhalter
Schwierigkeitsgrad: 1 von 3
Konstruktion: Prim ist eine nahtlose Jacke, die von oben nach unten gestrickt wird. Zuerst wird der obere Teil des Rückens gestrickt, dann werden für die Vorderteile Maschen direkt aus dem Rückenteil aufgenommen. Danach wird der Körper in einem Stück gearbeitet. Am Schluss werden die Ärmel angestrickt. Die Vorderkanten bestehen aus »rohen« Rollkanten. Denken Sie daran, dass die Jacke oversize sitzt. Addieren Sie 20–40 cm zu Ihrem Brustumfang, wenn Sie sich für eine Größe entscheiden.
Strickkurs: 1 M re neig zun = 1 M rechts neigend zunehmen, siehe Strickkurs Seite 163.
1 M li neig zun = 1 M links neigend zunehmen, siehe Strickkurs Seite 163.
Maschen aufnehmen = siehe Foto-Anleitung auf Seite 28.

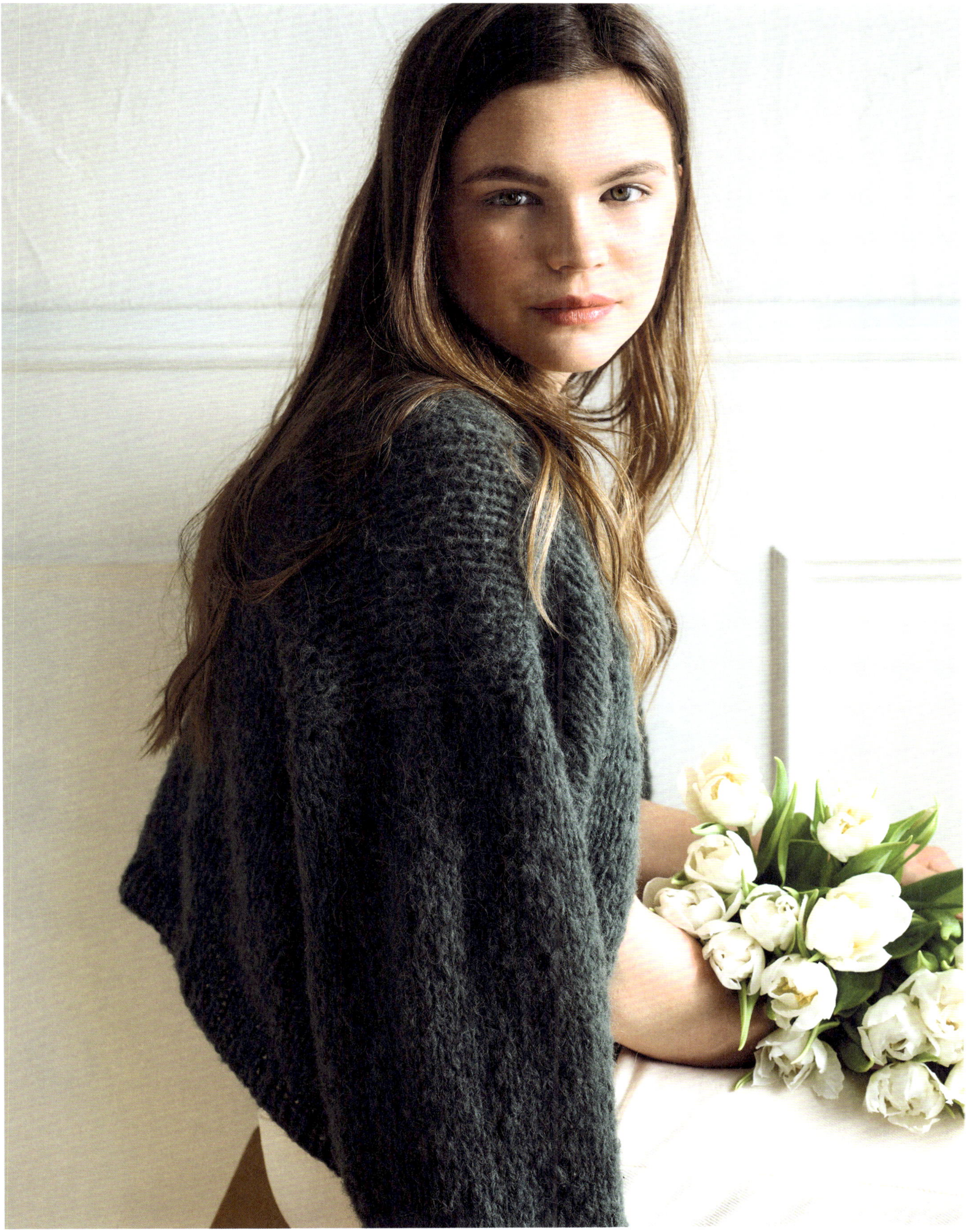

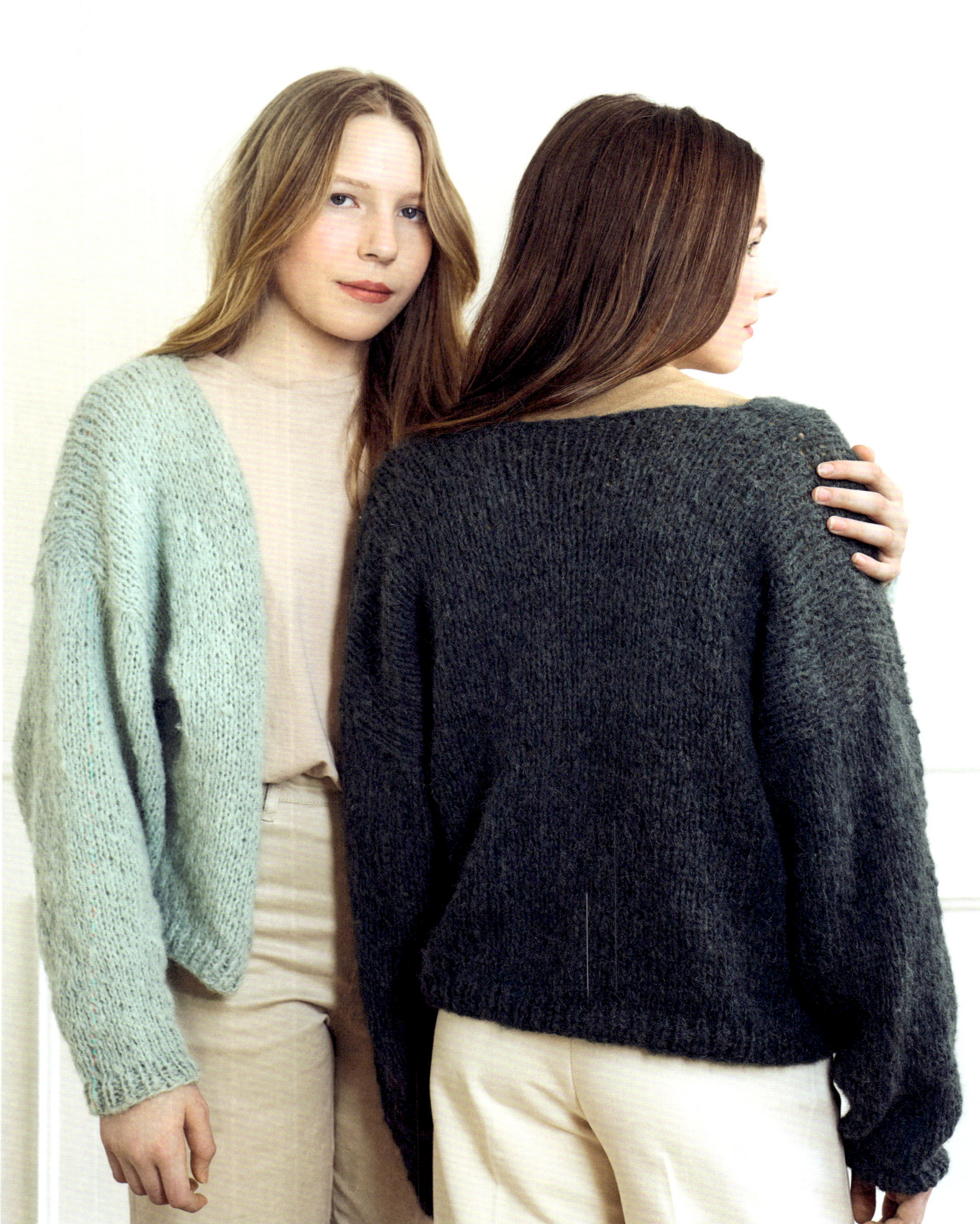

Rückenteil

Auf einer Rundnadel 8 mm 61 (71) 81 (89) 97 (107) M anschlagen.

R 1 (RückR): Links str.

R 2 (HinR): Rechts str.

R 3: Links str.

R 2 und 3 wdh, bis die Arbeit 25 (25) 25 (27) 27 (27) cm misst. **Achtung!** Mit einer Rückreihe enden.

Die Maschen stilllegen.

Linkes Vorderteil

Jetzt werden die M für das linke Vorderteil aus dem Rückenteil aufgenommen (siehe nächste Seite).

Mit Rundnadel 8 mm: Das Rückenteil mit der rechten Seite zu sich halten. 23 (28) 33 (37) 41 (46) M aus den 23 (28) 33 (37) 41 (46) M links aus der Anschlagreihe des Rückenteils aufnehmen.

R 1 (RückR): Links str.

R 2 (HinR): 1 M re, 1 M re neig zun, bis REnde re.

R 1 und 2 wdh, bis 31 (36) 41 (45) 49 (54) M auf der Nadel sind.

R1 noch einmal wdh.

R 3: Rechts str.

R 4: Links str.

R 3 und 4 wdh, bis das linke Vorderteil 25 (25) 25 (27) 27 (27) cm misst. **Achtung!** Mit einer Rückreihe enden.

Die Maschen stilllegen.

Rechtes Vorderteil

Jetzt werden die M für das rechte Vorderteil aus dem Rückenteil aufgenommen.

Mit Rundnadel 8 mm: Das Rückenteil mit der rechten Seite zu sich halten. Ganz rechts beginnen und 23 (28) 33 (37) 41 (46) M aus den 23 (28) 33 (37) 41 (46) M aus der Anschlagreihe des Rückenteils aufnehmen.

R 1 (RückR): Links str.

R 2 (HinR): Bis zur letzten M re, 1 M li neig zun, 1 M re. R 1 und 2 wdh, bis 31 (36) 41 (45) 49 (54) M auf der Nadel sind.

R 1 noch einmal wdh.

R 3: Rechts str.

R 4: Links str.

R 3 und 4 wdh, bis das rechte Vorderteil 25 (25) 25 (27) 27 (27) cm misst. **Achtung!** Mit einer Rückreihe enden.

Die Maschen stilllegen.

Körper

Jetzt werden die Vorderteile und das Rückenteil zusammengestrickt.

Alle M in folgender Reihenfolge auf eine Rundnadel nehmen: Linkes Vorderteil = 31 (36) 41 (45) 49 (54) M, Rückenteil = 61 (71) 81 (89) 97 (107) M, rechtes Vorderteil = 31 (36) 41 (45) 49 (54) M. Insgesamt 123 (143) 163 (179) 195 (215) M.

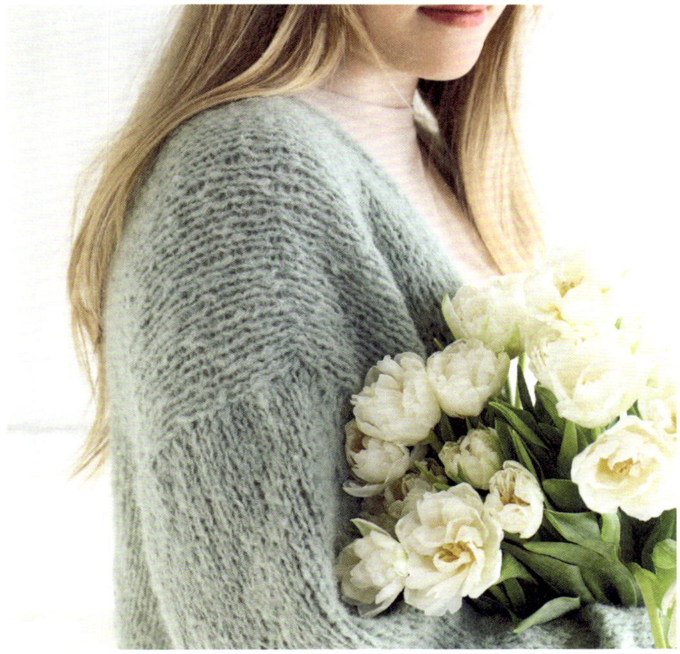

R 1: Am linken Vorderteil beginnen. Rechts str.

R 2: Links str.

R 1 und 2 wdh, bis der Körper 23 (23) 25 (25) 27 (27) cm ab dem Armloch misst. **Achtung!** Mit einer Rückreihe enden.

Auf Rundnadel 7 mm wechseln und Rippen stricken:

RippenR 1: *1 M re, 1 M li* und von *–* bis wdh, bis noch 1 M übrig ist. Mit 1 M re enden.

RippenR 2: *1 M li, 1 M re* und von *–* wdh, bis noch 1 M übrig ist. Mit 1 M li enden.

R 1 und 2 der Rippen noch 1-mal wdh. **Achtung!** Mit einer Rückreihe enden.

Locker im Rippenmuster abk.

Ärmel

Mit Nadelspiel 8 mm: 60 (60) 60 (66) 66 (66) M aus dem Armloch aufnehmen, in der Mitte unterm Arm beginnen. In Runden rechts stricken, bis der Ärmel 25 cm misst.

AbnahmeRd: 2 M überzog zus, bis zu den letzten 3 M re, 2 M re zus, 1 M li = 2 M abgenommen.

1 R rechts.

Weiter in jeder 2. Rd abnehmen, bis noch 28 (28) 28 (30) 30 (30) M übrig sind.

Mit Nadelspiel 7 mm: 4 Rd Rippen (1 M re, 1 M li) stricken.

Locker im Rippenmuster abk.

Den zweiten Ärmel genauso stricken.

Ausarbeiten

Fäden vernähen. Die Jacke vorsichtig spannen, wie im Strickkurs auf Seite 161 erklärt.

Prim stricken Schritt für Schritt

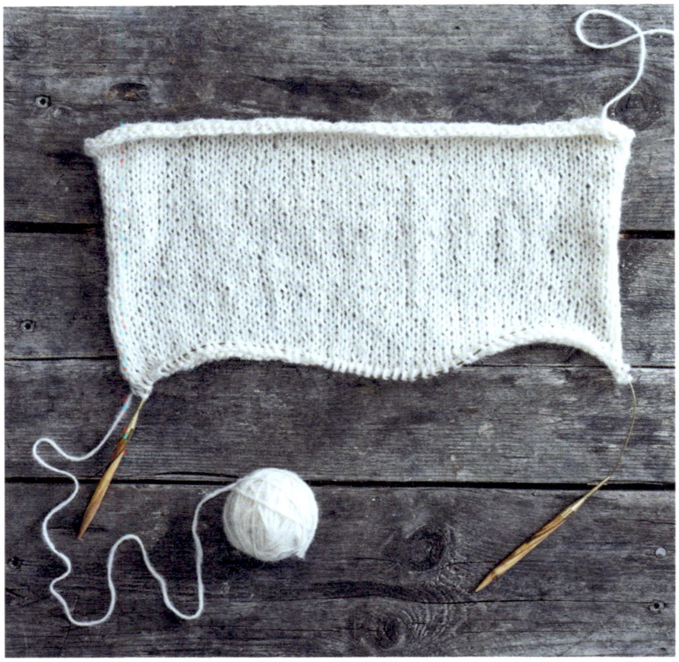

1. Den ersten Teil des Rückenteils laut Anleitung auf der vorigen Seite stricken.

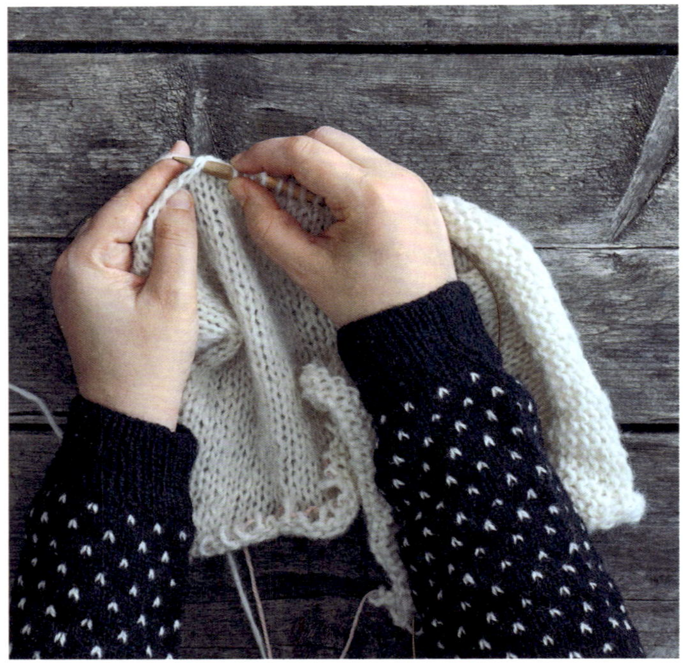

2. Jetzt werden Maschen aus der linken Schulter aufgenommen: Die Nadel wie abgebildet einstechen.

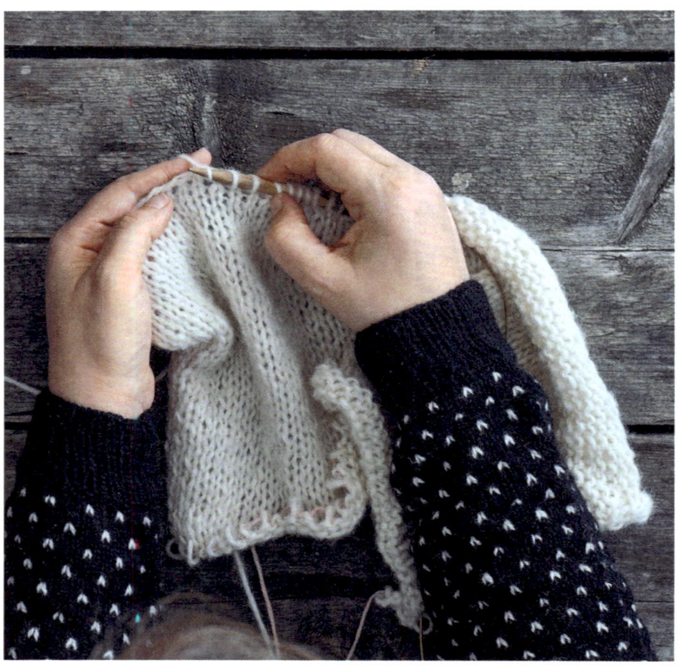

3. Die Wolle um die Nadel legen und für eine Masche durchziehen.

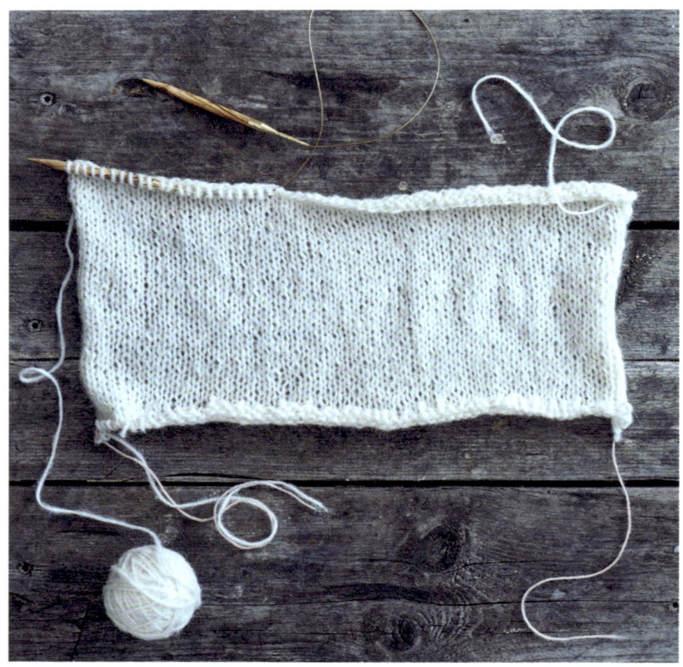

4. Wdh, bis die angegebene Maschenzahl aufgenommen wurde. Dann wird das linke Vorderteil laut Anleitung auf der der vorigen Seite gestrickt.

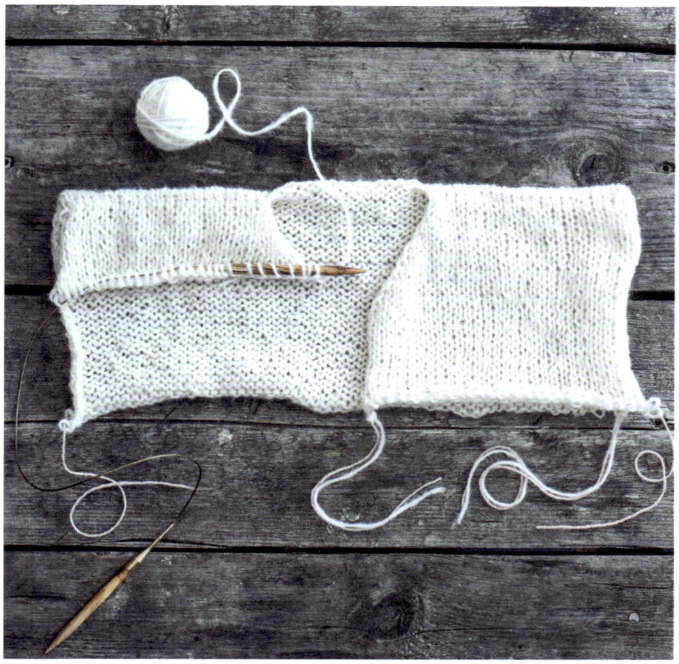

5. Wenn das linke Vorderteil beendet ist, werden Maschen für das rechte Vorderteil aufgenommen, das dann ebenfalls laut Anleitung gestrickt wird.

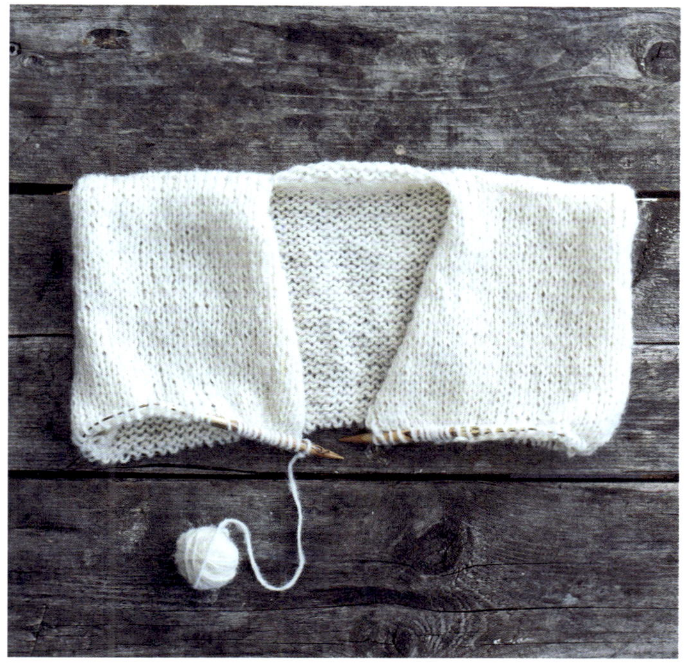

6. Jetzt werden alle Teile zusammen weitergestrickt. Wenn der Körper fertig ist, werden für die Ärmel genau wie an der Schulter Maschen aus dem Armloch aufgenommen. Viel Erfolg!

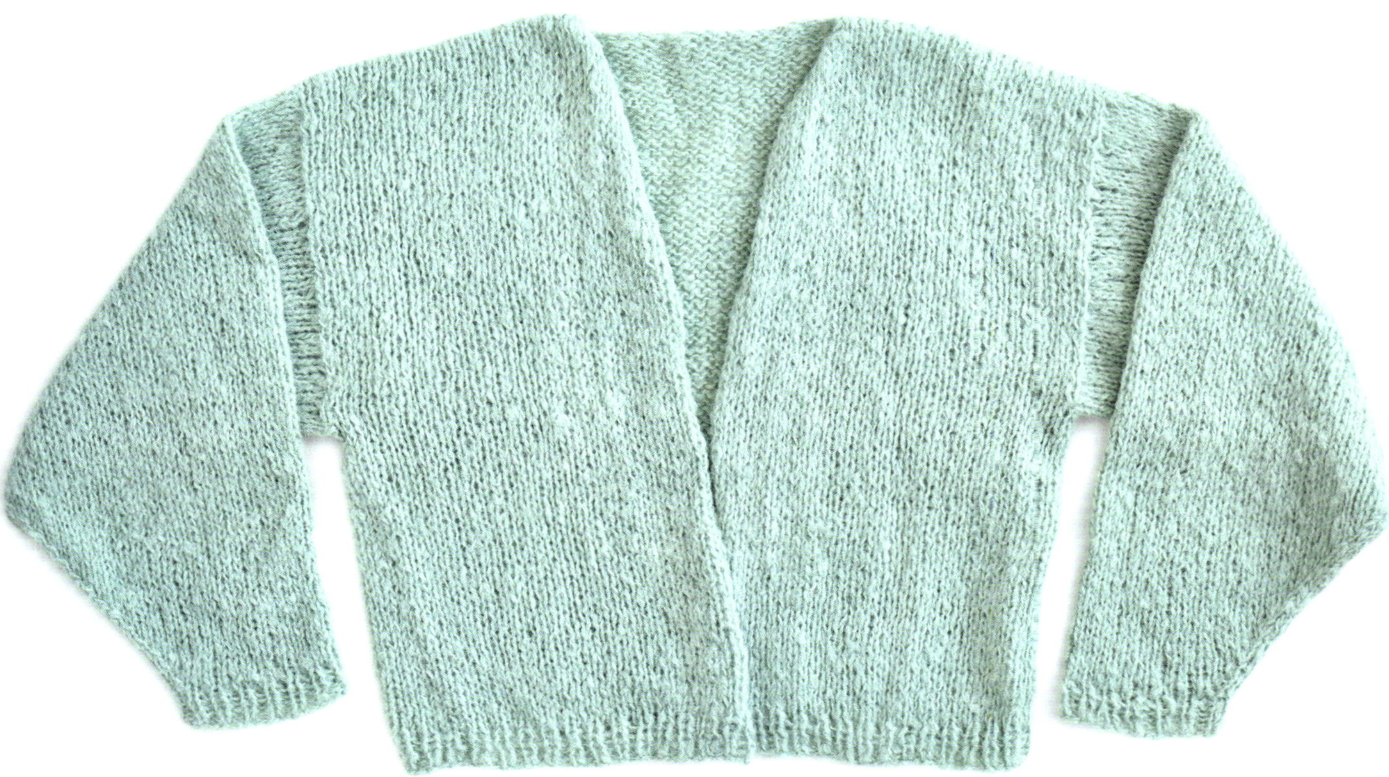

Teichbinse

Frühling

Vorfrühling – Jahreszeiten treffen sich. Schneereste und Eis neben Weidenkätzchen und Frühlingssonne, während die Teichbinsen sich im Wind wiegen. Und am Straßenrand leuchten Buschwindröschen auf. Kleine Spuren des Lebens im trockenen Gras des Vorjahres. Es ist eine seltsame Zeit, wenn das Jahr erneut beginnt.

Die Jacke »Teichbinse« ist ein zuverlässiger Alltagsbegleiter. Weich und anpassungsfähig, und gerade warm genug für einen Spaziergang auf der Suche nach den ersten Frühlingsboten.

Material: Llama Soft von Järbo (85 % weiches Babylama, 15 % Polyamid, 50 g = 150 m)
Maschenprobe: 16 m × 23 R glatt rechts auf Nadel 5 mm = 10 × 10 cm
Größe: 34 (36) 38 (40) 42 (44) 46 (48)
Brustumfang: 85 (90) 95 (100) 105 (113) 118 (125) cm
Länge: 49 (49) 49 (52) 52 (54) 54 (56) cm
Menge: 250 (250) 300 (300) 350 (350) 400 (400) g Soft Sand (Nr. 58202)
Nadelspiel: 5 und 6 mm
Rundstricknadel: 5 und 6 mm, 80 cm
Zubehör: 5 Knöpfe (ca. 17 mm Durchmesser), 4 Maschenmarkierer
Schwierigkeitsgrad: 2 von 3
Konstruktion: Die Jacke wird in Reihen von unten in einem Stück gestrickt. Dann werden Maschen für die Ärmel aufgenommen und die Armkugeln mit verkürzten Reihen geformt.
Strickkurs: 1 M re neig zun = 1 M rechts neigend zunehmen, siehe Strickkurs Seite 163.
1 M li neig zun = 1 M links neigend zunehmen, siehe Strickkurs Seite 163.

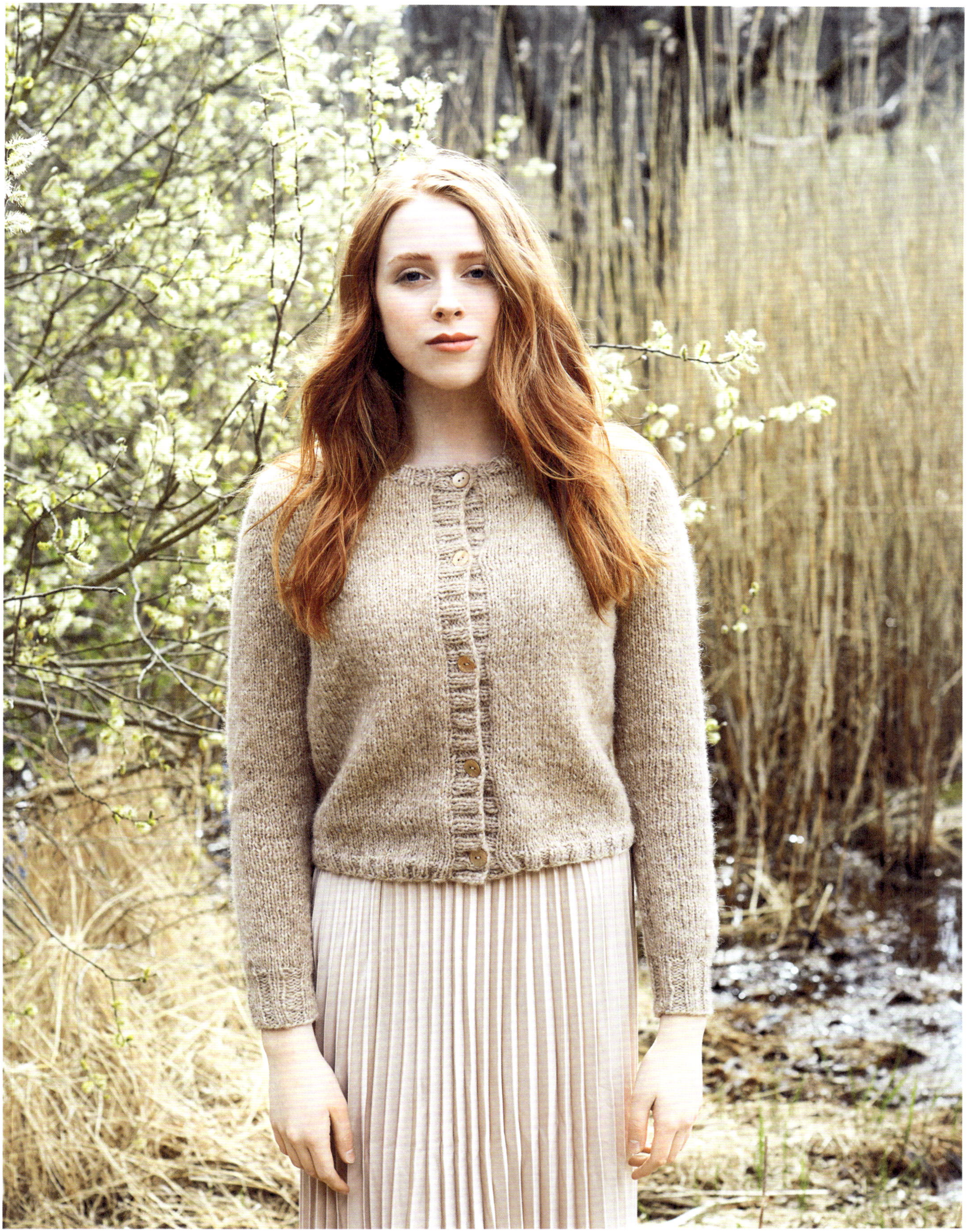

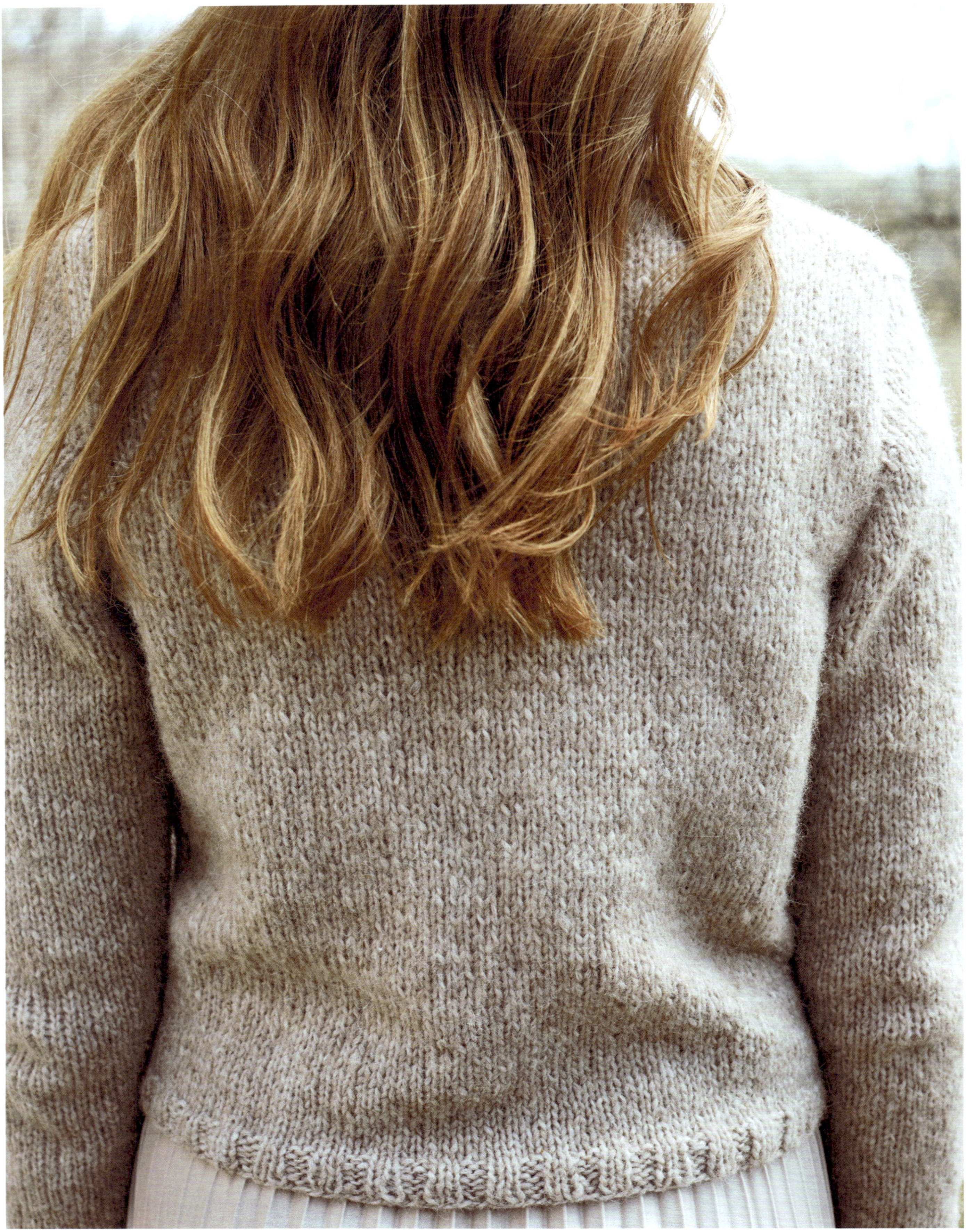

Körper

Mit Rundnadel 5 mm: 118 (126) 134 (142) 150 (162) 170 (182) M anschlagen. Rippen stricken:

R 1 (RückR): 2 M li, *2 M re, 2 M li*, von *–* bis REnde wdh.
R 2 (HinR): 2 M re, *2 M li, 2 M re*, von *–* bis REnde wdh.
R 3: 2 M li, *2 M re, 2 M li*, von *–* bis REnde wdh.

R 2 und 3 weitere 2-mal wdh.

Auf Rundnadel 6 mm wechseln und 10 R glatt rechts str (= HinR re und RückR li). **Achtung!** In der 1. R werden 2 Maschenmarkierer an den Seiten gesetzt, zwischen M 30/31 (32/33) 34/35 (36/37) 38/39 (41/42) 43/44 (46/47) und M 88/89 (94/95) 100/101 (106/107) 112/113 (121/122) 127/128 (136/137).

ZunahmeR: *Bis 1 M vor MM str, 1 M re neig zun (siehe Strickkurs), 1 M re, MMabh, 1 M re, 1 M li neig zun*. Von *–* 1-mal wdh, bis REnde re = 4 neue M.

9 R glatt rechts str. 1 ZunahmeR str. 11 R glatt rechts str.

1 ZunahmeR stricken = 130 (138) 146 (154) 162 (174) 182 (194) M.

Weiterstricken, bis die Arbeit 26 (26) 25 (28) 27 (29) 28 (30) cm misst, mit 1 RückR enden.

Fürs Armloch abketten: *Re bis 2 M vor dem 1. MM, 4 M abketten, dabei den MM entfernen*, von *–* wdh, dann bis REnde re = 122 (130) 138 (146) 154 (166) 174 (186) M.

Jetzt das Vorderteil = 31 (33) 35 (37) 39 (42) 44 (47) M sowie das Rückenteil = 60 (64) 68 (72) 76 (82) 86 (92) M getrennt glatt rechts weiterstricken.

Linkes Vorderteil

Mit Rundnadel 6 mm: 1 R links.

1 M am Armloch abketten. Die Abnahme in jeder R 3 (3) 5 (5) 7 (7) 9 (9)-mal wdh, danach in jeder 2. R 1 (2) 1 (2) 1 (3) 1 (3)-mal und 1-mal in der 4. R = 26 (27) 28 (29) 30 (31) 33 (34) M.

Weiterstricken, bis die Arbeit 21 (21) 20 (22) 21 (23) 21 (23) cm ab dem Armloch misst.

Mit 1 HinR enden.

Halsausschnitt formen

Nächste R (RückR): Zu RBeginn 7 (7) 7 (6) 7 (7) 6 (6) M abketten = 19 (20) 21 (23) 23 (24) 27 (28) M.

Am Hals 5-mal in jeder R 1 M abnehmen, danach in jeder 2. R 1 (1) 1 (2) 2 (2) 3 (3)-mal und 1-mal in der 4. R = 12 (13) 14 (15) 15 (16) 18 (19) M.

1 R glatt rechts stricken. Mit 1 RückR enden.

Schulter formen

In jeder 2. R folgende Maschenzahl abketten: 4, 4, 4 (4, 4, 5) 5, 5, 4 (5, 5, 5) 5, 5, 5 (5, 5, 6) 6, 6, 6 (6, 6, 7).

Faden abschneiden.

Rechtes Vorderteil

Mit Rundnadel 6 mm – auf der Rückseite beginnen, einen neuen Faden ansetzen und fürs Armloch abketten: 1 M am Armloch 3 (3) 5 (5) 7 (7) 9 (9)-mal in jeder R, danach in jd 2. R 1 (2) 1 (2) 1 (3) 1 (3)-mal und 1-mal in der 4. R = 26 (27) 28 (29) 30 (31) 33 (34) M.

Weiterstricken, bis das Armloch 21 (21) 20 (22) 21 (23) 21 (23) cm ab dem Armloch misst. Mit 1 RückR enden.

Halsausschnitt formen

Nächste R (HinR): Am RBeginn 7 (7) 7 (6) 7 (7) 6 (6) M abketten = 19 (20) 21 (23) 23 (24) 27 (28) M. Dann 1 M am Hals abnehmen und zwar 5-mal in jeder R, danach in jeder 2. R 1 (1) 1 (2) 2 (2) 3 (3)-mal und 1-mal in der 4. R = 12 (13) 14 (15) 15 (16) 18 (19) M.

1 R stricken. Mit 1 HinR enden.

Schulter formen

In jd 2. R die folgende Maschenzahl abketten: 4, 4, 4 (4, 4, 5) 5, 5, 4 (5, 5, 5) 5, 5, 5 (5, 5, 6) 6, 6, 6 (6, 6, 7). Faden abschneiden.

Rückenteil

Mit Rundnadel 6 mm: Auf der linken Seite beginnend für das Armloch abketten.

Beidseitig je 1 M abketten und zwar 3 (3) 5 (5) 7 (7) 9 (9)-mal in jeder R, in jeder 2. R 1 (2) 1 (2) 1 (3) 1 (3)-mal, dann 1-mal in der 4. R = 50 (52) 54 (56) 58 (60) 64 (66) M.

Weiterstricken, bis die Arbeit 26 (26) 25 (28) 27 (29) 28 (30) cm. Mit 1 RückR enden.

Halsausschnitt und Schultern formen

Beidseitig je 4 (4) 5 (5) 5 (5) 6 (6) M abketten = 42 (44) 44 (46) 48 (50) 52 (54) M.

Nächste R (HinR): 4 (4) 5 (5) 5 (5) 6 (6) M abketten, weiterstr, bis auf der rechten Nadel noch 8 (9) 8 (9) 9 (10) 10 (11) M sind, wenden und die M ungestrickt auf der Nadel lassen. Jede Seite getrennt stricken.

Auf der Rückseite 4 M für den Hals abketten, bis REnde str. Die restl M abketten 4 (5) 4 (5) 5 (6) 6 (7) M.

Die stillgelegten M wieder aufnehmen und die mittleren 18 (18) 18 (18) 20 (20) 20 (20) M für den Hals abketten, bis REnde str. Wie die erste Seite beenden, aber gegengleich.

Faden abschneiden.

Ärmel

Die Schulternähte im Maschenstich schließen (siehe Strickkurs Seite 164), erst dann die Ärmel anstricken. Mit Nadelspiel 6 mm mitten unterm Arm beginnen:

Gleichmäßig verteilt 52 (52) 54 (54) 56 (56) 58 (58) neue M aufnehmen.

Verkürzte R stricken, um die Armkugel zu formen (Verkürzte Reihen und Wickelmaschen siehe Strickkurs auf Seite 162).

Achtung! Daran denken, jeweils die Wickel mitzustricken. Auch die Doppelwickel, die entstehen wenn R 5 und 6 wiederholt werden.

Verkürzte R 1: 34 M re, Wickelmasche und wenden.

Verkürzte R 2: 16 M li, Wickelmasche und wenden.

Verkürzte R 3: Bis zum letzten Wendepunkt str, 1 M re, Wickelmasche und wenden.

Verkürzte R 4: Bis zum letzten Wendepunkt str, 1 M li, Wickelmasche und wenden.

Verkürzte R 5: Bis zum letzten Wendepunkt str, Wickelmasche und wenden. (Hier wird die verkürzte R nicht erweitert.)

Verkürzte R 6: Bis zum letzten Wendepunkt str, Wickelmasche und wenden. (Hier wird die verkürzte R nicht erweitert.)

Verkürzte R 5 und 6 wdh.

Verkürzte R 3 und 4 wdh.

Verkürzte R 5 und 6 insgesamt 2-mal wdh.

Verkürzte R 3 und 4 wdh.

Verkürzte R 5 und 6 insgesamt 2-mal wdh.

Verkürzte R 3 und 4 wdh.

Verkürzte R 5 und 6 insgesamt 2-mal wdh.

Verkürzte R 3 und 4 wdh.

Verkürzte R 5 und 6 wdh.

Verkürzte R 3 und 4 wdh.

Verkürzte R 5 und 6.

Verkürzte R 3 und 4 insgesamt 3-mal wdh.

Bis REnde re. 8 Rd glatt rechts stricken.

AbnahmeRd: 1 M re, 2 M überzog zus str. Bis zu den letzten 3 M re, 2 M re zus, 1 M re.

Weiter glatt rechts und in jeder 8. R Abnahmen stricken, bis noch 36 (36) 36 (40) 40 (40) 44 (44) M auf der Nadel sind.

Glatt rechts stricken, bis der Ärmel 39 (39) 40 (40) 41 (41) 40 (40) cm misst.

Auf Nadelspiel 5 mm wechseln und 6 cm Rippen stricken (2 M re, 2 M li).

Locker im Rippenmuster abk.

Den zweiten Ärmel genauso stricken.

Halsausschnitt

Mit Rundnadel 5 mm und der rechten Seite zu sich gewandt: 78 (78) 78 (78) 82 (82) 86 (86) M aus dem Halsausschnitt aufnehmen.

Wie folgt Rippen stricken:

R 1 (RückR): 2 M li, *2 M re, 2 M li*, von *–* bis REnde wdh.

R 2 (HinR): 2 M re, *2 M li, 2 M re*, von *–* bis REnde wdh.

Noch 4 R Rippen stricken.

Auf der Rückseite locker in Rippen abketten.

Knopfleisten

Linke Knopfleiste

Mit Rundnadel 5 mm (HinR): Gleichmäßig verteilt 82 (82) 82 (86) 86 (86) 86 (90) neue M an der linken Vorderkante aufnehmen, oben beginnen.

Jetzt Rippen stricken:

R 1 (RückR): 2 M li, *2 M re, 2 M li*, von *–* bis REnde wdh.

R 2 (HinR): 2 M re, *2 M li, 2 M re*, von *–* bis REnde wdh.

Noch 4 R Rippen stricken.

Auf der Rückseite in Rippen abketten.

Rechte Knopfleiste

Mit Rundnadel 5 mm (HinR): Gleichmäßig verteilt 82 (82) 82 (86) 86 (86) 86 (90) neue M an der rechten Vorderkante aufnehmen, unten beginnen.

3 R Rippen str, wie an der linken Knopfleiste, mit 1 R auf der Rückseite enden.

KnopflochR (HinR): 4 M im Rippenmuster str, *2 M re zus, U, 16 (16) 16 (17) 17 (17) 17 (18) M im Rippenmuster str*. Von *–* noch 3-mal wdh, mit 2 M re zus, U, 4 M im Rippenmuster enden.

Noch 2 R Rippen stricken.

Auf der Rückseite in Rippen abketten.

Ausarbeiten

Fäden vernähen. Die Jacke vorsichtig spannen, wie im Strickkurs auf Seite 161 erklärt. Die Knöpfe gegenüber den Knopflöchern annähen.

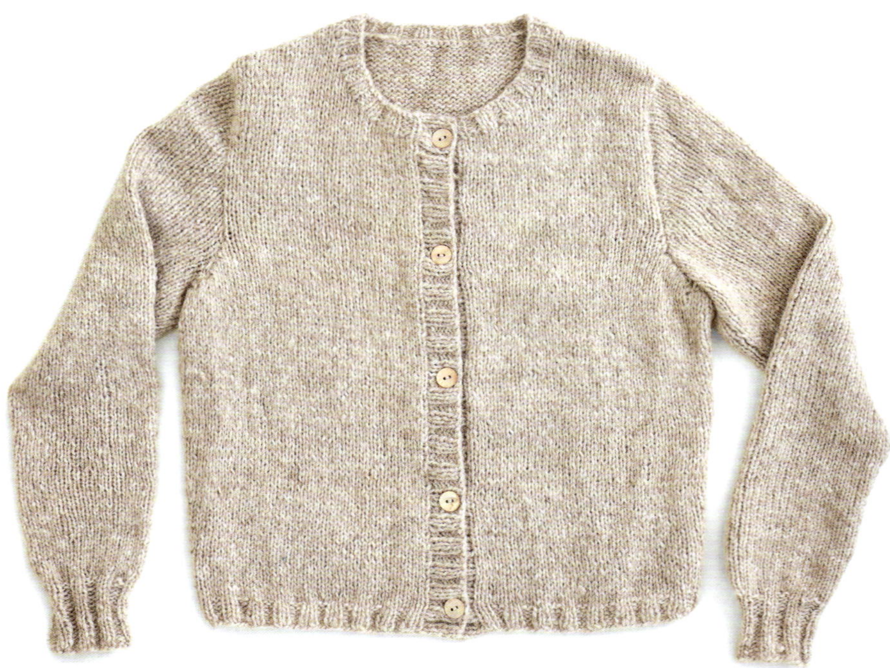

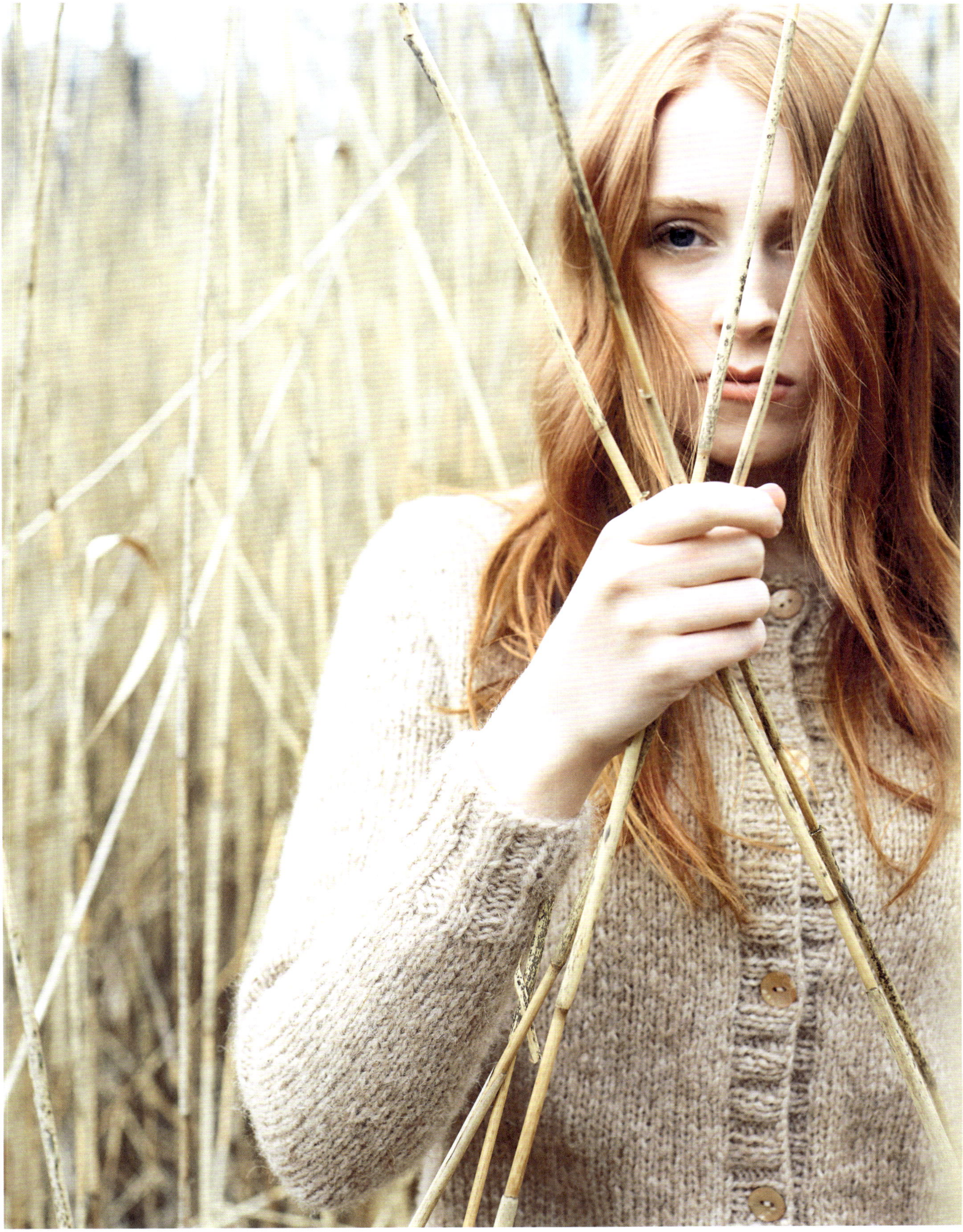

Mirage

Die Jacke »Mirage« beruht auf der Erinnerung an eine Jacke, die meine Mama trug, als ich ein Kind war. Wahrscheinlich war diese Jacke mein erster Kontakt mit einem gestrickten Kleidungsstück. Auf mehreren Ebenen ist sie für mich ein Symbol der Geborgenheit, weil meine Oma sie gestrickt hatte.

Mirage ist französisch und bedeutet Fata Morgana oder Illusion. Es macht mich glücklich, diese Jacke zu sehen, weil sie eine Erinnerung spiegelt. Wie eine Fata Morgana der Vergangenheit – neu erschaffen für die Zukunft!

Ich hoffe, dass »Mirage« auch für Sie, die Sie das hier lesen, Geborgenheit bedeutet. Eine Jacke ist ja wie eine weiche Rüstung. Sie schützt gegen Kälte und Böses – genau dann, wenn wir es brauchen.

Material: Järbo 2-fädige Wolle (100 % Wolle, 100 g = 300 m)
Maschenprobe: 24 m × 30 R glatt rechts im Muster auf Nadel 3,5 mm = 10 × 10 cm
Größe: 36 (38) 40 (42) 44 (46) 48
Brustumfang: 88 (93) 98 (105) 110 (115) 120 cm
Länge: 54 (54) 54 (54) 56 (56) 56 cm
Ärmellänge: 46 (46) 46 (48) 48 (48) 48 cm
Menge: Fb 1 = 300 (300) 350 (350) 400 (450) 500 g Emerald Ice (Nr. 74143)
Fb 2 = 200 (200) 200 (250) 300 (300) 300 g Silver Stream (Nr. 74104)
Fb 3 = Reste von Tea Rose (Nr. 74126)
Rundstricknadel: 3 mm und 3,5 mm, 80 cm
Nadelspiel: 3 mm und 3,5 mm
Zubehör: 11 Knöpfe (15 mm Durchmesser)
Schwierigkeitsgrad: 3 von 3
Konstruktion: Der Körper wird von unten nach oben in Runden gestrickt. Dann werden die Ärmel nacheinander in Runden gestrickt. Jetzt wird alles zur Passe zusammengenommen und mit Abnahmen gestrickt. Schließlich wird die Jacke aufgeschnitten und die Knopfleisten werden angestrickt.
Die Rippen oben und unten werden in Reihen gestrickt. Die Jacke auf dem Foto ist aus der Wolle Tove von Sandnes gestrickt, die aber leider inzwischen nicht mehr produziert wird. Järbo 2-fädige Wolle hat aber dieselbe Stärke und Qualität.
Strickkurs: 1 M li neig zun = 1 M links neigend zunehmen, siehe Strickkurs Seite 163.
1 M re neig zun = 1 M rechts neigend zunehmen, siehe Strickkurs Seite 163.

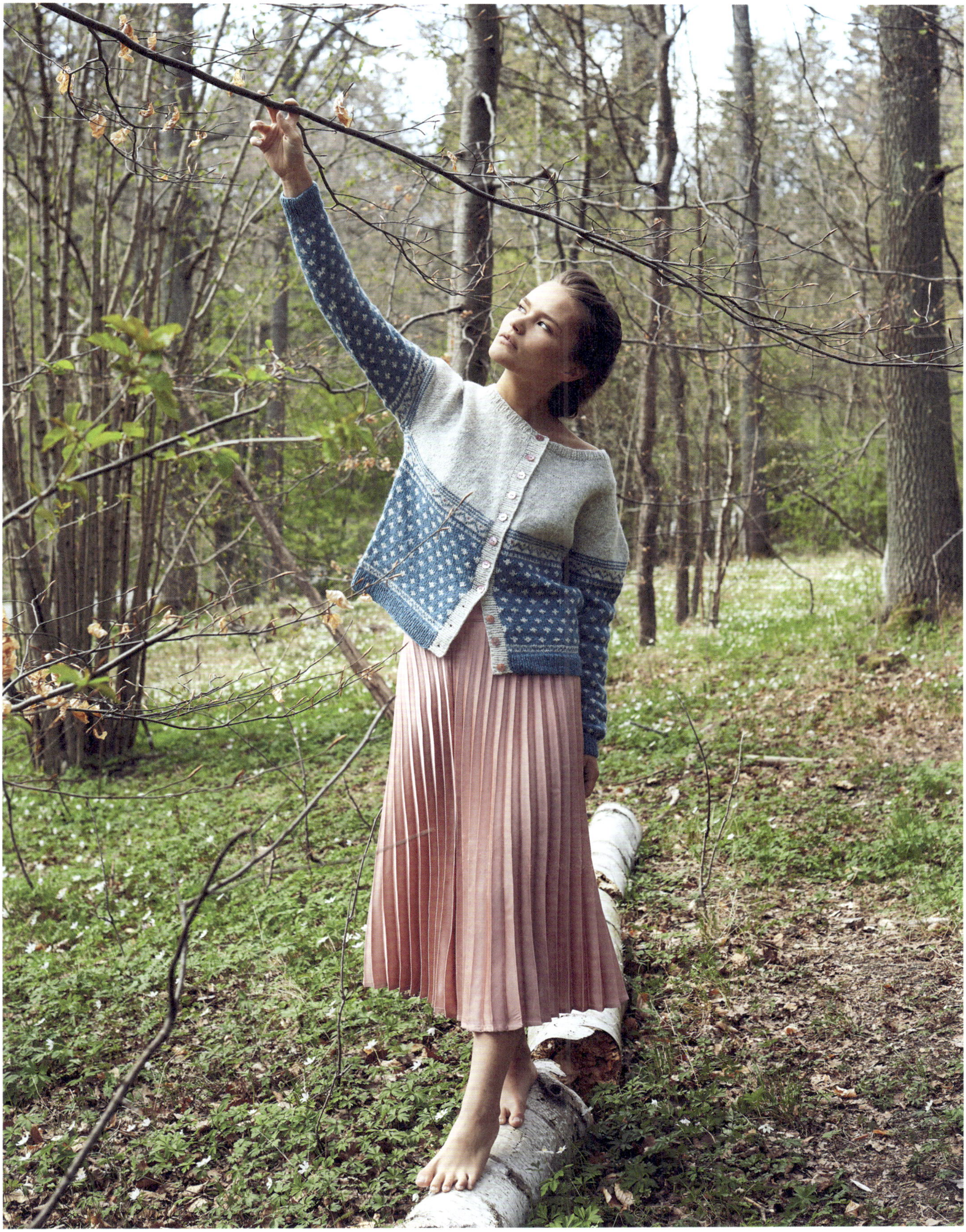

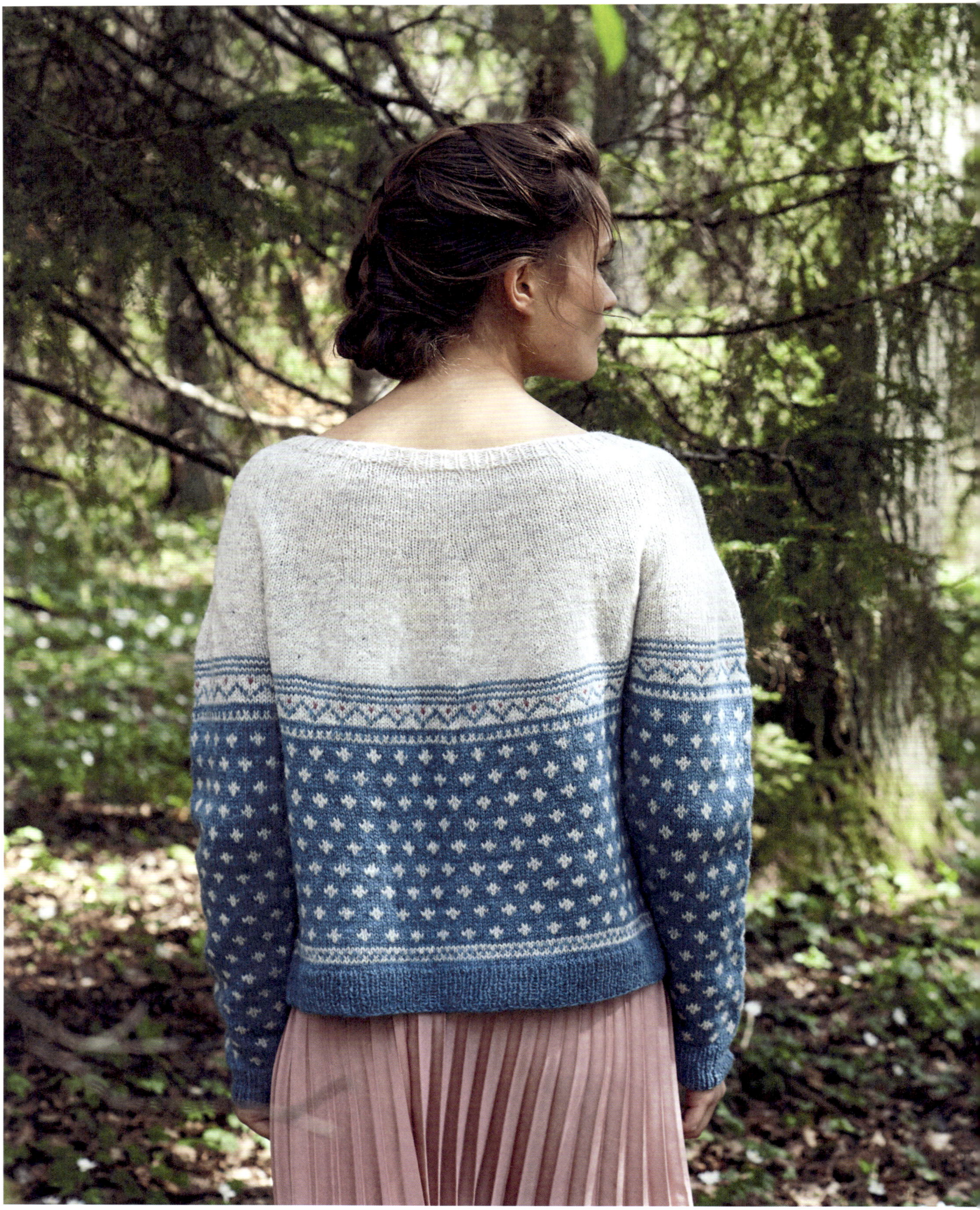

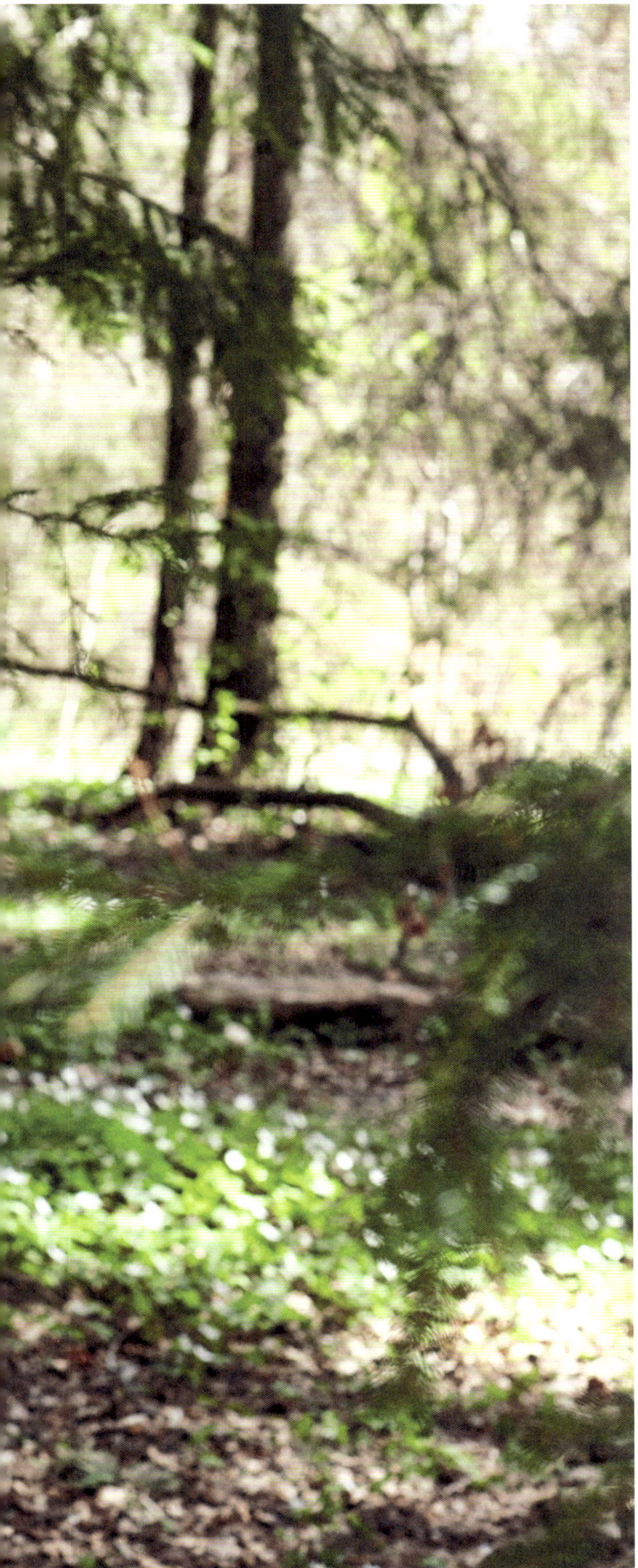

Körper

Mit Fb 1 und Rundnadel 3 mm: 205 (217) 229 (247) 259 (271) 283 M. anschlagen

In Reihen Rippen stricken:

R 1 (RückR): 1 M li, *1 M re, 1 M li*, von *–* bis REnde wdh.

R 2 (HinR): 1 M re, *1 M li, 1 M re*, von *–* bis REnde wdh.

R 3: 1 M li, *1 M re, 1 M li*, von *–* bis REnde wdh.

R 2 und 3 wdh, bis die Rippen 4 cm messen.

Auf Rundnadel 3,5 mm wechseln und eine 1 R re. Jetzt 7 Steekmaschen zweifarbig aufschlingen (siehe Videolinks im Strickkurs auf Seite 164) und zur Rd schließen. Die SteekM markieren auch den Rd-Beginn. (Denken Sie daran, dass die SteekM nicht zur Gesamtmaschenzahl dazugezählt werden und dort nicht ab- oder zugenommen wird).

Noch 1 Rd re str, dann glatt re im Muster laut Strickschrift A str, Rd 3–19, aufgeteilt wie folgt: M 1–6 wdh, bis noch 1 M übrig ist, mit der 1. M der Strickschrift enden.

Rd 8–19 in derselben Aufteilung wdh, bis die Arbeit 26 (26) 26 (26) 26 (26) 26 cm misst. (Oder bis zur gewünschten Länge – man kann den Körper also verlängern, indem man Rd 8–19 wdh.)

Im Muster laut Strickschrift B Rd 1–15 in derselben Aufteilung wie bisher stricken. **Achtung!** In Rd 15 werden gleichzeitig 0 (0) 0 (2) 2 (2) 2 M abgenommen = 205 (217) 229 (245) 257 (269) 281 M.

Jetzt wird mit Fb 2 fürs Armloch abgekettet: 48 (51) 53 (57) 60 (63) 66 M str, 6 (6) 8 (8) 8 (8) 8 M abketten, 97 (103) 107 (115) 121 (127) 133 M str, 6 (6) 8 (8) 8 (8) 8 M abketten, 48 (51) 53 (57) 60 (63) 66 M str = 193 (205) 213 (229) 241 (253) 265 M. Beiseitelegen und die Ärmel stricken.

Ärmel

Mit Fb 1 und Nadelspiel 3 mm: 48 (48) 48 (54) 54 (54) 54 M anschlagen.

4 cm Rippen stricken (1 M re, 1 M li).

Aus Nadelspiel 3,5 mm wechseln. Das Muster glatt rechts str (= alle Rd rechts) laut Strickschrift A. Rd 7–18 wdh und gleichzeitig 2 M in der 6. (6.) 6. (6.) 4. (4.) 4. Rd zun, insgesamt 14 (15) 17 (17) 21 (23) 24 Mal = 76 (78) 82 (88) 96 (100) 102 M. **Achtung!** Wie folgt zunehmen: 1 M re, 1 M li neig zun, bis zur letzten M re, 1 M re neig zun, 1 M re. Die neuen M werden ins Muster integriert, das dafür seitlich im Takt der Zunahmen erweitert wird.

Weiterstricken, bis die Arbeit 39 (39) 39 (41) 41 (41) 41 cm misst. Nach einer Rd 7 oder 13 der Strickschrift enden.

Im Muster laut Strickschrift B str, Rd 1–15, und die 6 M in der Rd wdh, mit Beginn in M 5 (1) 5 (5) 1 (5) 1. (Das Muster geht nicht in allen Größen auf, aber der Übergang liegt innen am Ärmel.)

Mit Fb 2: Die ersten und die letzten 3 (3) 4 (4) 4 (4) 4 M abketten = 70 (72) 74 (80) 88 (92) 94 M. Den zweiten Ärmel genauso stricken.

Passe

Alle Körper- und Ärmelmaschen auf eine Rundnadel 3,5 mm nehmen, die Ärmel über den abgeketteten M am Körper = 333 (349) 361 (389) 417 (437) 453 M.

Mit Fb 2, **Größe 36, 38, 42, 44, 46 und 48:** Glatt rechts stricken und in der ersten Rd gleichmäßig verteilt 2 (1) 7 (1) 4 (3) M abnehmen = 331 (348) 382 (416) 433 (450) M.

Größe 40: Glatt rechts stricken und in der ersten Rd gleichmäßig verteilt 4 M zunehmen = 365 M.

Noch 6 Rd str.

AbnahmeRd 1: 7 M re, *15 M re, 2 M re zus*, von *–* wdh, bis noch 1 M übrig ist (außer den SteekM), 1 M re = 312 (328) 344 (360) 392 (408) 424 M. 5 (5) 5 (6) 6 (6) 6 Rd str.

AbnahmeRd 2: 7 M re *14 M re, 2 M re zus*, von *–* wdh, bis noch 1 M übrig ist (außer den SteekM), 1 M re = 293 (308) 323 (338) 368 (383) 398 M. 5 (5) 5 (6) 6 (6) 6 Rd str.

AbnahmeRd 3: 7 M re, *13 M re, 2 M re zus*, von *–* wdh, bis noch 1 M übrig ist (außer den SteekM), 1 M re = 274 (288) 302 (316) 344 (358) 372 M. 3 (3) 3 (3) 3 (6) 6 Rd str.

AbnahmeRd 4: 7 M re, *12 M re, 2 M re zus*, von *–* wdh, bis noch 1 M übrig ist (außer den SteekM), 1 M re = 255 (268) 281 (294) 320 (333) 346 M. 3 (3) 3 (3) 3 (3) 6 Rd str.

AbnahmeRd 5: 7 M re, *11 M re, 2 M re zus*, von *–* wdh, bis noch 1 M übrig ist (außer den SteekM), 1 M re = 236 (248) 260 (272) 296 (308) 320 M. 3 Rd str.

AbnahmeRd 6: 7 M re, *10 M re, 2 M re zus*, von *–* wdh, bis noch 1 M übrig ist (außer den SteekM), 1 M re = 217 (228) 239 (250) 272 (283) 294 M. 3 Rd str.

AbnahmeRd 7: 7 M re, *9 M re, 2 M re zus*, von *–* wdh, bis noch 1 M übrig ist (außer den SteekM), 1 M re = 198 (208) 218 (228) 248 (258) 268 M. 3 Rd str.

AbnahmeRd 8: 7 M re, *8 M re, 2 M re zus*, von *–* wdh, bis noch 1 M übrig ist (außer den SteekM), 1 M re = 179 (188) 197 (206) 224 (233) 242 M. 17 Rd str.

AbnahmeRd 9: 7 M re, *7 M re, 2 M re zus*, von *–* wdh, bis noch 1 M übrig ist (außer den SteekM), 1 M re = 160 (168) 176 (184) 200 (208) 216 M. 3 Rd str.

AbnahmeRd 10: *6 M re, 2 M re zus*. Von *–* wdh = 140 (147) 154 (161) 175 (182) 199 M. 1 Rd str.

AbnahmeRd 11: Glatt rechts str und gleichmäßig verteilt 7 (14) 17 (22) 32 (35) 52 M abn = 133 (133) 137 (139) 143 (147) 147 M.

Am RdEnde die 7 SteekM abketten.

Auf Rundnadel 3 mm wechseln und Rippen in Reihen stricken:

R 1 (HinR): 1 M re, *1 M li, 1 M re*, von *–* bis REnde wdh.

R 2 (RückR): 1 M li, *1 M re, 1 M li*, von *–* bis REnde wdh.

R 1 und 2 wdh, bis insgesamt 6 RippenR gestrickt sind.

Locker im Rippenmuster abk.

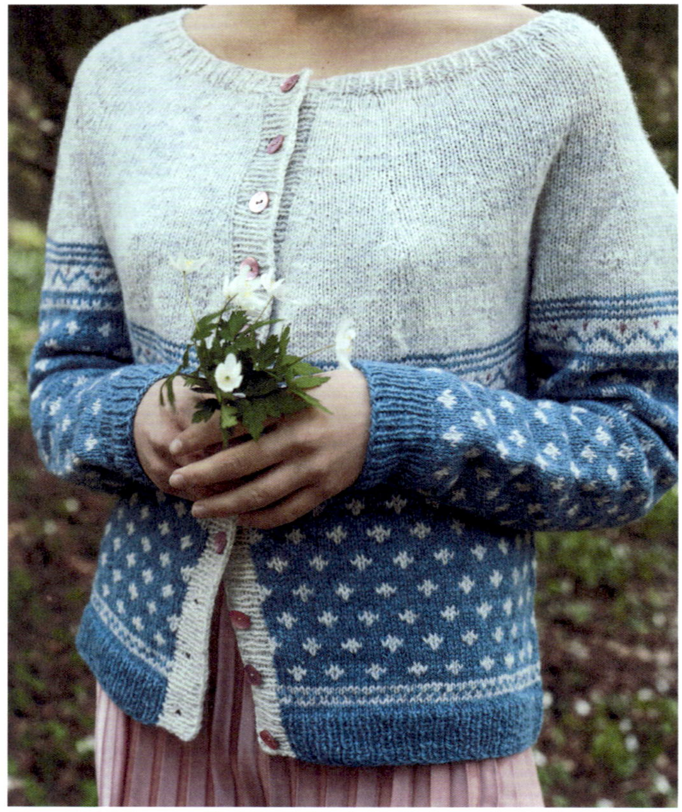

Knopfleisten

Linke Knopfleiste

Mit Rundnadel 3 mm und Fb 2 (HinR): Neue Maschen an der linken Vorderkante aufnehmen, oben beginnen. Damit die Kante dehnbar bleibt, nimmt man 3 von 4 M auf (d.h.*3 M aufn, die 4. M überspringen*, von *–* wdh). Es muss eine ungerade Maschenzahl sein.

Jetzt Rippen str:

R 1 (RückR): *1 M li, 1 M re*, von *–* wdh, bis noch 1 M übrig ist, 1 M li.

R 2 (HinR): *1 M re, 1 M li*, von *–* wdh, bis noch 1 M übrig ist, 1 M re.

R 3: *1 M li, 1 M re*, von *–* wdh, bis 1 M übrig ist, 1 M li.

R 2 und 3 insgesamt 5-mal wdh = 11 R. Im Rippenmuster abketten.

Rechte Knopfleiste

Mit Rundnadel 3 mm und Fb 2 auf der rechten Seite: Neue Maschen an der rechten Vorderkante aufnehmen, unten beginnen. Darauf achten, genauso viele Maschen wie an der linken Seite aufzunehmen. 11 Knopflöcher gleichmäßig verteilt an der Kante markieren (jedes Knopfloch spannt sich über 2 M).

5 R Rippen stricken wie bei der linken Knopfleiste.

R 6 (KnopflochR 1, HinR): Bis zum 1. Knopfloch Rippen str. Dann wie folgt stricken:

Strickschrift A

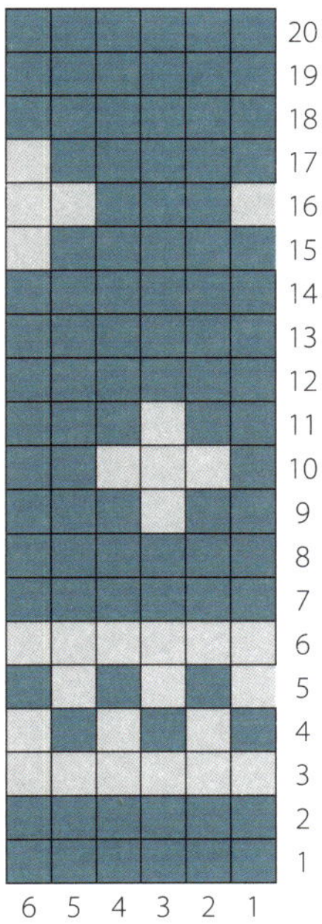

Strickschrift B

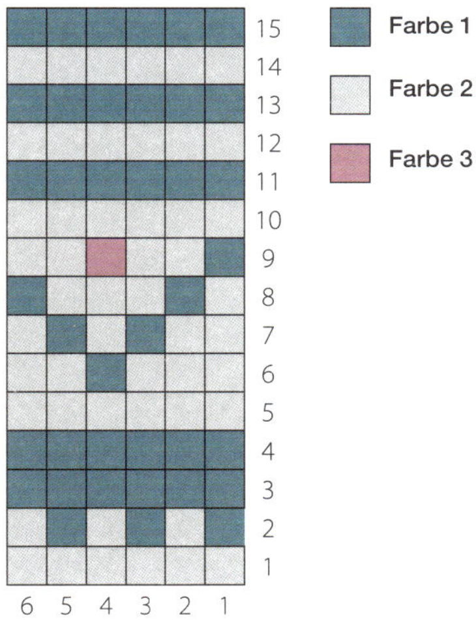

U, 2 M re zus, bis zum nächsten Knopfloch Rippen str, von *–* wdh, bis alle Knopflöcher gestrickt wurden, dann Rippen stricken.

R 7 (KnopflochR 2, RückR): Weiter Rippen stricken.

Noch 4 R Rippen str und dann im Rippenmuster abketten.

Jacke aufschneiden

Siehe Strickkurs auf Seite 160. Beidseitig der mittleren SteekM eine Verstärkungsnaht mit Nähgarn nähen (z. B. von Hand im Steppstich). Die Jacke vorsichtig mitten in der mittleren Steek-Masche aufschneiden. (Die Schnittkanten rollen sich auf der linken Seite ein.) Eventuell die Schnittkanten innen mit einem Stoffband abdecken oder umklappen und unsichtbar innen annähen (siehe Strickkurs Seite 160).

Ausarbeiten

Die Löcher unter den Ärmeln im Maschenstich schließen (siehe Strickkurs Seite 164). Fäden vernähen. Die Jacke vorsichtig spannen, wie im Strickkurs auf Seite 161 erklärt. Die Knöpfe gegenüber den Knopflöchern annähen.

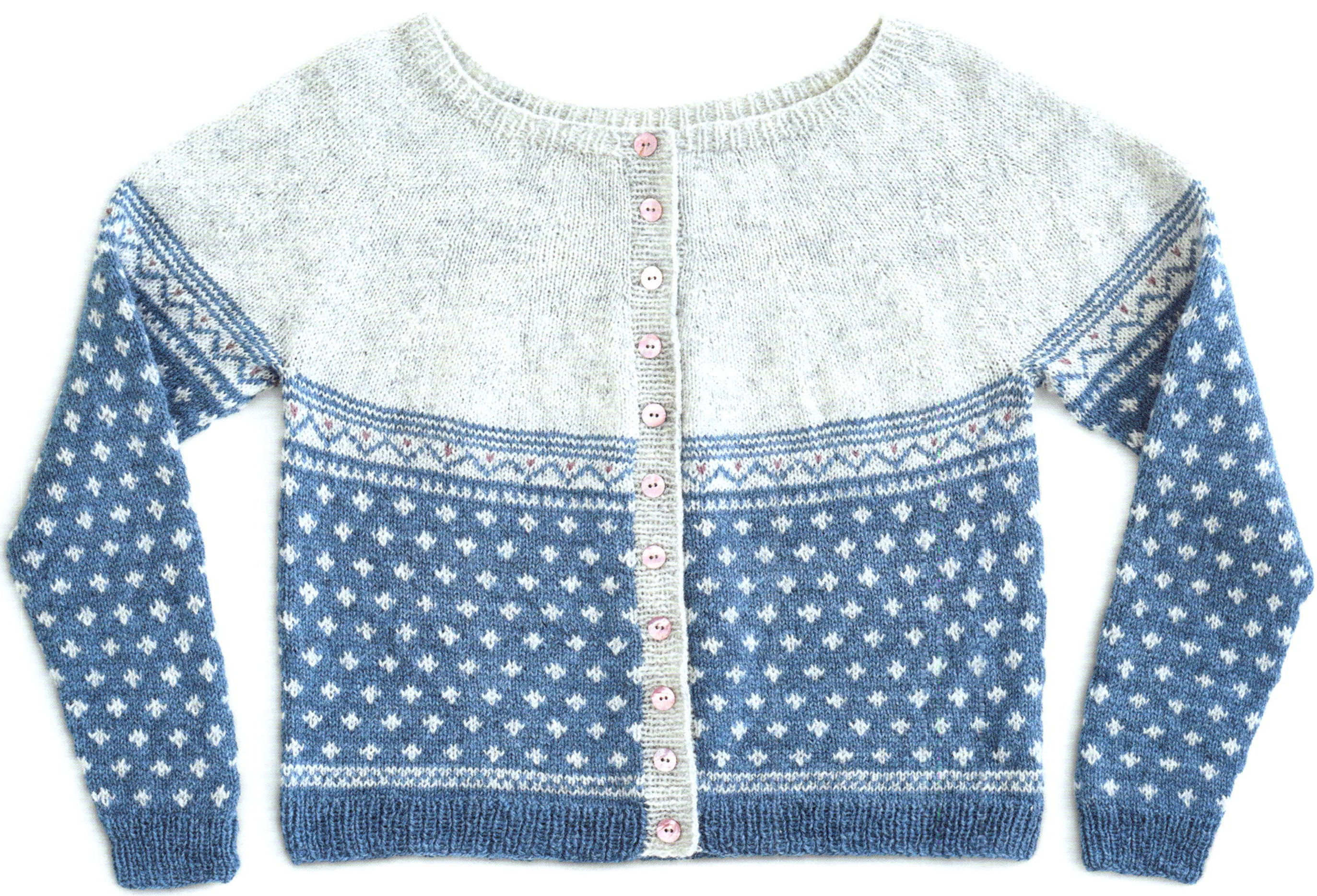

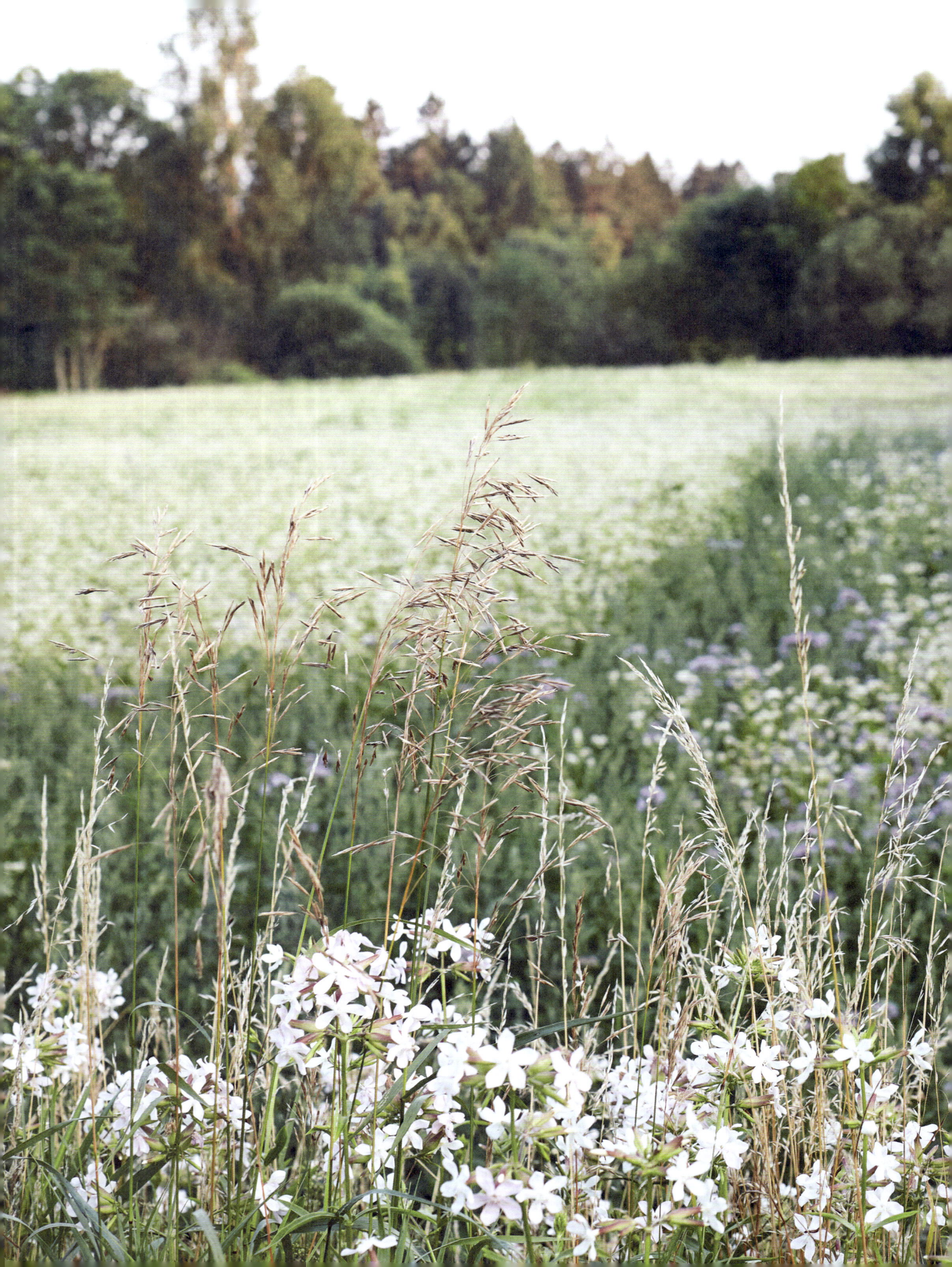

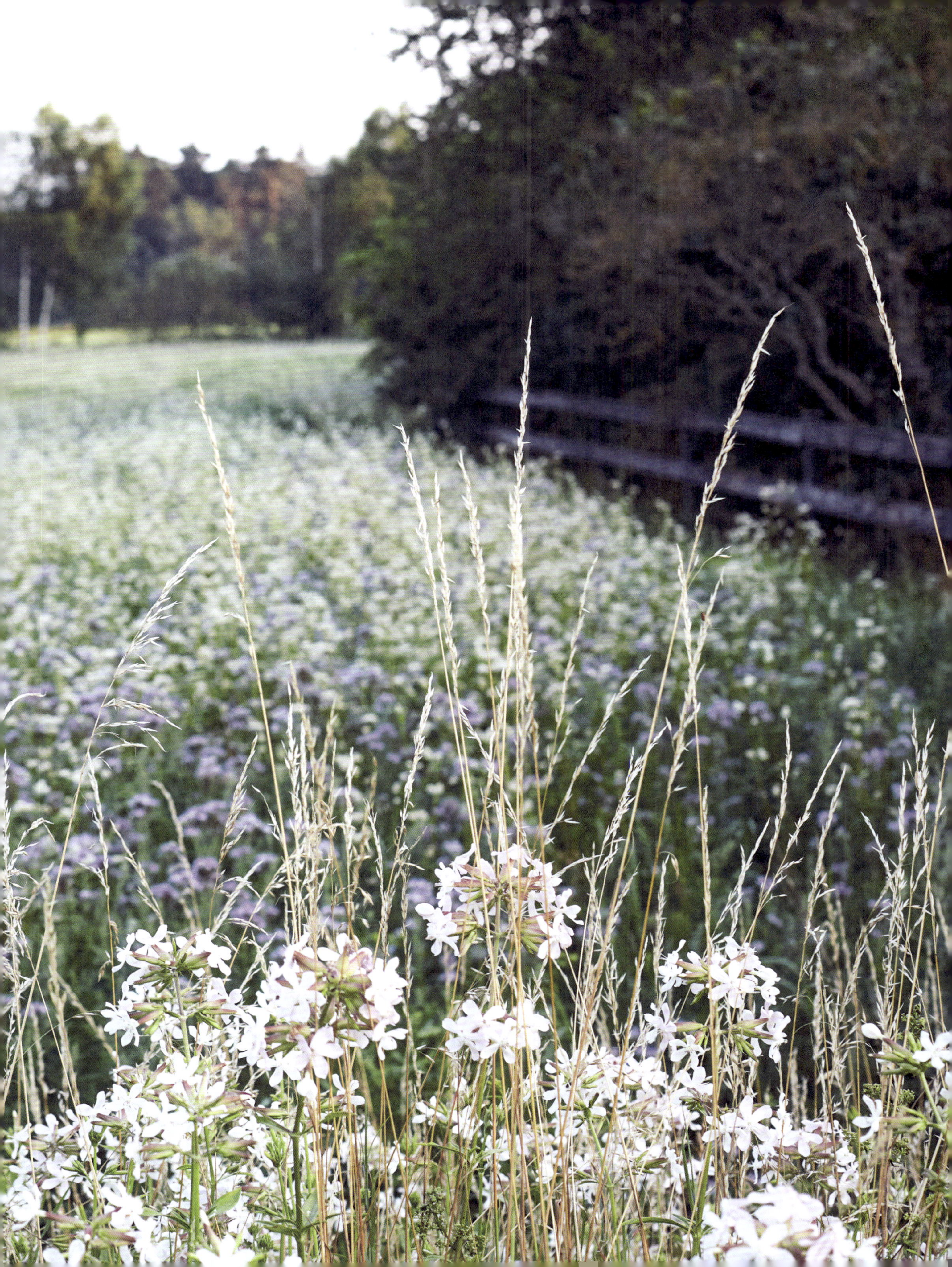

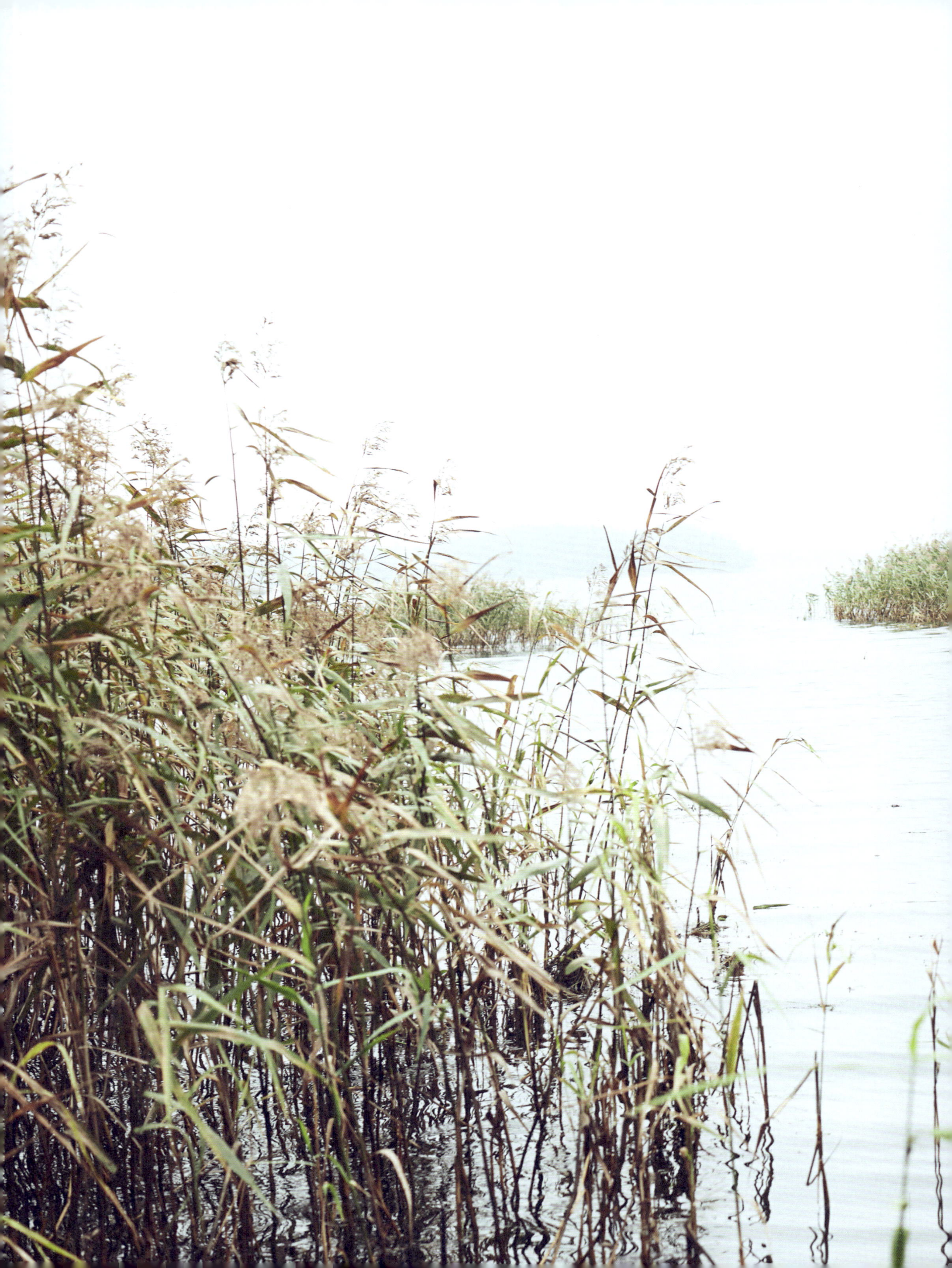

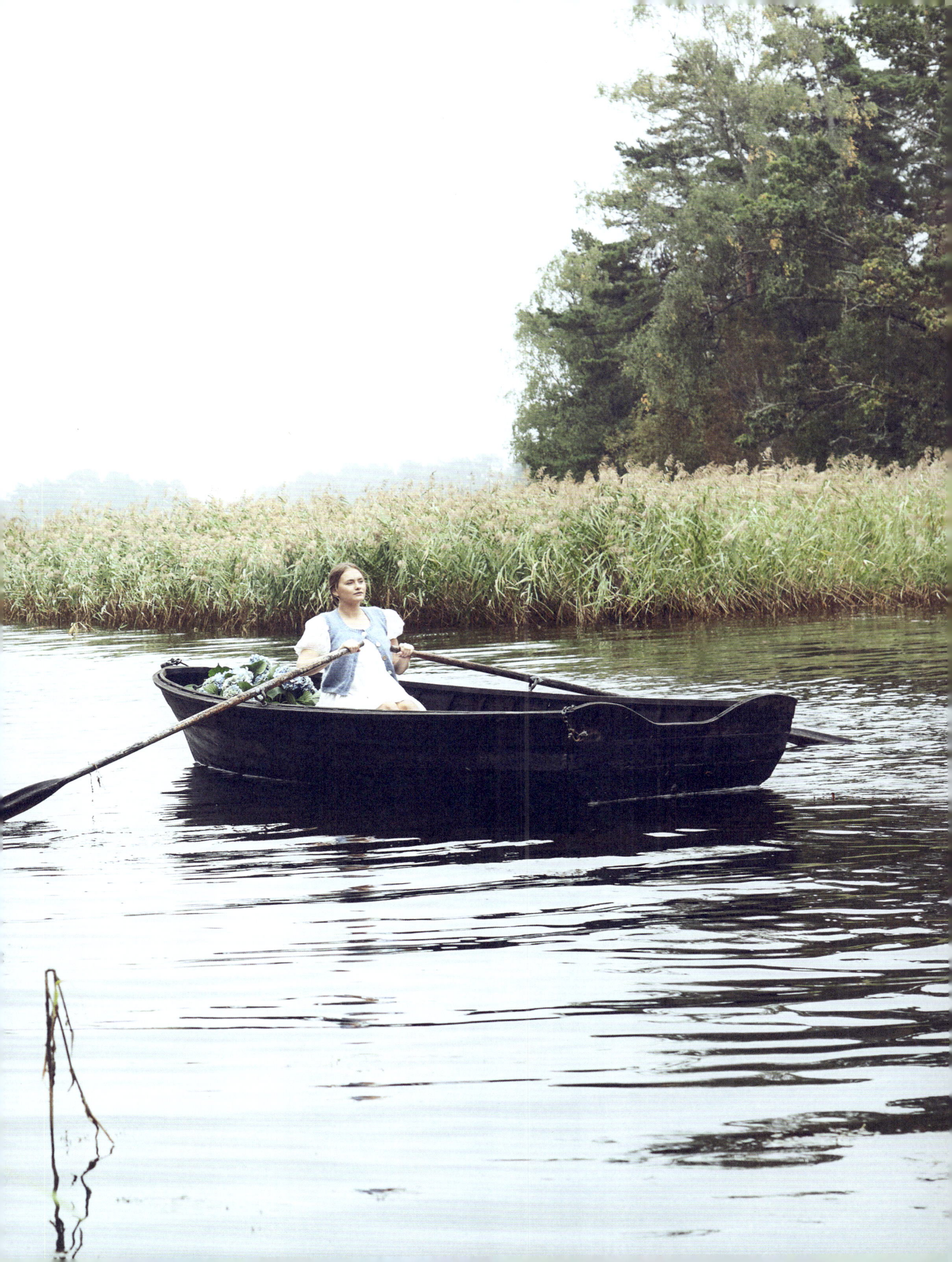

Vor ein paar Jahren versammelten sich Hunderte Schmetterlinge in einem Wäldchen im Nachbarort. Ein magischer Anblick. Keiner wusste, warum – man weiß nicht so viel über Schmetterlinge –, aber ich war glücklich, dass sie da waren. Im darauffolgenden Sommer spazierte ich durch den Wald zur Hütte, da sah ich plötzlich etwas, das ich noch nie gesehen hatte – eine Fichte in voller Blüte, die Spitze voller kleiner, roter Zapfen. Die Natur sorgt ständig für neue Überraschungen, deswegen will ich eng mit ihr leben.

Ich setze mich mit meinem Strickzeug auf die alte Steintreppe und sehe mich um. Im Garten schlagen die Pfingstrosen aus und Vögel fliegen übers Schieferdach. Hummeln summen und Schafe blöken. Die Luft ist mild und ein Hütehund tappt vorbei.

Jetzt gehen wir spazieren. Ich sauge alle Nuancen und Strukturen im Wald ein und will mich an alles erinnern, um es zu stricken – später, im Herbst. Aber noch ist Sommer. Wollen wird abends schwimmen gehen? Auf dem Heimweg kuschle ich mich in meine weichste Jacke.

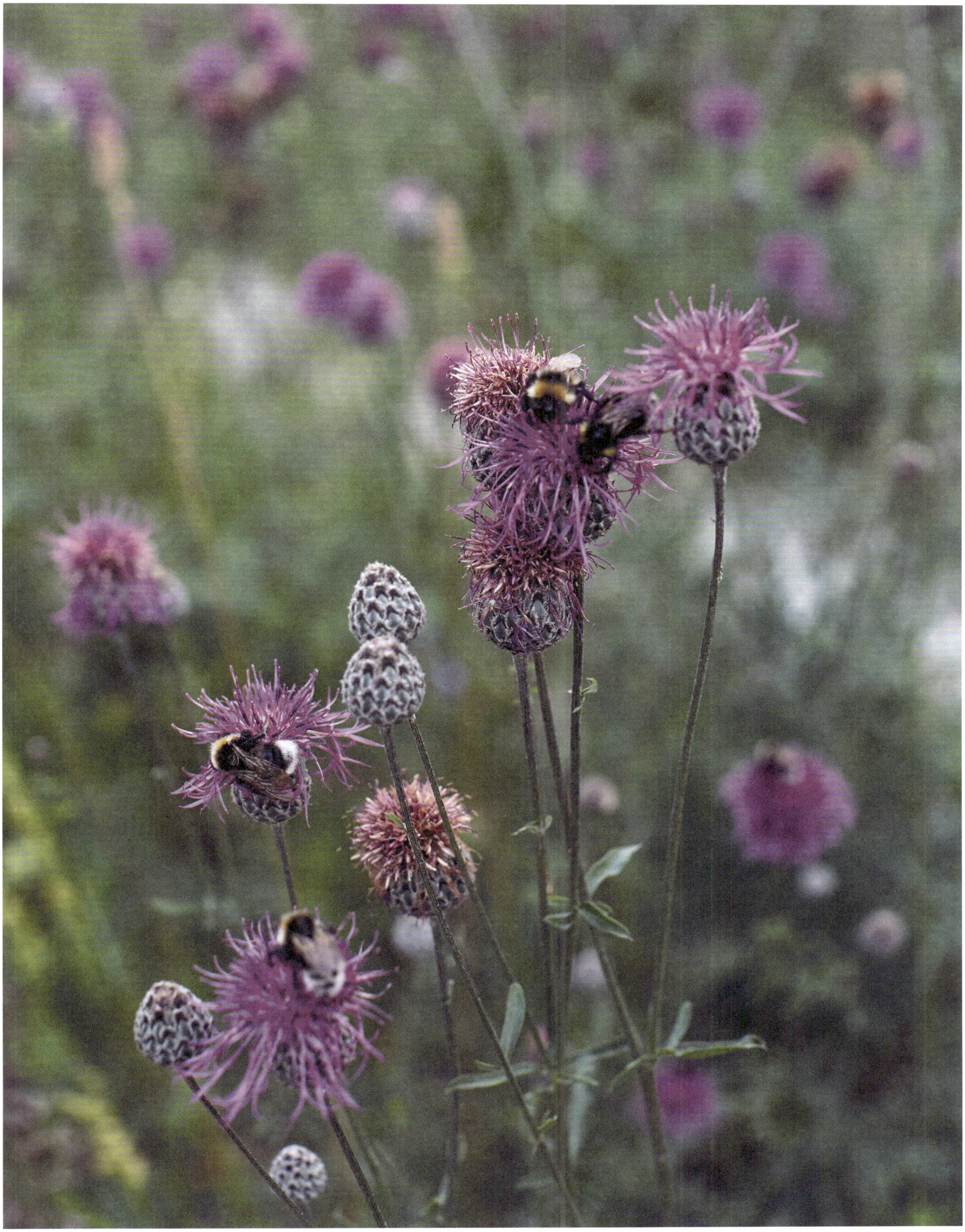

Mittsommer

SOMMER

Typisch für Mittsommer sind sieben Blumenarten, geschmückte Bollerwagen, Ringtänze, Ziehharmonikamusik und Feste. Gut, manchmal auch Regen. Aber das ist kein Problem, wer Mittsommer feiert, ist daran gewöhnt. Und das Wichtigste ist auch nicht das Wetter – das sind Freunde, Familie, Wohlfühlen und die Tradition. Erinnerungen, die entstehen und bleiben. Wie, als meine Tochter Greta und ich mit dem Nachbarn auf seinem Traktor zur Mittsommerfeier fahren durften. Oder all die Sommer mit Freunden, die so toll gespielt und den Tanz organisiert haben. Oder ich als kleines Mädchen in selbst genähter Tracht im Park Balders Hage. So viele wertvolle Stunden im schwedischen Sommer.

Und dann der Abend. Nebelschwaden legen sich über die Wiesen und schon bald stellt sich die ganz besondere Magie der Mittsommernacht ein. Vielleicht ist da eine Jacke über den Schultern nützlich?

Material: Rauma Finull von Rauma Ullvarefabrikk (100 % reine Schurwolle, 50 g = 175 m)
Maschenprobe: 24 m × 30 R glatt rechts im Muster auf Nadel 3 mm = 10 × 10 cm
Größe: S/M (L/XL) 2XL
Brustumfang: 90 (108) 124 cm
Länge: 50 (52) 54 cm
Ärmellänge: 52 (53) 54 cm
Menge: Fb 1 = 300 (350) 400 g Lyng (Nr. 427)
Fb 2 = 50 (50) 50 g Natur (Nr. 401)
Fb 3 = 50 (50) 50 g Jadegrønn (Nr. 4215)
Fb 4 = 25 (25) 25 g Gammelrosa (Nr. 4571)
Nadelspiel: 2,5 mm und 3 mm
Rundstricknadel: 2,5 mm und 3 mm, 80 cm
Zubehör: 9 Knöpfe (15 mm Durchmesser), 13–17 Maschenmarkierer, Maschenhalter, evtl. Stoffband
Schwierigkeitsgrad: 3 von 3
Konstruktion: Die Jacke wird von oben in Runden gestrickt – Passe, Körper, am Schluss die Ärmel.
Dann wird sie vorne in der Mitte aufgeschnitten (siehe Strickkurs Seite 160) und die Knopfleisten und der Halsbund angestrickt.
Strickkurs: Verkürzte Reihen und Wickelmaschen = siehe Strickkurs Seite 162.
1 M re neig zun = 1 M rechts neigend zunehmen, siehe Strickkurs Seite 163.
1 M tief zun = 1 M tief zunehmen, siehe Strickkurs Seite 163.
1 M li neig zun = 1 M links neigend zunehmen, siehe Strickkurs Seite 163.

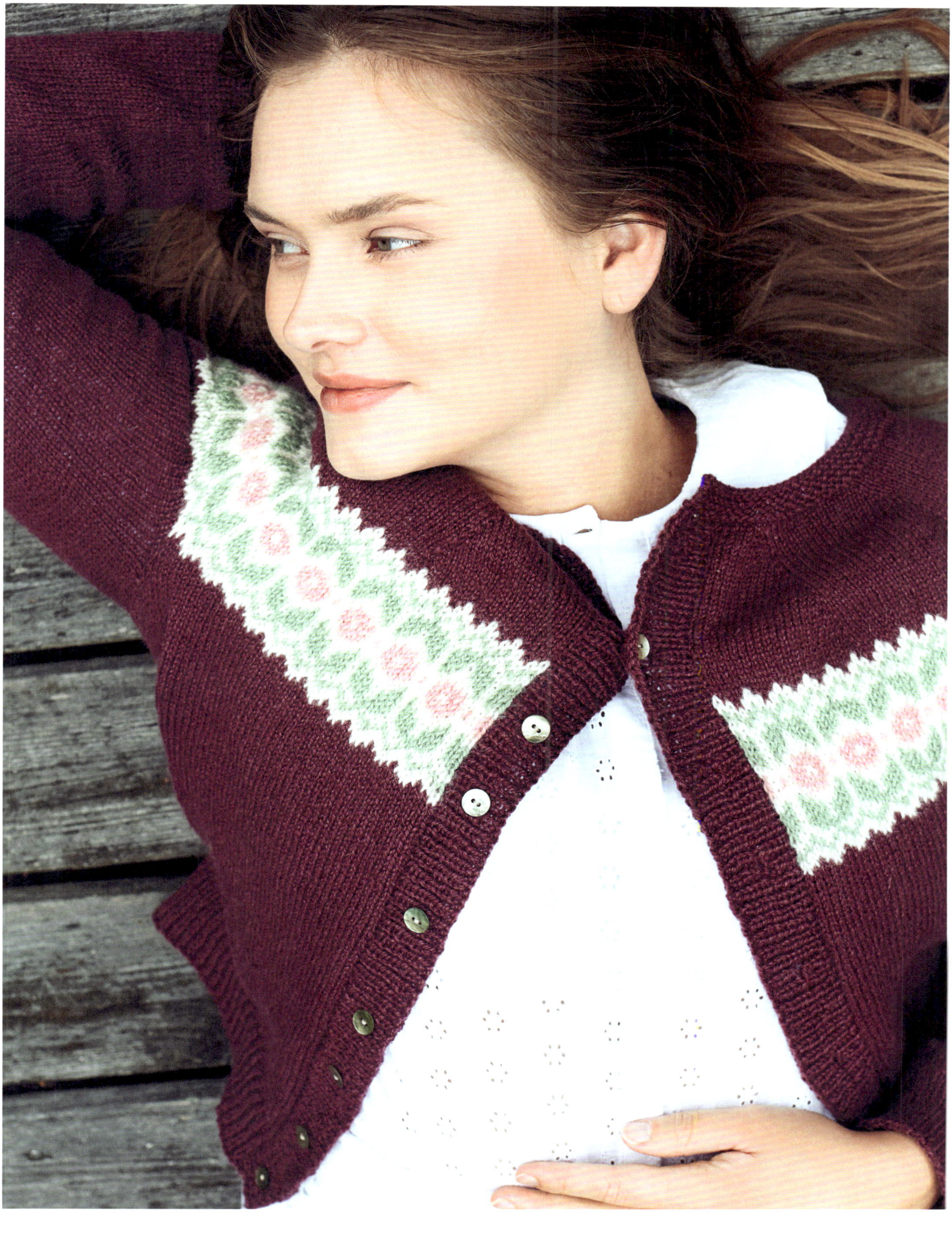

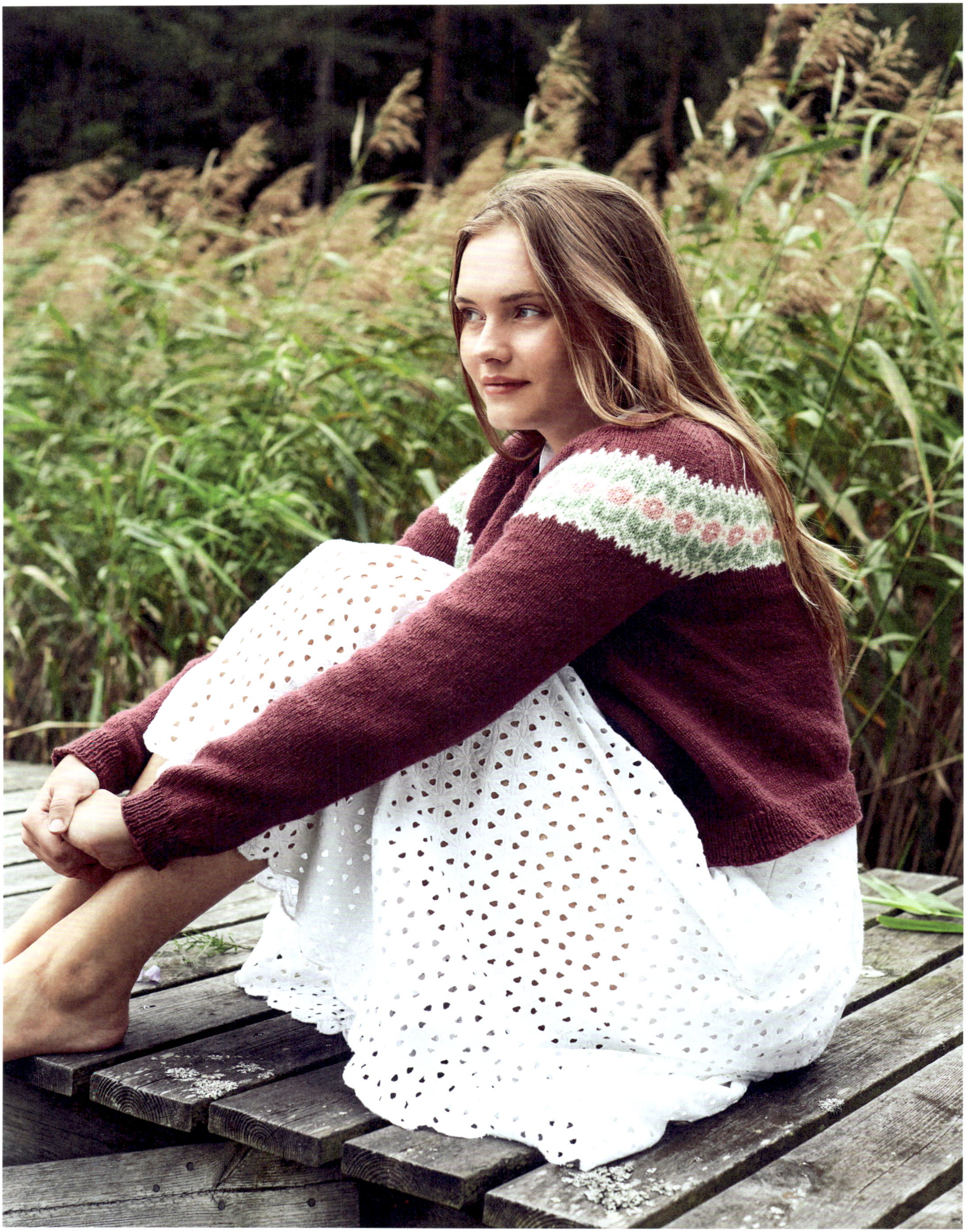

Passe

Mit Rundnadel 3 mm und Fb 1: 138 (148) 154 M anschlagen (5 davon sind Steekmaschen, an denen die Jacke später aufgeschnitten wird).

Mit folgender Maschenaufteilung R 5–37 (3–37) 1–37 glatt rechts str: 3 M re (= SteekM), Strickschrift A, Strickschrift B/C 5 (6) 7-mal, Strickschrift D, Strickschrift E 4 (5) 6-mal, dann laut Strickschrift F, 2 M re (= SteekM). Gleichzeitig wie in der Strickschrift angegeben zunehmen = 330 (386) 442 M.

Mit folgender Maschenaufteilung im Muster laut Strickschrift G R 1–25 str:

S/M: 3 M re (= SteekM), M 7–8, und M 1–8 der Strickschrift wdh, bis noch 5 M übrig sind, M 1–3, 2 M re (= SteekM).

L/XL: 3 M re (= SteekM), M 7–8, und M 1-8 der Strickschrift wdh, bis noch 5 M übrig sind, M 1–3, 2 M re (= SteekM).

2XL: 3 M re (= SteekM), M 1–8 der Strickschrift wdh, bis noch 3 M übrig sind, M 1, 2 M re (= SteekM).

Mit Fb 1: Noch 2 (8) 10 Rd str.

Körper

3 M re (= SteekM), 48 (57) 68 M str und 68 (78) 84 M stilllegen (= ÄrmelM).

6 neue M anschlagen, MM setzen (seitliche Mitte) und 6 neue M anschlagen.

93 (111) 133 M str und 68 (78) 84 M stilllegen (= ÄrmelM).

6 neue M anschlagen, MM setzen (= seitliche Mitte) und 6 neue M anschlagen.

48 (57) 68 M str, 2 M re (= SteekM) = 218 (254) 298 M.

Weiterstricken, bis die Arbeit 24 (25) 26 cm misst. In der letzten Rd die SteekM abketten.

Auf Rundnadel 2,5 mm in Reihen Rippen stricken (1 M re, 1 M li), bis noch 1 M übrig ist, mit 1 M re enden. Wenn die Rippen 4 cm messen: locker im Rippenmuster abk.

Ärmel

Mit Nadelspiel 3 mm und Fb 1: 6 M aufnehmen, Beginn in der unteren Ärmelmitte (wo vorher neue M für den Körper angeschlagen wurden). Die stillgelegten 68 (78) 84 M str, weitere 6 M unten am Ärmel aufnehmen = 80 (90) 96 M. MM für RdBeginn setzen. Glatt rechts stricken, bis der Ärmel 7 (5) 5 cm misst.

AbnahmeR: 1 M re, 2 M überzog zus str, re bis 3 M vor dem MM, 2 M re zus,1 M re = 2 M abgenommen.

Die AbnahmeR mit 3,5 (3) 3 cm Abstand insgesamt 12 (15) 15-mal wdh. Jetzt wurden 24 M abgenommen = 56 (60) 66 M.

Weiterstricken, bis der Ärmel 48 cm misst.

Auf Nadelspiel 2,5 mm wechseln und 4 cm Rippen stricken (1 M re, 1 M li). Locker im Rippenmuster abketten.

Den zweiten Ärmel genauso stricken.

Knopfleisten

Linke Vorderkante

Mit Rundnadel 2,5 mm, Fb 1 und die rechte Seite zu sich haltend: 113 (117) 121 M an der linken Vorderkante aufnehmen, oben beginnen. Jetzt Rippen str:

R 1 (RückR): *1 M li, 1 M re*, von *–* bis zur letzten M wdh, 1 M li.

R 2 (HinR): *1 M re, 1 M li*, von *–* bis zur letzten M wdh, 1 M re.

R 1 und 2 insgesamt 6-mal wdh (= 12 R insgesamt).

Im Rippenmuster auf der linken Seite abketten.

Rechte Vorderkante

Mit Rundnadel 2,5 mm, Fb 1 und der rechten Seite zu sich haltend: 113 (117) 121 M aus der rechten Vorderkante aufnehmen, unten beginnen.

5 R Rippen stricken wie bei der linken Knopfleiste.

R 6, KnopflochR 1 (HinR): 4 (6) 4 M Rippen, *2 M abketten, 11 (11) 12 M Rippen*, von *–* 7-mal wdh, 2 M abketten, 3 (5) 3 M Rippen.

R 7, KnopflochR 2 (RückR): 3 (5) 3 M Rippen, 2 neue M anschlagen, * 11 (11) 12 M Rippen, 2 neue M anschlagen*, von *–* 7-mal wdh, 4 (6) 4 M Rippen. Noch 5 R Rippen str.

Im Rippenmuster auf der linken Seite abketten.

Halsausschnitt

Mit Rundnadel 2,5 mm und Fb 1: Gleichmäßig verteilt 131 (153) 175 M entlang dem Halsausschnitt aufnehmen.

37 (43) 49 M re und MM für den Rd-Beginn setzen. (Verkürzte Reihen und Wickelmaschen siehe Strickkurs auf Seite 162.)

Verkürzte R 1: 57 (67) 77 M re, Wickelmasche und wenden.

Verkürzte R 2: 62 (72) 82 M re, Wickelmasche und wenden.

Verkürzte R 3: 67 (77) 87 M re, Wickelmasche und wenden.

Verkürzte R 4: 72 (82) 92 M re, Wickelmasche und wenden.

Verkürzte R 5: 77 (87) 97 M re, Wickelmasche und wenden.

Verkürzte R 6: Bis zur vorderen Mitte alle M re.

1 R re, dabei gleichmäßig verteilt 8 (10) 12 M abnehmen = 123 (143) 163 M.

5 Rd glatt rechts str. Abketten.

Jacke aufschneiden

Siehe Strickkurs auf Seite 160. Beidseitig der mittleren SteekM eine Verstärkungsnaht mit Nähgarn nähen (z. B. von Hand im Steppstich). Die Jacke vorsichtig mitten in der mittleren Steek-Masche aufschneiden. (Die Schnittkanten rollen sich auf der linken Seite ein.)

Ausarbeiten

Fäden vernähen. Die Jacke vorsichtig spannen, wie im Strickkurs auf Seite 161 erklärt. Die Knöpfe gegenüber den Knopflöchern annähen. Eventuell die Schnittkanten innen mit einem Stoffband abdecken oder umklappen und unsichtbar innen annähen (siehe Strickkurs Seite 160–161).

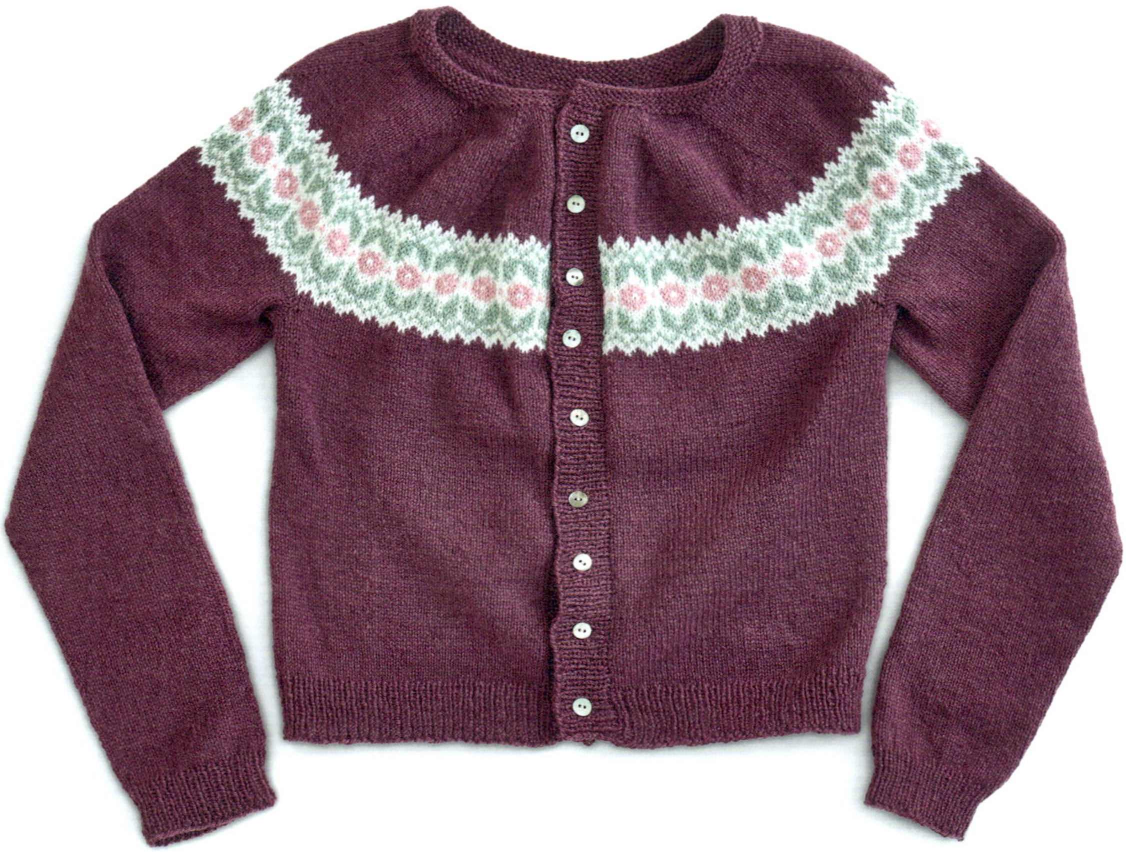

Strickschrift A

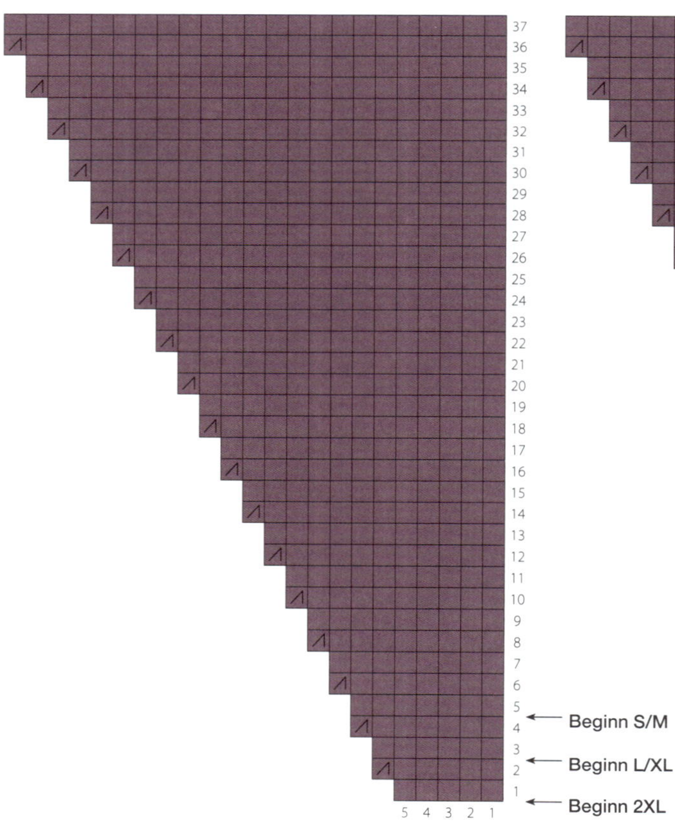

Strickschrift B/C

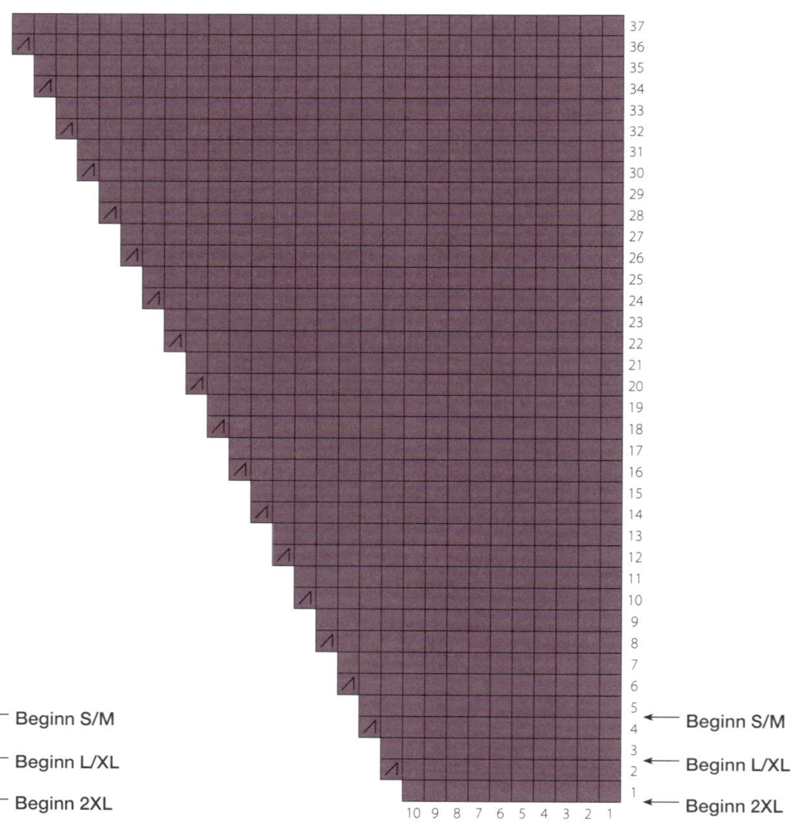

Strickschrift D

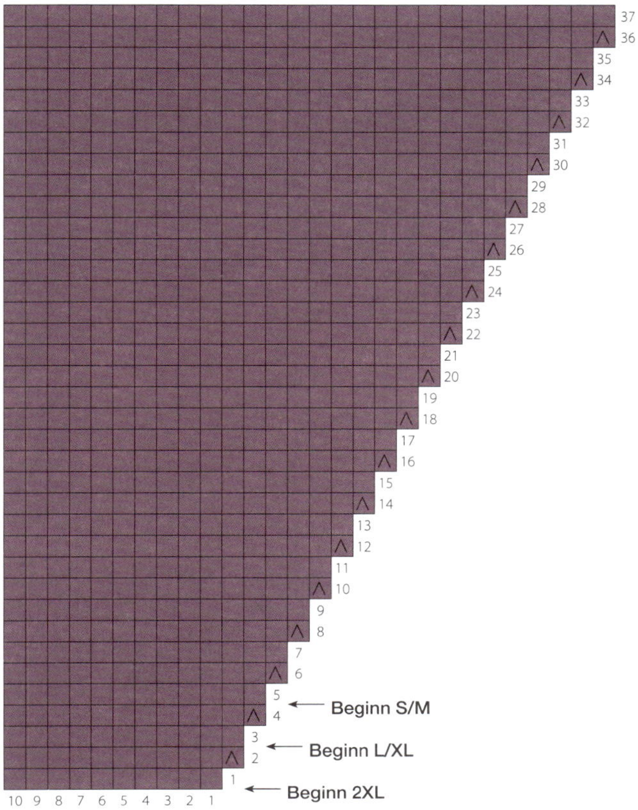

Strickschrift E

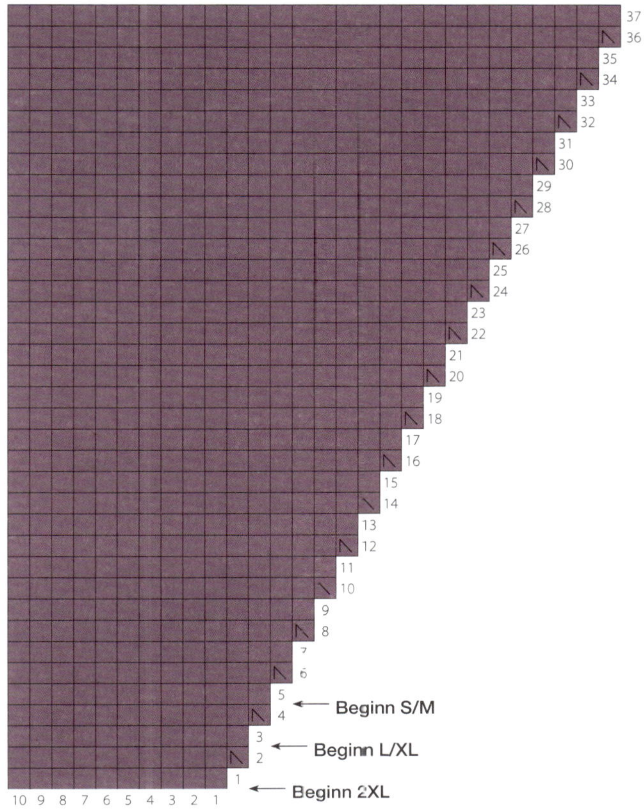

Strickschrift F

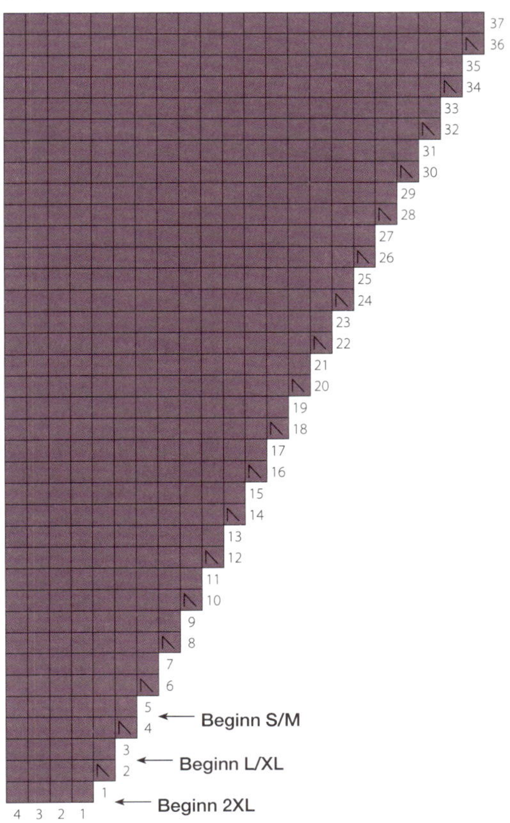

Strickschrift G

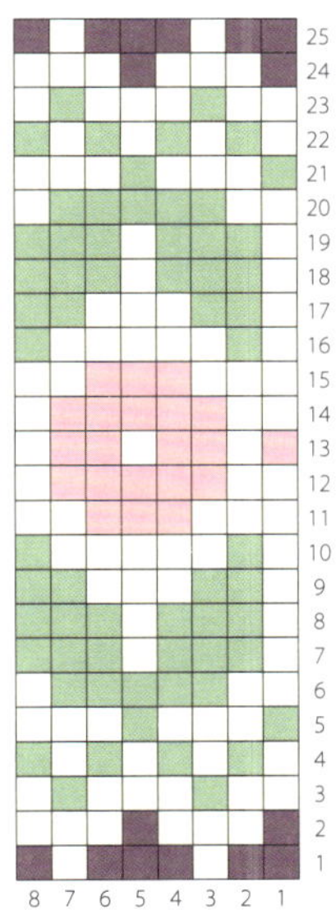

- Farbe 1
- Farbe 2
- Farbe 3
- Farbe 4

◸ = Links neigend zunehmen (siehe Strickkurs Seite 163)

Λ = 1 M tief zunehmen (siehe Strickkurs Seite 163)

◹ = Rechts neigend zunehmen (siehe Strickkurs Seite 163)

Dahlie

SOMMER

Die Dahlie stammt ursprünglich aus Mexiko und kam im 18. Jahrhundert nach Europa. Ihren Namen erhielt sie von Anders Dahl. Die bunte Blume hatte im 19. Jahrhundert ihre Hochzeit, hat aber später ihren Platz in unseren Herzen und Beeten erneut erobert. Wie hier im prächtigen Dahliengarten in Enskede, südlich von Stockholm.

Die Jacke »Dahlie« ist ein festliches Kleidungsstück, wenn man sich etwas feiner und eleganter fühlen möchte. Ideal für Sommerfeste, Hochzeiten, Familientreffen, Kaffeeklatsch und Mittsommerfeiern.

»Dahlie« wird mit drei Mohairfäden gestrickt, wodurch sie federleicht und fluffig wie eine Wolke ist. Man kann bei den drei Fäden die Farben kombinieren, wie man möchte, und so hübsche Nuancen und einzigartige Mischungen erzielen. Die Rippen der Jacke sind eine spannende Variante – sie werden nämlich mit abgehobenen Maschen gestrickt, daher braucht man in Reihen keine linken Maschen zu stricken.

Material: Fin Mohair Seide von Järbo (72 % Mohair, 28 % Seide, 25 g = 210 m)
Maschenprobe: 18 m × 24 R glatt rechts auf Nadel 4 mm = 10 × 10 cm
Größe: XS (S) M (L) XL (2XL)
Brustumfang: 89 (101) 110 (118) 128 (136) cm
Länge: 54 (54) 55 (55) 56 (56) cm
Ärmellänge: 47 (47) 48 (48) 49 (49) cm
Menge: Fb 1 = 175 (200) 225 (250) 275 (300) g Pink Marshmallow (Nr. 31529.)
Fb 2 = 100 (100) 125 (125) 150 (150) g Oyster Mushroom (Nr. 31523)
Nadelspiel: 3,5 und 4 mm
Rundstricknadel: 3,5 und 4 mm, 80 cm
Zubehör: 4 Maschenmarkierer, Maschenhalter
Schwierigkeitsgrad: 2 von 3
Konstruktion: Die Jacke wird von oben in einem Stück gestrickt, mit Ballonärmeln. Die Vorderkanten haben keine Knöpfe oder Knopflöcher, sodass die Jacke offen getragen wird wie ein Bolero.
Strickkurs: MMs = Maschenmarkierer setzen, siehe Strickkurs Seite 163.
MMabh = Maschenmarkierer abheben
1 M re neig zun = 1 M rechts neigend zunehmen, siehe Strickkurs Seite 163.
1 M li neig zun = 1 M links neigend zunehmen, siehe Strickkurs Seite 163.
RIPPEN MIT HEBEMASCHE IN REIHEN
R 1 (HinR) = rechts.
R 2 (RückR) = *2 M wie zum li Str mit Faden vor der Arbeit abh, 2 M re*, von *–* bis REnde wdh.
RIPPEN MIT HEBEMASCHEN IN RUNDEN
Rd 1 = rechts.
Rd 2 = *2 M wie zum li Str mit Faden hinter der Arbeit abh, 2 M li*, von *–* bis REnde wdh.

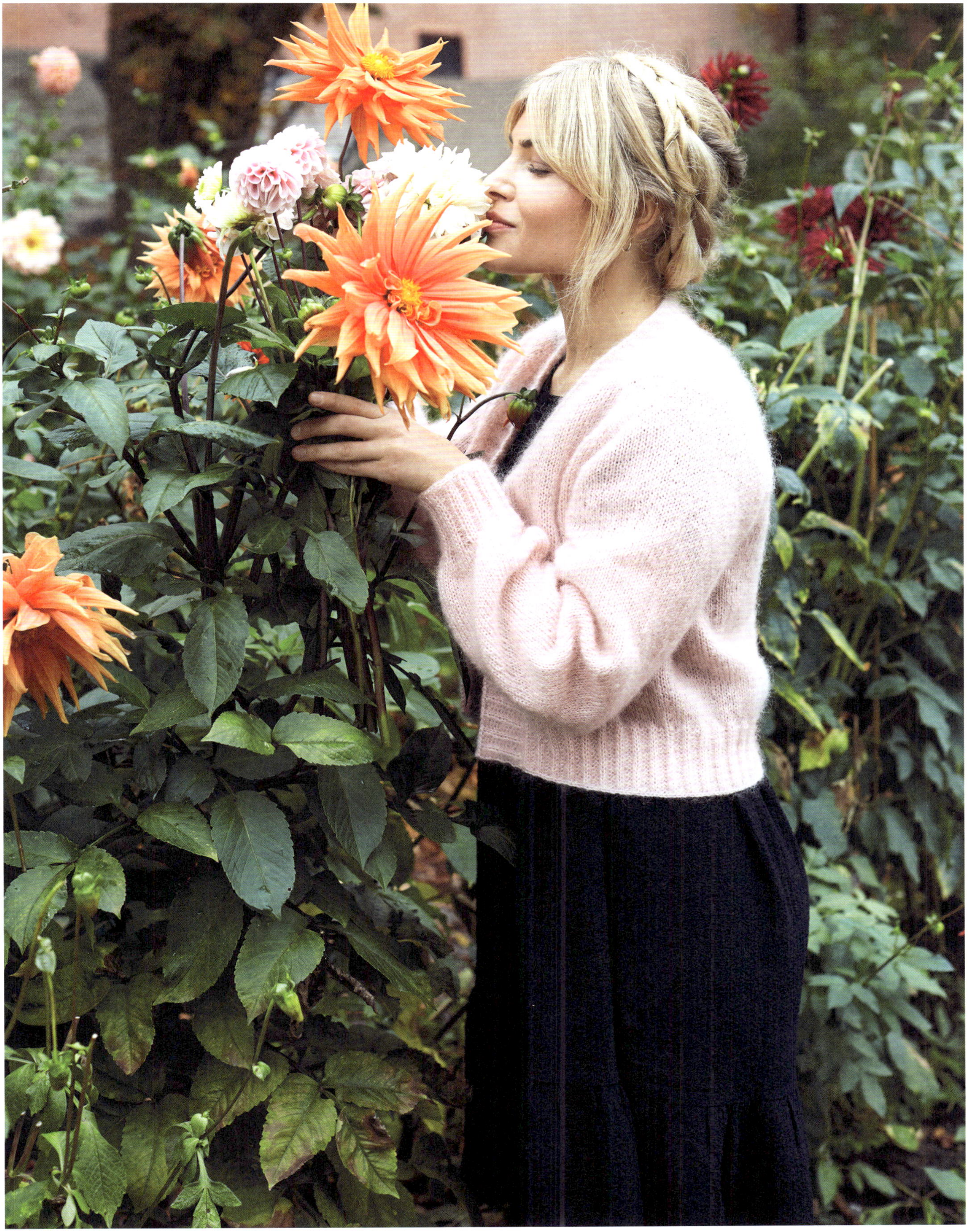

Passe

Achtung! Die gesamte Jacke wird mit 2 Fäden Fb 1 und 1 Faden Fb 2 gestrickt (= insgesamt 3 Fäden).

Mit Rundnadel 4 mm: 48 (50) 56 (60) 64 (68) M anschlagen.

R 1 (RückR): Links, gleichzeitig wie folgt MM setzen: 2 M li, MM setzen, 8 M li, MMs, 28 (30) 36 (40) 44 (48) M li, MMs, 8 M li, MMs, 2 M li.

Jetzt mit den Raglanzunahmen beginnen:

R 2 (HinR): 1 M re, * re bis 1 M vor MM, 1 M re neig zun, 1 M re, MMabh, 1 M re, 1 M li neig zun *, von *–* noch 3-mal wdh, bis REnde re (= 8 neue M) = 56 (58) 64 (68) 72 (76) M.

R 3: Links.

R 4 und 5: R 2 und 3 wdh = 64 (66) 72 (76) 80 (84) M. Jetzt wird weiter an den Raglannähten zugenommen und mit den Zunahmen für den V-Ausschnitt begonnen:

R 6: 1 M re, 1 M li neig zun, *re bis 1 M vor MM, 1 M re neig zun, 1 M re, MMabh, 1 M re, 1 M li neig zun*, von *–* noch 3-mal wdh, re bis noch 1 M übrig ist, 1 M re neig zun, 1 M re (= 10 neue M) = 74 (76) 82 (86) 90 (94) M.

R 7: Links.

R 4–7 noch 9 (11) 12 (13) 14 (15)-mal wdh = 236 (274) 298 (320) 342 (364) M. Danach R 4–5 noch 1 (1) 1 (1) 2 (2)-mal wdh = 244 (282) 306 (328) 358 (380) M.

Körper und Ärmel trennen

Bis zum ersten MM str, die folgenden 52 (60) 64 (68) 74 (78) M (= linker Ärmel) stilllegen. Die ersten 2 MM entfernen und 6 M für das Armloch anschlagen, bis zum nächsten MM re, die folgenden 52 (60) 64 (68) 74 (78) M (= rechter Ärmel) stilllegen, die letzten 2 MM entfernen, 6 M für das Armloch anschlagen, bis REnde re = 152 (174) 190 (204) 222 (236) M.

Körper

Glatt rechts str (= Hinreihe rechts, Rückreihe links) bis der Körper 21 (21) 22 (22) 23 (23) cm ab dem Armloch misst. Mit einer linken R enden, und gleichzeitig 2 (0) 0 (2) 0 (2) M gleichmäßig verteilt abnehmen = 150 (174) 190 (202) 222 (234) M.

Auf Rundnadel 3,5 mm wechseln und 7 cm Rippen mit Hebemasche stricken (siehe Anleitung unter Strickkurs.) **Achtung!** In der Rückreihe (R 2) strickt man immer zuerst 2 M re, bevor man mit den Rippen weitermacht. Rechts abketten.

Ärmel

Die Maschen eines Ärmels auf ein Nadelspiel 4 mm nehmen.

Rd 1: Mit Beginn in der unteren Ärmelmitte 4 neue M aufnehmen (= die 3 ersten aus den neu angeschlagenen M und die 4. aus der Lücke am Übergang zu den stillgelegten ÄrmelM), 52 (60) 64 (68) 74 (78) ÄrmelM str, 4 neue Maschen aufnehmen = 60 (68) 72 (76) 82 (86) M.

Glatt rechts str (= alle Rd rechts) bis der Ärmel 38 (38) 39 (39) 40 (40) cm misst.

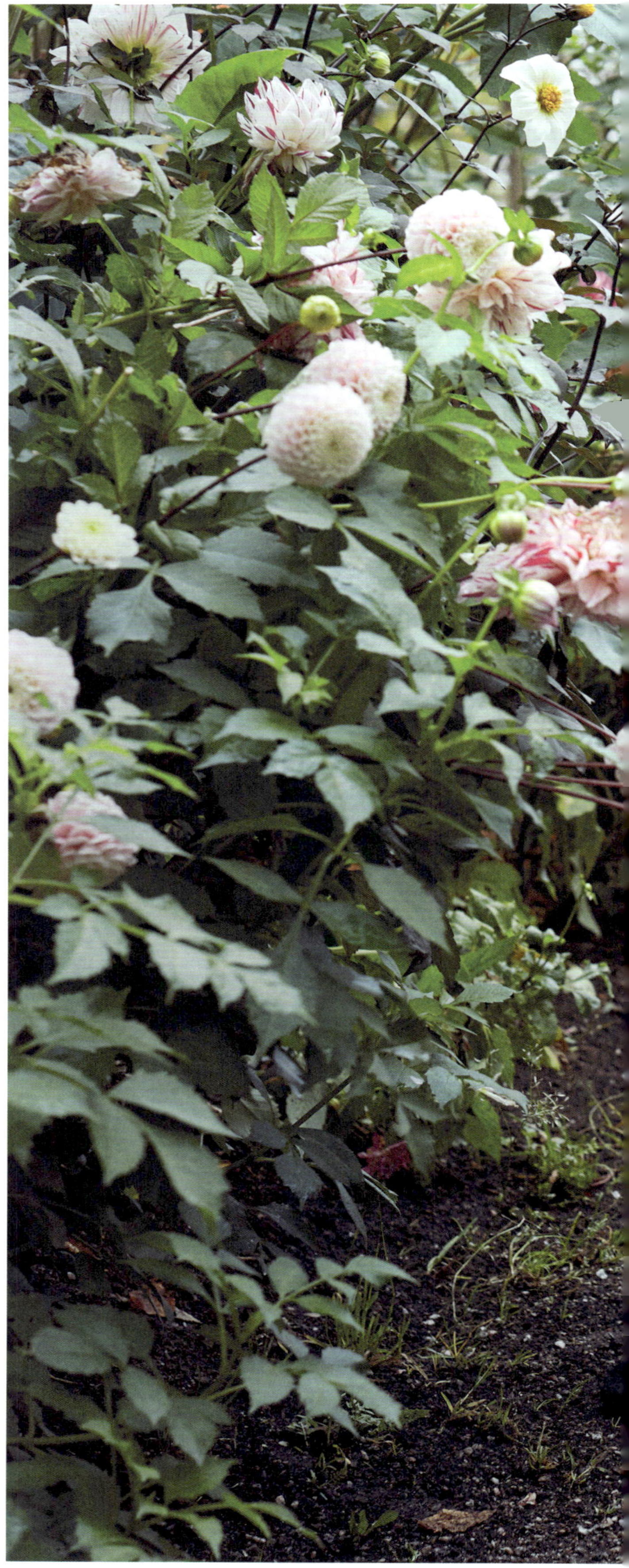

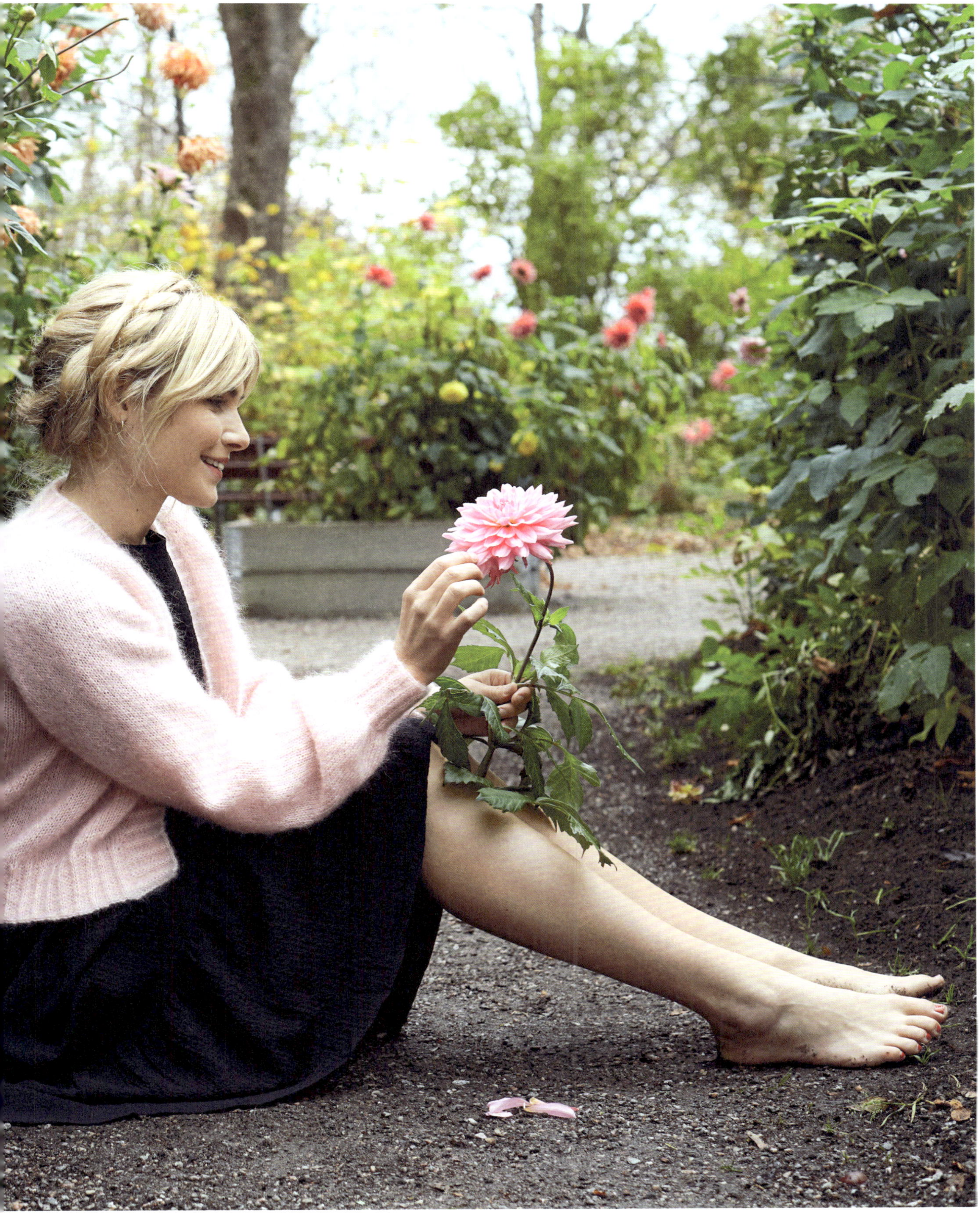

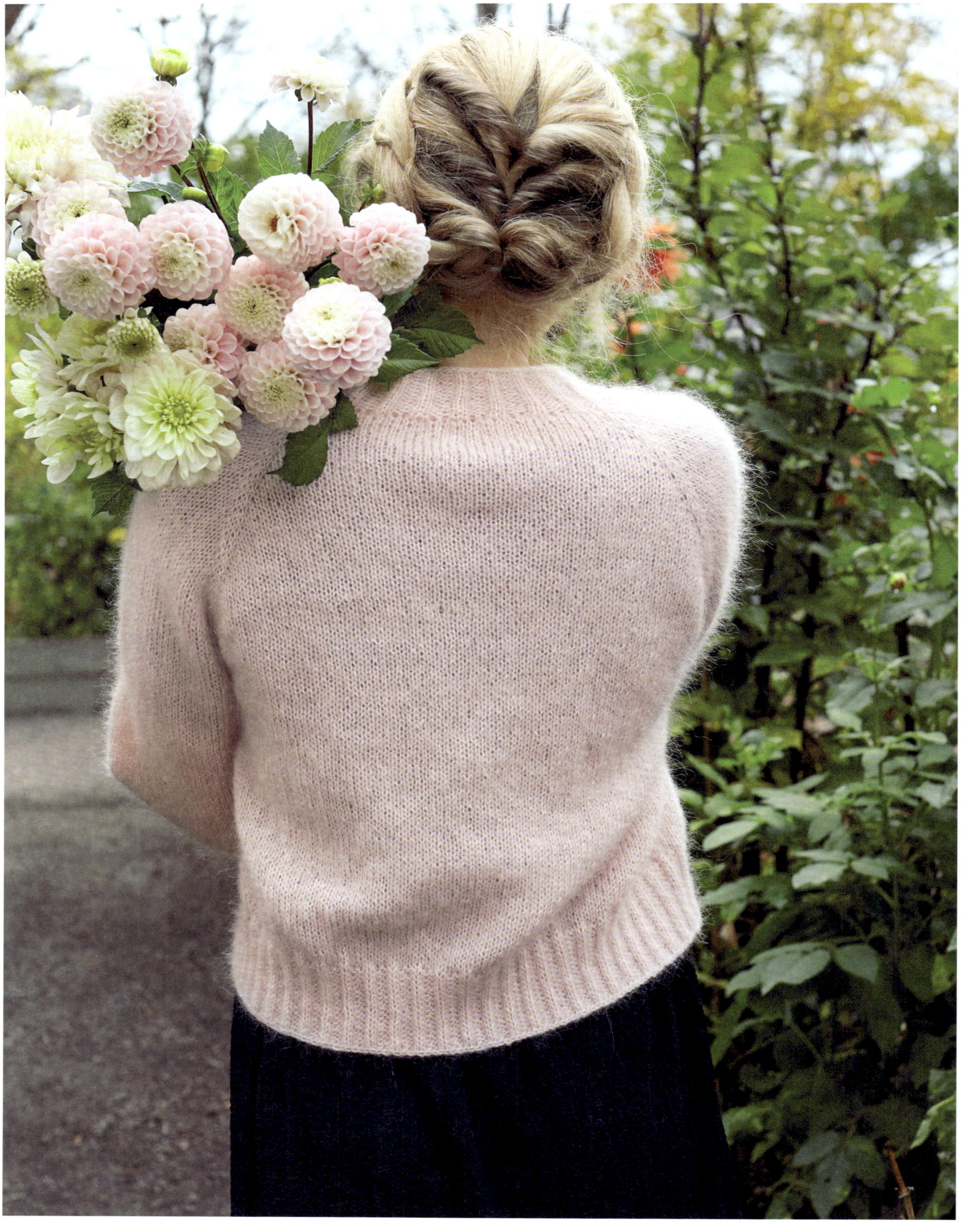

AbnahmeRd 1: 2 (2) 0 (2) 1 (3) M re, *2 M re zus, 5 M re* (*2 M re zus, 6 M re*) *2 M re zus, 7 M re* (*2 M re zus, 7 M re*) *2 M re zus, 8 M re* (*2 M re zus, 8 M re*), von *–* wdh, bis noch 2 (2) 0 (2) 1 (3) M übrig sind, 2 (2) 0 (2) 1 (3) M re = 52 (60) 64 (68) 74 (78) M.

1 Rd rechts.

AbnahmeRd 2: 2 (2) 0 (2) 1 (3) M re, *2 M re zus, 4 M re* (*2 M re zus, 5 M re*) *2 M re zus, 6 M re* (*2 M re zus, 6 M re*) *2 M re zus, 7 M re* (*2 M re zus, 7 M re*), von *–* wdh, bis noch 2 (2) 0 (2) 1 (3) M übrig sind, 2 (2) 0 (2) 1 (3) M re = 44 (52) 56 (60) 66 (70) M.

1 Rd rechts.

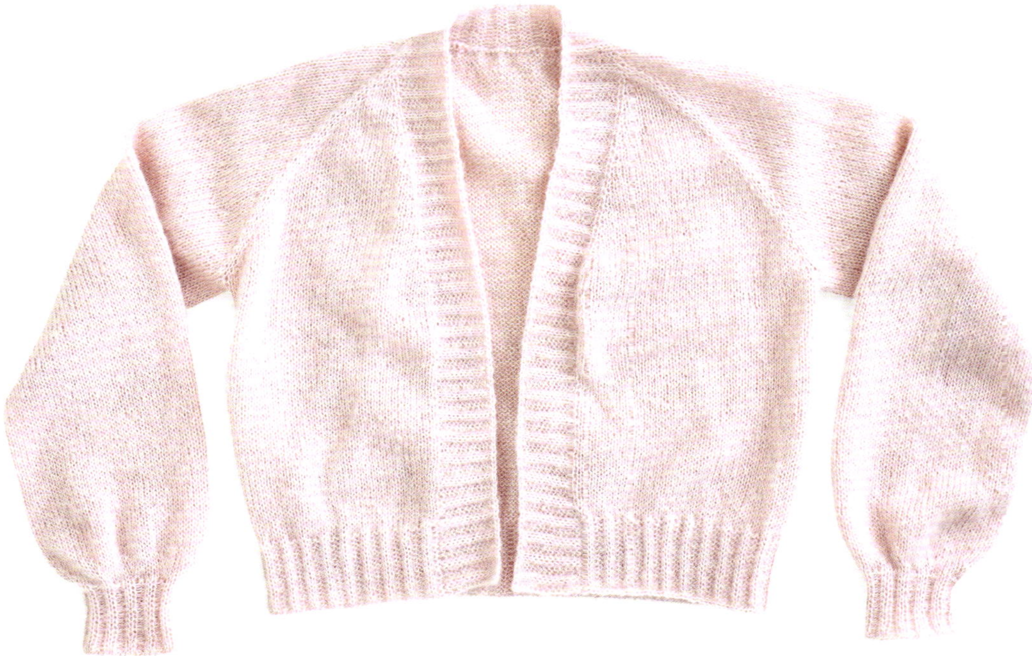

AbnahmeRd 3: 2 (2) 0 (2) 1 (3) M re, *2 M re zus, 3 M re* (*2 M re zus, 4 M re*) *2 M re zus, 5 M re* (*2 M re zus, 5 M re*) *2 M re zus, 6 M re* (*2 M re zus, 6 M re*), von *–* wdh, bis noch 2 (2) 0 (2) 1 (3) M übrig sind, 2 (2) 0 (2) 1 (3) re M = 36 (44) 48 (52) 58 (62) M.

1 Rd re, dabei gleichzeitig 0 (0) 4 (4) 6 (10) M gleichmäßig verteilt abnehmen = 36 (44) 44 (48) 52 (52) M.

Auf Nadelspiel 3,5 mm wechseln und 7 cm Rippen mit Hebemaschen stricken. Rechts abketten.

Rippenbund

Mit Rundnadel 3,5 mm und die rechte Seite zu sich haltend: Neue Maschen an den Vorderkanten und am Hals aufnehmen (rechts beginnen), dabei ungefähr jede 4. M überspringen. Die Maschenzahl muss teilbar durch 4 + 2 sein. Zum Beispiel 242 (246) 250 (254) 258 (262) M.

7 cm Rippen mit Hebemaschen stricken. **Achtung!** Erste R = R 2/ RückR.

Achtung! In der Rückreihe (R 2) strickt man immer zuerst 2 M re, bevor man mit den Rippen weitermacht. Auf der rechten Seite rechts abketten.

Ausarbeiten

Fäden vernähen. Die Jacke vorsichtig spannen, wie im Strickkurs auf Seite 161 erklärt.

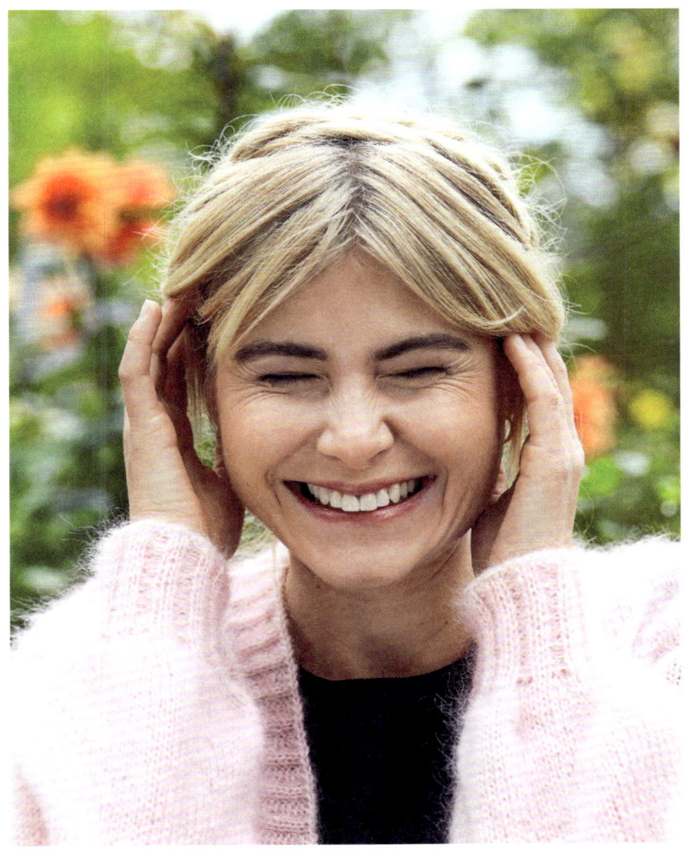

Hortensie

SOMMER

Hortensienblau ist eine makellose Farbe, nicht wahr? Es gibt viele Erklärungen, woher die Pflanze ihren Namen hat, mir ist diese Variante in Erinnerung geblieben: Im Jahr 1766 begab sich der französische Botaniker Philibert Commerson auf Entdeckungsreise nach Asien. Nur Männer durften teilnehmen, aber er schmuggelte trotzdem seine Geliebte Hortense Barré an Bord. Als Mann und sein Diener verkleidet, kam sie aufs Schiff. Während der Reise wurde Hortense entlarvt, aber schaffte es trotzdem, die legendäre Pflanze mit zurückzubringen. Die Blume wurde Hortensie getauft, nach Hortense.

Die Weste »Hortensie« ist ein praktisches Kleidungsstück mit schönen Details. Für etwas mehr Schick wird sie mit einem Faden Wolle und einem Faden Mohair gestrickt.

Material: Schwedische Wolle 3-fädig von Järbo (100% schwedische Wolle, 100 g = 180 m) und Fin Mohair Seide von Järbo (72 % Mohair, 28 % Seide, 25 g = 210 m)
Maschenprobe: 17 m × 22 R glatt rechts auf Nadel 4,5 mm = 10 × 10 cm
Größe: S (M) L (XL) 2XL (3XL)
Brustumfang: 88 (96) 102 (112) 124 (136) cm
Länge: 48 (49) 50 (51) 52 (53) cm
Menge: 200 (300) 300 (300) 400 (400) g Schwedische Wolle 3-fädig, Dala Blue (Nr. 59012) und 75 (75) 75 (100) 100 (100) g Fin Mohair Seide, Natural White (Nr. 31520)
Rundstricknadel: 3,5 und 4,5 mm, 80 cm
Nadelspiel: 3,5 mm
Zubehör: 5 Knöpfe (ca. 25 mm), 1 Stopfnadel zum italienischen Abketten, Nadelspiel 4,5 mm zum Abketten mit 3 Nadeln, Maschenhalter
Schwierigkeitsgrad: 2 von 3
Konstruktion: Die Weste wird von unten nach oben in einem Stück gestrickt. Zuerst der Körper, dann die Vorderteile und das Rückenteil getrennt. Die Schultern werden beim Abketten mit 3 Nadeln geschlossen.
Strickkurs: RIPPENKANTE (HinR) = Erste 8 M: 1 M wie zum re Str mit dem Faden hinter der Arbeit abh, 1 M li, 1 M re, 1 M li, 1 M re, 1 M li, 1 M re, 1 M li. In der HinR die letzten 8 M: 1 M li, 1 M re, 1 M li, 1 M re, 1 M li, 1 M re, 1 M li, 1 M re.
RIPPENKANTE (RückR): Erste 8 M: 1 M wie zum li Str mit dem Faden vor der Arbeit abh, 1 M re, 1 M li, 1 M re, 1 M li, 1 M re, 1 M li, 1 M re. In der RückR, die letzten 8 M: 1 M re, 1 M li, 1 M re, 1 M li, 1 M re, 1 M li, 1 M re, 1 M li.
KNOPFLOCH (HinR) = 1 M wie zum re Str mit dem Faden hinter der Arbeit abh, 1 M li, 1 M re, 2 M re abk, 1 M re, 1 M li.
KNOPFLOCH (RückR) = im Muster mit Rippenkante und li M bis zu den letzten 8 M str, die wie folgt str: 1 M re, 1 M li, 1 M re, 2 M zweifarbig aufschlingen (siehe Strickkurs, Videolinks auf Seite 164), 1 M li, 1 M re, 1 M li.

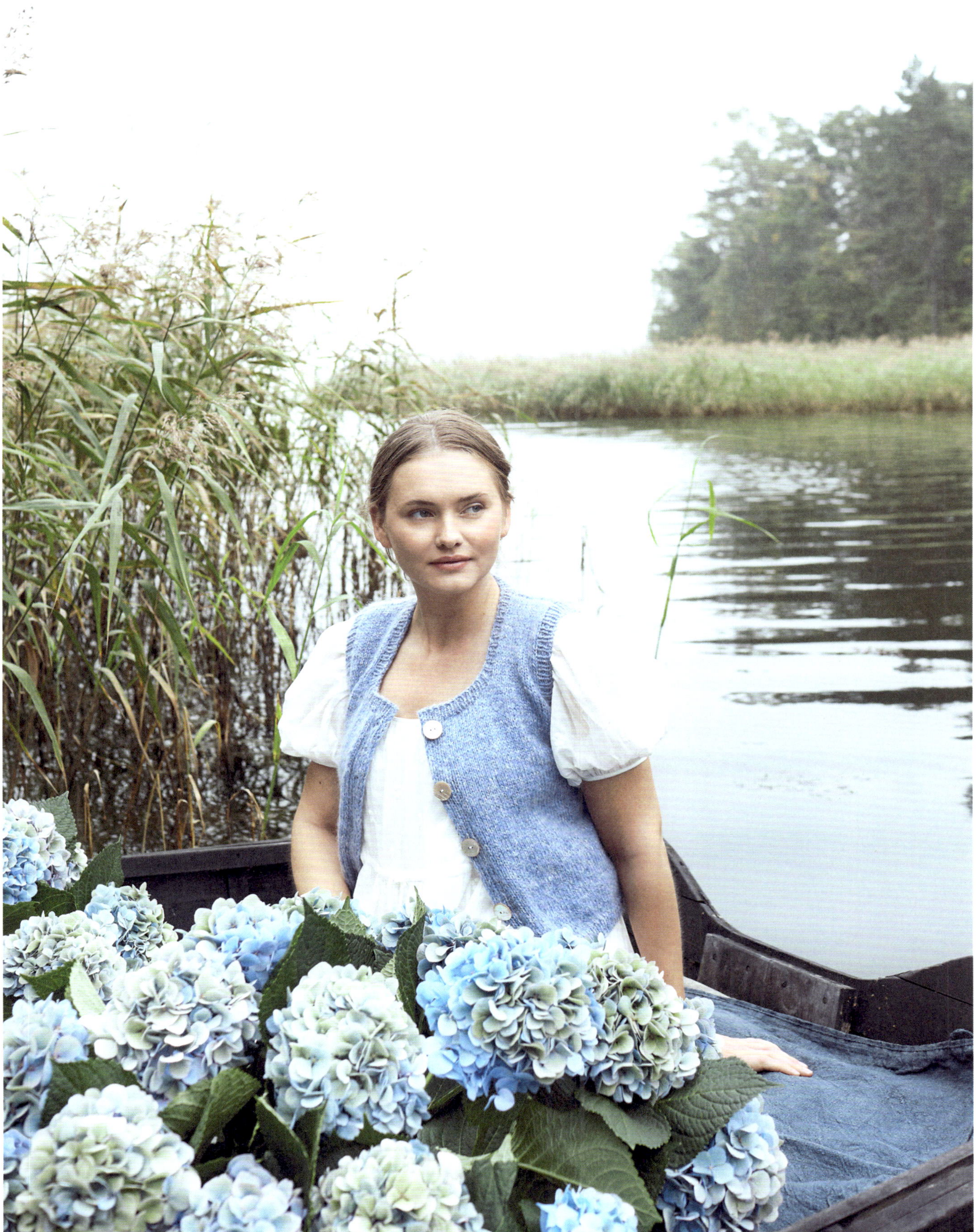

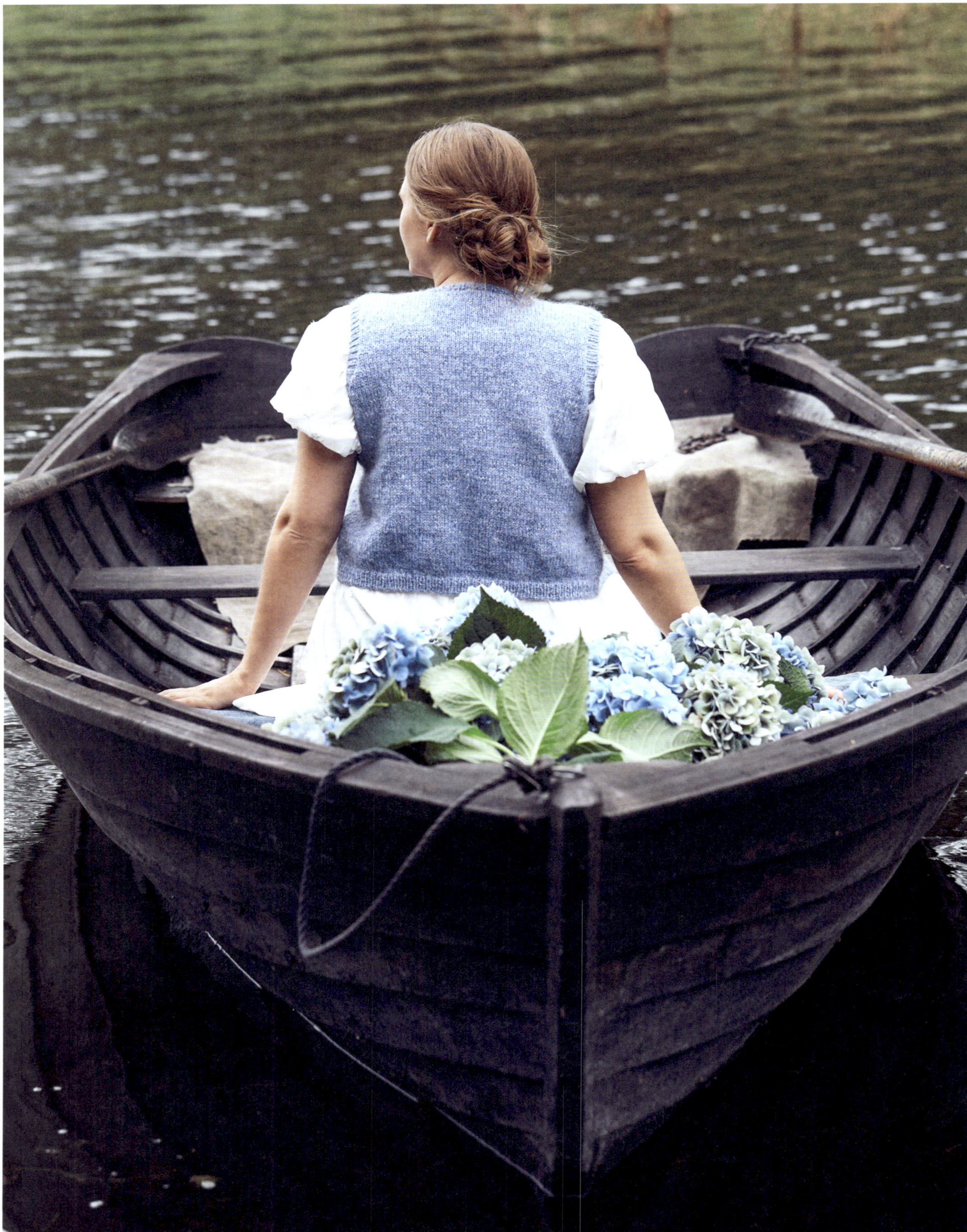

Bund

Die erste M in Hinreihen immer wie zum rechts Stricken mit dem Faden hinter der Arbeit abheben und die erste M in Rückreihen immer wie zum links Stricken mit dem Faden vor der Arbeit abheben. Auf diese Weise werden die Ränder ordentlich.

Mit Rundnadel 3,5 mm und einem Faden von jeder Wolle: 177 (193) 205 (221) 241 (261) M italienisch anschlagen (siehe Videolinks im Strickkurs auf Seite 164). Mit 1 M re beginnen und enden.

BundR 1 (RückR): 1 M li, weiter Rippen stricken (1 M re, 1 M li), dabei die rechten M verschränkt str und die linken M wie zum links Stricken abheben – mit dem Faden vor der Arbeit – bis zur letzten M, 1 M li.

BundR 2 (HinR): 1 M re, weiter Rippen stricken (1 M li, 1 M re), dabei die rechten M normal stricken und die linken M wie zum links Stricken abheben – mit dem Faden vor der Arbeit.

BundR 3 (RückR): 1 M li, weiter Rippen stricken (1 M li, 1 M re), dabei die rechten M normal stricken und die linken M wie zum links Stricken abheben – mit dem Faden vor der Arbeit – bis zur letzten M, 1 M li. Normale Rippen stricken (1 M re, 1 M li) bis die Arbeit 2,5 cm misst. Mit einer RückR enden.

Körper

R 1 (HinR): Mit Rundstricknadel 4,5 mm Rippenkante (siehe Strickkurs) str, re und gleichzeitig über die nächsten 161 (177) 189 (205) 225 (245) M gleichmäßig verteilt 10 M abn. Über die letzten 8 M, Rippenkante = 167 (183) 195 (211) 231 (251) M.

R 2 (RückR): Rippenkante (siehe Strickkurs), li, bis noch 8 M übrig sind, Rippenkante.

R 3: Knopfloch (siehe Strickkurs), re, bis noch 8 M übrig sind, Rippenkante.

R 4: Rippenkante, li, bis noch 8 M übrig sind, Knopfloch (siehe Strickkurs).

R 5: Rippenkante, re, bis noch 8 M übrig sind, Rippenkante.

R 6: Rippenkante, li, bis noch 8 M übrig sind, Rippenkante.

R 5 und 6 wdh, bis die Arbeit 30 cm misst. **Achtung!** Gleichzeitig in jeder 20. R ein neues Knopfloch (R 3 und 4) einstricken – insgesamt 5 Knopflöcher.

Für die Armlöcher trennen

43 (47) 50 (53) 58 (63) M wie bisher mit Rippenbund und glatt rechts str, 6 (6) 6 (8) 8 (8) M abketten (= Armloch), 69 (77) 83 (89) 99 (109) M re und 6 (6) 6 (8) 8 (8) M abketten (= Armloch), 43 (47) 50 (53) 58 (63) M wie bisher glatt rechts und Rippenbund.

Jetzt die Vorderteile und das Rückenteil getrennt beenden.

Linkes Vorderteil

Weiter wie bisher mit Rippenbund und glatt rechts stricken. Zuerst eine RückR str, dann für das Armloch abnehmen:
Am Beginn der HinR 1 (1) 1 (2) 2 (2)-mal 2 M abketten.

Dann in der HinR weitere 2 (5) 6 (7) 10 (9)-mal 1 M abketten = 39 (40) 42 (42) 44 (50) M. In 6 cm Höhe beginnt man zusätzlich zu den Abnahmen fürs Armloch mit denen für den Halsausschnitt.

Nächste R: 20 (20) 22 (23) 25 (25) M str. die folgenden 19 (20) 20 (19) 19 (25) M stilllegen.

Für den Halsausschnitt abnehmen: Wenden und 2 M abketten, dann bis zum Ende der Reihe stricken.

Weiter glatt rechts str und zu Beginn der folgenden 2 RückR 2-mal 1 M abketten = 16 (16) 18 (19) 21 (21) M.

Glatt rechts str, bis die Arbeit 18 (19) 20 (21) 22 (23) cm ab dem Armloch misst. Mit einer RückR enden.

Faden abschneiden, die restlichen M stilllegen.

Rechtes Vorderteil

Auf der linken Seite für das Armloch abnehmen: Zu Beginn der nächsten RückR 1 (1) 1 (2) 2 (2)-mal 2 M abketten. Dann noch 2 (5) 6 (7) 10 (9)-mal in der RückR 1 M abketten = 39 (40) 42 (42) 44 (50) M.

In 6 cm Höhe beginnt man zusätzlich zu den Abnahmen fürs Armloch mit denen für den Halsausschnitt.

Nächste R: Die folgenden 19 (20) 20 (19) 19 (25) M stilllegen. 20 (20) 22 (23) 25 (25) M str.

Abn für den Halsausschnitt: Wenden und 1 R links. Weiter glatt rechts str und 2 M abketten, dann bis REnde re.

Weiter glatt rechts str und 2-mal zu Beginn der folgenden 2 HinR 1 M abketten = 16 (16) 18 (19) 21 (21) M.

Glatt rechts str, bis die Arbeit 18 (19) 20 (21) 22 (23) cm ab dem Armloch misst. Mit einer RückR enden.

Faden abschneiden und die restlichen M stilllegen.

Rückenteil

1 R li, dann für das Armloch abketten: 2 M abketten 1 (1) 1 (2) 2 (2)-mal = 65 (73) 79 (81) 91 (101) M.
Dann beidseitig noch je 1 M abk 2 (4) 5 (5) 10 (14)-mal = 61 (65) 69 (71) 71 (73) M.

Glatt rechts str, bis die Arbeit 16 (17) 18 (19) 20 (21) cm ab dem Armloch misst. Mit einer RückR enden.

Auf der rechten Seite die 27 (31) 31 (31) 27 (29) M in der Mitte für den Halsausschnitt abketten, dann die Schultern getrennt beenden.

Linke Schulter

Abnahmen für den Halsausschnitt: 1 R li. In der nächsten R 1 M am Hals abketten = 16 (16) 18 (19) 21 (21) M für die Schulter übrig.

Glatt rechts str, bis die Arbeit 18 (19) 20 (21) 22 (23) cm ab dem Armloch misst. Faden abschneiden und die restlichen M stilllegen.

Rechte Schulter

Abnahmen für den Halsausschnitt: 1 R li und sofort 1 M abketten = 16 (16) 18 (19) 21 (21) M für die Schulter übrig.

Glatt rechts str, bis die Arbeit 16 (17) 18 (19) 20 (21) cm ab dem Armloch misst. Faden abschneiden und die restlichen M stilllegen.

Ausarbeiten

Schultern

Die Schultern schließen, indem mit 3 Nadeln abgekettet wird (siehe Strickkurs Seite 164): Die M von der rechten Schulter (Vorder- und Rückenteil) auf ein Nadelspiel 4,5 mm nehmen.

Die Arbeit rechts auf rechts aufeinanderlegen, die Nadeln parallel in der linken Hand halten und mit einer 3. Nadeln abstricken. 1 M von der vorderen und 1 M von der hinteren Nadel re zus str. Die folgenden 2 M genauso zusammenstricken und die 1. M auf der rechten Nadel über die 2. ziehen = 1 M auf der Nadel. So alle M zusammenstricken und abketten. Faden abschneiden und vernähen.

Halsausschnitt

Mit Rundnadel 3,5 mm und die rechte Seite zu sich haltend: Die stillgelegten M des rechten Vorderteils auf eine Rundnadel nehmen. Die ersten 8 M Rippen (1 M re, 1 M li) str, die restl re. Dann an der Kante entlang gleichmäßig verteilt M aufnehmen (damit die Kante dehnbar bleibt, nimmt man 3 von 4 M auf), dann die stillgelegten M des linken Vorderteils auf die linke Nadel heben. Rechts, bis noch 8 M übrig sind, dann wie vorher Rippen str (1 M li, 1 M re).

Achtung! Die Maschenanzahl muss teilbar durch 2 + 1 sein.

R 2 (RückR): 1 M li, *1 M re, 1 M li*, von *–* bis REnde wdh.

R 3: 1 M re, *1 M li, 1 M re*, von *–* bis REnde wdh. Noch 2 R Rippen stricken (1 M re, 1 M li).

Weiter Rippen str, aber in den nächsten 2 R die re M re str, die li M wie zum li Stricken abheben – mit Faden vor der Arbeit.

Auf der rechten Seite italienisch abketten (siehe Videolinks im Strickkurs auf Seite 164).

Ärmelkanten

Mit Nadelspiel 3,5 mm, die rechte Seite zu sich haltend und mitten unterm Ämel beginnend gleichmäßig verteilt M aufnehmen, 3 aus 4 M. **Achtung!** Die Maschenzahl muss durch 2 teilbar sein. Achten Sie darauf, an beiden Armlöchern gleich viele M aufzunehmen.

5 Rd Rippen (1 M re, 1 M li) stricken. Weiter Rippen str, aber in der nächsten Rd die re M re str, die li M wie zum li Stricken abheben – mit Faden vor der Arbeit.

Auf der rechten Seite italienisch abketten.

Knöpfe

Fäden vernähen. Die Jacke vorsichtig spannen, wie im Strickkurs auf Seite 161 erklärt. Die Knöpfe gegenüber den Knopflöchern annähen.

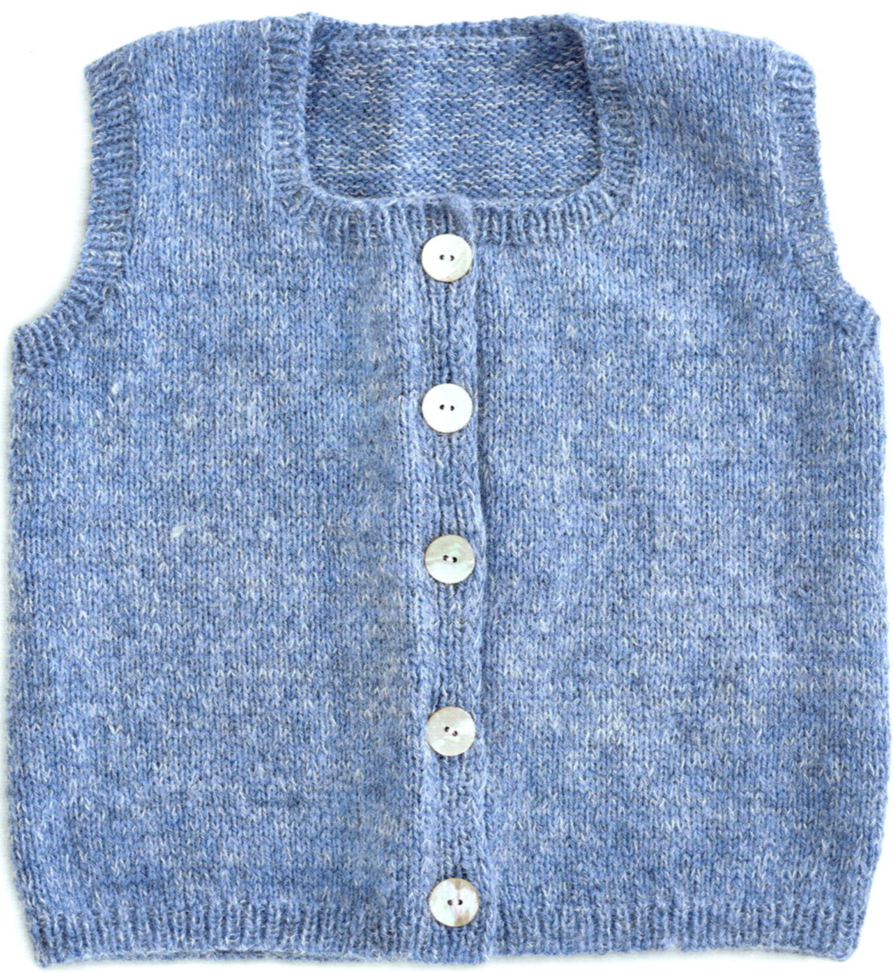

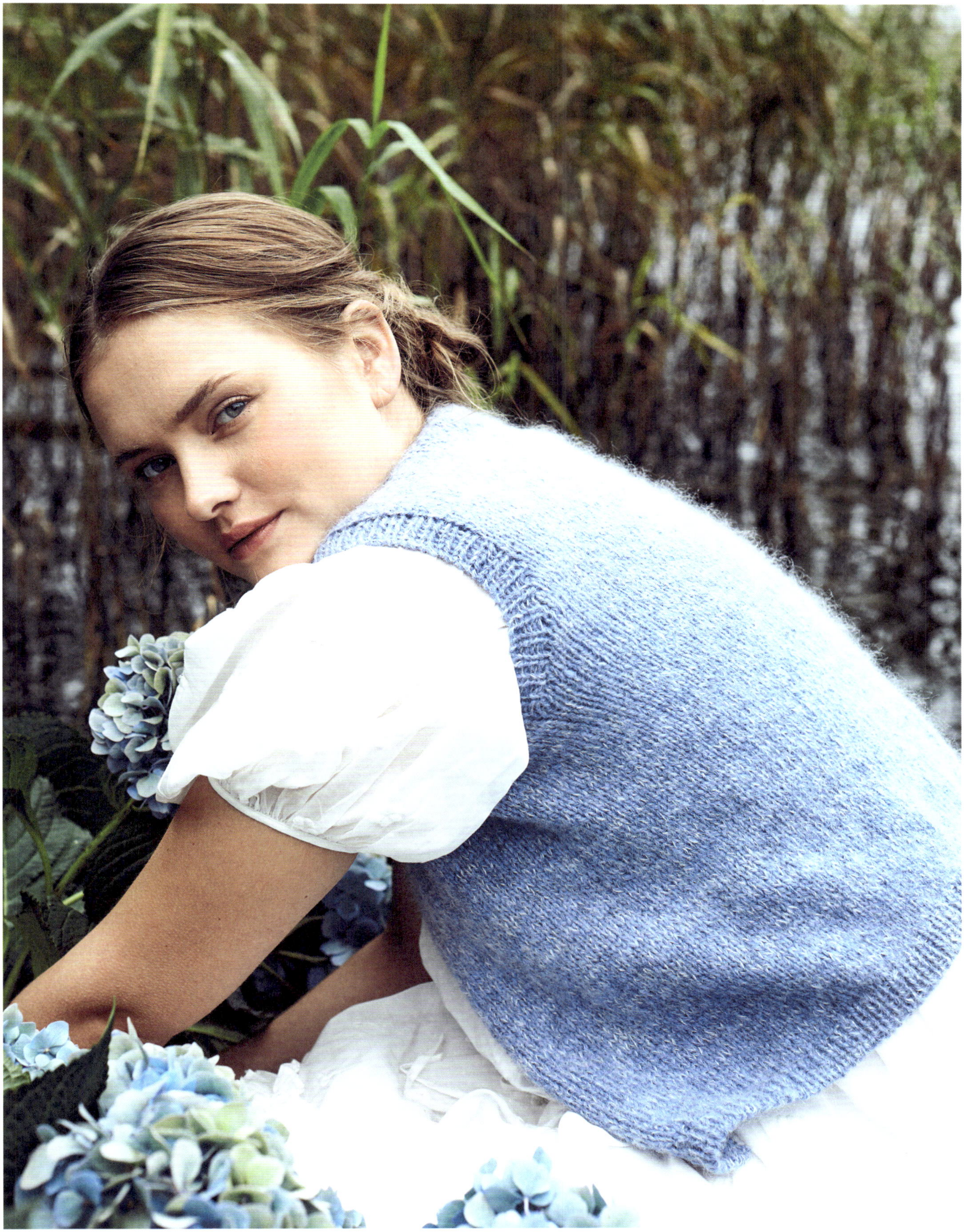

Lilie

SOMMER

Symbole und ihre Bedeutung haben mich schon immer fasziniert. In der Guldsmedshyttans Kirche in Bergslagen schmücken Sterne, Planeten und Lilien das Dach – Motive, durch die ich die Idee zum Musterband dieser Jacke bekam.

Die Lilie ist ein altes, französisches Symbol, das unter anderem mit der Jungfrau Maria, dem Königtum und katholischen Heiligen assoziiert wird.

Die Jacke »Lilie« ist eine kurzärmelige Sommerjacke, die man zu einem Sommerrock oder -kleid tragen kann. Tipp! Falls Sie lieber lange Ärmel möchten, können Sie der Anleitung der Jacke »Frühlingswäsche« von Seite 18 folgen.

Material: Schwedische Wolle 3-fädig von Järbo (100 % schwedische Wolle, 100 g = 180 m)
Maschenprobe: 21 m × 28 R glatt rechts im Muster auf Nadel 4 mm = 10 × 10 cm
Größe: XS (S) M (L) XL (2XL) 3XL (4XL)
Brustumfang: 80 (90) 100 (110) 120 (130) 140 (150) cm
Länge: 52 (52) 52 (53) 54 (55) 55 (56) cm
Ärmellänge: 12 (12) 12 (13,5) 13,5 (13,5) 13,5 (13,5) cm
Menge: Fb 1 = 300 (300) 300 (400) 400 (400) 500 (500) g Arctic Fox (Nr. 59001)
Fb 2 = 25 (25) 25 (25) 25 (25) 25 (25) g Bauer Forest (Nr. 59019)
Nadelspiel: 3,5 und 4 mm
Rundstricknadel: 3,5 und 4 mm, 60 cm
Zubehör: 10 Knöpfe (13–15 mm), 8 Maschenmarkierer, Maschenhalter
Schwierigkeitsgrad: 2 von 3
Konstruktion: Die Jacke wird von oben in einem Stück gestrickt – mit kurzen Raglanärmeln und einem Musterband unten.
Strickkurs: MM = Maschenmarkierer, siehe Strickkurs Seite 163.

ZUNAHMEN IN HINREIHEN
1 M re neig zun und 1 M li neig zun in der Hinreihe = 1 M links oder rechts neigend zunehmen: siehe Strickkurs Seite 163.

GEGENGLEICHE ZUNAHMEN IN RÜCKREIHEN
1 M re neig zun: aus dem Querfaden von vorn eine M aufn und links ins vordere Maschenglied str
1 M li neig zun: aus dem Querfaden von vorn eine M aufn und links ins hintere Maschenglied str

ACHTUNG! Beim Musterband wird Fb 2 auf der Rückseite bei der Knopfleiste nicht mitgeführt. Stattdessen lässt man sie hängen, während man Rippen strickt, und verschränkt sie dann mit Fb 1, wenn man weiterstrickt – also dieselbe Methode wie beim Intarsienstricken.

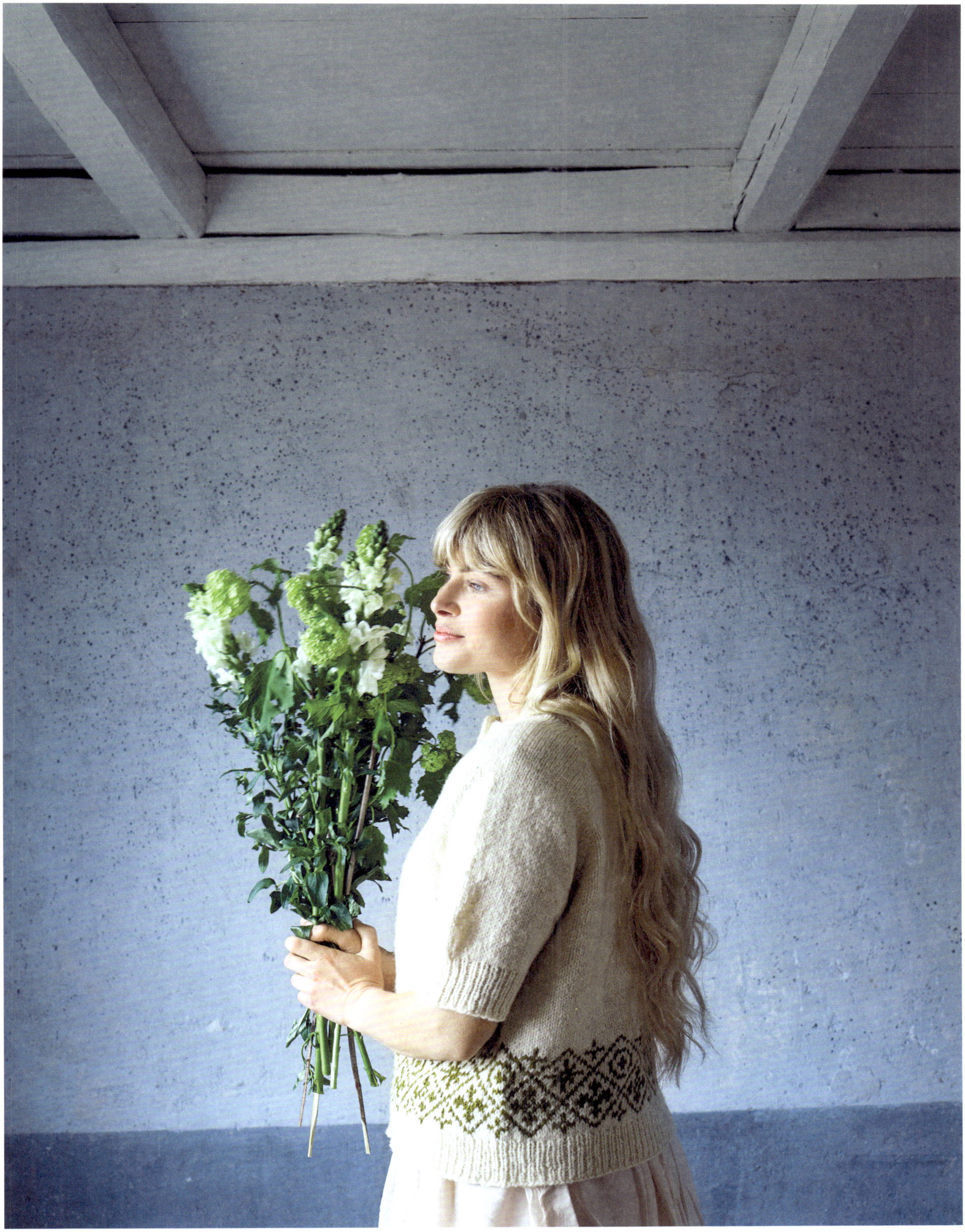

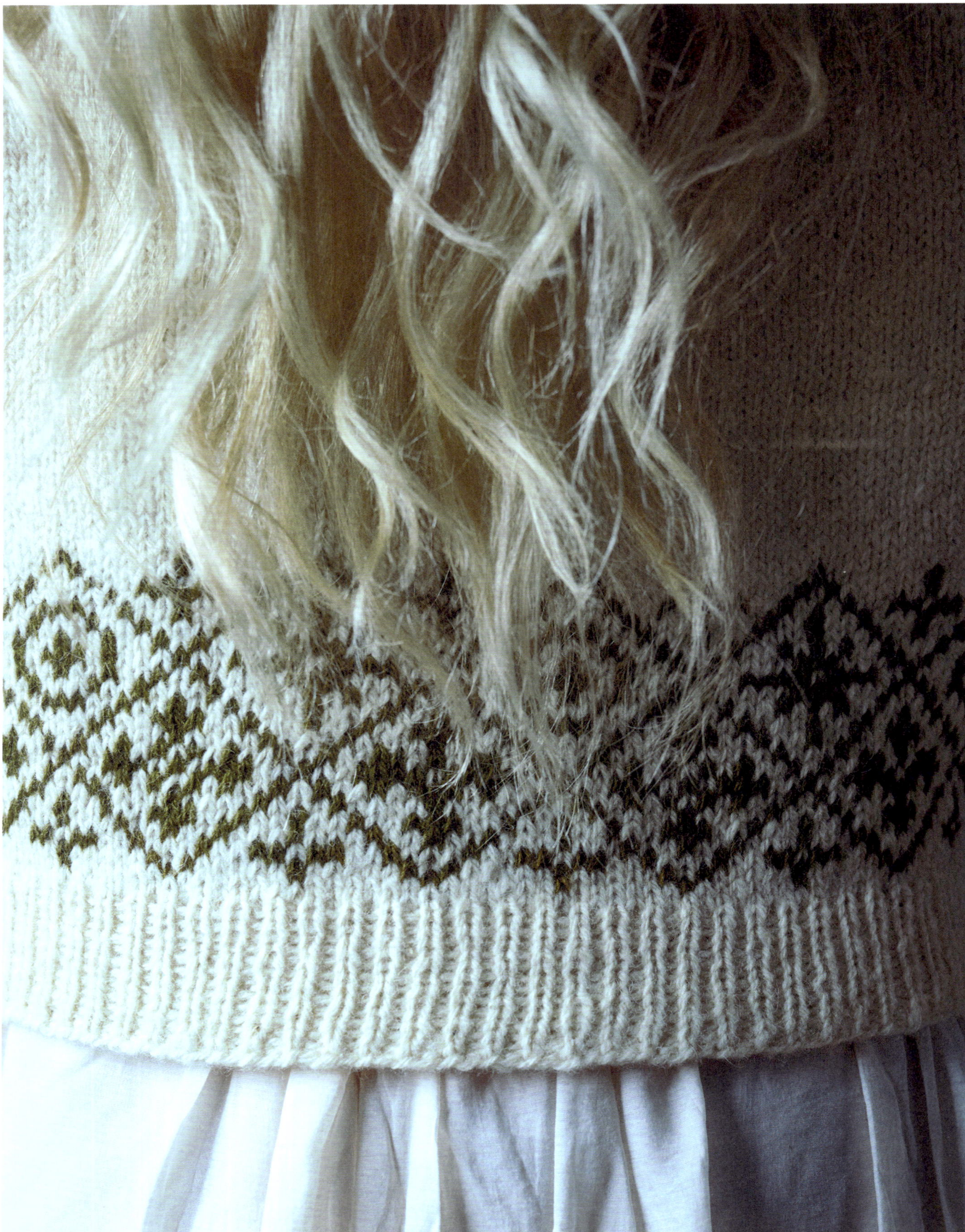

Passe

Rippenbund

Mit Rundnadel 3,5 mm und Fb 1: 105 (105) 105 (105) 105 (113) 113 (113) M anschlagen.

R 1 (RückR): Mit Fd vor der Arbeit 1 M wie zum li Stricken abh, *1 M re, 1 M li*, von *–* bis REnde wdh.

R 2: (HinR): Mit Fd hinter der Arbeit 1 M wie zum re Stricken abh, *1 M li, 1 M re*, von *–* bis REnde wdh.

R 3: Wie R 1.

R 4 (KnopflochRd): Wie R 2, bis noch 4 M übrig sind, U, 2 M re zus, 1 M li, 1 M re. **Achtung!** In jeder 14. R noch 9-mal ein Knopfloch stricken.

R 5: Wie R 1.

R 6: Wie R 2.

R 7: Wie R 1. In dieser R werden 4 Maschenmarkierer gesetzt: Zwischen M 22/23 (22/23) 22/23 (22/23) 22/23 (23/24) 23/24 (23/24) = MM D. Zwischen M 34/35 (34/35) 34/35 (34/35) 34/35 (37/38) 37/38 (37/38) = MM C. Zwischen M 71/72 (71/72) 71/72 (71/72) 71/72 (76/77) 76/77 (76/77) = MM B. Schließlich zwischen M 83/84 (83/84) 83/84 (83/84) 83/84 (90/91) 90/91 (90/91) = MM A.

Der Rippenbund ist fertig. Auf Rundnadel 4 mm wechseln und glatt rechts stricken, wenn nichts anderes angegeben ist.

R 8 (HinR, verkürzte R): Zu verkürzten R und Wickelmaschen siehe Strickkurs Seite 162. Die ersten 6 M Rippen str wie am Rippenbund, re bis MM C, MMabh, 6 M re, Wickelmasche, wenden.

R 9 (RückR, verkürzte R): Li bis MM B, MMabh, 6 M li, Wickelmasche, wenden.

R 10 (HinR, verkürzte R): Re bis MM D, MMabh, Wickelmasche, wenden. (Den Wickel mit der M stricken.)

R 11 (RückR, verkürzte R): Li bis MM A, MM, Wickelmasche, wenden. (Den Wickel zus mit der M str.)

R 12 (HinR, verkürzte R): Bis zu den letzten 6 M re, die letzten 6 M Rippen str wie am Rippenbund.

R 13: Die ersten 6 M Rippen str wie vorher, bis zu den letzten 6 M li, die letzten 6 M Rippen str wie vorher.

Jetzt mit den Raglanzunahmen beginnen:

R 14: 6 M Rippen str, re bis 1 M vor MM A, 1 M re neig zun (siehe Strickkurs), 1 M re, MMabh, 1 M re, 1 M li neig zun (siehe Strickkurs), 10 M re, 1 M re neig zun, 1 M re, MMabh, 1 M re, 1 M li neig zun, re bis 1 M vor MM C, 1 M re neig zun, 1 M re, MMabh, 1 M re, 1 M li neig zun, 10 M re, 1 M re neig zun, 1 M re, MMabh, 1 M re, 1 M li neig zun, bis zu den letzten 6 M re, 6 M Rippen str = 8 neue M = 113 (113) 113 (113) 113 (121) 121 (121) M.

R 15 XS: Die ersten 6 M Rippen str wie vorher, bis zu den letzten 6 M li, 6 M Rippen str.

S–4XL: Die ersten 6 M Rippen str, li bis 1 M vor MM D, 1 M re neig zun, 1 M li, MMabh, 1 M li, 1 M li neig zun, li bis 1 M vor MM C, 1 M re neig zun, 1 M li, MMabh, 1 M li, 1 M li neig zun, li bis 1 M vor MM B, 1 M re neig zun, 1 M li, MMabh, 1 M li, 1 M li neig zun, li bis 1 M vor MM A, 1 M re neig zun, 1 M li, MMabh, 1 M li, 1 M li neig zun, bis zu den letzten 6 M li, 6 M Rippen str.

R 16: 6 M Rippen str, re bis 1 M vor MM A, 1 M re neig zun, 1 M re, MMabh, 1 M re, 1 M li neig zun. Re bis 1 M vor MM B, 1 M re neig zun, 1 M re, MMabh, 1 M re, 1 M li neig zun, re bis 1 M vor MM C, 1 M re neig zun, 1 M re, MMabh, 1 M re, 1 M li neig zun, re bis 1 M vor MM D, 1 M re neig zun, 1 M re, MMabh, 1 M re, 1 M li neig zun, bis zu den letzten 6 M re, 6 M Rippen str = 121 (129) 129 (129) 129 (137) 137 (137) M.

R 17 XS–S: 6 M Rippen str, bis zu den letzten 6 M li, 6 M Rippen str.

M–4XL: 6 M Rippen str, li bis 1 M vor MM D, 1 M re neig zun, 1 M li, MMabh, 1 M li, 1 M li neig zun, li bis 1 M vor MM C, 1 M re neig zun, 1 M li, MMabh, 1 M li, 1 M li neig zun, li bis 1 M vor MM B, 1 M re neig zun, 1 M li, MMabh, 1 M li, 1 M li neig zun, li bis 1 M vor MM A, 1 M re neig zun, 1 M li, MMabh, 1 M li, 1 M li neig zun, bis zu den letzten 6 M li, 6 M Rippen str.

R 18: 6 M Rippen str, re bis 1 M vor MM A, 1 M re neig zun, 1 M re, MMabh, 1 M re, 1 M li neig zun, re bis 1 M vor MM B, 1 M re neig zun, 1 M re, MMabh, 1 M re, 1 M li neig zun, re bis 1 M vor MM C, 1 M re neig zun, 1 M re, MMabh, 1 M re, 1 M li neig zun, re bis 1 M vor MM D, 1 M re neig zun, 1 M re, MMabh, 1 M re, 1 M li neig zun, bis zu den letzten 6 M re, 6 M Rippen str.

R 19 XS–S: 6 M Rippen str, bis zu den letzten 6 M li, 6 M Rippen str.

M–4XL: Die ersten 6 M Rippen str, li bis 1 M vor MM D, 1 M re neig zun, 1 M li, MMabh, 1 M li, 1 M li neig zun, li bis 1 M vor MM C, 1 M re neig zun, 1 M li, MMabh, 1 M li, 1 M li neig zun, li bis 1 M vor MM B, 1 M re neig zun, 1 M li, MMabh, 1 M li, 1 M li neig zun, li bis 1 M vor MM A, 1 M re neig zun, 1 M li, MMabh, 1 M li, 1 M li neig zun, bis zu den letzten 6 M li, 6 M Rippen str.

R 20: Wie R 18.

R 21 XS–M: Die ersten 6 M Rippen str, bis zu den letzten 6 M li, die letzten 6 M Rippen str.

L–4XL: 6 M Rippen str, li bis 1 M vor MM D, 1 M re neig zun, 1 M li, MMabh, 1 M li, 1 M li neig zun, li bis 1 M vor MM C, 1 M re neig zun, 1 M li, MMabh, 1 M li, 1 M li neig zun, li bis 1 M vor MM B, 1 M re neig zun, 1 M li, MMabh, 1 M li, 1 M li neig zun, li bis 1 M vor MM A, 1 M re neig zun, 1 M li, MMabh, 1 M li, 1 M li neig zun, bis zu den letzten 6 M li, 6 M Rippen str.

R 22: Wie R 18.

R 23: Wie R 21.

R 24: Wie R 18.

R 25 XS–M: 6 M Rippen str, bis zu den letzten 6 M li, 6 M Rippen str.

L–4XL: 6 M Rippen str, li bis 1 M vor MM D, 1 M re neig zun, 1 M li, MMabh, 1 M li, 1 M li neig zun, li bis 1 M vor MM C, 1 M re neig zun, 1 M li, MMabh, 1 M li, 1 M li neig zun, li bis 1 M vor MM B, 1 M re neig zun, 1 M li, MMabh, 1 M li, 1 M li neig zun, li bis 1 M vor MM A, 1 M re neig zun, 1 M li, MMabh, 1 M li, 1 M li neig zun, bis zu den letzten 6 M li, 6 M Rippen str.

R 26: Wie R 18.

R 27 XS–L: 6 M Rippen str, bis zu den letzten 6 M li, 6 M Rippen str.

XL–4XL: 6 M Rippen str, li bis 1 M vor MM D, 1 M re neig zun, 1 M li, MM, 1 M li, 1 M li neig zun, li bis 1 M vor MM C, 1 M re neig zun, 1 M li, MMabh, 1 M li, 1 M li neig zun, li bis 1 M vor MM B, 1 M re neig zun, 1 M li, MMabh, 1 M li, 1 M li neig zun, li bis 1 M vor MM A, 1 M re neig zun, 1 M li, MMabh, 1 M li, 1 M li neig zun, bis zu den letzten 6 M li, 6 M Rippen str.

R 28: Wie R 18.

R 29: Wie R 27.

R 30: Wie R 18.

R 31 XS–XL: 6 M Rippen str, li bis zu den letzten 6 M, 6 M Rippen str.

2XL–4XL: Die ersten 6 M Rippen str, li bis 1 M vor MM D, 1 M re neig zun, 1 M li, MMabh, 1 M li, 1 M li neig zun, li bis 1 M vor MM C, 1 M re neig zun, 1 M li, MMabh, 1 M li, 1 M li neig zun, li bis 1 M vor MM B, 1 M re neig zun, 1 M li, MMabh, 1 M li, 1 M li neig zun, li bis 1 M vor MM A, 1 M re neig zun, 1 M li, MMabh, 1 M li, 1 M li neig zun, bis zu den letzten 6 M li, 6 M Rippen str.

R 32: Wie R 18.

R 33 XS–2XL: 6 M Rippen str, bis zu den letzten 6 M li, 6 M Rippen str.

3XL–4XL: 6 M Rippen str, li bis 1 M vor MM D, 1 M re neig zun, 1 M li, MMabh, 1 M li, 1 M li neig zun, li bis 1 M vor MM C, 1 M re neig zun, 1 M li, MMabh, 1 M li, 1 M li neig zun, li bis 1 M vor MM B, 1 M re neig zun, 1 M li, MMabh, 1 M li, 1 M li neig zun, li bis 1 M vor MM A, 1 M re neig zun, 1 M li, MMabh, 1 M li, 1 M li neig zun, bis zu den letzten 6 M li, 6 M Rippen str.

R 34: Wie R 18.

R 35 XS–2XL: 6 M Rippen str, bis zu den letzten 6 M li, 6 M Rippen str.

3XL–4XL: 6 M Rippen str, li bis 1 M vor MM D, 1 M re neig zun, 1 M li, MMabh, 1 M li, 1 M li neig zun, li bis 1 M vor MM C, 1 M re neig zun, 1 M li, MMabh, 1 M li, 1 M li neig zun, li bis 1 M vor MM B, 1 M re neig zun, 1 M li, MMabh, 1 M li, 1 M li neig zun, li bis 1 M vor MM A, 1 M re neig zun, 1 M li, MMabh, 1 M li, 1 M li neig zun, bis zu den letzten 6 M li, 6 M Rippen str.

R 36: Wie R 18.

R 37 XS–3XL: 6 M Rippen str, bis zu den letzten 6 M li, 6 M Rippen str.

4XL: 6 M Rippen str, li bis 1 M vor MM D, 1 M re neig zun, 1 M li, MMabh, 1 M li, 1 M li neig zun, li bis 1 M vor MM C, 1 M re neig zun, 1 M li, MMabh, 1 M li, 1 M li neig zun, li bis 1 M vor MM B, 1 M re neig zun, 1 M li, MMabh, 1 M li, 1 M li neig zun, li bis 1 M vor MM A, 1 M re neig zun, 1 M li, MMabh, 1 M li, 1 M li neig zun, bis zu den letzten 6 M li, 6 M Rippen str.

R 38: Wie R 18.

R 39: Wie R 37.

R 40: Wie R 18.

R 41: 6 M Rippen str, bis zu den letzten 6 M li, 6 M Rippen.

R 42: Wie R 18.

R 43: Wie R 41.

R 44: Wie R 18.

R 45: Wie R 41.

R 46: Wie R 18.

R 47: Wie R 41.

R 48: Wie R 18.

R 49: Wie R 41.

R 50: Wie R 18.

R 51: Wie R 41.

R 52: Wie R 18.

R 53: Wie R 41.

Jetzt sind die Raglanzunahmen für XL–4XL beendet. Insgesamt 28 (XL), 29 (2XL) 31 (3XL) 33 (4XL) Zunahmen = 329 M (XL), 345 M (2XL), 361 M (3XL), 377 M (4XL).

R 54 XS–L: Wie R 18.

R 55: 6 M Rippen str, bis zu den letzten 6 M li, 6 M Rippen.

Jetzt sind die Raglanzunahmen für L beendet. Insgesamt 27 Zunahmen = 321 M.

R 56 XS–M: Wie R 18.

R 57: 6 M Rippen str, bis zu den letzten 6 M li, 6 M Rippen.

R 58: XS–M: Wie R 18.

R 59: 6 M Rippen str, bis zu den letzten 6 M li, 6 M Rippen.

Jetzt sind die Raglanzunahmen für M beendet. Insgesamt 26 Zunahmen = 313 M.

R 60: Wie R 18.

R 61: 6 M Rippen, bis zu den letzten 6 M li, 6 M Rippen.

Jetzt sind die Raglanzunahmen für XS–S beendet. Insgesamt 24 (XS) und 25 (S) Zunahmen = 297 M (XS), 305 M (S).

Weiter für den Körper zunehmen, dafür die folgenden R 1–2 insgesamt 1 (4) 7 (10) 13 (14) 15 (16)-mal wdh.

R 1: 6 M Rippen str, re bis 1 M vor MM A, 1 M re neig zun, 1 M re, MMabh, re bis MM B, MMabh, 1 M re, 1 M li neig zun, re bis 1 M vor MM C, 1 M re neig zun, 1 M re, MMabh, re bis MM D, MMabh, 1 M re, 1 M li neig zun, bis zu den letzten 6 M re, 6 M Rippen str.

R 2: 6 M Rippen str, bis zu den letzten 6 M li, 6 M Rippen.

Nach allen Zunahmen sind es 301 (321) 341 (361) 381 (401) 421 (441) M.

Körper und Ärmel trennen

R 1: 46 (50) 54 (58) 62 (66) 69 (72) M wie vorher mit Rippenkante str (rechtes Vorderteil), MM, 62 (64) 66 (68) 70 (72) 76 (80) M stilllegen (= rechter Ärmel), MM entfernen. 85 (93) 101 (109) 117 (125) 131 (137) M re (= Rückenteil), MM, 62 (64) 66 (68) 70 (72) 76 (80) M stilllegen (linker Ärmel), MM entfernen. 46 (50) 54 (58) 62 (66) 69 (72) M wie bisher mit Rippenkante str (= linkes Vorderteil).

Es sind noch 177 (193) 209 (225) 241 (257) 269 (281) M.

R 2: 6 M Rippen str, bis zu den letzten 6 M li, 6 M Rippen str.

Körper

R 1: 6 M Rippen str, bis zu den letzten 6 M re, 6 M Rippen str.

R 2: 6 M Rippen str, bis zu den letzten 6 M li, 6 M Rippen str.

R 1 und 2 wdh, bis die Arbeit 15 cm ab der Teilung misst. Mit einer RückR enden.

Im Muster laut Strickschrift R 1–22 str. (Wie bisher weiter Rippen über die ersten und letzten 6 M str.)

Wie folgt das Muster platzieren:

XS: M 3–28 str, [M1–28] 4-mal wdh, mit M 1–27 enden.

S: M 2–8 str, [M1–28] 5-mal wdh, mit M 1–14 enden.

M: [M1–28] 7-mal wdh, mit M 1 enden.

L: M 28 str, [M1–28] 7-mal wdh, mit M 1–16 enden.

XL: M 27–28 str, [M1–28] 8-mal wdh, mit M 1–3 enden.

2XL: M 26–28 str, [M1–28] 8-mal wdh, mit M 1–18 enden.

3XL: M 27–28 str, [M1–28] 9-mal wdh, mit M 1–3 enden.

4XL: M 28 str, [M1–28] 9-mal wdh, mit M 1–16 enden.

In der HinR die Strickschrift von rechts nach links lesen, in der RückR umgekehrt.

Mit Fb 1: Mit 2 R glatt rechts und Rippen enden.

Auf Rundnadel 3,5 mm wechseln und 5 cm Rippen stricken (1 M re, 1 li – wie vorher die 1. M abheben). Mit einer RückR enden. Locker im Rippenmuster abk.

Ärmel

Die 62 (64) 66 (68) 70 (72) 76 (80) M eines Ärmels auf einem Nadelspiel 4 mm so gleichmäßig wie möglich verteilen. 1 M unterm Ärmel aufnehmen, 62 (64) 66 (68) 70 (72) 76 (80) M re, noch 1 M unterm Ärmel aufnehmen, MM für den Rd-Beginn setzen = 64 (66) 68 (70) 72 (74) 78 (82) M.

XS–M: 15 Rd glatt rechts. Dann gleichmäßig verteilt 10 M abnehmen. 6 cm Rippen (1 M re, 1 M li) str. Locker im Rippenmuster abk.

L–4XL: 19 Rd glatt rechts. Dann gleichmäßig verteilt 8 M abnehmen. 6 cm Rippen (1 M re, 1 M li) str. Locker im Rippenmuster abk.

Ausarbeiten

Fäden vernähen. Die Jacke vorsichtig spannen, wie im Strickkurs auf Seite 161 erklärt. Die Knöpfe gegenüber den Knopflöchern annähen.

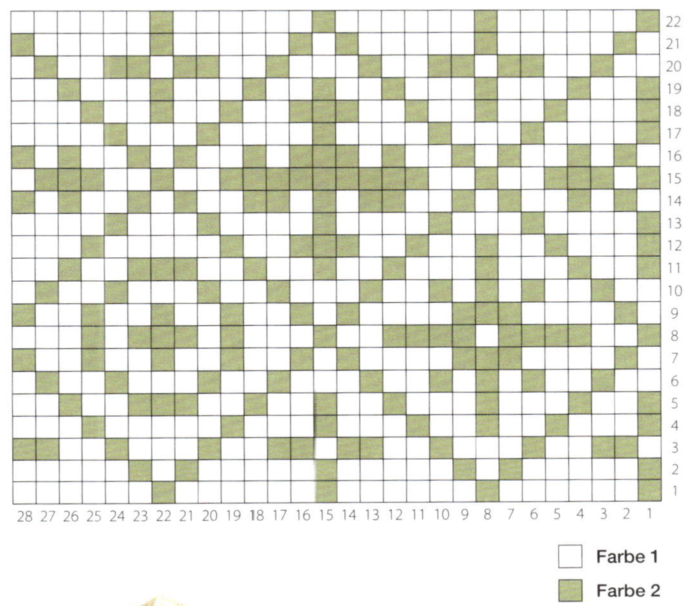

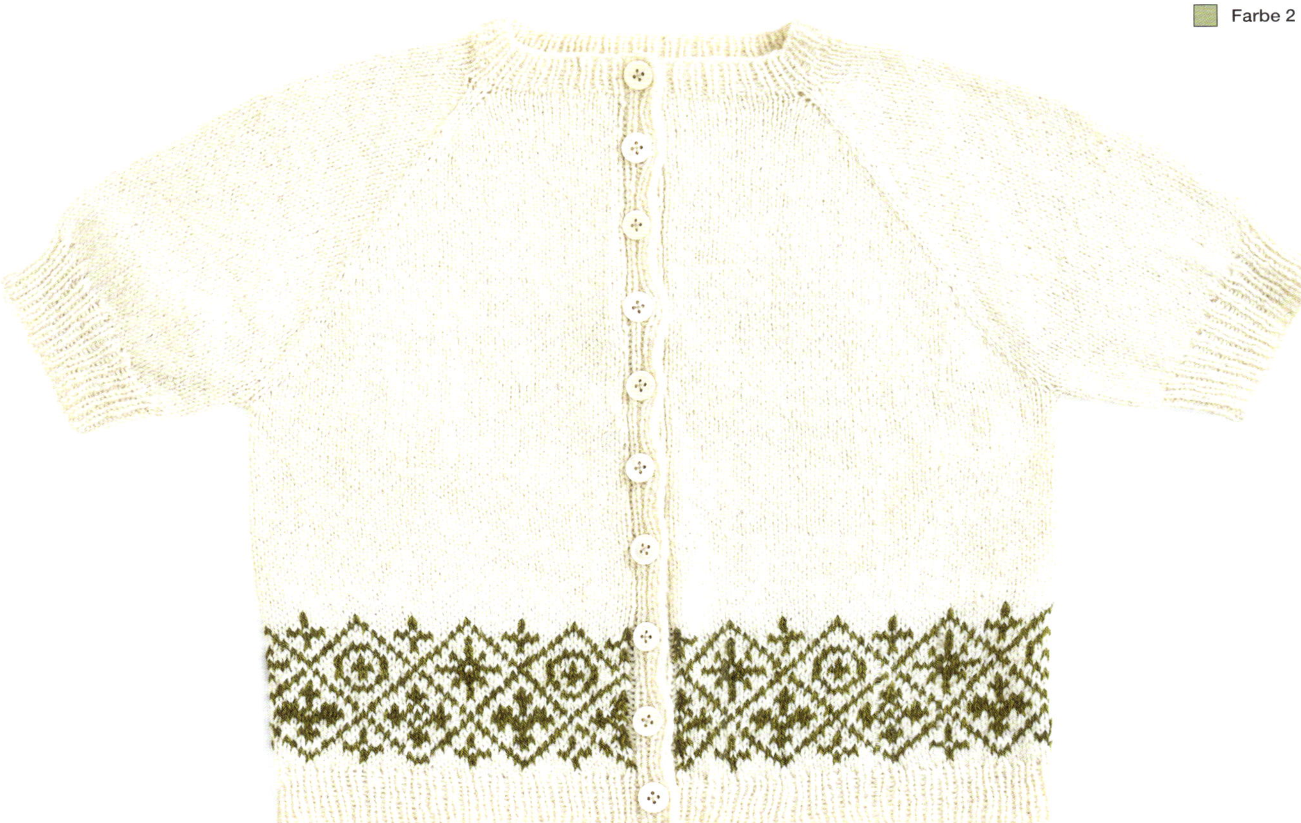

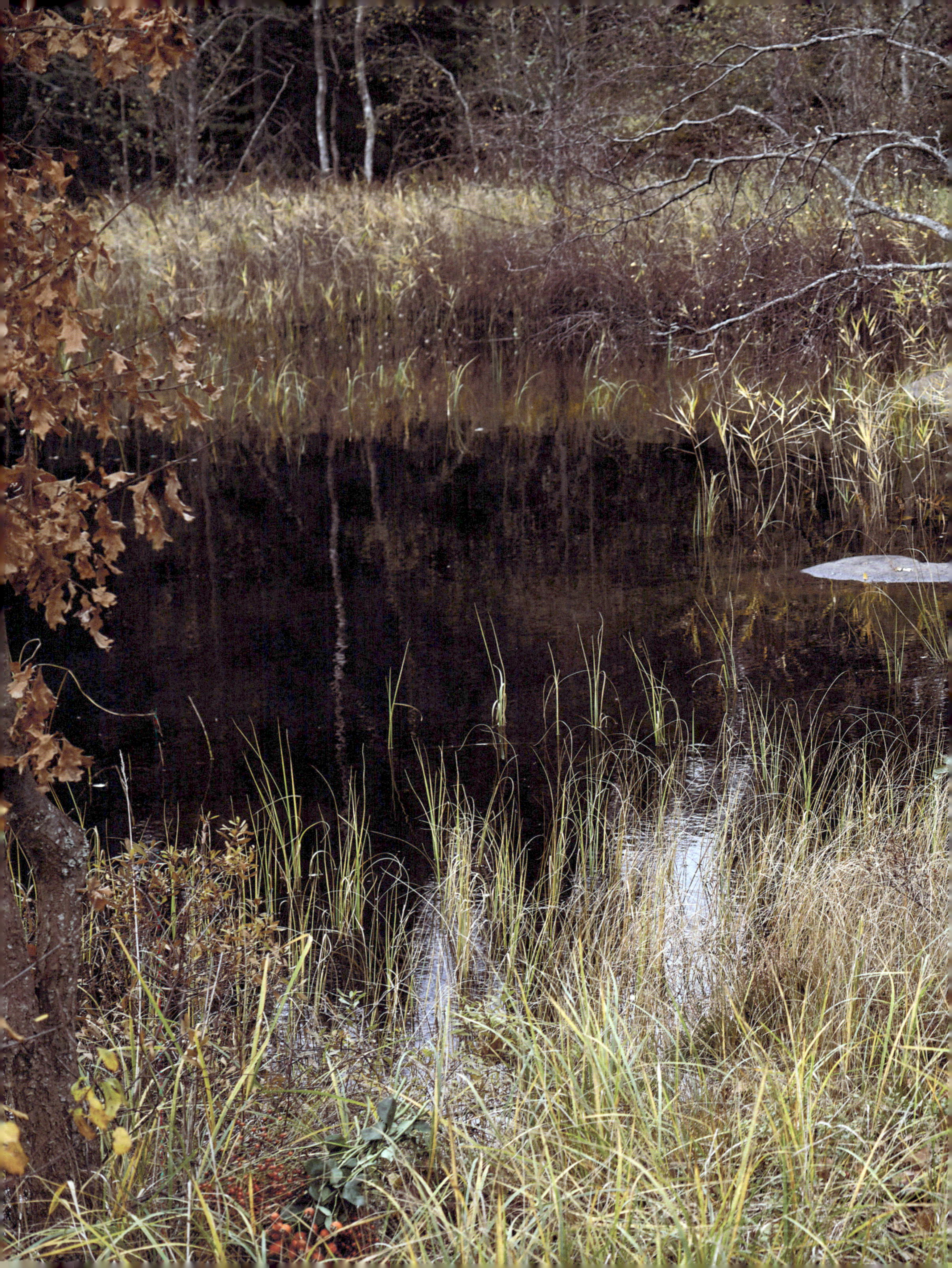

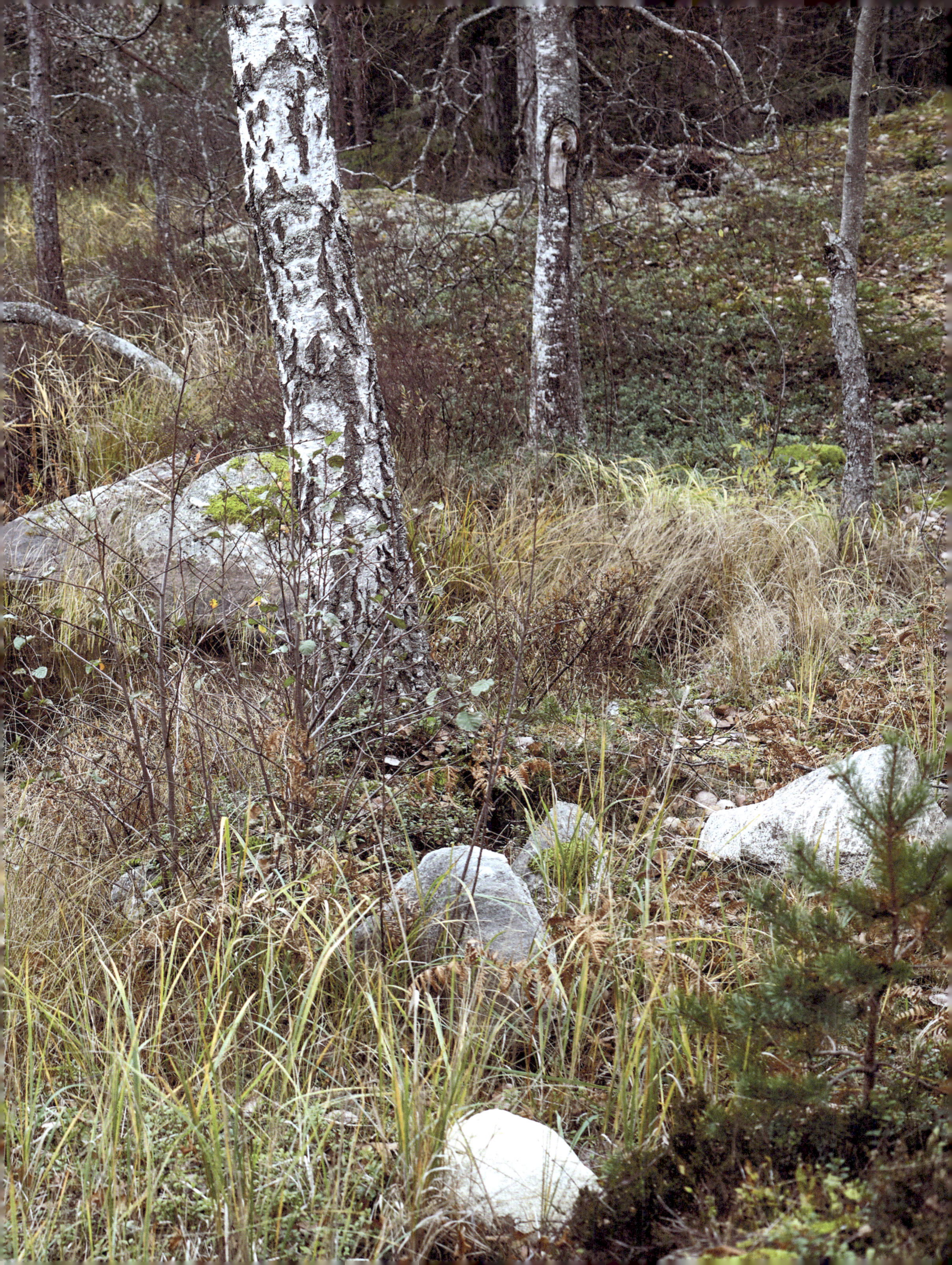

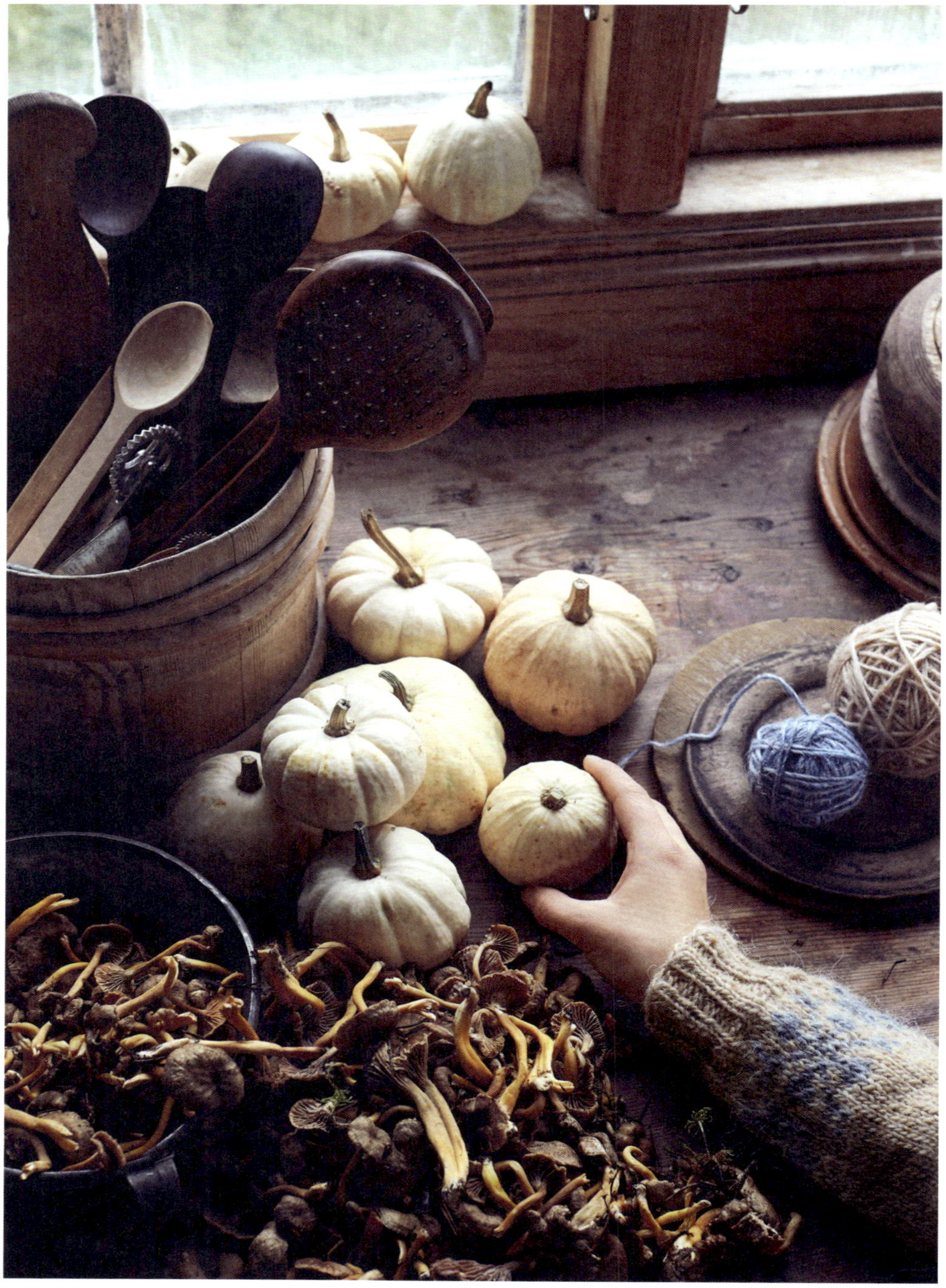

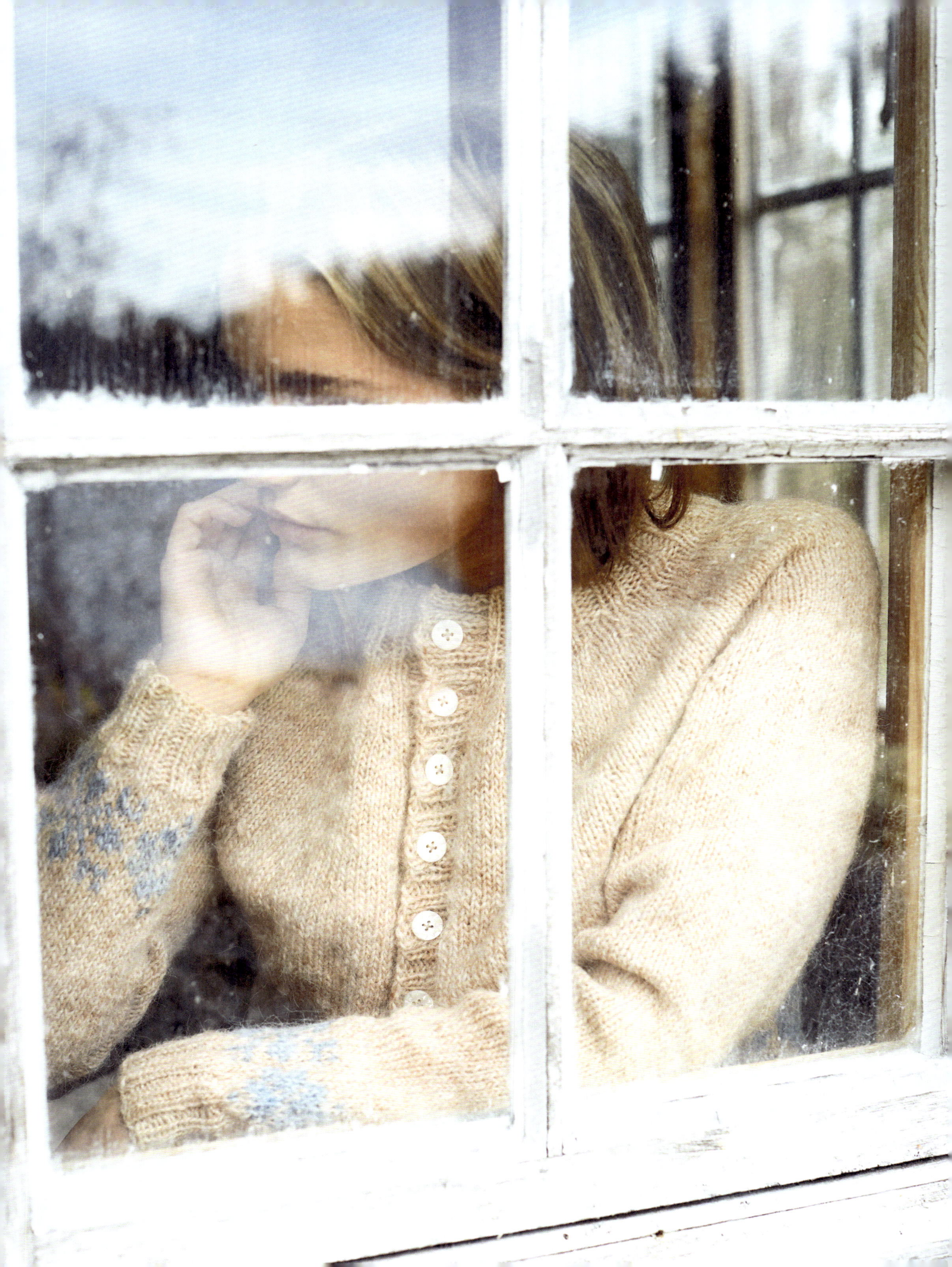

Wenn es Herbst wird, schlägt mein Herz höher – Die Hauptsaison des Strickens ist da!

Ich schwelge in rustikaler Wolle und mache es mir im Sessel gemütlich, während es draußen stürmt. Jetzt werden die Winterprojekte geplant und begonnen – Farben ausgewählt und für Jacken, Handschuhe und Socken zusammengestellt. Es gibt viel zu tun in der Wollwerkstatt, so war es schon immer – und ich spüre den Hauch der Geschichte. Es ist, als würde das Band zwischen mir und früheren Generationen im Herbstdunkel stärker. Die Schwesternschaft wächst, wenn die Hand neue Dinge erschafft.

Dann mache ich Herbstspaziergänge und freue mich an der sich täglich verändernden Farbenpracht. Das Herbstlaub wirbelt und die Luft ist frisch. Wir sammeln Pfifferlinge im feuchten Moos. Die Dahlien leuchten noch lange im Garten und das Apfelmus duftet.

Ein Herbst ohne Strickjacke wäre traurig. Ich liebe es, sie zu tragen und zu stricken.

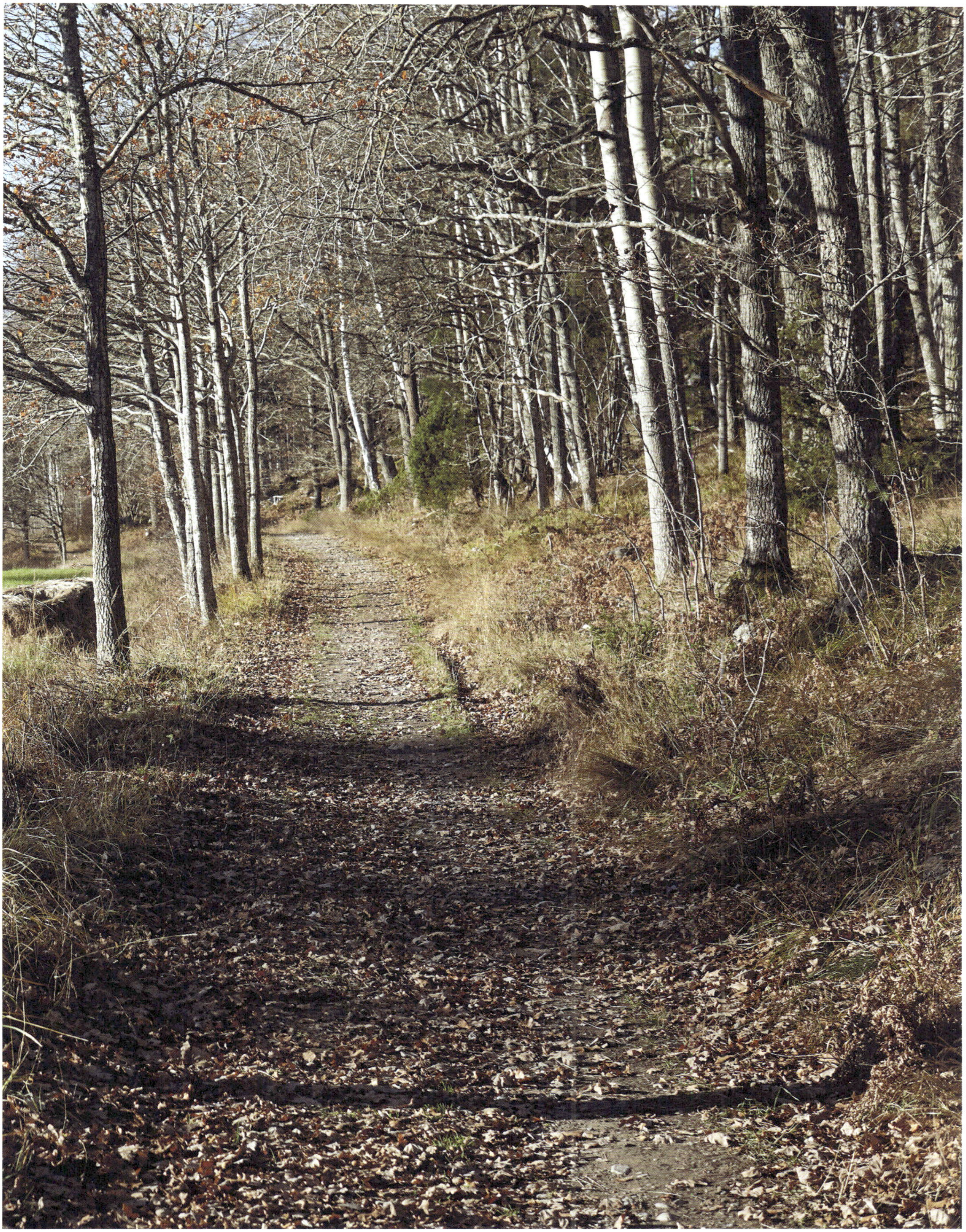

Kiefer

Herbst

Krüppelkiefern wachsen an unzugänglichen und dem Wetter ausgesetzten Stellen, wie windumtoste Strände oder magere, felsige Anhöhen. Deswegen werden sie knorrig, verbogen und klein, ihr Holz dafür aber außergewöhnlich dicht. Früher glaubte man, dass diese verkrüppelten Bäume einem Mahr zum Opfer gefallen seien – einem Wesen des nordischen Volksglaubens, das nachts in Frauengestalt kommt.

Krüppelkiefern wurden magische Kräfte nachgesagt, so sollten sie zum Beispiel Krankheiten heilen. Aber derjenige, der einen solchen Baum fällt, riskiert, alles Böse, was im Baum steckt, auf sich zu ziehen.

Die Jacke »Kiefer« schützt vor der Kälte und trägt durch schwere Prüfungen. In den Taschen kann man Kiefernzapfen, hübsche Steine und andere Schätze sammeln.

Material: Léttlopi von Ístex (100 % isländische Wolle, 50 g = 100 m)
Maschenprobe: 18 m × 24 R glatt rechts im Muster auf Nadel 5 mm = 10 × 10 cm
Größe: XS (S) M (L) XL (2XL) 3XL (4XL)
Brustumfang: 85 (94) 98 (107) 120 (134) 143 (156) cm
Länge: 55 (55,5) 59 (60) 63 (64,5) 66,5 (68) cm
Ärmellänge: 44 (45) 47 (49) 51 (52) 52 (52) cm
Menge: Fb 1 = 400 (450) 500 (550) (550) 600 (650) (650) g Light Beige Heather (Nr. 10086) Fb 2 = 50 (50) 50 (100) 100 (100) 150 (150) g Chocolate Heather (Nr. 10867)
Nadelspiel: 4,5 mm und 5 mm
Rundstricknadel: 4,5 mm und 5 mm, 80 cm
Zubehör: 12 Knöpfe (15 mm Durchmesser), Maschenhalter, evtl. Stoffband
Schwierigkeitsgrad: 3 von 3
Konstruktion: Körper und Ärmel werden getrennt von unten nach oben gestrickt und dann auf eine Rundnadel genommen. Jetzt wird die Passe mit Abnahmen, verkürzten Reihen am Rücken und dem Halsausschnitt gestrickt. Am Schluss wird die Jacke aufgeschnitten (siehe Strickkurs Seite 160) und die Knopf- und Taschenleisten sowie die Taschenbeutel werden angestrickt. ACHTUNG! Die Rippen oben und unten werden in Reihen gestrickt.
Strickkurs: 1 M li neig zun = 1 M links neigend zunehmen, siehe Strickkurs Seite 163.
1 M re neig zun = 1 M rechts neigend zunehmen, siehe Strickkurs Seite 163.

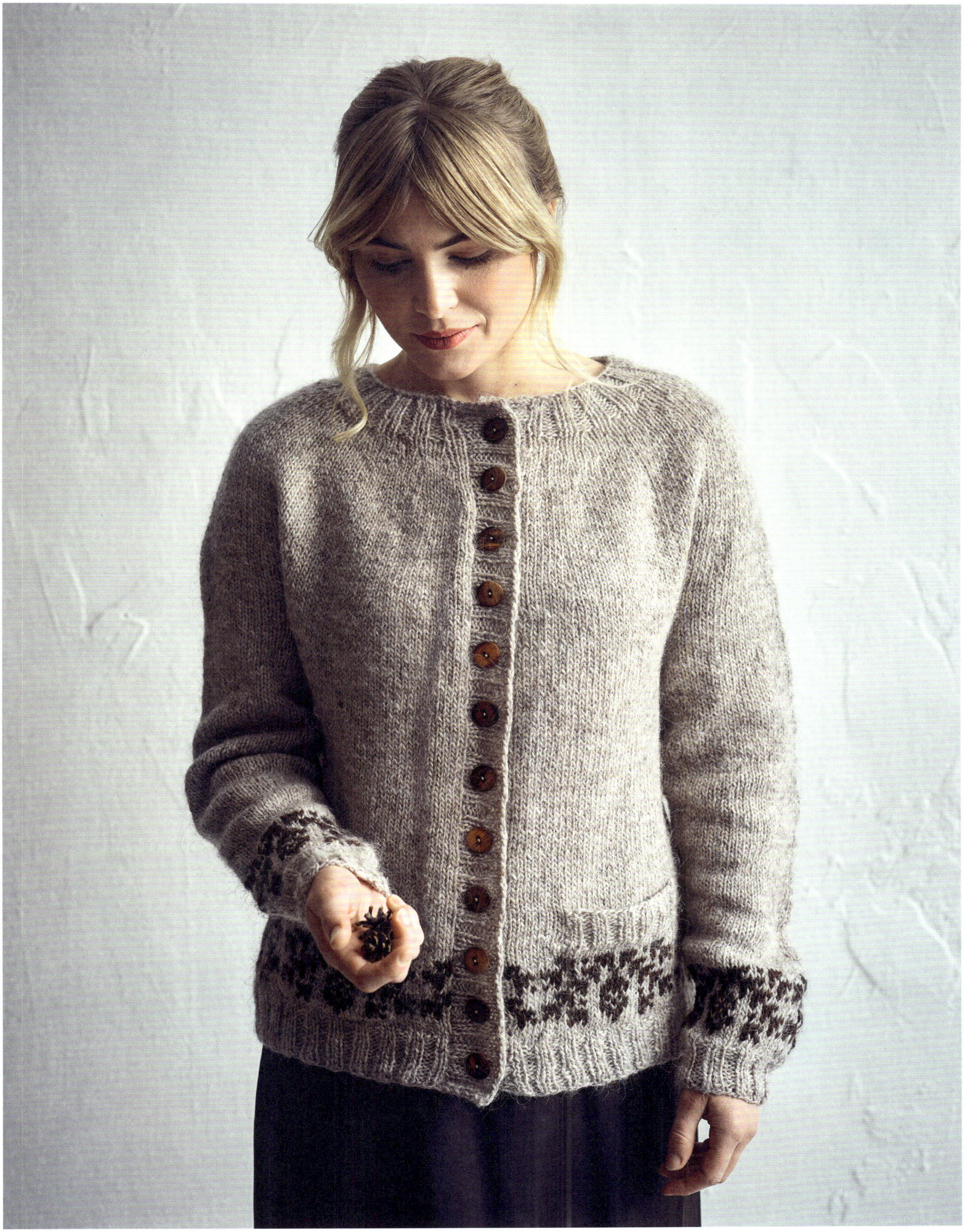

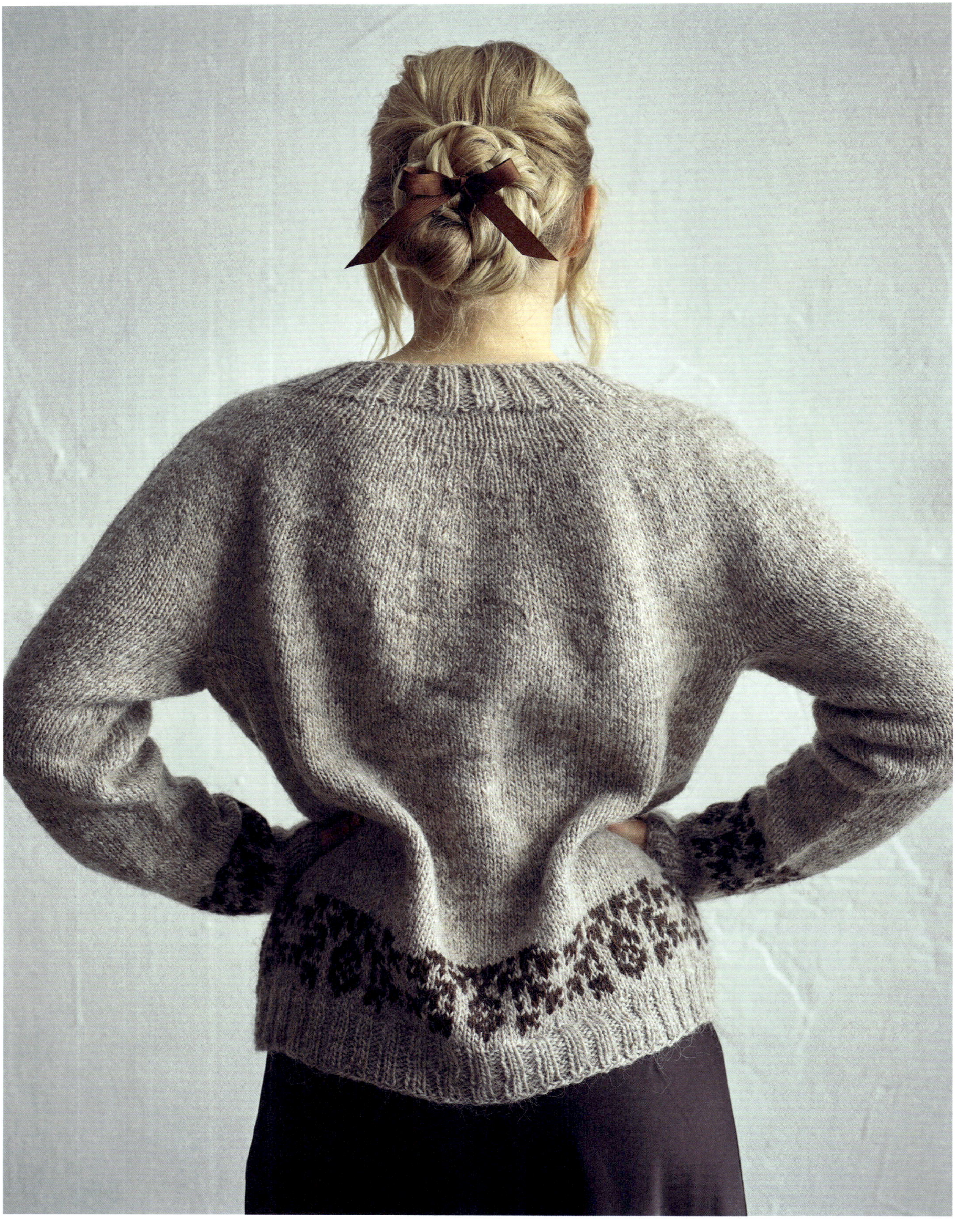

Körper

Mit Rundnadel 4,5 mm und Fb 1: 146 (162) 174 (190) 214 (234) 250 (274) M anschlagen.

Rippen in Reihen stricken:

R 1 (RückR): *2 M li, 2 M re*, von *–* bis zu den letzten 2 M wdh, 2 M li.

R 2 (HinR): *2 M re, 2 M li*, von *–* bis zu den letzten 2 M wdh, 2 M re.

R 3: *2 M li, 2 M re*, von *–* bis zu den letzten 2 M wdh, 2 M li.

R 2 und 3 wdh, bis die Rippen 5 cm messen. **Achtung!** Mit einer RückR enden.

Ab jetzt den Körper in Runden glatt rechts str (= alle Rd re). Vorbereitende Rd auf Nadel 5 mm: Re, dabei gleichmäßig verteilt 7 (7) 3 (3) 3 (7) 7 (7) M zunehmen = 153 (169) 177 (193) 217 (241) 257 (281) M.

Jetzt 5 Steekmaschen zweifarbig aufschlingen (siehe Videolinks im Strickkurs auf Seite 164). Die SteekM markieren auch den Rd-Beginn. (Denken Sie daran, dass die SteekM nicht zur Gesamtmaschenzahl dazugezählt werden, und dort nicht ab- oder zugenommen wird.)

Noch 1 Rd rechts.

Im Muster laut Strickschrift Rd 1–13 str mit folgender Aufteilung nach Größen:

XS: M 21–24 str, M 1–24 insgesamt 6-mal, dann M 1–5.
S: M 1–24 insgesamt 7-mal, dann M 1.
M: M 21–24 str, M 1–24 insgesamt 7-mal, dann M 1–5.
L: M 1–24 insgesamt 8-mal, dann M 1.
XL: M 1–24 insgesamt 9-mal, dann M 1.
2XL: M 1–24 insgesamt 10-mal, dann M 1.
3XL: M 17–24 str, M 1–24 insgesamt 10-mal, dann M 1–9.
4XL: M 17–24 str, M 1–24 insgesamt 11 Mal, dann M 1–9.

Mit Fb 1: 3 Rd stricken.

Taschen vorbereiten

8 (8) 8 (12) 12 (16) 16 (20) M re, *die folgenden 18 M mit einem Wollrest stricken (hier kommt die Tasche hin), dann diese 18 M zurück auf die linke Nadel schieben und noch mal mit dem Arbeitsfaden str*, bis zu den letzten 26 (26) 26 (30) 30 (34) 34 (38) M str, von *–* wdh, bis Rd-Ende re.

Weiterstricken, bis der Körper 33 (34) 35 (36) 37 (38) 39 (40) cm oder die gewünschte Länge misst. Beiseitelegen.

Ärmel

Mit Nadelspiel 4,5 mm und Fb 1: 40 (40) 40 (40) 40 (44) 44 (44) M anschlagen. 5 cm Rippen (2 M re, 2 M li) in Runden str.

Ab jetzt glatt rechts in Runden str. Auf Nadelspiel 5 mm wechseln und 8 (8) 8 (8) 8 (4) 4 (4) M gleichmäßig verteilt zunehmen = 48 (48) 48 (48) 48 (48) 48 (48) M.

1 Rd stricken.

13 Rd im Muster laut Strickschrift (M 1–24 insgesamt 2-mal wdh).

Mit Fb 1: 2 Rd stricken.

ZunahmeRd: *1 M re, 1 M li neig zun (siehe Strickkurs), bis zur letzten M str, 1 M re neig zun (siehe Strickkurs), 1 M re.

19 (13) 9 (7) 5 (3) 3 (3) Rd str.*

Von *–* insgesamt 2 (4) 6 (10) 14 (18) 21 (23)-mal wdh = 52 (56) 60 (68) 76 (84) 90 (94) M.

Stricken, bis der Ärmel 44 (45) 47 (49) 51 (52) 52 (52) cm oder die gewünschte Länge misst.

Nächste Rd: Bis zu den letzten 4 (5) 5 (6) 7 (7) 8 (8) M str, die folgenden 8 (10) 10 (12) 14 (14) 16 (16) M stilllegen (= ArmlochM).

Faden abschneiden und die restl 44 (46) 50 (56) 62 (70) 74 (78) ÄrmelM stilllegen. Beiseitelegen und den zweiten Ärmel genauso stricken.

Körper und Ärmel zusammennehmen

Weiter in Runden glatt rechts stricken. Ärmel und Körperteil werden jetzt zusammen auf einer Nadel gestrickt.

Mit Rundnadel 5 mm und Fb 1: Das rechte Vorderteil str –, 34 (37) 39 (42) 47 (53) 56 (62) M. Die folgenden 8 (10) 10 (12) 14 (14) 16 (16) M stilllegen. Den rechten Ärmel str – 44 (46) 50 (56) 62 (70) 74 (78) M. Das Rückenteil str – 69 (75) 79 (85) 95 (107) 113 (125) M. Die folgenden 8 (10) 10 (12) 14 (14) 16 (16) M stilllegen. Den linken Ärmel str – 44 (46) 50 (56) 62 (70) 74 (78) M. Das linke Vorderteil str – 34 (37) 39 (42) 47 (53) 56 (62) M = 225 (241) 257 (281) 313 (353) 373 (405) M.

1 Rd stricken.

In der nächsten Rd 8 (8) 4 (4) M gleichmäßig verteilt abnehmen = 225 (241) 257 (273) 305 (353) 369 (401) M.

Passe

11 (12) 13 (14) 16 (17) 18 (19) Rd str.

AbnahmeRd 1: 1 M re, *6 M re, 2 M re zus*, von *–* bis RdEnde wdh.

8 Rd str.

AbnahmeRd 2: 7 M re, *2 M re zus, 12 M re*, von *–* bis wdh, bis noch 8 M übrig sind, 2 M re zus, 6 M re.

11 Rd str.

AbnahmeRd 3: 2 M re, *2 M re zus, 11 M re*, von *–* wdh, bis noch 12 M übrig sind, 2 M re zus, 10 M re.

2 Rd str.

AbnahmeRd 4: 3 M re, *2 M re zus, 4 M re*, von *–* wdh, bis noch 4 M übrig ist, 2 M re zus, 2 M re.

5 Rd str.

AbnahmeRd 5: 3 M re, *2 M re zus, 3 M re*, von *–* wdh, bis noch 3 M übrig sind, 2 M re zus, 1 M re.

2 Rd stricken.

AbnahmeRd 6: 2 M re, *2 M re zus, 2 M re*, von *–* bis zu den letzten 3 M wdh, 2 M re zus,1 M re = 85 (91) 97 (103) 115 (133) 139 (151) M.

Verkürzte Reihen am Rückenteil

Zu verkürzten Reihen und Wickelmaschen siehe Strickkurs Seite 162. Jetzt wird in Reihen gestrickt mit rechten und linken verkürzten R: 56 (60) 64 (68) 76 (88) 92 (100) M re, Wickelmasche und wenden. 28 (30) 32 (34) 38 (44) 46 (50) M li, Wickelmasche und wenden. *Re bis 4 M vor dem Wendepunkt, Wickelmasche und wenden. Li bis 4 M vor dem Wendepunkt, Wickelmasche und wenden*. Von *–* insgesamt 2 (2) 3 (3) 4 (4) 5 (5)-mal wdh, dann bis REnde str und dabei die Wickel mit den M zusammenstricken, wie im Strickkurs beschrieben. Noch 1 Rd re, in der die letzten Wickelmaschen gestrickt werden.

Halsausschnitt

In der nächsten Rd 3 (1) 3 (1) 1 (11) 13 (21) M gleichmäßig verteilt abnehmen = 82 (90) 94 (102) 114 (122) 126 (130) M.

Auf Rundnadel 4,5 mm wechseln und die 5 SteekM in der Mitte abketten.

Wie folgt Rippen stricken:

R 1 (HinR): *2 M re, 2 M li*, von *–* bis zu den letzten 2 M wdh, 2 M re.

R 2 (RückR): *2 M li, 2 M re*, von *–* bis zu den letzten 2 M wdh, 2 M li.

R 1 und 2 wdh, bis die Rippen 4 cm messen. Mit einer RückR enden.

AbnahmeR: *2 M re, 2 M li zus*, von *–* bis zu den letzten 2 M wdh, 2 M li = 62 (68) 71 (77) 86 (92) 95 (98) M. Locker im Rippenmuster abketten.

Ärmelmaschen zusammenstricken

Mit 3 Nadelspielnadeln 5 mm: Die M unter den Ärmeln durch Abketten mit 3 Nadeln zusammenstricken (siehe Strickkurs Seite 164). Fäden vernähen.

Knopfleisten

Linke Knopfleiste

Mit Rundnadel 4,5 mm und Fb 1 (HinR): Neue M an der linken Vorderkante aufnehmen, oben beginnen. Damit die Kante dehnbar bleibt, nimmt man 2 von 3 M auf (d.h. *2 M aufn, die 3. M überspringen*, von *–* wdh). Die Maschenzahl muss teilbar durch 4 + 2 M sein.

Jetzt Rippen str:

R 1 (RückR): *2 M li, 2 M re*, von *–* bis zu den letzten 2 M wdh, 2 M li.

R 2 (HinR): *2 M re, 2 M li*, von *–* bis zu den letzten 2 M wdh, 2 M re.

R 3: *2 M li, 2 M re*, von *–* bis zu den letzten 2 M wdh, 2 M li.

R 2 und 3 insgesamt 4-mal wdh (= 9 R insgesamt).

Im Rippenmuster abketten.

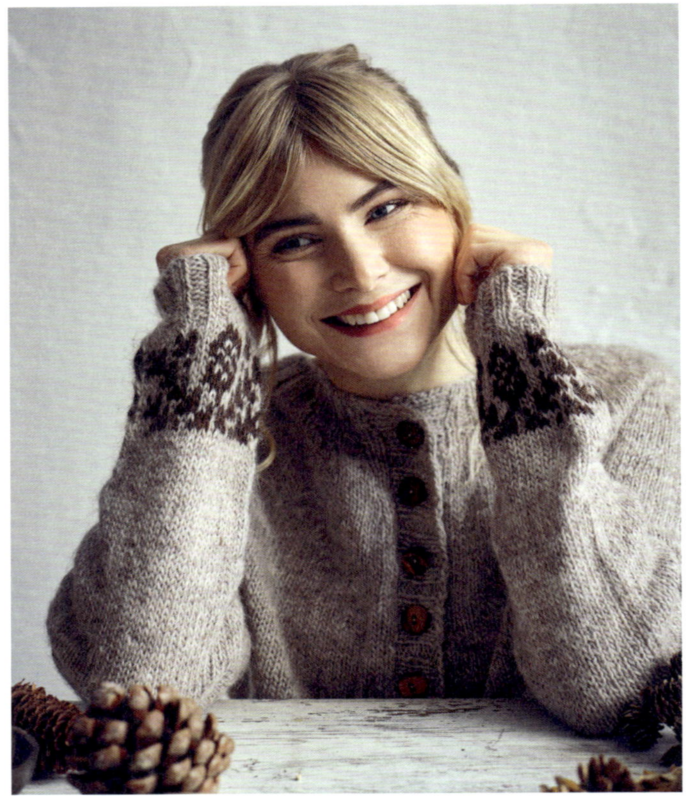

Rechte Knopfleiste

Mit Rundnadel 4,5 mm und Fb 1 (HinR): Neue M an der rechten Vorderkante aufnehmen, unten beginnen. Darauf achten, genauso viele M wie an der linken Seite aufzunehmen. 12 Knopflöcher gleichmäßig über die Kante verteilen. (Jedes Knopfloch spannt sich über 2 M.)

3 R Rippen stricken wie bei der linken Knopfleiste.

R 4 (KnopflochR 1, HinR): Bis zum 1. Knopfloch Rippen str. Dann wie folgt stricken: *2 M abketten, bis zum nächsten Knopfloch Rippen str*, von *–* wdh, bis alle Knopflöcher begonnen wurden, bis REnde Rippen stricken.

R 5 (KnopflochR 2, RückR): Bis zum 1. Knopfloch Rippen str, dann wird folgt: *2 M zweifarbig aufschlingen, bis zum nächsten Knopfloch Rippen str*, von *–* wdh, bis alle Knopflöcher fertig sind, bis REnde Rippen stricken.

Noch 4 R Rippen str und dann im Rippenmuster abketten.

TASCHEN

Die Maschen über und unter dem eingestrickten Wollrest auf 2 Nadelspielnadeln 4,5 mm nehmen. Dann den Hilfsfaden vorsichtig lösen. Mit Fb 1: Über die unteren 18 M wie folgt Rippen in Reihen stricken:

R 1 (HinR): Rechts.

R 2 (RückR): 2 M li, 2 M re, 2 M li, von *–* bis REnde wdh.

R 3: 2 M re, 2 M li, 2 M re, von *–* bis REnde wdh.

R 4: 2 M li, 2 M re, 2 M li, von *–* bis REnde wdh.

R 3 und 4 wdh, bis der Rippenbund 3 cm misst.

Mit einer RückR enden. In einer Hinreihe im Rippenmuster abketten. Dann den Taschenbeutel mit den oberen 18 M und Nadel 5 mm und Fb 1 stricken: In Reihen glatt rechts (*1 R M re, 1 R M li*), von *–* wdh, bis der Taschenbeutel 7 cm misst. Mit einer li R enden, dann abketten.

Den Taschenbeutel unsichtbar auf der Rückseite an den Seiten und der Unterkante festnähen. **Achtung!** Mit Fb 1 nähen, damit die Stiche auf der rechten Seite unsichbar sind. Dann die Seiten des Rippenbunds auf der rechten Seite mit Fb 1 nähen, gern im Maschenstich. Die zweite Tasche genauso annähen.

Jacke aufschneiden

Siehe Strickkurs Seite 160. Beidseitig der mittleren SteekM eine Verstärkungsnaht mit Nähgarn nähen (z.B. von Hand im Steppstich). Die Jacke vorsichtig mitten in der mittleren Steek-Masche aufschneiden. (Die Schnittkanten rollen sich auf der linken Seite ein.)

Ausarbeiten

Fäden vernähen. Die Jacke vorsichtig spannen, wie im Strickkurs auf Seite 161 erklärt. Die Knöpfe gegenüber den Knopflöchern annähen. Eventuell die Schnittkanten innen mit einem Stoffband abdecken oder umklappen und unsichtbar innen annähen (siehe Strickkurs Seite 160–161).

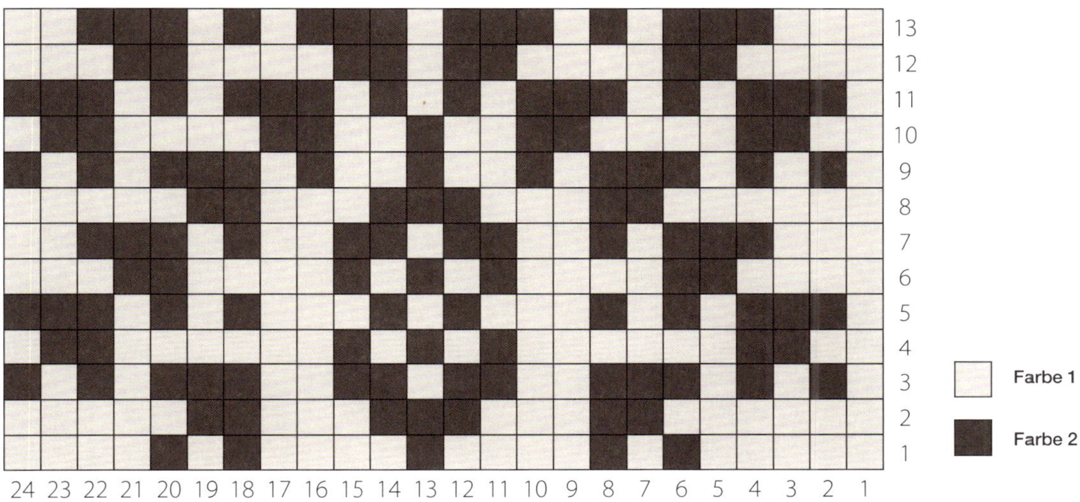

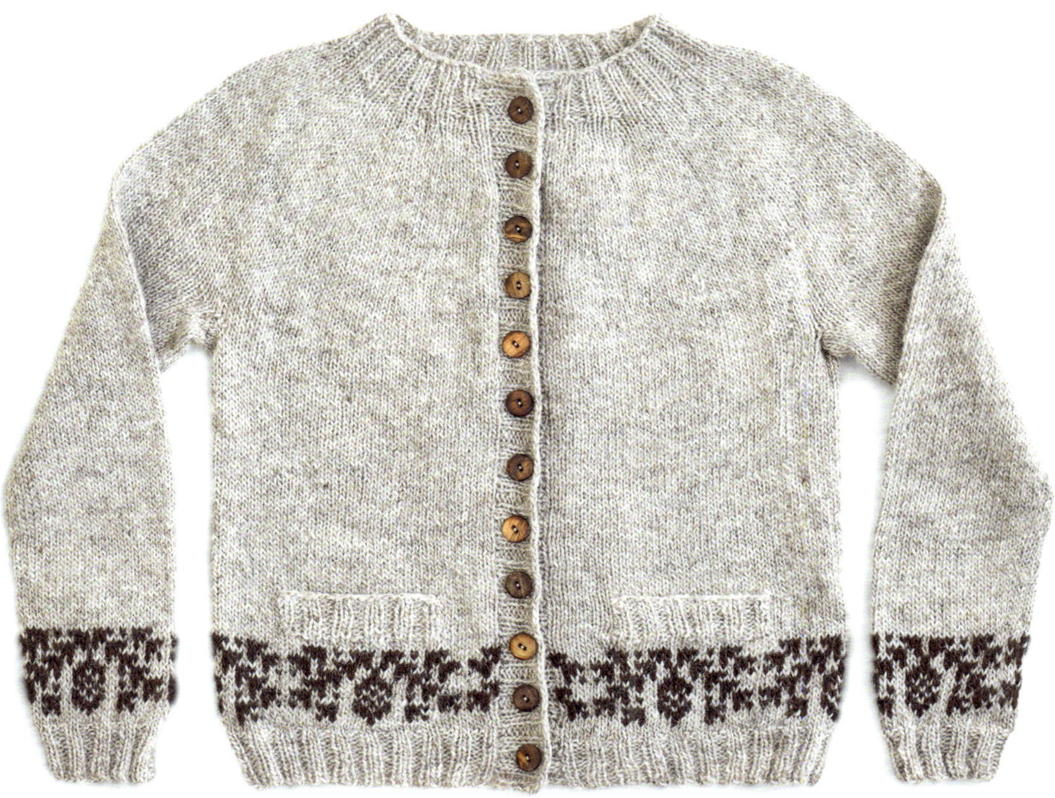

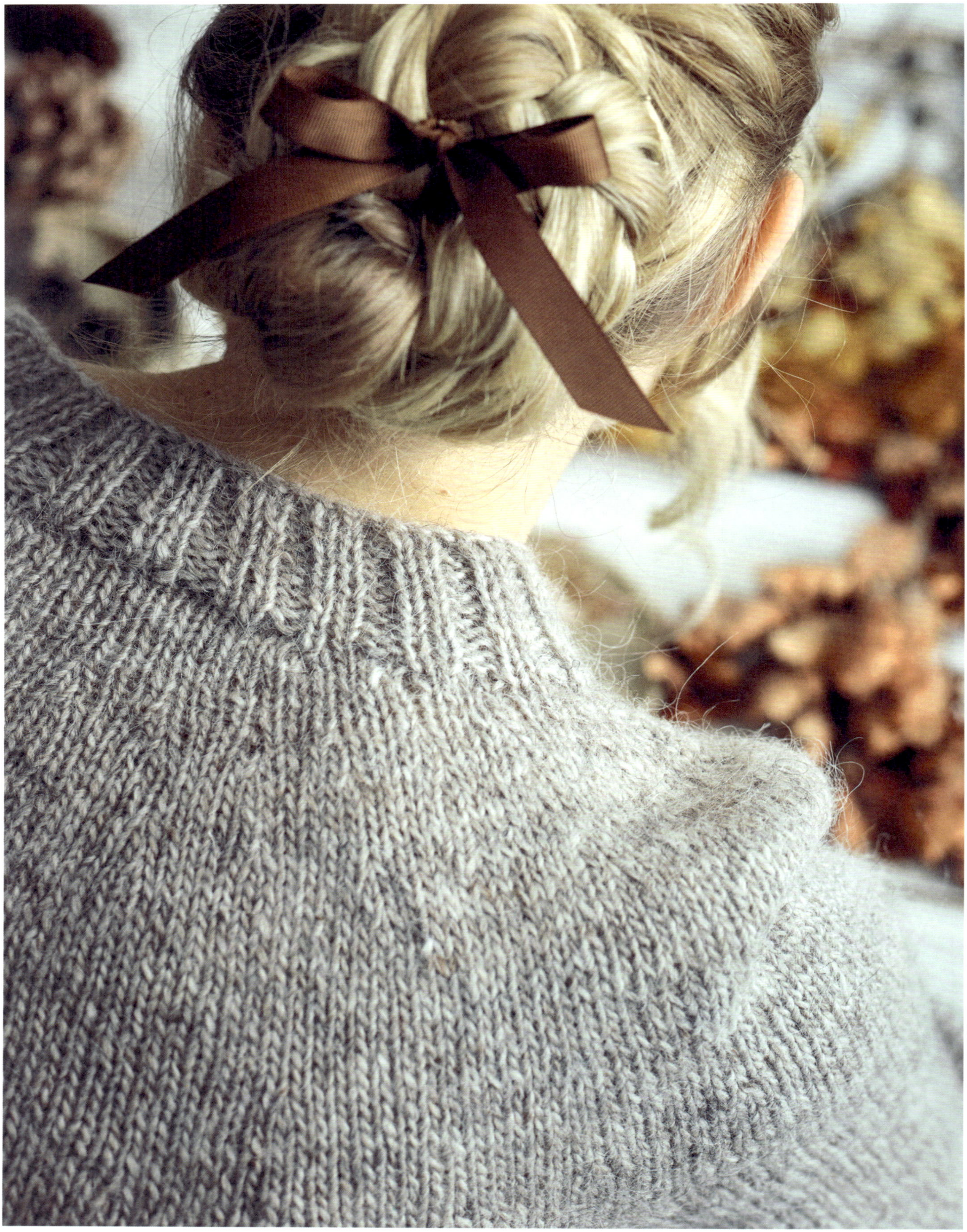

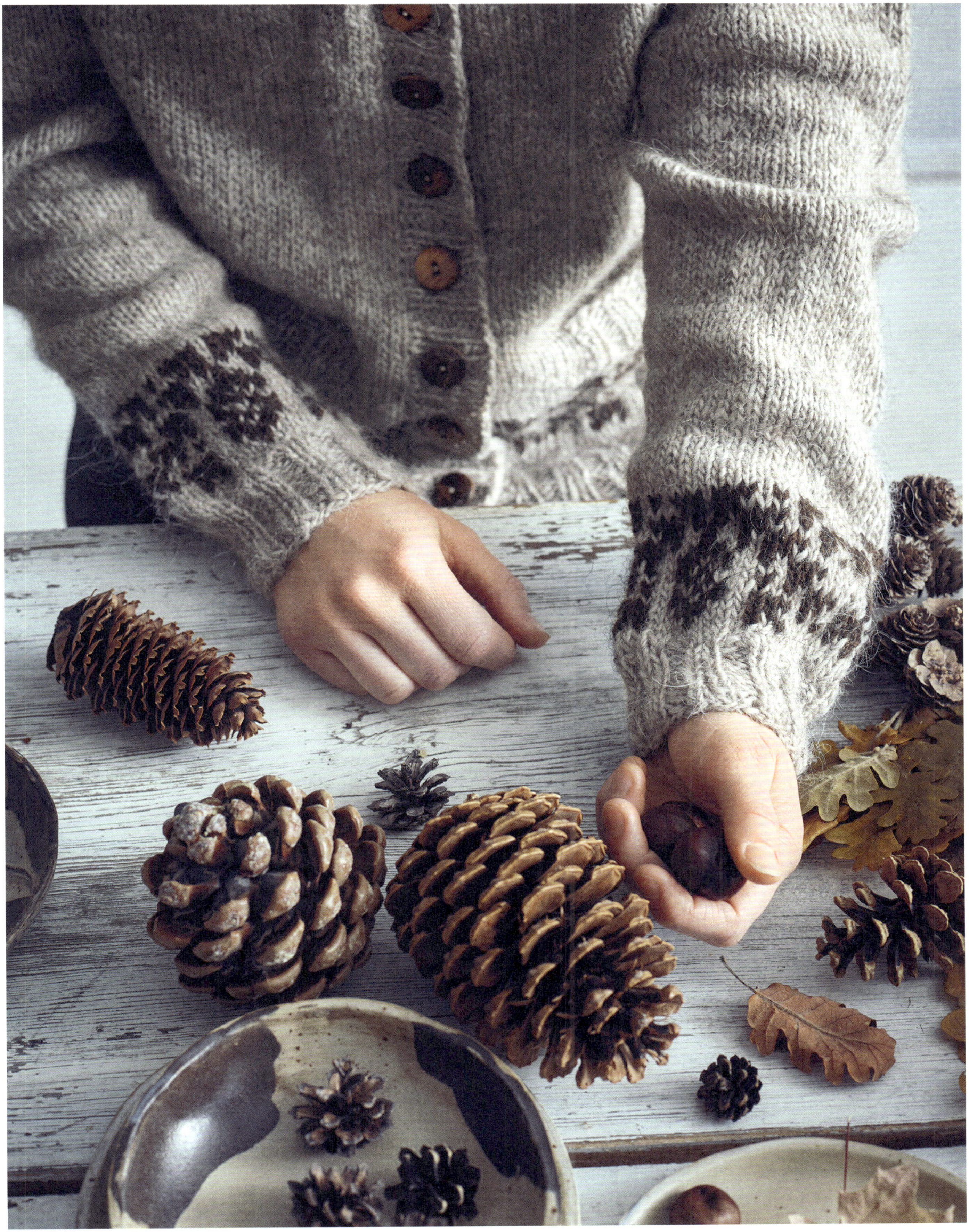

Sundborn

HERBST

In Sundborn befindet sich das Lilla Hyttnäs – das außergewöhnliche Künstlerhaus von Karin und Carl Larsson. Der Besuch dort, bei dem ich die Farben und Muster in den Zimmern betrachten durfte, gehört zum Inspirierendsten, was ich je erlebt habe. Karin Larssons textile Kunstwerke bieten ständig neue Perspektiven auf das, was man mit Nadel und Faden ausdrücken kann.

Bei der Jacke »Sundborn« habe ich unerwartete Farbkombinationen zusammengestellt, inspiriert von Karin Larssons einzigartigen Farbkompositionen. Sie können selbst mal versuchen, in der Passe neue, spannende Kombinationen zusammenzustellen.

Material: Léttlopi von Ístex (100 % isländische Wolle, 50 g = 100 m) und Vandre von Rauma Ullvarefabrikk (100 % norwegische Wolle, 50 g = 120 m)
Maschenprobe: 18 m × 24 R glatt rechts im Muster auf Nadel 5 mm = 10 × 10 cm
Größe: XS (S) M (L) XL (2XL) 3XL (4XL)
Brustumfang: 85 (94) 98 (107) 120 (134) 143 (156) cm
Länge: 55 (65,5) 59 (60) 63 (64,5) 66,5 (68) cm
Ärmellänge: 44 (45) 47 (49) 51 (52) 52 (52) cm
Menge: Fb 1 = 350 (400) 450 (500) 500 (550) 600 (600) g Léttlopi (Ístex), Black Heather (Nr. 10005)
Fb 2 = 100 (100) 100 (100) 100 (100) 100 (100) g Léttlopi, Golden Heather (Nr. 19426)
Fb 3 = 50 (50) 50 (50) 50 (50) 50 (50) g Vandre (Rauma), Skogsbær (14123)
Nadelspiel: 4,5 mm und 5 mm
Rundstricknadel: 4,5 mm und 5 mm, 80 cm
Zubehör: 5 oder 9 Knöpfe (18 mm Durchmesser), je nachdem, wie dicht aneinander die Knöpfe sitzen sollen, Maschenhalter, evtl. Stoffband
Schwierigkeitsgrad: 3 von 3
Konstruktion: Körper und Ärmel werden getrennt in Runden gestrickt und dann auf eine Rundnadel genommen. Anschließend wird die Passe mit Muster, Abnahmen, verkürzten Reihen am Rücken und dem Halsausschnitt gestrickt. Schließlich wird die Jacke aufgeschnitten (siehe Strickkurs Seite 160) und die Knopfleisten werden angestrickt. Die Rippen oben und unten werden in Reihen gestrickt.
Strickkurs: 1 M li neig zun = 1 M links neigend zunehmen, siehe Strickkurs Seite 163.
1 M re neig zun = 1 M rechts neigend zunehmen, siehe Strickkurs Seite 163.

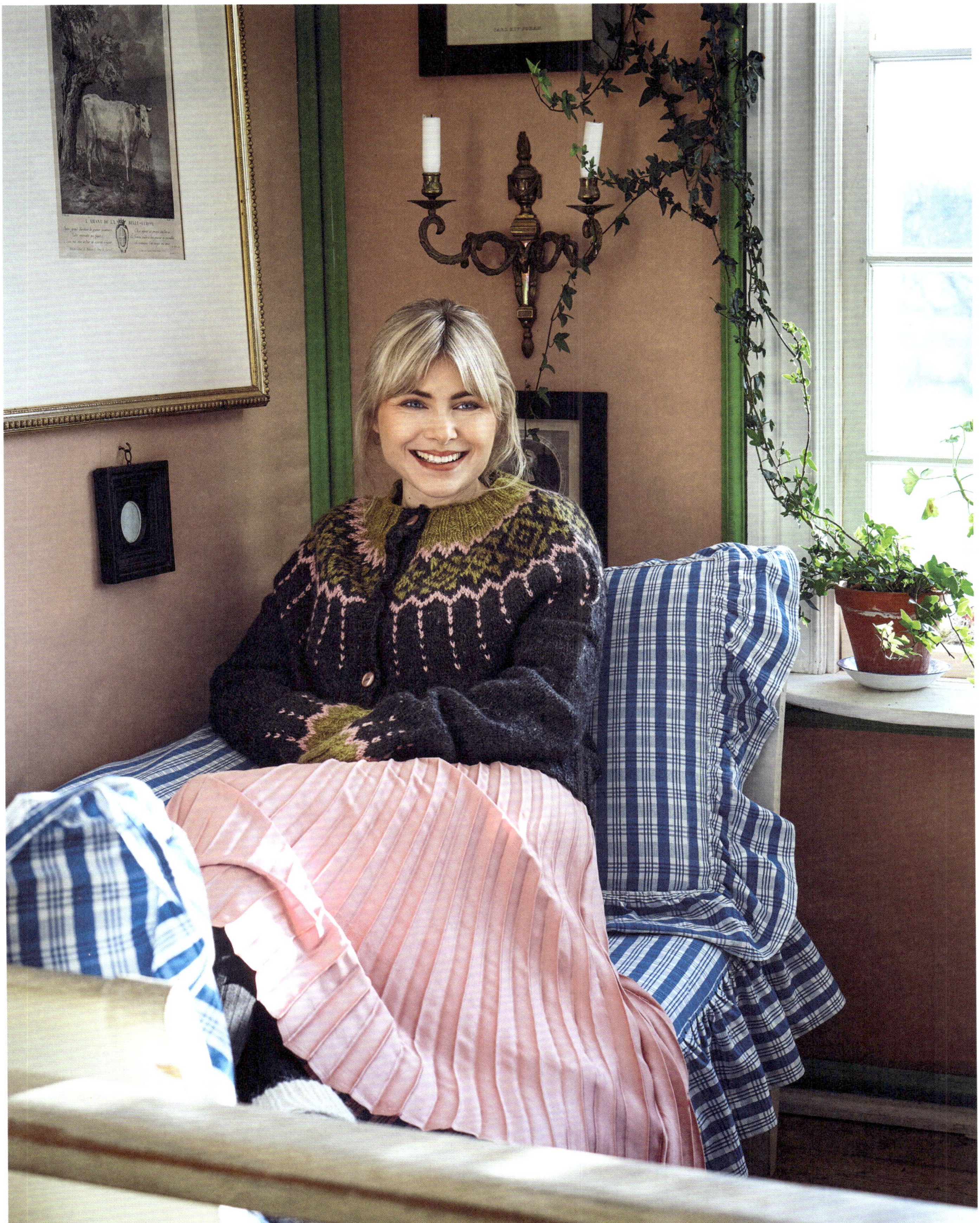

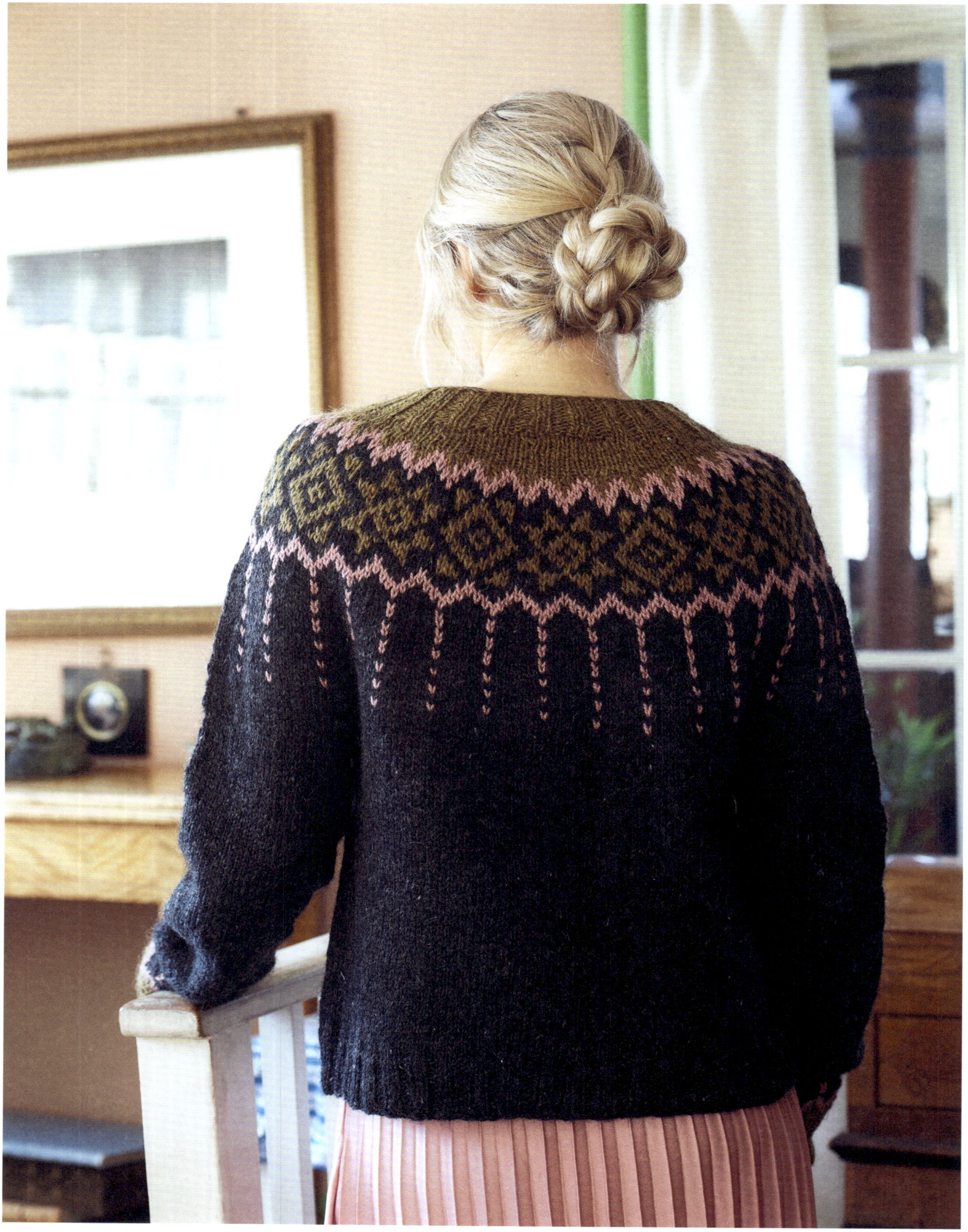

Körper

Mit Rundnadel 4,5 mm und Fb 1: 146 (162) 174 (190) 214 (234) 250 (274) M anschlagen. Wie folgt Rippen stricken:

R 1 (RückR): *2 M li, 2 M re*, von *–* bis zu den letzten 2 M wdh, 2 M li.

R 2 (HinR): *2 M re, 2 M li*, von *–* bis zu den letzten 2 M wdh, 2 M re.

R 3: *2 M li, 2 M re*, von *–* bis zu den letzten 2 M wdh, 2 M li.

R 2 und 3 wdh, bis die Rippen 5 cm messen. **Achtung!** Mit einer RückR enden.

Ab jetzt den Körper in Runden glatt rechts stricken (= alle Rd re). Vorbereitende Rd mit Nadel 5 mm: Rechts stricken, dabei gleichmäßig verteilt 7 (7) 3 (3) 3 (7) 7 (7) M zunehmen = 153 (169) 177 (193) 217 (241) 257 (281) M.

Jetzt 5 Steekmaschen zweifarbig aufschlingen (siehe Videolinks im Strickkurs auf Seite 164). Die SteekM markieren auch den Rd-Beginn. (Denken Sie daran, dass die SteekM nicht zur Gesamtmaschenzahl dazugezählt werden und dort nicht ab- oder zugenommen wird.)

Weiter glatt rechts stricken (= alle Rd re), bis der Körper 25 (26) 27 (28) 29 (30) 31 (32) cm oder die gewünschte Länge misst. Beiseitelegen.

Ärmel

Mit Nadelspiel 4,5 mm und Fb 2: 40 (40) 40 (40) 40 (44) 44 (44) M anschlagen.

5 cm Rippen (2 M re, 2 M li) in Runden stricken.

Mit Nadelspiel 5 mm weiter glatt rechts stricken, dabei 8 (8) 8 (8) 8 (4) 4 (4) M gleichmäßig verteilt zunehmen = 48 (48) 48 (48) 48 (48) 48 (48) M.

Noch 1 Rd stricken.

14 Rd im Muster laut Strickschrift A (M 1–6, insgesamt 8-mal wdh).

Mit Fb 1: 2 Rd stricken.

ZunahmeRd: *1 M re, 1 M li neig zun, bis zur letzten M str, 1 M re neig zun, 1 M re.

19 (13) 9 (7) 5 (3) 3 (2) Rd ohne Zunahmen str.*

Von *–* insgesamt 2 (4) 6 (10) 14 (18) 21 (23)-mal wdh = 52 (56) 60 (68) 76 (84) 90 (94) M.

Weiterstricken, bis der Ärmel 44 (45) 47 (49) 51 (52) 52 (52) cm oder die gewünschte Länge misst.

Nächste Rd: Bis zu den letzten 4 (5) 5 (6) 7 (7) 8 (8) M str. Die folgenden 8 (10) 10 (12) 14 (14) 16 (16) M stilllegen (= M fürs Armloch).

Faden abschneiden und die restlichen 44 (46) 50 (56) 62 (70) 74 (78) ÄrmelM ebenfalls stilllegen. Beiseitelegen und den zweiten Ärmel genauso stricken.

Körper und Ärmel zusammennehmen

Weiter in Runden glatt rechts stricken. Die Maschen des Körperteils und der Ärmel werden nun zusammen auf eine Rundstricknadel gestrickt. Mit Rundnadel 5 mm und Fb 1: Das rechte Vorderteil str – 34 (37) 39 (42) 47 (53) 56 (62) M, die folgenden 8 (10) 10 (12) 14 (14) 16 (16) M stilllegen, den rechten Ärmel str – 44 (46) 50 (56) 62 (70) 74 (78) M, das Rückenteil str – 69 (75) 79 (85) 95 (107) 113 (125) M, die folgenden 8 (10) 10 (12) 14 (14) 16 (16) M stilllegen, den linken Ärmel str – 44 (46) 50 (56) 62 (70) 74 (78) M, das linke Vorderteil str – 34 (37) 39 (42) 47 (53) 56 (62) M = 225 (241) 257 (281) 313 (353) 373 (405) M.

1 Rd stricken.

Nächste Rd, Größe XS, S, M, 2XL: Alle M re. Größe L, XL, 3XL, 4XL: 8 (8) 4 (4) M gleichmäßig verteilt abnehmen = 225 (241) 257 (273) 305 (353) 369 (401) M.

Passe

5 Rd stricken.

Im Muster laut Strickschrift B1, R 1–46, mit Abnahmen in folgender Einteilung str. (Je nach Größe endet die Rd mit Strickschrift B2 oder B3).

Grösse XS, M, 2XL: M [1–32] 6 (7) 10-mal wdh, dann M 1–30 und schließlich M 1–3 der Strickschrift B2.

Grösse S, L, XL, 3XL, 4XL: M 25–32, dann M [1–32] (7) (8) 9 11 (12)-mal wdh, dann M 1–6 und schließlich M 1–3 der Strickschrift B3 = 85 (91) 97 (103) 115 (133) 139 (151) M.

Verkürzte Reihen am Rückenteil

Zu verkürzten Reihen und Wickelmaschen siehe Strickkurs Seite 162. Jetzt wird in Reihen gestrickt mit rechten und linken verkürzten Reihen: 56 (60) 64 (68) 76 (88) 92 (100) M re, Wickelmasche und wenden. 28 (30) 32 (34) 38 (44) 46 (50) M li, Wickelmasche und wenden. *Bis 4 M vor dem Wendepunkt re, Wickelmasche und wenden. Bis 4 M vor dem Wendepunkt li, Wickelmasche und wenden*. Von *–* insgesamt 2 (2) 3 (3) 4 (4) 5 (5)-mal wdh, dann bis REnde str und dabei die Wickel mit den M zusammenstricken, wie im Strickkurs beschrieben. Noch 1 R re, in der die letzten Wickelmaschen gestrickt werden.

Halsausschnitt

1 Rd re dabei 3 (1) 3 (1) 1 (11) 13 (21) M gleichmäßig verteilt abnehmen = 82 (90) 94 (102) 114 (122) 126 (130) M.

Auf Rundnadel 4,5 mm wechseln und die 5 SteekM in der vorderen Mitte abketten.

Wie folgt Rippen stricken:

R 1 (HinR): *2 M re, 2 M li*, von *–* bis zu den letzten 2 M wdh, 2 M re.

R 2 (RückR): *2 M li, 2 M re*, von *–* bis zu den letzten 2 M wdh, 2 M li.

R 2 und 3 wdh, bis die Rippen 4 cm messen. Mit einer RückR enden.

AbnahmeR: *2 M re, 2M li zus*, von *–* bis zu den letzten 2 M wdh, 2 M re = 62 (68) 71 (77) 86 (92) 95 (98) M. Locker im Rippenmuster abketten.

Ärmelmaschen zusammenstricken

Mit 3 Nadelspielnadeln 5 mm: Die M unter den Ärmeln durch Abketten mit 3 Nadeln zusammenstricken (siehe Strickkurs Seite 164). Fäden vernähen.

Knopfleisten

linke Knopfleiste

Mit Rundnadel 4,5 mm und Fb 2 (HinR): Neue M an der linken Vorderkante aufnehmen, oben beginnen. Damit die Kante dehnbar bleibt, nimmt man 2 von 3 M auf (d.h. *2 M aufn, die 3. M überspringen*, von *–* wdh). Die Maschenzahl muss teilbar durch 4 + 2 sein.

Jetzt Rippen str:

R 1 (RückR): *2 M li, 2 M re*, von *–* bis zu den letzten 2 M wdh, 2 M li.

R 2 (HinR): *2 M re, 2 M li*, von *–* bis zu den letzten 2 M wdh, 2 M re.

R 3: *2 M li, 2 M re*, von *–* bis zu den letzten 2 M wdh, 2 M li.

R 2 und 3 insgesamt 4-mal wdh (= 9 R insgesamt). Im Rippenmuster abketten.

rechte Knopfleiste

Mit Rundnadel 4,5 mm und Fb 2 (HinR): Neue M an der rechten Vorderkante aufnehmen, unten beginnen. Darauf achten, genauso viele M wie an der linken Seite aufzunehmen. 9 oder 5 Knopflöcher gleichmäßig über die Kante verteilen. (Jedes Knopfloch spannt sich über 2 M.)

3 R Rippen stricken wie bei der linken Knopfleiste.

R 4 (KnopflochR 1, HinR): Bis zum 1. Knopfloch Rippen str. Dann wie folgt stricken: *2 M abketten, bis zum nächsten Knopfloch Rippen str*, von *–* wdh, bis alle Knopflöcher begonnen wurden, bis REnde Rippen stricken.

R 5 (KnopflochR 2, RückR): Bis zum 1. Knopfloch Rippen str, dann wie folgt:

2 M zweifarbig aufschlingen, bis zum nächsten Knopfloch Rippen str, von *–* wdh, bis alle Knopflöcher fertig sind, bis REnde Rippen stricken.

Noch 4 R Rippen str und dann im Rippenmuster abketten.

Jacke aufschneiden

Siehe Strickkurs Seite 160. Beidseitig der mittleren SteekM eine Verstärkungsnaht mit Nähgarn nähen (z.B. von Hand im Steppstich). Die Jacke vorsichtig mitten in der mittleren Steek-Masche aufschneiden. (Die Schnittkanten rollen sich auf der linken Seite ein.)

Ausarbeiten

Fäden vernähen. Die Jacke vorsichtig spannen, wie im Strickkurs auf Seite 161 erklärt. Die Knöpfe gegenüber den Knopflöchern annähen. Eventuell die Schnittkanten innen mit einem Stoffband abdecken oder umklappen und unsichtbar innen annähen (siehe Strickkurs Seite 160–161).

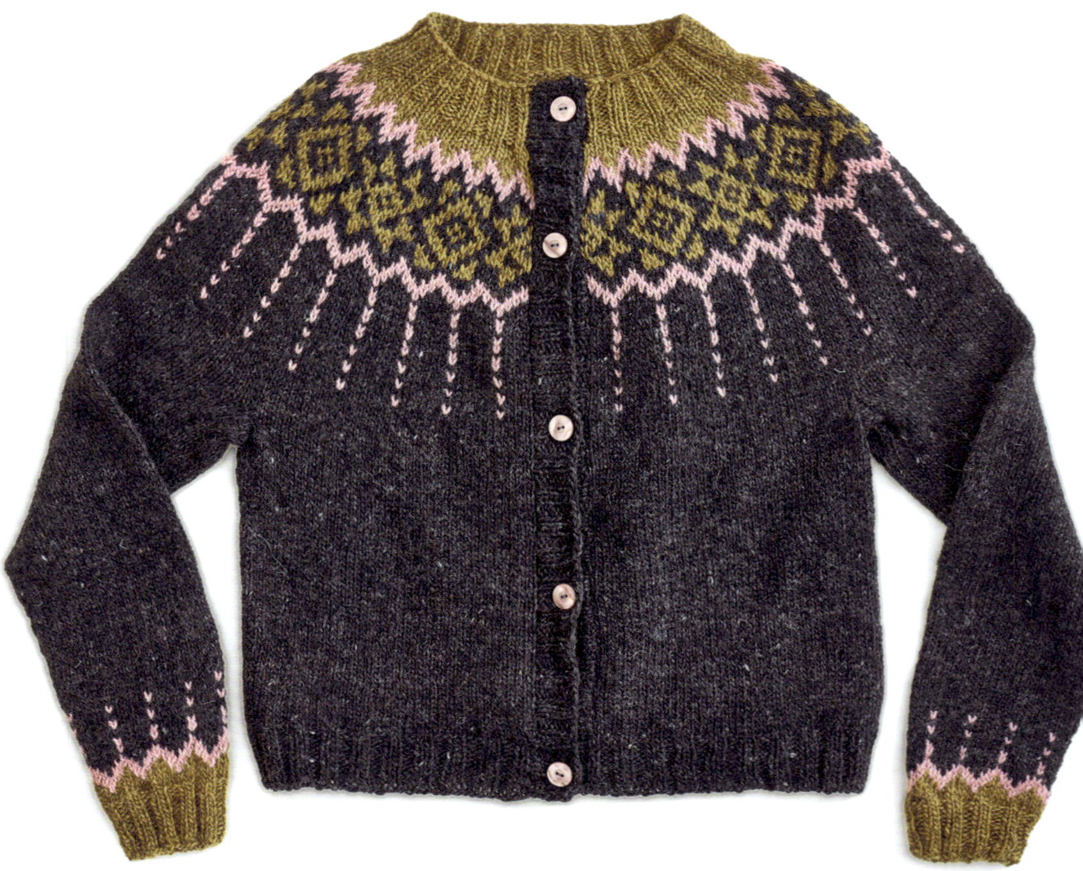

Strickschrift A

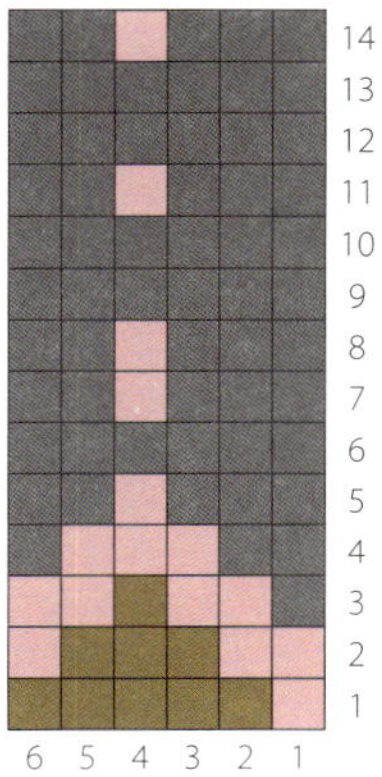

Strickschrift B1

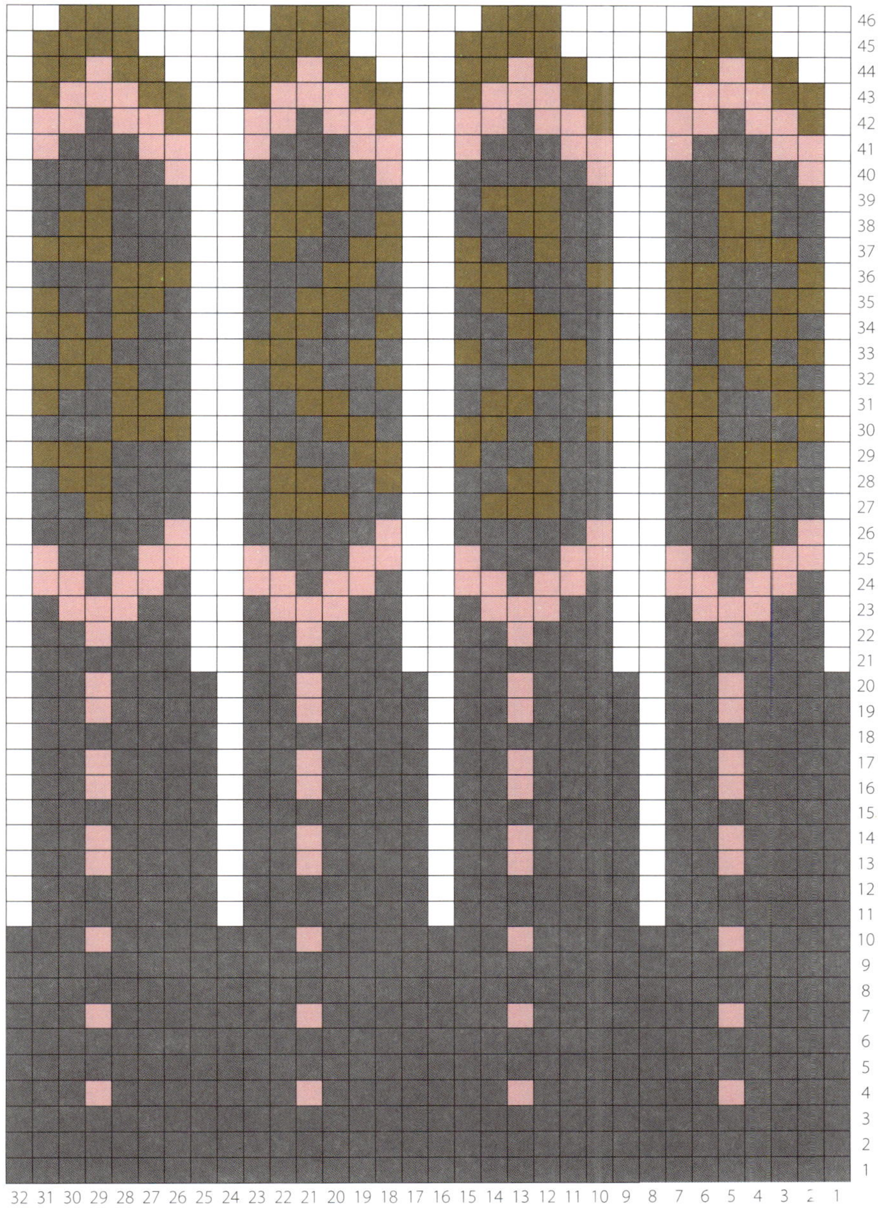

Strickschrift B2

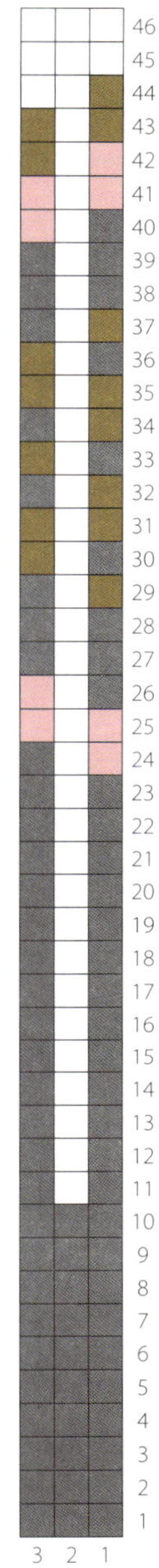

Strickschrift B3

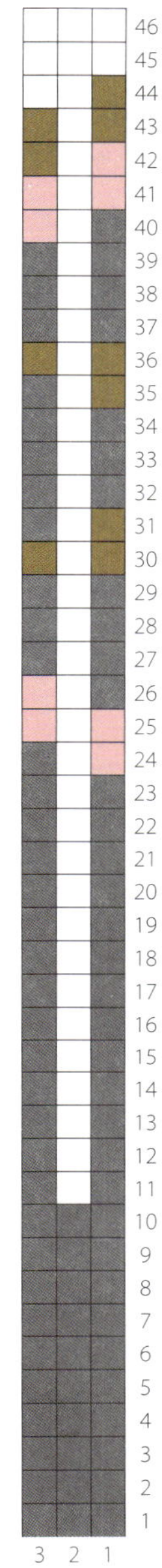

Farbe 1

Farbe 2

Farbe 3

Novelle

»In libris libertas« – in Büchern liegt Freiheit! Das sind doch gewiss bedenkenswerte Worte?

In Büchern findet sich die ganze Welt. Durch sie können wird uns frei durch Zeit und Raum bewegen – Dinge erleben, die wir vorher noch nie erlebt haben, und etwas fühlen, was wir bisher noch nie gefühlt haben. Wir können unsere Flügel ausprobieren, neue Perspektiven entdecken und mehr übers Leben lernen. Das ist es doch wohl wert, mit einer Jacke gefeiert zu werden?

»Novelle« ist die perfekte Lesejacke, die man an einem verregneten Herbsttag anzieht, wenn man einfach nur mit seinem Lieblingsbuch und einer Tasse Tee im Sessel versinken möchte. Das klassische Tweedgarn verleiht ihm eine lebendige Struktur und altert gut, dank seines zeitlosen Charmes. Ein bisschen wie eine richtig gute Novelle!

Material: Select no. 1 von Järbo (Mohair Tweed Yarn from Donegal, 70 % Merino, 30 % Mohair, 50 g = 110 m)
Maschenprobe: 18 m × 27 R glatt rechts auf Nadel 4,5 mm = 10 × 10 cm
Größe: XS (S) M (L) XL (2XL) 3XL (4XL)
Brustumfang: 90 (98) 106 (114) 122 (130) 138 (146) cm
Länge: 42 (44) 46 (48) 50 (52) 54 (56) cm
Menge: 350 (350) 350 (400) 400 (450) 450 (500) g Brambleberry Jam (Nr. 22314)
Rundstricknadel: 4 und 4,5 mm, 80 cm
Nadelspiel: 4 und 4,5 mm
Zubehör: 5 Knöpfe (ca. 20 mm Durchmesser), 4 Maschenmarkierer, Maschenhalter
Schwierigkeitsgrad: 2 von 3
Konstruktion: Die Jacke wird in Reihen von oben gestrickt, mit einer integrierten, glatt rechten Knopfleiste und Kordelkante.
Strickkurs: Achtung! Die Knopfleiste reicht beidseitig über je 9 M.
Knopfleiste (HinR) = die ersten 2 M wie zum li Str mit dem Faden hinter der Arbeit abh, 5 M re, 1 M wie zum li Str mit dem Faden hinter der Arbeit abh, 1 M li. Wenn noch 9 M übrig sind: 1 M li, 1 M wie zum li Str mit dem Faden hinter der Arbeit abh, 5 M re, 2 M re.
Knopfleiste (RückR) = die ersten 2 M wie zum li Str mit dem Faden hinter der Arbeit abh, 5 M re, 1 M li, 1 M re. Wenn noch 9 M übrig sind: 1 M re, 1 M li, 5 M re, 2 M li.
KnopflochR 1 (HinR) = die ersten 2 M wie zum li Str mit dem Faden hinter der Arbeit abh, 5 M re, 1 M wie zum li Str mit dem Faden hinter der Arbeit abh, 1 M li, bis zu den letzten 9 M str, 1 M li, 1 M wie zum li Str mit dem Faden hinter der Arbeit abh, 1 M re, 2 M re zus, 1 U, 4 M re.
KnopflochR 2 (RückR) = 2 M wie zum li Str mit dem Faden hinter der Arbeit abh, 5 M re, 1 M li, 1 M re. Bis zu den letzten 9 M str, 1 M re, 1 M li, 5 M re, 2 M li.
MM = Maschenmarkierer, siehe Strickkurs Seite 163.

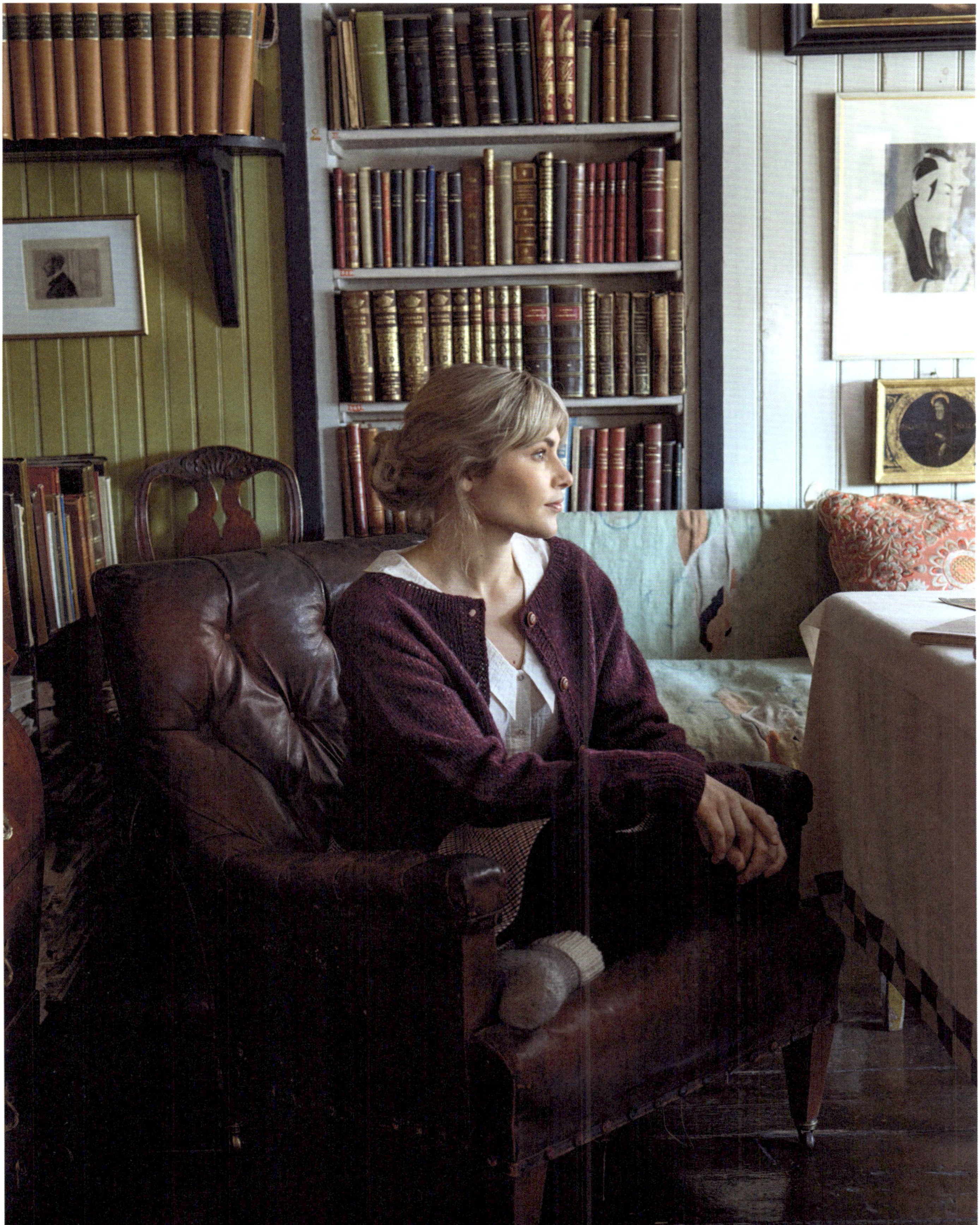

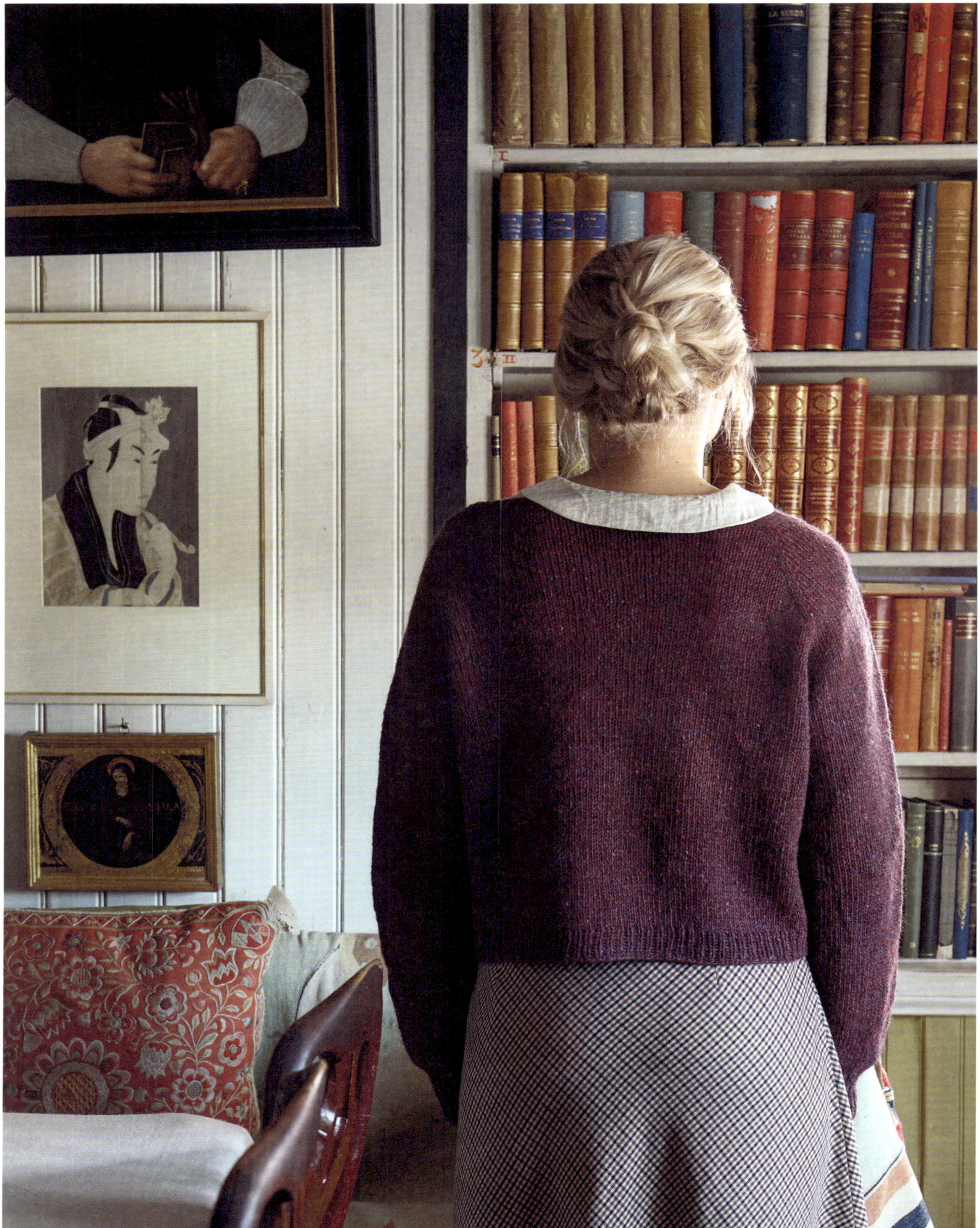

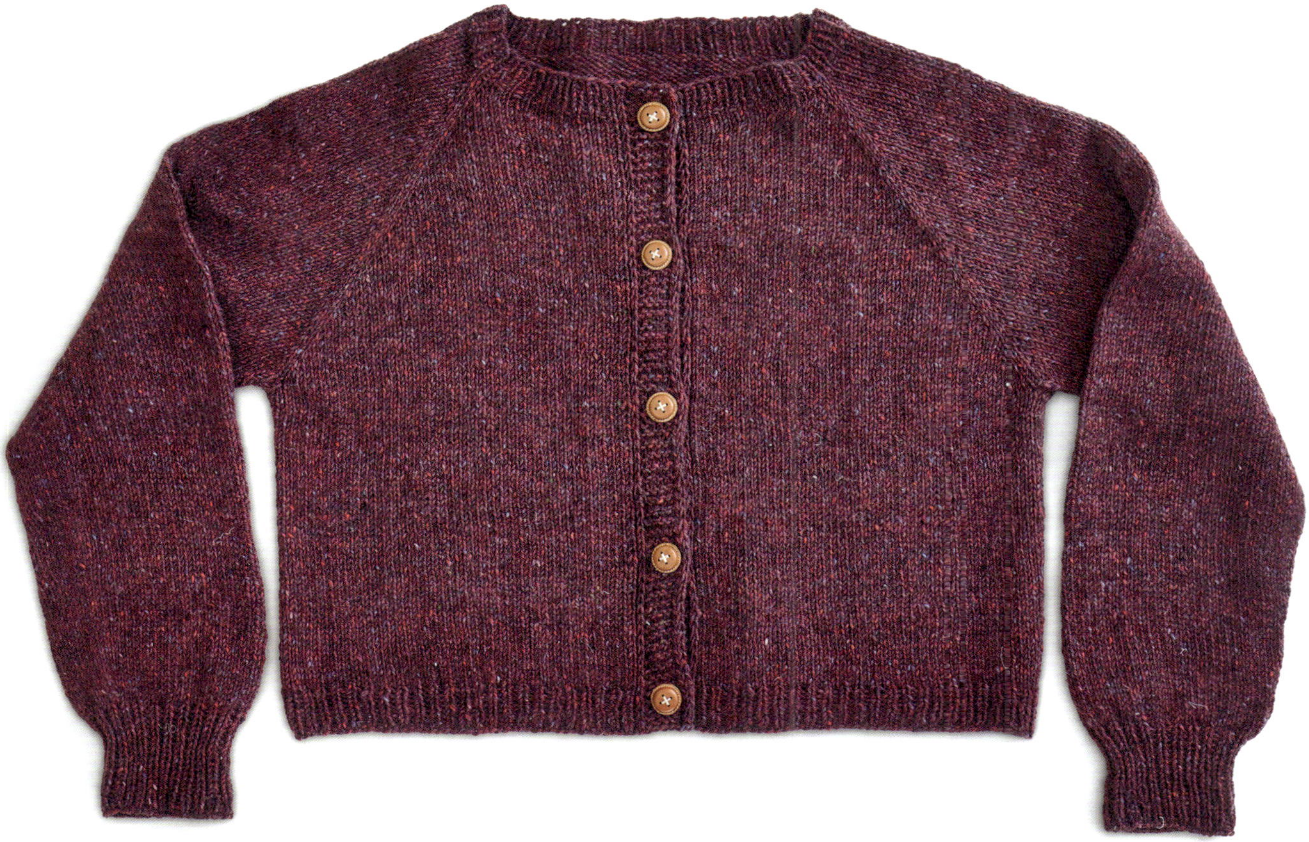

PASSE

HALSAUSSCHNITT

Mit Rundnadel 4 mm: 107 (111) 111 (113) 113 (115) 115 (117) M anschlagen.

R 1 (RückR): 2 M li, 5 M re, *1 M li, 1 M re*, von *–* wdh, bis noch 8 M übrig sind, 1 M li, 5 M re, 2 M li.

R 2 (HinR): [Knopfleiste, siehe Strickkurs], 1 M re, *1 M li, 1 M re*, von *–* wdh, bis noch 9 M übrig sind, [Knopfleiste].

R 3: [Knopfleiste], 1 M li, *1 M re, 1 M li*, von *–* wdh, bis noch 9 M übrig sind, [Knopfleiste].

R 2 und 3 wdh, bis die Arbeit 2,5 cm misst. **Achtung!** Mit einer RückR enden.

Ein Knopfloch stricken mit [KnopflochR 1 und 2, siehe Strickkurs], in KnopflochR 2 werden auch die Raglanmaschenmarkierer wie folgt gesetzt: RaglanMM D nach 24 (25) 25 (26) 26 (27) 27 (28) M, RaglanMM C nach 12 (12) 12 (11) 11 (10) 10 (9) M, RaglanMM B nach 35 (37) 37 (39) 39 (41) 41 (43) M, RaglanMM A nach 12 (12) 12 (11) 11 (10) 10 (9) M. **Achtung!** Es werden noch weitere 4 Knopflöcher im Abstand von 9, (9,5) 10, (10,5), 11, (11,5), 12, (12,5) cm gestrickt.

RAGLANZUNAHMEN UND VERKÜRZTE REIHEN

Achtung! Daran denken, jeweils die Wickel mitzustricken. Mehr dazu und zu verkürzten Reihen siehe Seite 162.

Verkürzte R 1 (HinR): Auf Rundnadel 4,5 mm [Knopfleiste], *re bis 1 M vor dem RaglanMM, 1 M re neig zun (siehe Strickkurs Seite 163), 1 M re, MMabh, 1 M re, 1 M li neig zun* (siehe Strickkurs Seite 163), von *–* noch 3-mal wdh, Wickelmasche und wenden = 8 neue M.

Verkürzte R 2 (RückR): Li bis RaglanMM A, 3 M li, Wickelmasche und wenden.

Verkürzte R 3: Raglanzunahmen wie in R 1 str, dann re bis zur letzten WickelM, noch 3 M re, Wickelmasche und wenden.

Verkürzte R 4: Li bis zum Wendepunkt, noch 3 M li, Wickelmasche und wenden.

R 3 und 4 noch 1 (1) 1 (2) 2 (2) 3 (3)-mal wdh.

Abschließende verkürzte R: R mit Raglanzunahmen und [Knopfleiste] zu Ende stricken.

Weiter glatt rechts stricken (= HinR rechts und RückR links), Raglanzunahmen in allen HinR und Knopfleisten weiter wie bisher str, bis es insgesamt 299 (327) 343 (353) 369 (387) 403 (421) M sind. Mit einer RückR enden.

Körper und Ärmel trennen

[Knopfleiste], 48 (52) 54 (56) 58 (61) 63 (66) M re bis MM A, MM entfernen und die folgenden 60 (66) 70 (71) 75 (78) 82 (85) ÄrmelM stilllegen, MM B entfernen, 0 (0) 4 (8) 12 (14) 18 (20) neue M unterm Arm zweifarbig aufschlingen (siehe Videolinks im Strickkurs auf Seite 164), 83 (91) 95 (99) 103 (109) 113 (119) M str,

MM C entfernen, die folgenden 60 (66) 70 (71) 75 (78) 82 (85) ÄrmelM stilllegen, MM D entfernen, 0 (0) 4 (8) 12 (14) 18 (20) neue M unter dem Arm zweifarbig aufschlingen, 39 (43) 45 (47) 49 (52) 54 (57) M re bis noch 9 M übrig sind, [Knopfleiste]. Insgesamt 179 (195) 211 (227) 243 (259) 275 (291) M für den Körper auf der Nadel.

Körper

Weiter glatt recht und Knopfleisten und Knopflöcher wie bisher stricken, bis der Körper 22 (23) 24 (25) 26 (27) 28 (29) cm ab dem Armloch misst. Mit einer RückR enden.

Auf Rundnadel 4 mm.

R 1: [Knopfleiste], 1 M re, *1 M li, 1 M re*, von *–* wdh, bis noch 9 M übrig sind, [Knopfleiste].

R 2: [Knopfleiste], 1 M li, *1 M re, 1 M li*, von *–* wdh, bis noch 9 M übrig sind, [Knopfleiste].

R 1 und 2 wdh, bis die Rippen 3 cm messen. Die Knopfleisten re abketten, die restl M im Rippenmuster abketten.

Ärmel

Mit Nadelspiel 4,5 mm: Die 60 (66) 70 (71) 75 (78) 82 (85) ÄrmelM auf die Nadeln verteilen. 0 (0) 2 (3) 5 (7) 9 (10) neue M aufnehmen, mitten unterm Arm beginnen, 60 (66) 70 (71) 75 (78) 82 (85) M str und noch mal 0 (0) 2 (3) 5 (7) 9 (10) M unterm Arm aufnehmen = 60 (66) 74 (77) 85 (92) 100 (105) M. Den RdBeginn mit einem MM markieren und in Runden glatt rechts str (= alle Rd re).

Weiterstricken, bis der Ärmel 1 cm ab dem Armloch misst.

AbnahmeRd: 1 M re, 2 M überzog zus, bis zu den letzten 3 M re, 2 M re zus, 1 M re.

Die AbnahmeRd alle 4,5 (4) 4 (3,5) 3 (2,5) 2,5 (2) cm 6 (7) 8 (9) 11 (12) 13 (15)-mal wdh = 46 (50) 56 (57) 63 (66) 72 (73) M.

Weiterstricken, bis der Ärmel 36 (37) 37 (38) 38 (39) 39 (40) cm ab dem Armloch misst.

In der letzten Rd 6 (10) 14 (13) 17 (20) 26 (25) M gleichmäßig verteilt abnehmen = 40 (40) 42 (44) 44 (46) 46 (48) M.

Auf Nadelspiel 4 mm wechseln und 8 cm Rippen stricken (1 M re, 1 M li). Locker im Rippenmuster abk. Den zweiten Ärmel genauso stricken.

Ausarbeiten

Fäden vernähen. Die Jacke vorsichtig spannen, wie im Strickkurs auf Seite 161 erklärt. Die Knöpfe gegenüber den Knopflöchern annähen.

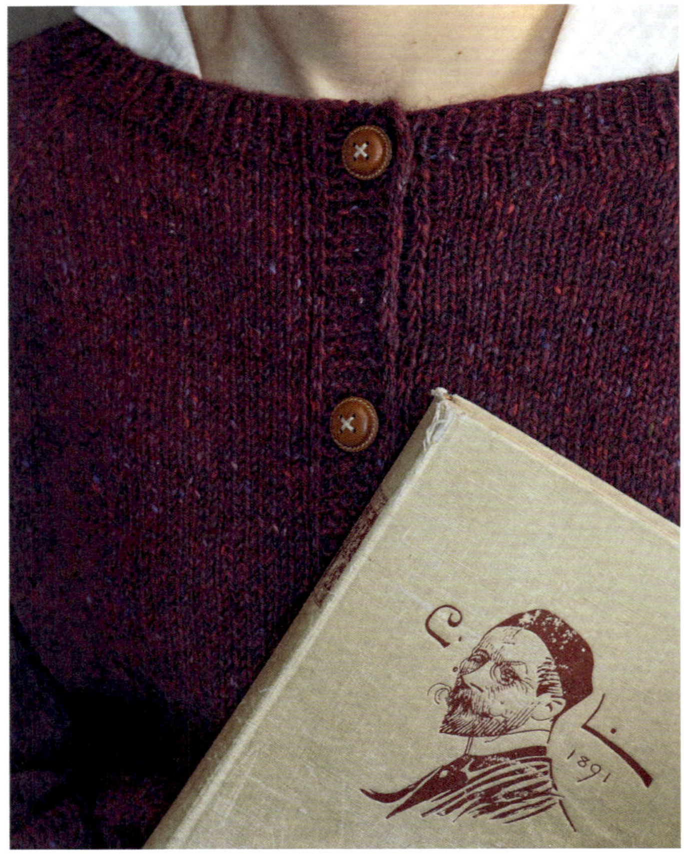

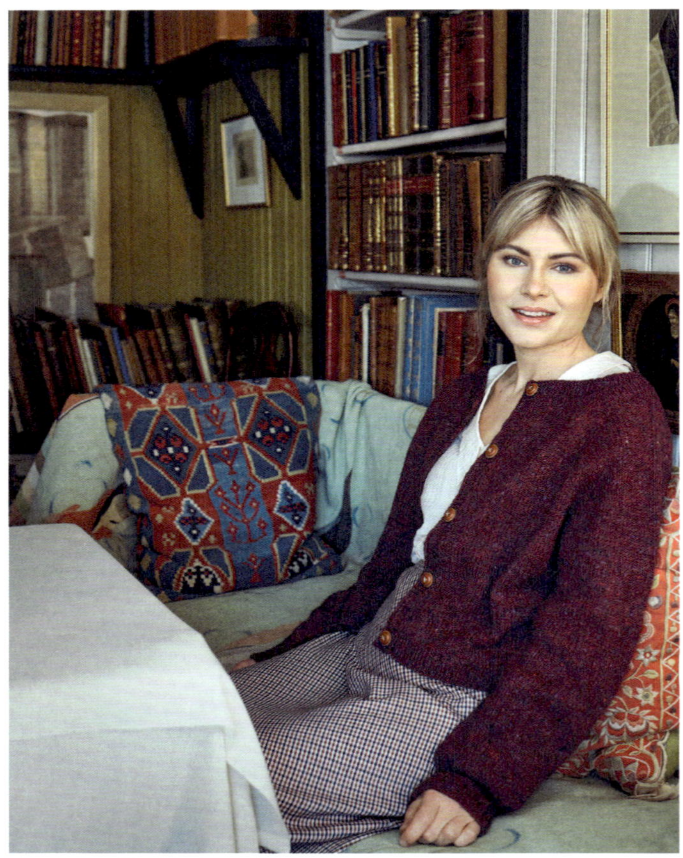

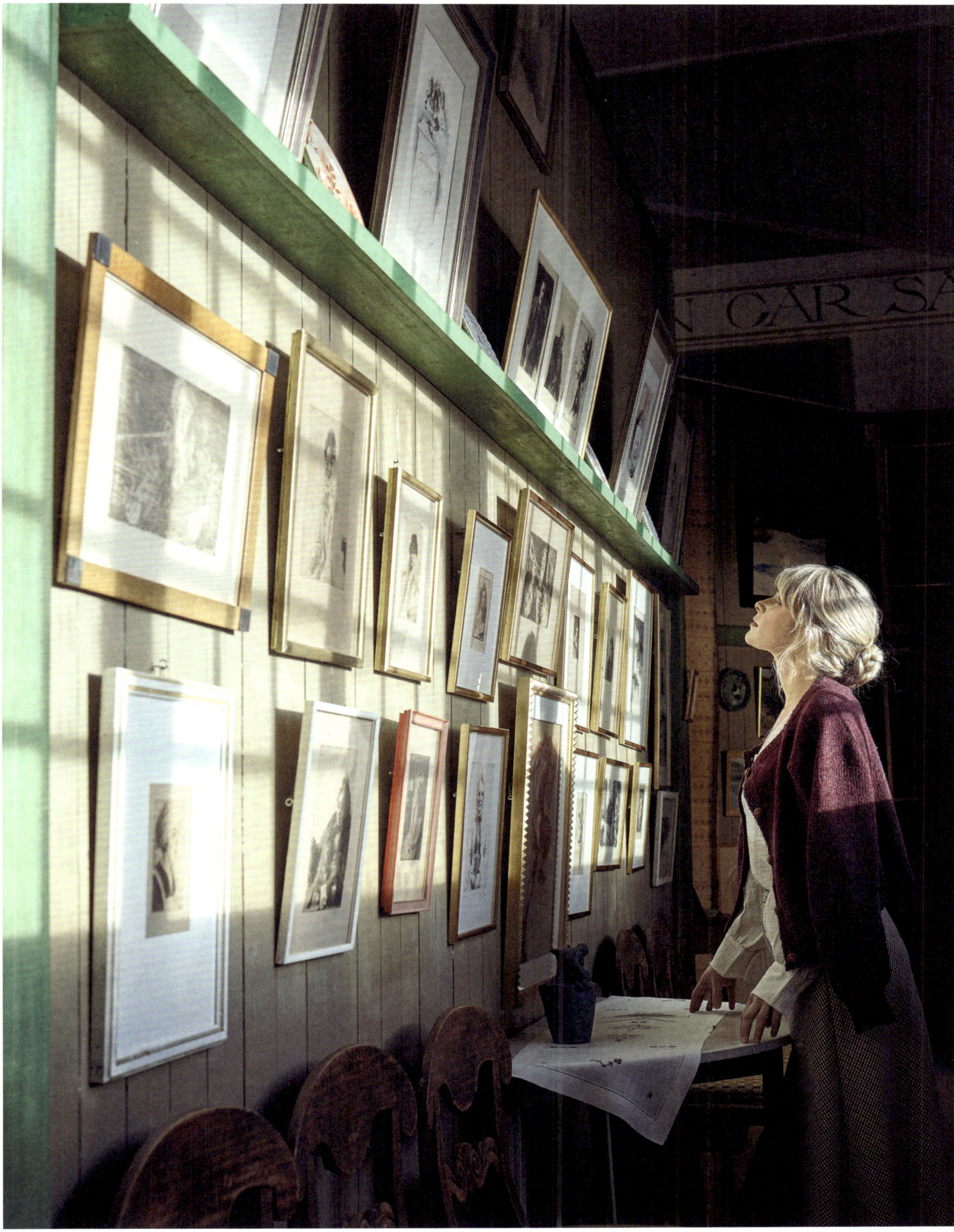
N CAR SA

Erbe

HERBST

Die Jacke »Erbe« bedeutet mir sehr viel. Sie ist nämlich meine Version einer Jacke, die mein Opa Allan aus Rjukan in Norwegen, wo er aufgewachsen ist, nach Schweden mitgebracht hat. Die Originaljacke wurde von mehreren in der Familie getragen und geliebt – zunächst von meinem Papa und dann von mir.

Die ursprüngliche Jacke ist wahrscheinlich aus den 1940ern, aber trotz ihres Alters und der Nutzung wohlbehalten und schön. Über die Jahre haben mich viele Interessierte nach dem Muster gefragt. Jetzt habe ich endlich eine Rekonstruktion entworfen, damit diese hübsche Jacke ein neues Leben bekommt. Bei der Konstruktion habe ich mich eng ans Original gehalten – die Jacke wird auf norwegische Art rund gestrickt und dann vorne und am Armloch aufgeschnitten. Manche Details habe ich allerdings angepasst – wie zum Beispiel die Knopfleisten und den Halsausschnitt. Ich hoffe, Sie mögen sie genauso sehr wie ich.

Noch eines: Ich bin nicht die Erste, die ihre eigene Version dieser Jacke strickt – laut Papa hat meine Oma Elsa das auch getan. In Lindgrün! Und genau das werde ich machen, sobald ich kann. Damit das Erbe weiterlebt!

Material: Sisu von Sandnes (80 % Wolle, 20 % Nylon, 50 g = 175 M)
Maschenprobe: 27 m × 28 R glatt rechts im Muster auf Nadel 3 mm = 10 × 10 cm
Größe: S (M/L) XL (2XL)
Brustumfang: 91 (102) 113 (124) cm
Länge: 60 (62) 64 (66) cm
Ärmellänge: 52 (53) 54 (55) cm
Menge: Fb 1 = 450 (550) 600 (700) g Schwarz (Nr. 1099)
Fb 2 = 100 (100) 150 (150) g Weiß (Nr. 1002)
Fb 3 = 50 (50) 50 (50) g Rot (Nr. 4219)
Nadelspiel: 2,5 mm und 3 mm
Rundstricknadel: 2,5 mm und 3 mm, 80 cm
Zubehör: 8 Knöpfe (15 mm Durchmesser), Maschenhalter
Schwierigkeitsgrad: 3 von 3
Konstruktion: Der Körper wird in Runden gestrickt und dann vorne in der Mitte aufgeschnitten (siehe Strickkurs Seite 160), genau wie die Armlöcher – ganz auf »norwegische Art«. Die Ärmel werden getrennt gestrickt und angenäht. Danach werden die Knopfleisten und der Halsausschnitt angestrickt.
Strickkurs: 1 M tief zun = 1 M tiefer gestochen zunehmen, siehe Strickkurs Seite 163.
1 M re neig zun = 1 M rechts neigend zunehmen, siehe Strickkurs Seite 163.
1 M li neig zun = 1 M links neigend zunehmen, siehe Strickkurs Seite 163.

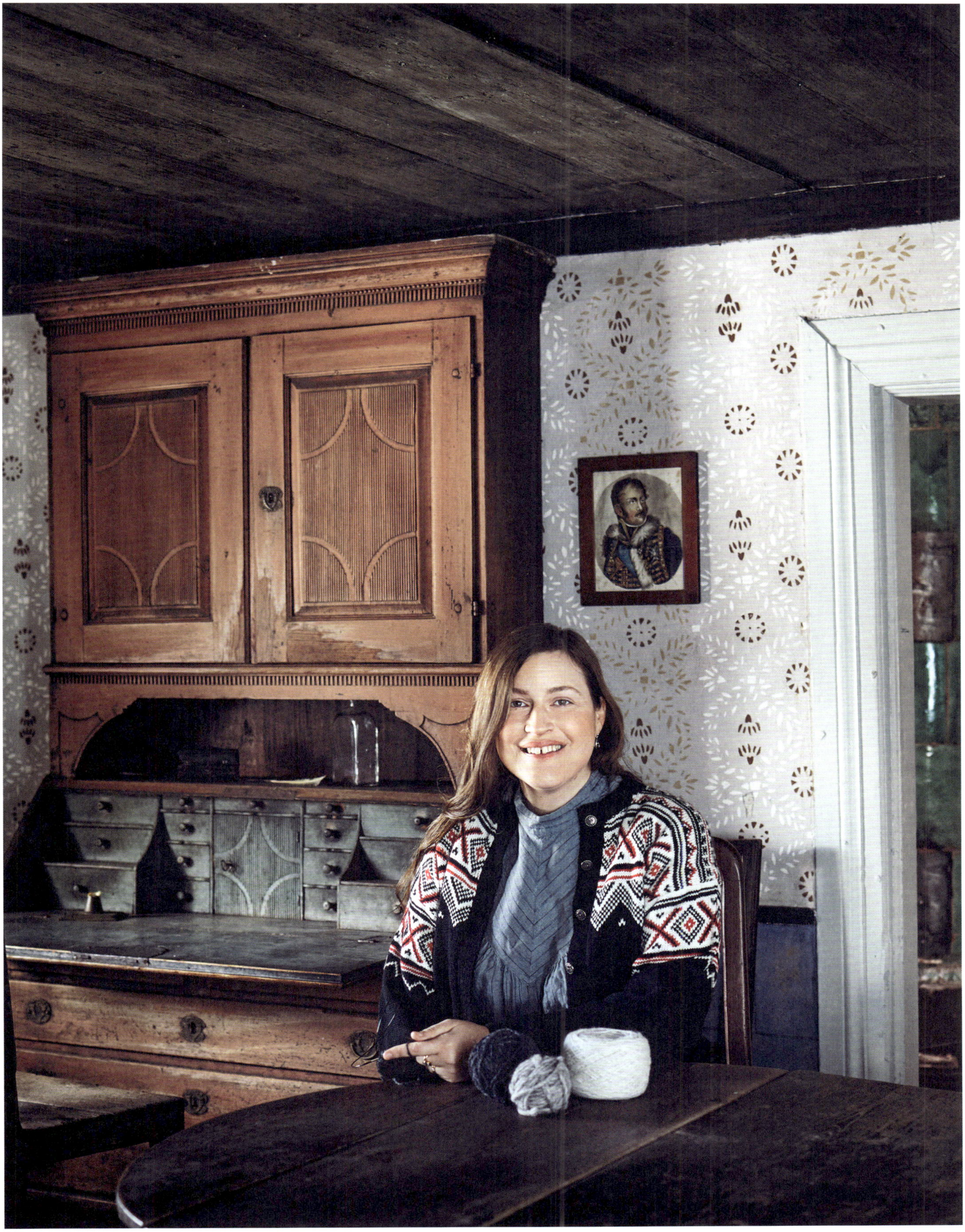

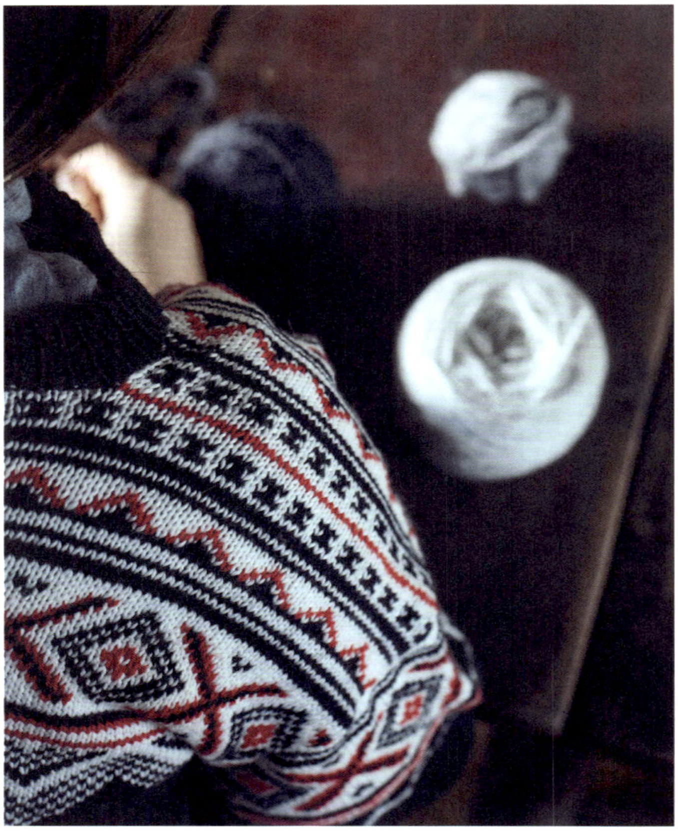

Körper

Mit Rundnadel 2,5 mm und Fb 1: 267 (297) 327 (357) M anschlagen.

Wie folgt Rippen stricken:

R 1 (RückR): 1 M li, *1 M re, 1 M li*, von *–* bis REnde wdh.

R 2: (HinR): 1 M re, *1 M li, 1 M re*, von *–* bis REnde wdh.

R 3: 1 M li, *1 M re, 1 M li*, von *–* bis REnde wdh.

R 2 und 3 wdh, bis die Arbeit 2 cm misst. Mit einer RückR enden.

Knopfloch

KnopflochR 1: 6 M im Rippenmuster str, 3 M abketten, bis REnde Rippen str.

KnopflochR 2: Im Rippenmuster bis zu den abgeketteten M str, 3 neue M zweifarbig aufschlingen (siehe Videolinks im Strickkurs auf Seite 164). Bis REnde Rippen str.

Weiter Rippen str, bis die Arbeit 6 cm misst. Mit einer RückR enden.

Das Rundstricken vorbereiten

13 M im Rippenmuster str, dann diese 13 M sowie die entsprechenden 13 M am REnde stilllegen.

Auf Rundnadel 3 mm wechseln und bis REnde re (die stillgelegten M nicht stricken), jetzt 5 Steekmaschen zweifarbig aufschlingen (siehe Videolinks im Strickkurs auf Seite 164). Die SteekM markieren auch den Rd-Beginn. (Denken Sie daran, dass die SteekM nicht zur Gesamtmaschenzahl dazugezählt werden, und dort nicht ab- oder zugenommen wird.)

Weiter glatt rechts stricken, bis die Arbeit 37 (39) 41 (43) cm misst. (Noch ca. 23 cm bis zur Gesamtlänge.)

Im Muster laut Strickschrift A, R 1–18.

Maschenverteilung:

S: M 1–20 bis zur letzten M wdh, mit M 1 der Strickschrift enden.

M/L: M 16–20, dann M 1–20 wdh, bis noch 6 M übrig sind, dann M 1–6 str.

XL: M 1–20 bis zur letzten M wdh, mit M 1 der Strickschrift enden.

2XL: M 1–20 bis zur letzten M wdh, mit M 1 der Strickschrift enden.

Dann im Muster laut Strickschrift B, Rd 1–46 str.

Maschenverteilung:

S: M 24, dann M 1–24 bis zur letzten M wdh, mit M 1 der Strickschrift enden.

M/L: M 22–24, dann M 1–24 wdh, bis noch 4 M übrig sind, dann M 1–4 str.

XL: M 19–24, dann M 1–24 wdh, bis noch 7 M übrig sind, dann M 1–7 str.

2XL: M 16–24, dann M 1–24 wdh, bis noch 10 M übrig sind, dann M 1–10. str

Wenn noch 7 cm bis zur Gesamtlänge fehlen, den Halsausschnitt beginnen. (Jetzt wurden ca. 16 cm im Muster gestrickt.)

Die 5 SteekM abketten und die 9 (7) 11 (9) M rechts und links davon stilllegen.

Die restliche Strickschrift wird glatt rechts in Reihen gestrickt, dabei wird wie folgt in jeder R zu Beginn abgekettet: 4, 2, 2, 1, 1, 1 M.

Nachdem für den Halsausschnitt abgekettet wurde, wird die Strickschrift zu Ende gestrickt. (Jetzt misst die Arbeit ca. 59 (61) 63 (65) cm.)

Mit einer HinR enden, dabei abketten und die SteekM an der Seite markieren:

Mit Fb 2: 40 (48) 53 (61) M re (= Schultermaschen), 1 M abketten (= SteekM fürs Armloch), 40 (48) 53 (61) M re (= Schultermaschen), 39 (41) 43 (45) M re (= Halsausschnitt), 40 (48) 53 (61) M re (= Schultermaschen), 1 M abketten (= SteekM fürs Armloch), 40 (48) 53 (61) M re (= Schultermaschen). Die restllichen Maschen stilllegen.

Ärmel

Mit Nadelspiel 2,5 mm und Fb 1: 52 M anschlagen.

5 cm Rippen stricken (1 M re, 1 M li). Auf Nadelspiel 3 mm wechseln.

ZunahmeRd 1: *1 M re, 1 M tief zun, 1 M re*, von *–* bis REnde wdh = 78 M.

Weiter glatt rechts stricken.

In 6 cm Höhe mit den Zunahmen beginnen.

ZunahmeRd 2: *1 M re, 1 M li neig zun, bis zur letzten M str, 1 M re neig zun (siehe Strickkurs), 1 M re.*

Von *–* 21-mal alle 1,5 cm wdh = 120 M.

Weiterstricken, bis der Ärmel 39 (40) 41 (42) cm misst oder 14 cm weniger als die die gewünschte Länge.

Im Muster laut Strickschrift C, R 1–40. (M 1–24 bis RdEnde wdh.)

Nach der Strickschrift: Arbeit wenden und die Strickrichtung ändern – dann noch 7 Rd glatt rechts mit Fb 2 str, die später beim Ausarbeiten festgenäht werden, sodass die Schnittkante innen bedeckt ist. Den zweiten Ärmel genauso stricken.

Jacke aufschneiden

Siehe Anleitung im Strickkurs Seite 160. Verstärkungsnähte nähen und vorsichtig mitten in der mittleren Steek-Masche aufschneiden.

Ausarbeiten

Am Armloch nähen und aufschneiden

Zu beiden Seiten der Seitenmasche, dort, wo aufgeschnitten werden soll, eine Verstärkungsnaht nähen. Das Armloch soll 23 cm breit sein, so breit wie die Musterpartie am Körper. Oben an der Schulter beginnen und nach unten bis zur angegebenen Länge nähen, dann wieder hoch zur Schulter. Durch die Maschen rechts und links der Seitenmasche nähen. Zwischen den Nähten vorsichtig aufschneiden und darauf achten, nicht über die untere Naht zu schneiden.

Schulternähte schliessen

Die Schultern im Maschenstich schließen (siehe Strickkurs Seite 164), und zwar mit Fb 3, sodass mitten auf der Schulter eine rote Naht entsteht.

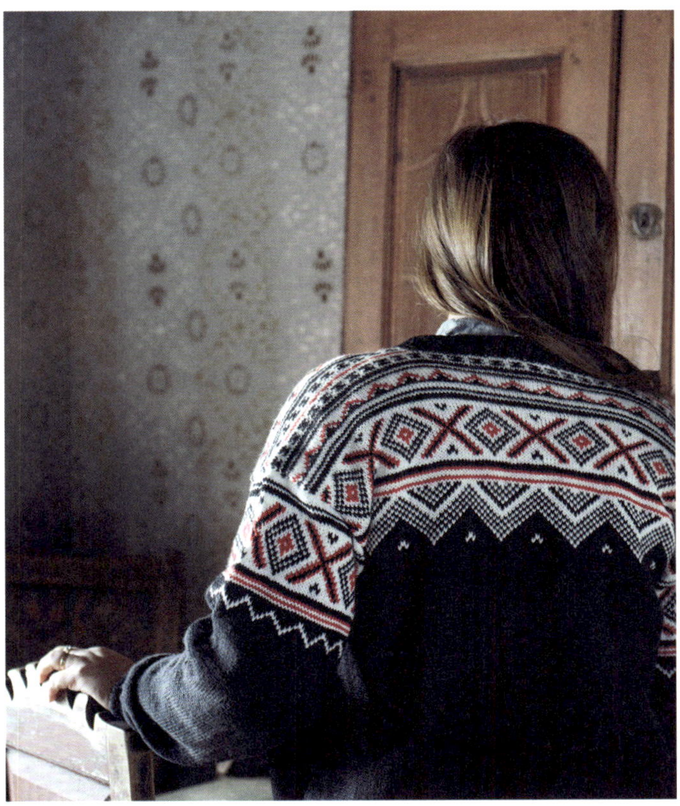

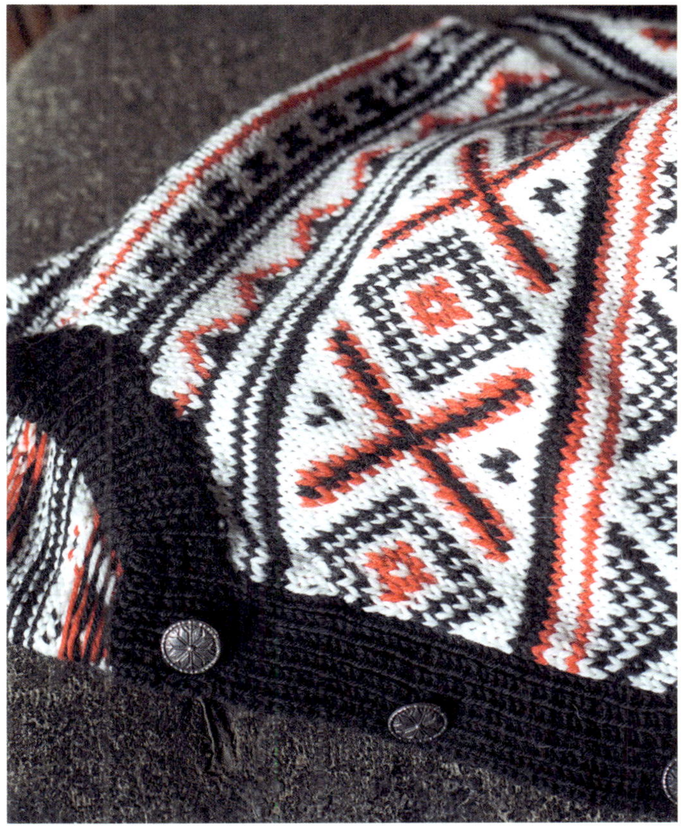

Ärmel einsetzen

Darauf achten, dass die Ärmelmitte oben mittig an der Schulternaht landet und der Rundenbeginn mittig unterm Arm. Im Maschenstich von der rechten Seite nähen: Am Ärmel die Nähnadel in den Übergang zwischen Strickschrift und Beleg stechen und am Körper in eine ganze Masche neben den Nähten beidseits des Armlochs. Die Arbeit auf links wenden, den Beleg über die Schnittkante legen und vorsichtig annähen.

linke Knopfleiste

Die 13 stillgelegten M auf ein Nadelspiel 2,5 mm schieben.

R 1 (HinR): Mit Fb 1: 1 M re, *1 M li, 1 M re*, von *–* bis REnde wdh.

R 2 (RückR): 1 M li, *1 M re, 1 M li*, von *–* bis REnde wdh.

Dann 4 neue M zweifarbig aufschlingen. (Diese 4 M bilden einen Beleg, der dann die Schnittkante innen abdeckt.)

R 3: 4 M li, Rippen stricken.

R 4: Rippen bis zu den letzten 4 M str, 4 M re.

R 3 und 4 wdh, bis die Knopfleiste bis zu den ersten abgeketteten Maschen des Halsausschnitts reicht. **Achtung!** Beim Messen daran denken, dass die Kante sich etwas dehnt, damit die Knopfleisten elastisch genug werden.

Die 4 Belegmaschen abketten. Die restlichen Maschen stilllegen.

Mit Sicherheitsnadel oder anderem markieren, wo die 8 Knöpfe hinkommen sollen. Sie sollten gleichmäßig verteilt sein, der oberste 1 cm unterhalb des Halsausschnitts, der zu allerletzt gestrickt wird.

RECHTE KNOPFLEISTE

Achtung! Auf der rechten Seite werden die Knopflöcher wie oben beschrieben gestrickt, und zwar auf Höhe der Markierungen für die Knöpfe auf der linken Seite.

Die 13 stillgelegten M auf ein Nadelspiel 2,5 mm schieben.

R 1 (RückR): Mit Fb 1: 1 M li, *1 M re, 1 M li*, von *–* bis REnde wdh.

R 2 (HinR): 1 M re, *1 M li, 1 M re*, von *–* bis REnde wdh, dann 4 neue M zweifarbig aufschlingen. (Diese 4 M bilden einen Beleg, der dann die Schnittkante innen abdeckt.)

R 3: 4 M re, Rippen stricken.

R 4: Rippen bis zu den letzten 4 M str, 4 M li.

R 3 und 4 wdh, bis die Knopfleiste bis zu den ersten abgeketteten Maschen des Halsausschnitts reicht. **Achtung!** Beim Messen daran denken, dass die Kante sich etwas dehnt, damit die Knopfleisten elastisch genug werden.

Die 4 Belegmaschen abketten. Die restlichen Maschen stilllegen. Die Kanten und Belege über den Schnittkanten festnähen.

HALSAUSSCHNITT

Mit Rundnadel 2,5 mm und Fb 1: Die stillgelegten 13 M auf eine Nadel schieben und stricken. Dann entlang der Kante Maschen aufnehmen und die anderen stillgelegten 13 M str, sodass die Gesamtmaschenzahl 135 (135) 141 (141) M beträgt.

R 1 (RückR): 1 M li, *1 M re, 1 M li*, von *–* bis REnde wdh.

R 2: (HinR): 1 M re, *1 M li, 1 M re*, von *–* bis REnde wdh.

R 3: 1 M li, *1 M re, 1 M li*, von *–* bis REnde wdh.

R 2 und 3 wdh, bis der Bund 1 cm misst. Mit einer linken Reihe enden.

Ein Knopfloch stricken.

Rippen stricken, bis der Bund 3 cm misst.

In den folgenden 2 Rd werden an beiden Seiten die äußeren 13 M abgekettet.

Noch 3 cm Rippen stricken. Locker im Rippenmuster abketten, die Kante nach innen umklappen und locker festnähen.

Abschluss

Fäden vernähen. Die Jacke vorsichtig spannen, wie im Strickkurs auf Seite 161 erklärt. Die Knöpfe gegenüber den Knopflöchern annähen.

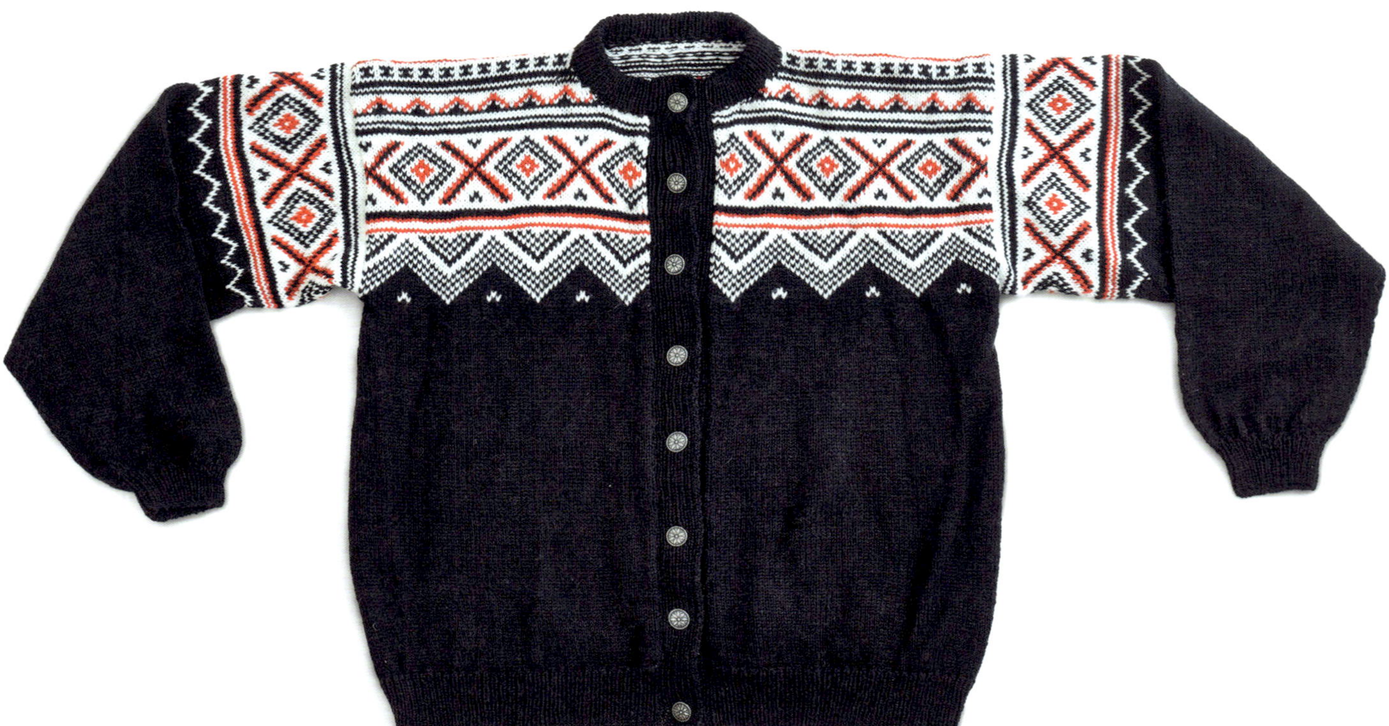

Strickschrift A

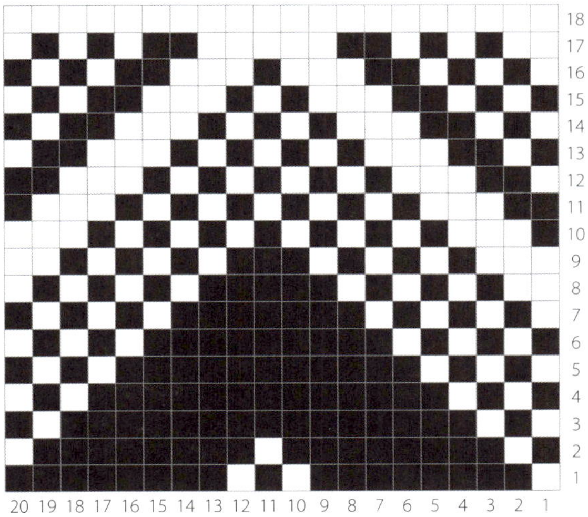

Strickschrift B

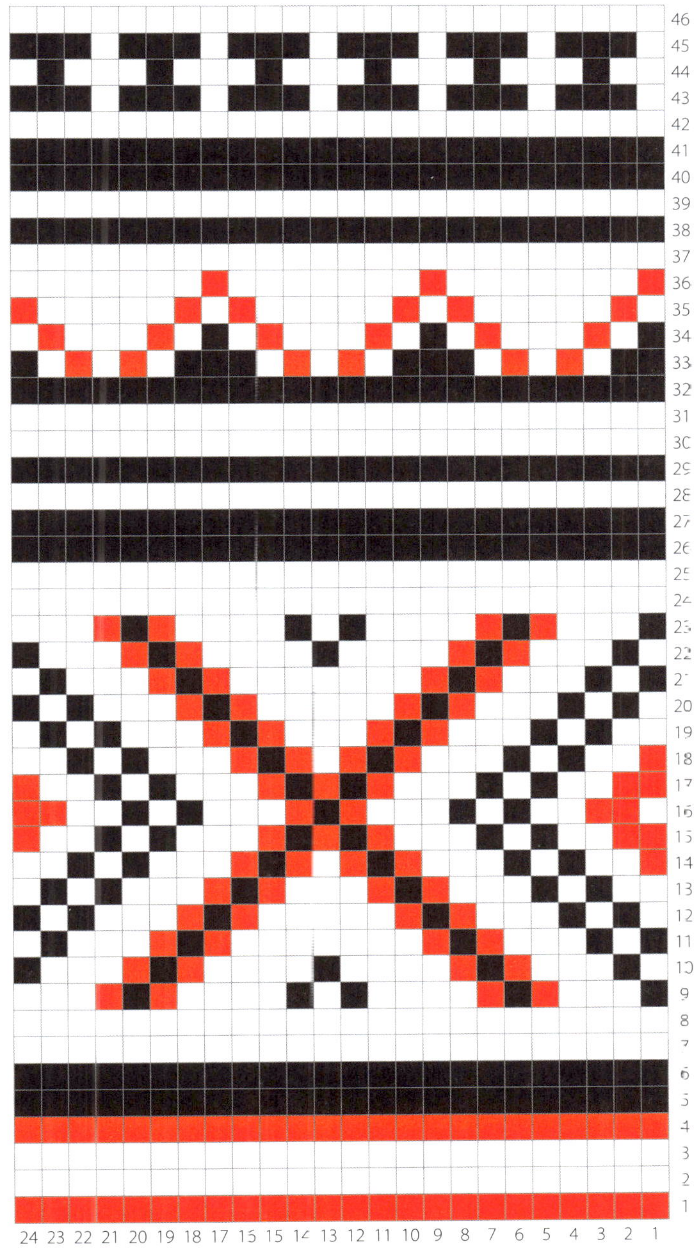

Strickschrift C

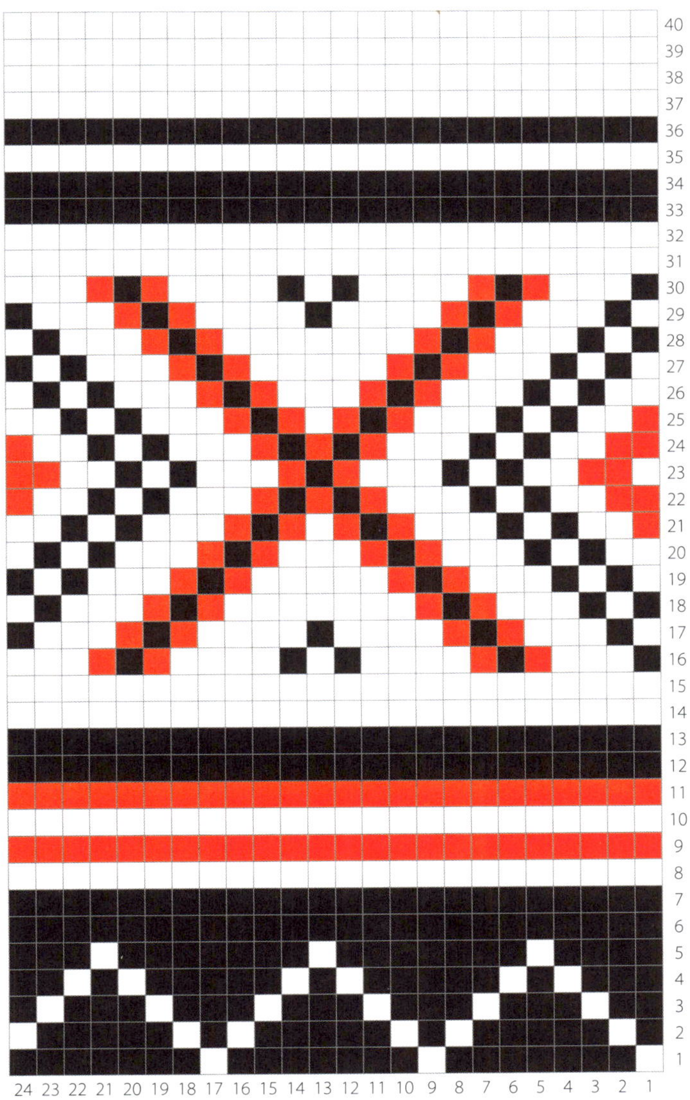

Farbe 1

Farbe 2

Farbe 3

Schwesternschaft

HERBST

Die tanzenden Schwestern sind wieder da – dieses Mal in Form einer Jacke. Falls Sie meine Handschuhe und Socken mit diesem Motiv gestrickt haben, erkennen Sie es sicher wieder?

Der Ringtanz ist so ein schönes Symbol dafür, wie wir einander im Leben weiterhelfen – Generation um Generation. Wie ein ewiger Kreis der Fürsorge. In einem Augenblick ist man ein kleines Mädchen an der Hand der Mama, im nächsten ist man, kaum dass man sich's versieht, selbst da: als Mama, Oma und vielleicht sogar als Uroma. Der Lebenskreis ist erstaunlich. Aber das Band der Liebe verbindet uns. So sind wir alle zusammen – sogar über Zeit und Raum. Die Jacke »Schwesternschaft« ist fein gestrickt und voller Wärme!

Material: Järbo 2-fädige Wolle (100 % Wolle, ca. 100 g = 300 m)
Maschenprobe: 25 m × 30 R glatt rechts im Muster auf Nadel 3 mm = 10 × 10 cm
Größe: XS (S) M (L) XL (2XL) 3XL
Brustumfang: 87 (96) 105 (115) 125 (134) 143 143 cm
Länge: 42 (43) 45 (46) 48 (51) 53 cm
Ärmellänge: 48 (49) 50 (50) 50 (53) (53) cm
Menge: Fb 1 = 300 (300) 300 (400) 450 (450) (500) g Blackish (Nr. 74109)
Fb 2 = 100 (100) 100 (150) 150 (150) (200) g Natural White (Fb 74102)
Rundstricknadel: 3 mm, 80 cm
Nadelspiel: 2,5 mm und 3 mm
Zubehör: 5 Maschenmarkierer, Maschenhalter, 11 Knöpfe (10 mm Durchmesser), evtl. ca. 1 m Stoffband
Schwierigkeitsgrad: 3 von 3
Konstruktion: Die Jacke wird in Runden von unten nach oben gestrickt, Körper und Ärmel getrennt. Für die Passe wird alles zusammengenommen. Schließlich wird die Jacke aufgeschnitten (siehe Strickkurs Seite 160) und die Knopfleisten werden angestrickt. Unten am Körper sitzt ein breites Musterband, das von lettischen Flechtzöpfen eingefasst wird (siehe Strickkurs Seite 164). Die restlichen Teile sind voller Pünktchen (»Läuse«).
Strickkurs: 1 M li neig zun = 1 M links neigend zunehmen, siehe Strickkurs Seite 163.
1 M re neig zun = 1 M rechts neigend zunehmen, siehe Strickkurs Seite 163.
Raglanabnahmen = bis 3 M vor dem RaglanMM str, 1 M abh, 1 M re, die abgehobene M über die gestrickte ziehen, 1 M re, den MM auf die rechte Nadel heben, 1 M re, 2 M re zus. An allen RaglanMM wiederholen.

Die Strümpfe (Foto rechts) und Handschuhe (Seite 117) im selben Muster finden Sie in meinen Büchern »Schwedische Socken stricken« und »Schwedische Handschuhe stricken«.

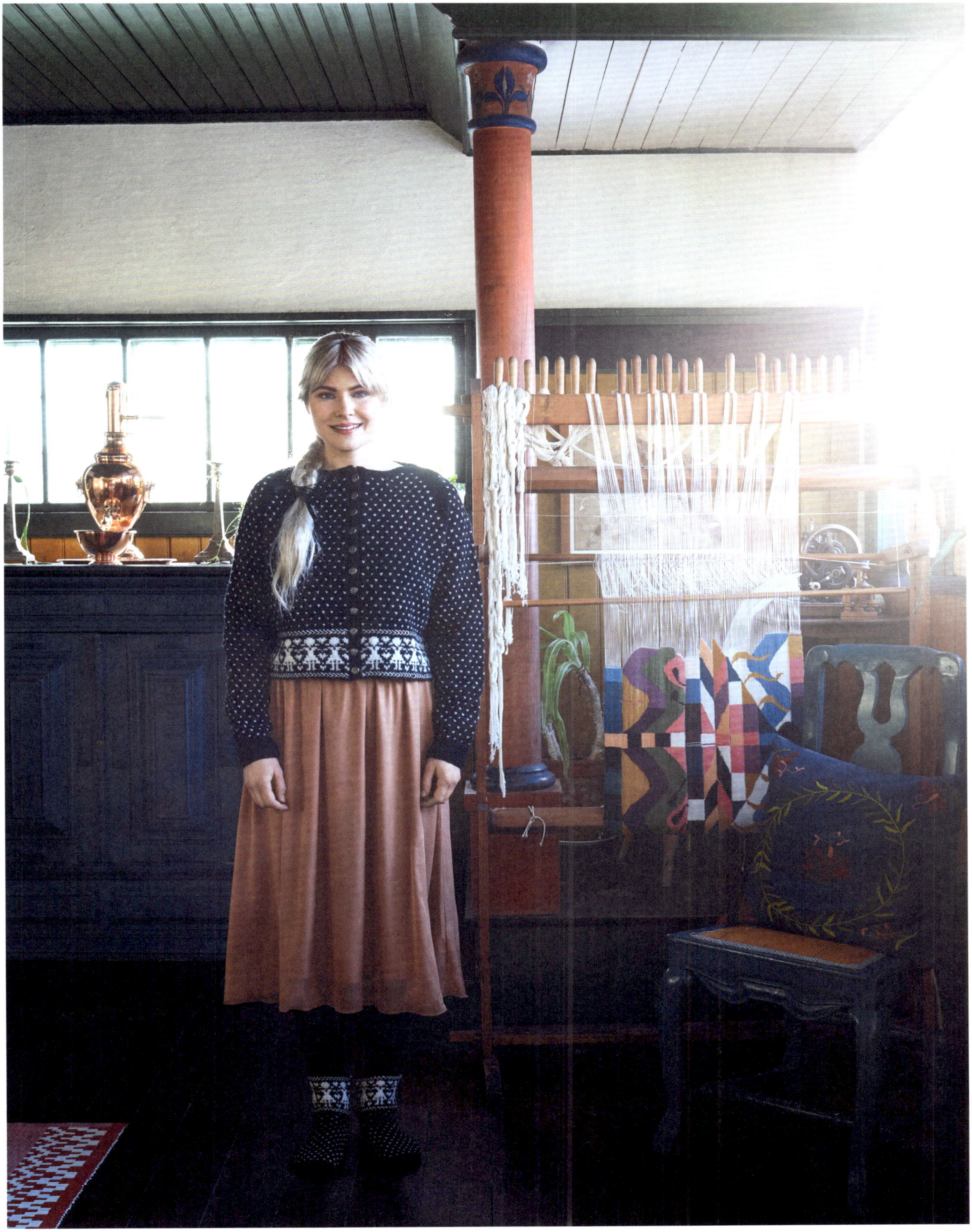

Körper

Mit Rundnadel 3 mm und Fb 1: 217 (241) 265 (289) 313 (337) 361 M anschlagen. Dazu werden 5 Steekmaschen angeschlagen. Die SteekM markieren auch den Rd-Beginn. (Denken Sie daran, dass die SteekM nicht zur Gesamtmaschenzahl dazugezählt werden, und dort nicht ab- oder zugenommen wird.)

In Runden stricken und einen lettischen Flechtzopf beginnen (siehe Strickkurs Seite 164). **Achtung!** Die 5 SteekM werden nicht als Flechtzopf gestrickt, sondern glatt rechts.

Rd 1: *1 M re mit Fb 1, 1 M re mit Fb 2*, von *–* bis zur letzten M wdh, 1 M re mit Fb 1.

Rd 2: *1 M li mit Fb 1, 1 M li mit Fb 2*, von *–* bis zur letzten M wdh, 1 M li mit Fb 1. **Achtung!** Beide Fäden beim Stricken vor der Arbeit halten. Beim Farbwechsel wird die neue Farbe unter dem bisherigen Arbeitsfaden geführt.

Rd 3: *1 M li mit Fb 2, 1 M li mit Fb 1*, von *–* bis RdEnde wdh. **Achtung!** Beide Fäden beim Stricken vor der Arbeit halten. Beim Farbwechsel wird die neue Farbe über dem bisherigen Arbeitsfaden geführt. Jetzt glatt rechts (= alle M re) 2 Rd mit Fb 1 stricken.

Im Muster laut Strickschrift A, R 1–21 (M 1–12 bis zur letzten M wdh, dann M 1 der Strickschrift) stricken.

Mit Fb 1: 2 Rd stricken.

Einen zweiten Flechtzopf wie oben stricken.

Ab jetzt den Körper glatt rechts stricken.

Mit Fb 1: 3 Rd stricken.

Im Muster laut Strickschrift B, R 1–8 (M 1–4 bis zur letzten M wdh, dann M 1 der Strickschrift) stricken. R 1–8 wdh, bis die Arbeit 26 (26) 27 (28) 30 (32) 34 cm oder die gewünschte Länge misst. **Achtung!** Mit einer R 4 oder 8 der Strickschrift enden.

Wie folgt abketten: 50 (55) 60 (65) 70 (75) 80 M, 9 (11) 13 (15) 17 (19) 21 M abketten (nach dem Abketten befindet sich noch 1 M auf der rechten Nadel), 98 (108) 118 (128) 138 (148) 158 M re, 9 (11) 13 (15) 17 (19) 21 M abketten (nach dem Abketten befindet sich noch 1 M auf der rechten Nadel), 49 (54) 59 (64) 69 (74) 79 M re = 198 (218) 238 (258) 278 (298) 318 M.

Die Körpermaschen stilllegen und beiseitelegen.

Rechter Ärmel

Mit Nadelspiel 2,5 mm und Fb 1: 56 (56) 60 (60) 68 (68) 68 M anschlagen. 5 cm Rippen (1 M re, 1 M li) in R stricken.

Den Ärmel glatt rechts stricken (= alle Rd rechts). Auf Nadelspiel 3 mm wechseln und 2 R stricken.

Im Muster laut Strickschrift B, R 1–8 (M 1–4 bis RdEnde wdh) stricken. **Achtung!** MM für den RdBeginn setzen (siehe Strickkurs Seite 163) – dadurch kann man einfacher kontrollieren, dass das Muster aufgeht.

Strickschrift B, R 1–8 noch 1-mal wdh.

Jetzt beginnen die Zunahmen, dabei wird gleichzeitig weiter laut Strickschrift B gestrickt. Die neu zugenommenen M werden ins Pünktchenmuster integriert. Die Strickschrift geht in mehreren Rd

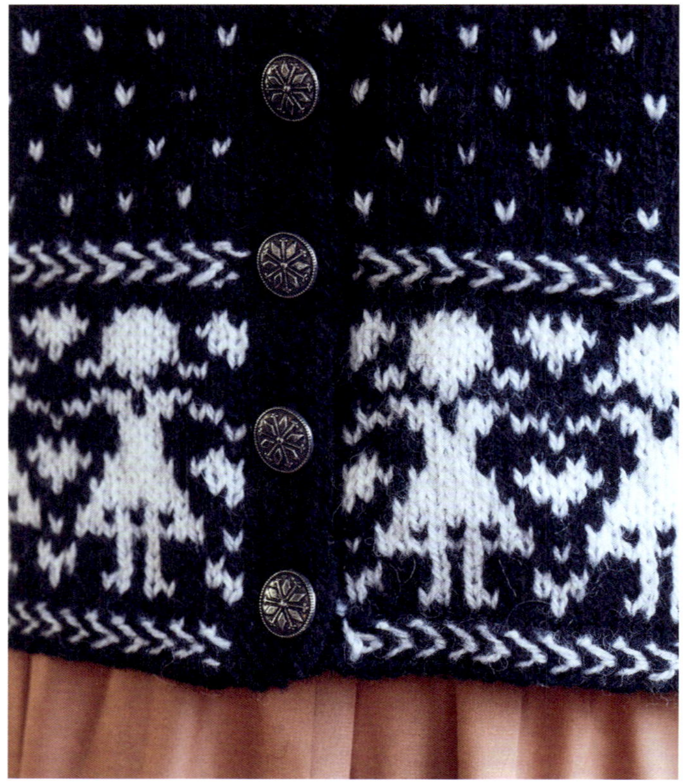

nicht auf. Deswegen ist es wichtig, den Beginn mit einem MM zu markieren, wenn das Muster seitlich breiter wird.

ZunahmeRd: 1 M re, 1 M li neig zun, bis zur letzten M re, 1 M re neig zun, 1 M re.

Weiter glatt rechts im Muster stricken und die ZunahmeRd in 2,5 (2,5) 2,5 (2) 2 (2) 2 cm Abstand wdh, bis 82 (86) 90 (96) 100 (106) 110 M auf der Nadel sind.

Weiterstricken, bis der Ärmel ca. 48 (49) 50 (50) 50 (53) 53 cm misst, aber die Länge an das Muster anpassen. **Achtung!** Mit Rd 3 oder 7 der Strickschrift enden, damit die nächste Rd dieselbe SchlussRd wie am Körper ist (= Rd 4 oder R 8 der Strickschrift).

Wie folgt mitten unterm Arm abketten: 4 (5) 6 (7) 8 (9) 10 M abketten, re bis zu den letzten 5 (6) 7 (8) 9 (10) 11 M, 5 (6) 7 (8) 9 (10) 11 M abketten = 73 (75) 77 (81) 83 (87) 89 M.

Die Ärmelmaschen stilllegen und beiseitelegen.

Linker Ärmel

Wie den rechten Ärmel stricken, aber das Muster der Strickschrift gegengleich, damit die Ärmel, von vorn gesehen, gleich sind.

Passe

Jetzt werden alle Teile zusammengestrickt. Mit Rundnadel 3 mm und die rechte Seite zu sich haltend, wie im Folgenden erläutert, die einzelnen Teile auf eine Rundnadel nehmen.

Rechtes Vorderteil: 50 (55) 60 (65) 70 (75) 80 M.

Rechter Ärmel: 73 (75) 77 (81) 83 (87) 89 M.
Rückenteil: 99 (109) 119 (129) 139 (149) 159.
Linker Ärmel: 73 (75) 77 (81) 83 (87) 89 M.
Linkes Vorderteil: 50 (55) 60 (65) 70 (75) 80 M.

Insgesamt 345 (369) 393 (421) 445 (473) 497 M auf der Nadel.

1 Rd re, dabei wie folgt MM setzen: **Achtung!** Die 4 M vor und nach den RaglanMM ab jetzt mit Fb 1 stricken.

Achtung! Gleichzeitig wie folgt MM setzen: 1 MM an den Rd-Beginn. 1 RaglanMM am Übergang von rechtem Vorderteil und rechtem Ärmel, 1 RaglanMM am Übergang von rechtem Ärmel und Rückenteil, 1 RaglanMM am Übergang von Rückenteil und linkem Ärmel und 1 RaglanMM am Übergang von linkem Ärmel und linkem Vorderteil.

Insgesamt sind 4 RaglanMM an allen Übergängen gesetzt worden und einer für den RdBeginn.

Weiter im Pünktchenmuster laut Strickschrift B stricken, mit derselben Maschenverteilung wie vorher am jeweiligen Teil. Die Pünktchen werden in den einzelnen Teilen durch die Raglanabnahmen nach und nach weniger. Dafür die 4 M vor und nach den MM immer in allen Rd mit Fb 1 stricken.

Raglanabnahmen

Glatt rechts str und in jeder Rd insgesamt 7 (8) 8 (9) 10 (12) 14-mal Raglanabnahmen stricken. Dann insgesamt 19 (21) 23 (24) 25 (23) 23-mal in jeder 2. Rd = 137 (137) 145 (157) 165 (193) 201 M.

Halsausschnitt

Bis 10 (10) 10 (11) 11 (12) 12 M vor den SteekM stricken, dann 20 (20) 20 (22) 22 (24) 24 M sowie die 5 SteekM in der Mitte für den Halsausschnitt abketten.

Die Rd, die mit dem Abketten begann, weiterstricken und die Raglanabnahmen wie vorher stricken. Ab jetzt wird die Jacke in Reihen gestrickt – das Pünktchenmuster wird beibehalten.
Wenden und 2 M li zus, dann bis REnde links.

Ab jetzt glatt rechts stricken (= HinR re, RückR li). Außerdem zu Beginn jeder R wie folgt abnehmen: In der HinR 2 M überzog zus str.

In der RückR: 2M li zus. In den HinR weiter die Raglanabnahmen stricken, bis insgesamt 24 (26) 28 (29) 30 (30) 31-mal in jeder 2. R abgenommen wurde. (Die 7 (8) 8 (9) 10 (12) 14 vorherigen Raglanabnahmen sind hier nicht mitgezählt.) **Achtung!** Die letzten zwei AbnahmeR werden nicht im Muster, sondern nur mit Fb 1 gestrickt. Nach der letzten R mit Raglanabnahmen noch wie folgt eine abschließende linke R str: 2 M li zus, bis zu den letzten 2 M li, 2M li zus = 67 (67) 75 (85) 93 (99) 97 M. Diese Maschen stilllegen.

Knopfleisten

Rechte Knopfleiste (mit Knopfloch)

Die rechte Seite zu sich haltend und 116 (116) 118 (120) 124 (128) 132 neue M an der rechten Vorderkante aufnehmen, unten beginnen. Damit die Kante dehnbar bleibt, nimmt man 3 von 4 M auf (d.h.*3 M aufn, die 4. M überspringen*, von *–* wdh) 3 R rechts.

Jetzt werden die Knopflöcher gestrickt:
XS: 2 M re, * 2 M re zus, U, 9 M re*, von *–* noch 9-mal wdh, 2 M re zus, U, 2 M re.
S: 2 M re, * 2 M re zus, U, 9 M re*, von *–* noch 9-mal wdh, 2 M re zus, U, 2 M re.
M: 3 M re, * 2 M re zus, U, 9 M re*, von *–* noch 9-mal wdh, 2 M re zus, U, 3 M re.
L: 4 M re, * 2 M re zus, U, 9 M re*, von *–* noch 9-mal wdh, 2 M re zus, U, 4 M re.
XL: 6 M re, * 2 M re zus, U, 9 M re*, von *–* noch 9-mal wdh, 2 M re zus, U, 6 M re.
2XL: 3 M re, * 2 M re zus, U, 10 M re*, von *–* noch 9-mal wdh, 2 M re zus, U, 3 M re.
3XL: 5 M re, * 2 M re zus, U, 10 M re*, von *–* noch 9-mal wdh, 2 M re zus, U, 5 M re.

3 R rechts.

Für eine stabile Kante, die beim Tragen nicht ausleihert, wie folgt beim Abketten jede 4. M abnehmen: *3 M abketten, 2 M re zus, die zusammengestrickten M abketten*, von *–* wdh, bis alle M abgekettet sind. (**Achtung!** Das Abketten kann mitten in einer Musterwiederholung enden.)

Linke Knopfleiste

Mit Nadel 3 mm und Fb 1 (HinR): 116 (116) 118 (120) 124 (128) 132 M entlang der linken Vorderkante aufnehmen, oben beginnen. 7 R rechts. Dann wie an der rechten Knopfleiste abketten.

Halsausschnitt

Die rechte Seite zu sich haltend und an der rechten Knopfleiste beginnend mit Nadel 3 mm und Fb 1: Entlang dem rechten Halsausschnitt neue M aufnehmen – 1 M aus jeder der folgenden 3 M, 1 M überspringen, bis zu den stillgelegten M wdh, 67 (67) 75 (85) 93 (99) 97 M str, dann am linken Halsausschnitt dieselbe Maschenzahl aufnehmen wie zu RBeginn an der linken Halsseite.

5 R rechts. Wie an der rechten Knopfleiste abketten.

Jacke aufschneiden

Siehe Strickkurs Seite 160. Beidseitig der mittleren SteekM eine Verstärkungsnaht mit Nähgarn nähen (z.B. von Hand im Steppstich). Die Jacke vorsichtig mitten in der mittleren Steek-Masche aufschneiden. (Die Schnittkanten rollen sich auf der linken Seite ein.)

Ausarbeiten

Die Löcher unter den Ärmeln im Maschenstich schließen. Fäden vernähen. Die Jacke spannen, siehe Anleitung im Strickkurs Seite 161. Die Knöpfe gegenüber den Knopflöchern annähen. Eventuell die Schnittkanten innen mit einem Stoffband abdecken oder umklappen und unsichtbar innen annähen (siehe Strickkurs Seite 160–161).

Strickschrift A

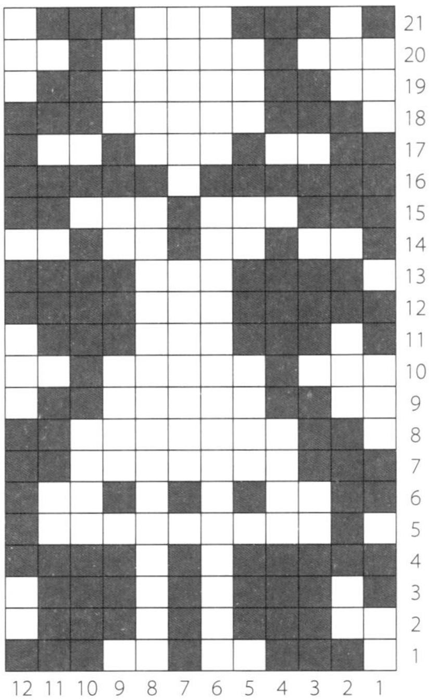

Strickschrift B

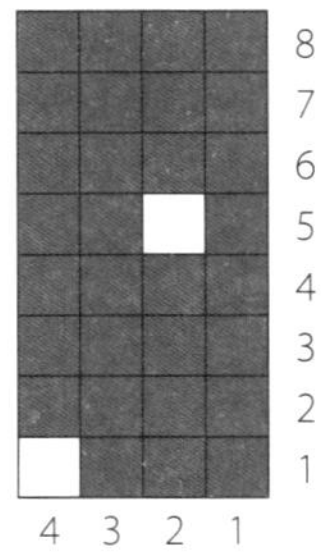

Farbe 1

Farbe 2

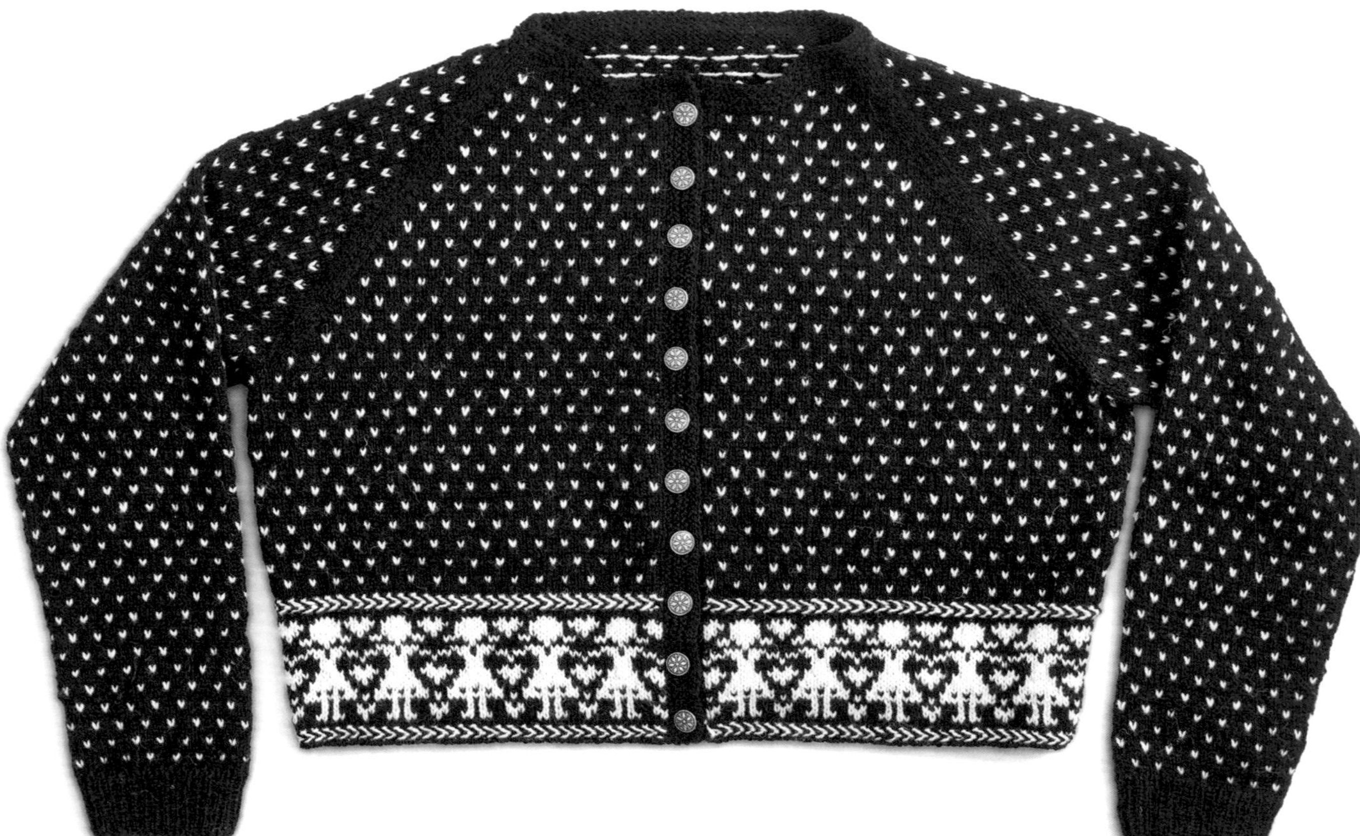

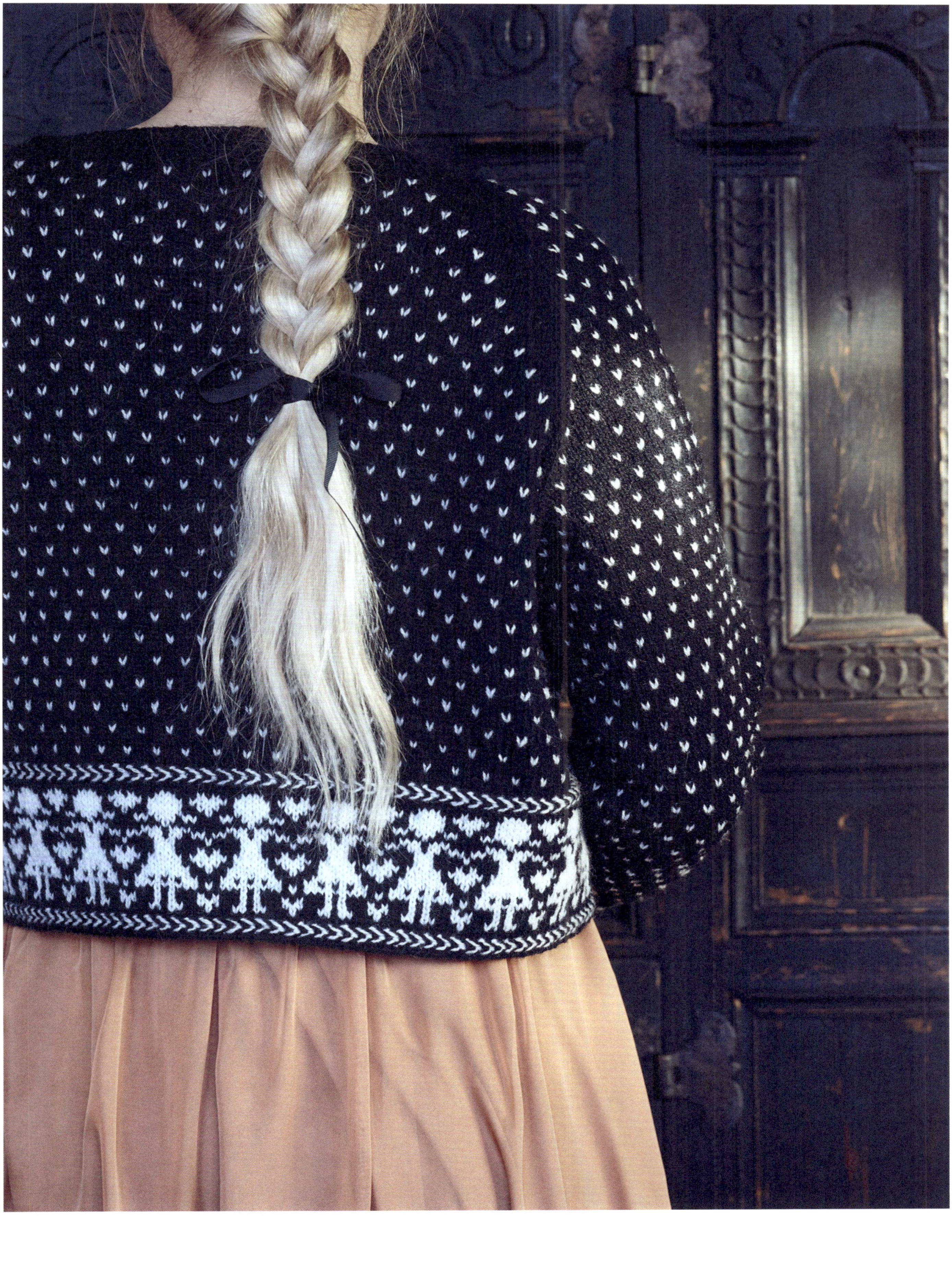

Leora

HERBST

Der Name Leora bedeutet »mein Licht« auf Hebräisch. Den Namen gibt es auch auf Griechisch – da bedeutet er dann »Mitgefühl« oder »Licht«.

Beim Design von »Leora« habe ich an die dunklen Stunden gedacht, in denen man sich nach dem Licht sehnt – sowohl im wörtlichen wie im übertragenen Sinn. Plötzlich leuchtet da etwas auf – ein Leuchtturm der Hoffnung, und das Leben fühlt sich wieder leichter an. Ich hoffe, dass diese Jacke genau so ein Licht wird für denjenigen, der es braucht!

Durch ihre rustikale und wärmende Struktur hält sie Herbstwinden und Regen stand. Das repetitive Muster sorgt beim Stricken für Ruhe und Entspannung.

Material: Léttlopi von Ístex (100 % isländische Wolle, 50 g = 100 M)
Maschenprobe: 18 m × 24 R glatt rechts im Muster auf Nadel 5 mm = 10 × 10 cm
Größe: XS (S) M (L) XL (2XL) 3XL (4XL)
Brustumfang: 85 (94) 98 (107) 120 (134) 143 (156) cm
Länge: 47 (48,5) 51 (52) 55 (56,5) 58,5 (60) cm
Ärmellänge: 44 (45) 47 (49) 51 (52) 52 (52) cm
Menge: Fb 1 = 350 (400) 450 (500) 500 (550) 600 (600) g Straw (Nr. 11418)
Fb 2 = 50 (100) 100 (100) 100 (150) 150 (150) g Air Blue (Nr. 11700)
Nadelspiel: 4,5 mm und 5 mm
Rundstricknadel: 4,5 mm und 5 mm, 80 cm
Zubehör: 11 Knöpfe (15 mm Durchmesser), Maschenhalter, evtl. Stoffband
Schwierigkeitsgrad: 3 von 3
Konstruktion: Körper und Ärmel werden getrennt gestrickt und dann auf eine Rundnadel genommen. Jetzt wird die Passe mit Abnahmen, verkürzten Reihen am Rücken und dem Halsausschnitt gestrickt. Schließlich wird die Jacke aufgeschnitten (siehe Strickkurs Seite 160) und die Knopfleisten werden angestrickt. Die Rippen oben und unten werden in Reihen gestrickt.
Strickkurs: 1 M li neig zun = 1 M links neigend zunehmen, siehe Strickkurs Seite 163.
1 M re neig zun = 1 M rechts neigend zunehmen, siehe Strickkurs Seite 163.

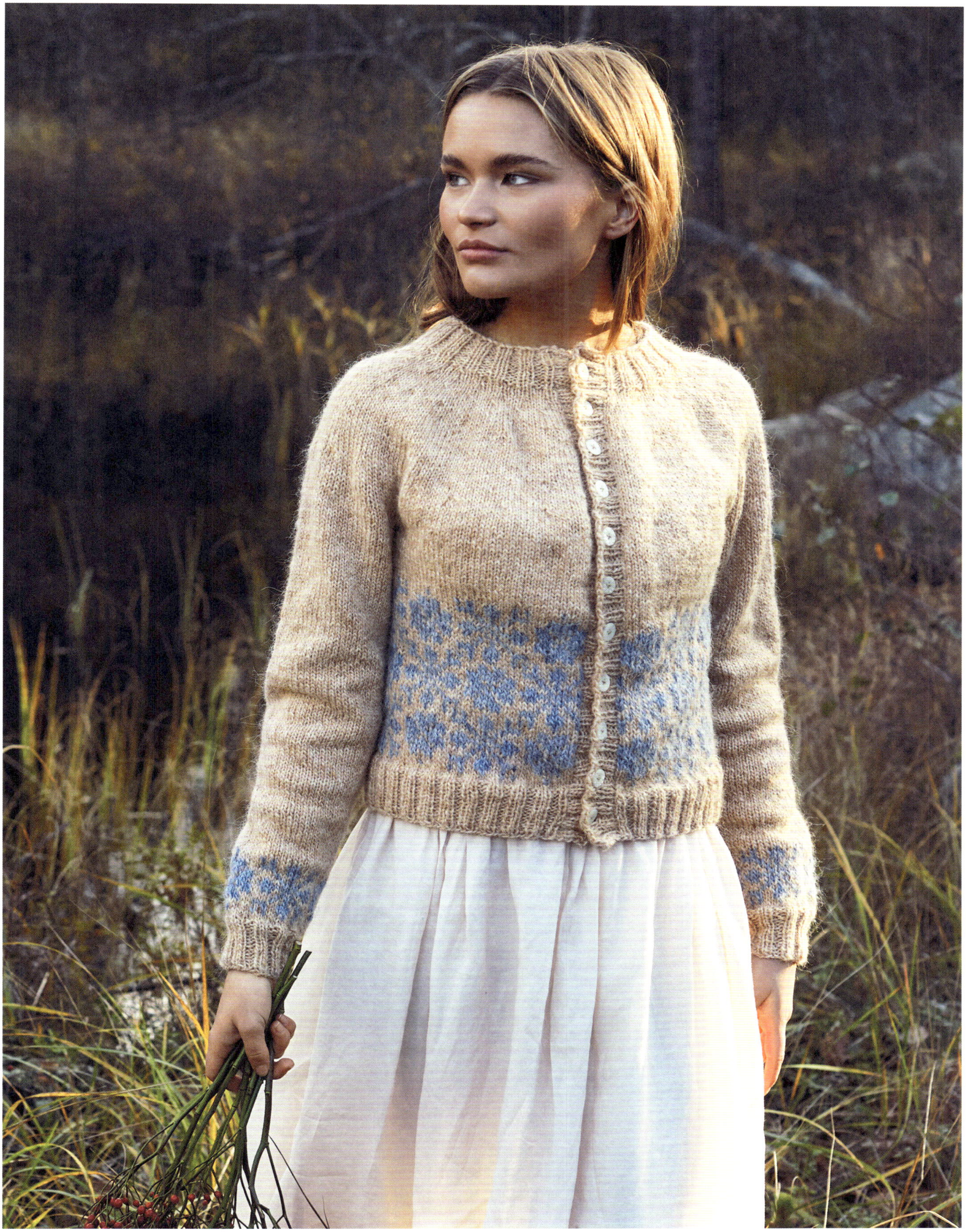

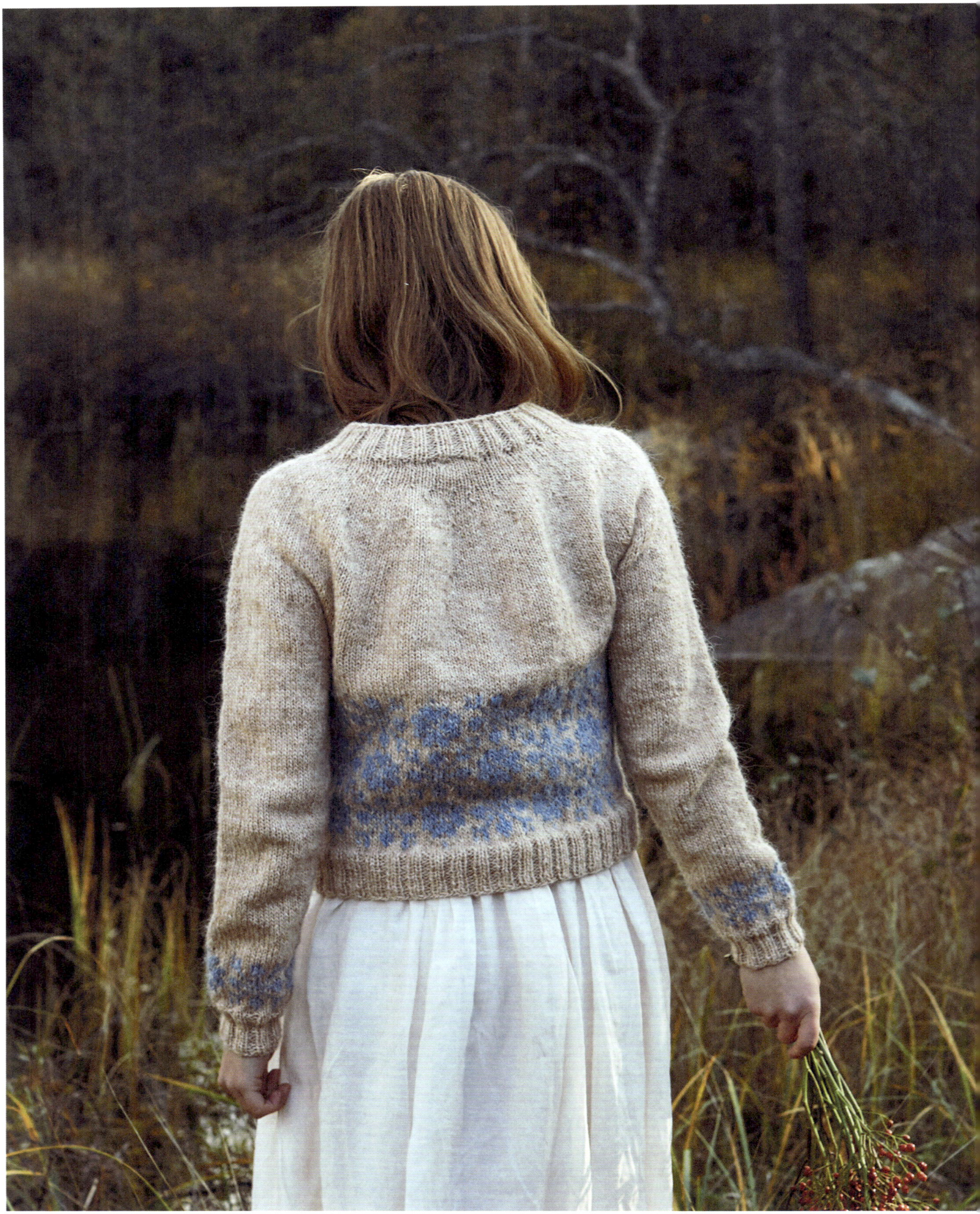

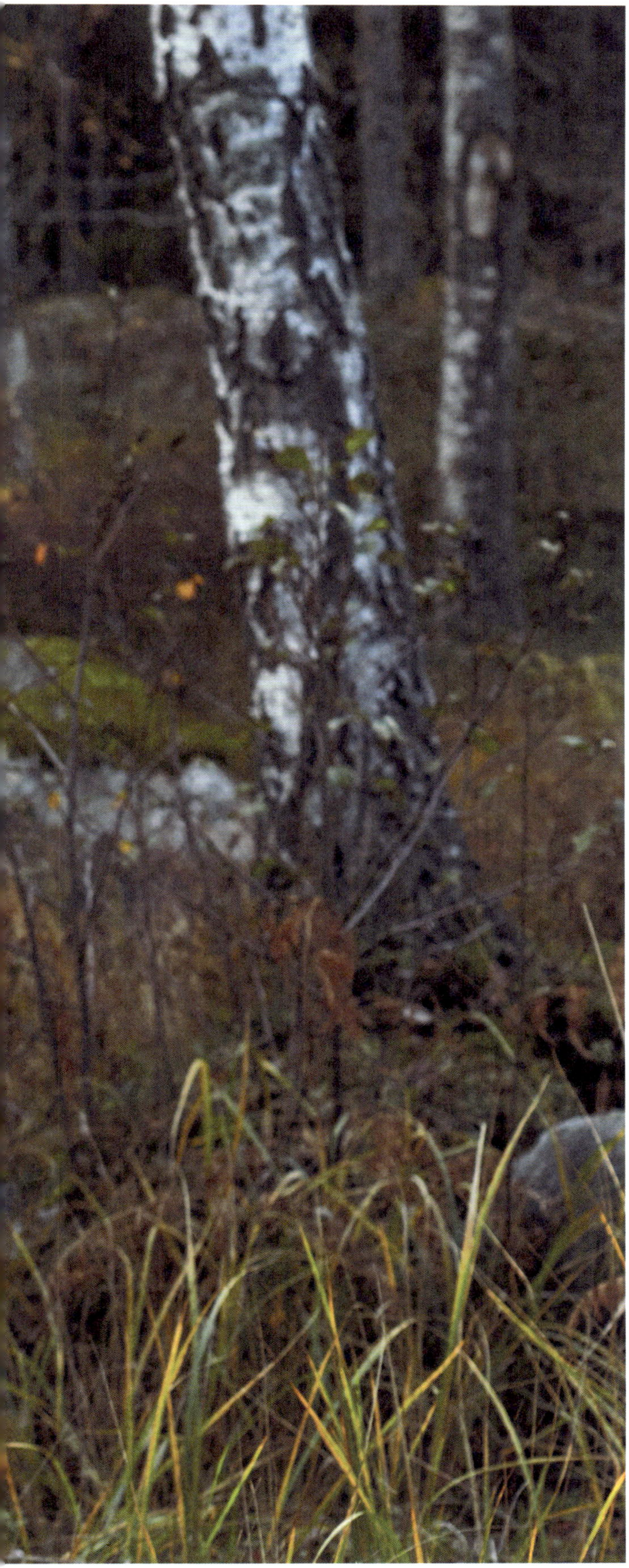

Körper

Mit Rundnadel 4,5 mm und Fb 1: 146 (162) 174 (190) 214 (234) 250 (274) M anschlagen.

Wie folgt Rippen stricken:

R 1 (RückR): *2 M li, 2 M re*, von *–* bis zu den letzten 2 M wdh, 2 M li.

R 2 (HinR): *2 M re, 2 M li*, von *–* bis zu den letzten 2 M wdh, 2 M re.

R 3: *2 M li, 2 M re*, von *–* bis zu den letzten 2 M wdh, 2 M li.

R 2 und 3 wdh, bis die Rippen 5 cm messen. **Achtung!** Die Rippen mit einer RückR beenden.

Ab jetzt den Körper in Runden glatt rechts str (= alle Rd re).

Vorbereitende Rd mit Nadel 5 mm: Alle M re dabei 7 (7) 3 (3) 3 (7) 7 (7) M gleichmäßig verteilt zunehmen = 153 (169) 177 (193) 217 (241) 257 (281) M.

Jetzt 5 Steekmaschen zweifarbig aufschlingen (siehe Videolinks im Strickkurs auf Seite 164). Die SteekM markieren auch den Rd-Beginn. (Denken Sie daran, dass die SteekM nicht zur Gesamtmaschenzahl dazugezählt werden, und dort nicht ab- oder zugenommen wird.)

Dann noch 1 Rd re str.

Im Muster laut Strickschrift A, R 1–37 mit folgender Aufteilung je nach Größe.

XS: M 1–24 insgesamt 6-mal str, dann M 1–9.
S: M 5–24, M 1–24 insgesamt 6-mal, dann M 1–5.
M: M 1–24 insgesamt 7-mal, dann M 1–9.
L: M 5–24, M 1–24 insgesamt 7-mal, dann M 1–5.
XL: M 5–24, M 1–24 insgesamt 8-mal, dann M 1–5.
2XL: M 5–24, M 1–24 insgesamt 9-mal, dann M 1–5.
3XL: M 21–24, M 1–24 insgesamt 10-mal, dann M 1–13.
4XL: M 21–24, M 1–24 insgesamt 11 Mal, dann M 1–13.

Mit Fb 1: Weiterstricken, bis der Körper 25 (26) 27 (28) 29 (30) 31 (32) cm oder die gewünschte Länge misst. Beiseitelegen.

Ärmel

Mit Nadelspiel 4,5 mm und Fb 1: 40 (40) 40 (40) 40 (44) 44 (44) M anschlagen und 5 cm Rippen (2 M re, 2 M li) in Runden stricken.

Auf Nadelspiel 5 mm wechseln und weiter glatt rechts stricken, dabei 8 (8) 8 (8) 8 (4) 4 (4) M gleichmäßig verteilt zunehmen= 48 (48) 48 (48) 48 (48) 48 (48) M.

Noch 1 Rd str.

13 Rd im Muster laut Strickschrift B (M 1–24 insgesamt 2-mal wdh).

Mit Fb 1: 2 Rd stricken.

ZunahmeRd: *1 M re, 1 M li neig zun (siehe Strickkurs), bis zur letzten M str, 1 M re neig zun (siehe Strickkurs), 1 M re.

19 (13) 9 (7) 5 (3) 3 (3) Rd ohne Zunahmen str.*

Von *–* insgesamt 2 (4) 6 (10) 14 (18) 21 (23)-mal wdh = 52 (56) 60 (68) 76 (84) 90 (94) M.

Weiterstricken, bis der Ärmel 44 (45) 47 (49) 51 (52) 52 (52) cm oder die gewünschte Länge misst.

Nächste Rd: Bis zu den letzten 4 (5) 5 (6) 7 (7) 8 (8) M str, die folgenden 8 (10) 10 (12) 14 (14) 16 (16) M stilllegen (= M fürs Armloch). Faden abschneiden, die restlichen 44 (46) 50 (56) 62 (70) 74 (78) ÄrmelM stilllegen. Beiseitelegen und den zweiten Ärmel genauso stricken.

Körper und Ärmel zusammennehmen

Die Ärmel und der Körper werden nun zusammen auf einer Rundnadel glatt rechts weitergestrickt. Mit Rundnadel 5 mm und Fb 1: Das rechte Vorderteil str – 34 (37) 39 (42) 47 (53) 56 (62) M, die folgenden 8 (10) 10 (12) 14 (14) 16 (16) M stilllegen, den rechten Ärmel str – 44 (46) 50 (56) 62 (70) 74 (78) M, das Rückenteil str 69 (75) 79 (85) 95 (107) 113 (125) M, die folgenden 8 (10) 10 (12) 14 (14) 16 (16) M stilllegen, den linken Ärmel str – 44 (46) 50 (56) 62 (70) 74 (78) M, das linke Vorderteil str – 34 (37) 39 (42) 47 (53) 56 (62) M = 225 (241) 257 (281) 313 (353) 373 (405) M.

1 Rd stricken.

Nächste Rd, Größe **XS, S, M, 2XL:** Alle M re.

Größe **L, XL, 3XL, 4XL:** 8 (8) 4 (4) M gleichmäßig verteilt abnehmen = 225 (241) 257 (273) 305 (353) 369 (401) M.

PASSE

11 (12) 13 (14) 16 (17) 18 (19) Rd str.

AbnahmeRd 1: 1 M re, *6 M re, 2 M re zus*, von *–* bis RdEnde wdh = 197 (211) 225 (239) 267 (309) 323 (351) M. 8 Rd str.

AbnahmeRd 2: 7 M re, *2 M re zus, 12 M re*, von *–* wdh, bis noch 8 M übrig sind, 2 M re zus, 6 M re = 183 (196) 209 (222) 248 (287) 300 (326) M. 11 Rd str.

AbnahmeRd 3: 2 M re, *2 M re zus, 11 M re*, von *–* bis zur letzten M wdh, 1 M re. 2 Rd stricken.

AbnahmeRd 4: 3 M re, *2 M re zus, 4 M re*, von *–* wdh, bis noch 4 M übrig sind, 2 M re zus, 2 M re = 141 (151) 161 (171) 191 (221) 231 (251) M. 5 Rd stricken.

AbnahmeRd 5: 3 M re, *2 M re zus, 3 M re*, von *–* wdh, bis noch 3 M übrig sind, 2 M re zus, 1 M re. 2 Rd stricken.

AbnahmeRd 6: 2 M re, *2 M re zus, 2 M re*, von *–* wdh, bis noch 3 M übrig sind, 2 M re zus,1 M re = 85 (91) 97 (103) 115 (133) 139 (151) M.

Verkürzte Reihen am Rückenteil

Zu verkürzten Reihen und Wickelmaschen siehe Strickkurs Seite 162. Jetzt wird in Reihen gestrickt mit rechten und linken verkürzten R: 56 (60) 64 (68) 76 (88) 92 (100) M re, Wickelmasche und wenden. 28 (30) 32 (34) 38 (44) 46 (50) M li, Wickelmasche und wenden. *Bis 4 M vor dem Wendepunkt re, Wickelmasche und wenden. Bis 4 M vor dem Wendepunkt li, Wickelmasche und wenden.*

Von *–* wdh insgesamt 2 (2) 3 (3) 4 (4) 5 (5)-mal wdh, dann bis REnde str und dabei die Wickel mit den M zusammenstricken, wie im Strickkurs beschrieben. Noch 1 R re, in der die letzten Wickelmaschen gestrickt werden.

Halsausschnitt

1 Rd re, dabei 3 (1) 3 (1) 1 (11) 13 (21) M gleichmäßig verteilt abnehmen = 82 (90) 94 (102) 114 (122) 126 (130) M.

Auf Rundnadel 4,5 mm wechseln und die 5 SteekM in der vorderen Mitte abketten.

Jetzt Rippen in Reihen stricken:

R 1 (HinR): *2 M re, 2 M li*, von *–* bis zu den letzten 2 M wdh, 2 M re.

R 2 (RückR): *2 M li, 2 M re*, von *–* bis zu den letzten 2 M wdh, 2 M li.

R 1 und 2 wdh, bis die Rippen 4 cm messen. Mit einer RückR enden.

AbnahmeR: *2 M re, 2 li zus*, von *–* bis zu den letzten 2 M wdh, 2 M li = 62 (68) 71 (77) 86 (92) 95 (98) M. Locker im Rippenmuster abketten.

Ärmelmaschen zusammenstricken

Mit 3 Nadelspielnadeln 5 mm: Die M unter den Ärmeln durch Abketten mit 3 Nadeln zusammenstricken (siehe Strickkurs Seite 164). Fäden vernähen.

Knopfleisten

LINKE KNOPFLEISTE

Mit Rundnadel 4,5 mm und Fb 1 (HinR): neue Maschen an der linken Vorderkante aufnehmen, oben beginnen. Damit die Kante dehnbar bleibt, nimmt man 2 von 3 M auf (d.h. *2 M aufn, die 3. M überspringen*, von *–* wdh). Die Maschenzahl muss teilbar durch 4 + 2 sein.

Jetzt Rippen str:

R 1 (RückR): *2 M li, 2 M re*, von *–* bis zu den letzten 2 M wdh, 2 M li.

R 2 (HinR): *2 M re, 2 M li*, von *–* bis zu den letzten 2 M wdh, 2 M re.

R 3: *2 M li, 2 M re*, von *–* bis zu den letzten 2 M wdh, 2 M li.

R 2 und 3 insgesamt 4-mal wdh (= 9 R insgesamt).

Im Rippenmuster abketten.

RECHTE KNOPFLEISTE

Mit Rundnadel 4,5 mm und Fb 1 (HinR): Aus der rechten Vorderkante M aufnehmen, unten beginnen. Darauf achten, genauso viele M wie an der linken Seite aufzunehmen. 11 Knopflöcher gleichmäßig über die Kante verteilen. (Jedes Knopfloch spannt sich über 2 M.)

3 R Rippen stricken wie bei der linken Knopfleiste.

R 4 (KnopflochR 1, HinR): Bis zum 1. Knopfloch Rippen str. Dann wie folgt stricken: *2 M abketten, bis zum nächsten Knopfloch Rippen str*, von *–* wdh, bis alle Knopflöcher begonnen wurden, bis REnde Rippen stricken.

R 5 (KnopflochR 2, RückR): Bis zum 1. Knopfloch Rippen str, dann wie folgt: *2 M zweifarbig aufschlingen, bis zum nächsten Knopfloch Rippen str*, von *–* wdh, bis alle Knopflöcher fertig sind, bis REnde Rippen stricken.

Noch 4 R Rippen str und dann im Rippenmuster abketten.

Strickschrift A

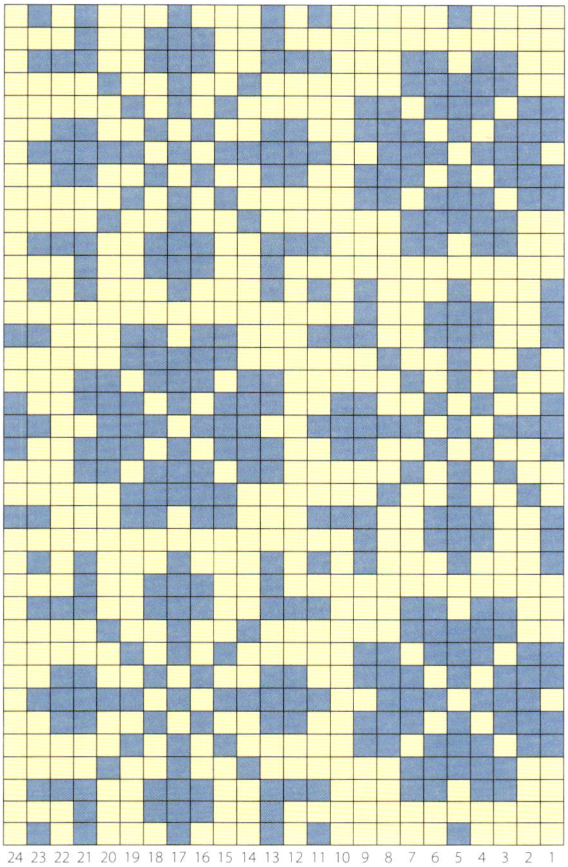

Jacke aufschneiden

Siehe Strickkurs Seite 160. Beidseitig der mittleren SteekM eine Verstärkungsnaht mit Nähgarn nähen (z.B. von Hand im Steppstich). Die Jacke vorsichtig mitten in der mittleren Steek-Masche aufschneiden. (Die Schnittkanten rollen sich auf der linken Seite ein.)

Ausarbeiten

Fäden vernähen. Die Jacke vorsichtig spannen, wie im Strickkurs auf Seite 161 erklärt. Die Knöpfe gegenüber den Knopflöchern annähen. Eventuell die Schnittkanten innen mit einem Stoffband abdecken oder umklappen und unsichtbar innen annähen (siehe Strickkurs Seite 160–161).

Strickschrift B

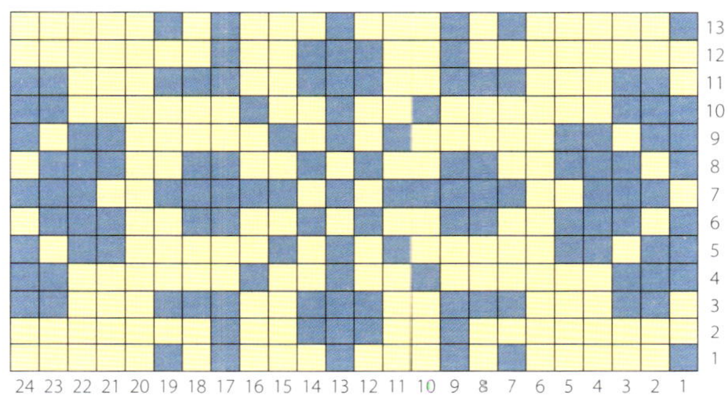

Farbe 1

Farbe 2

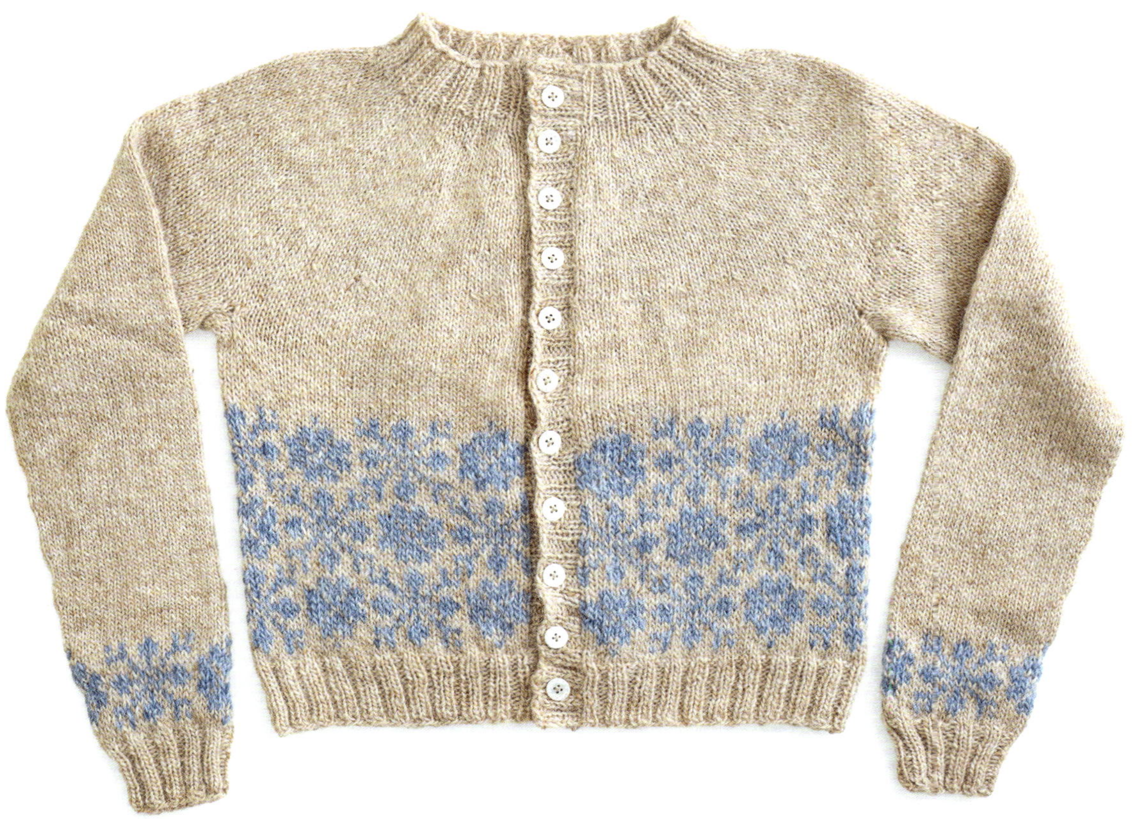

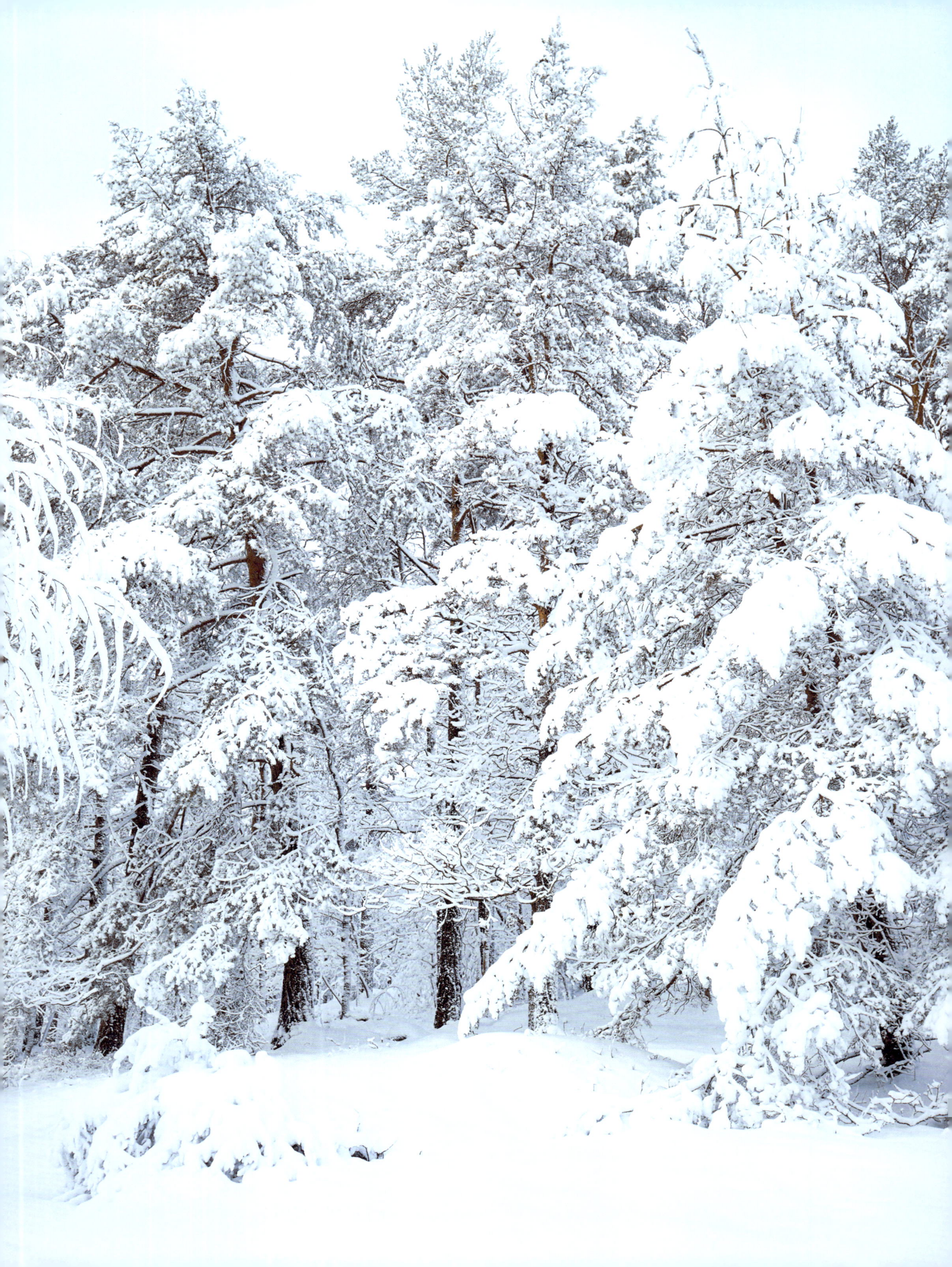

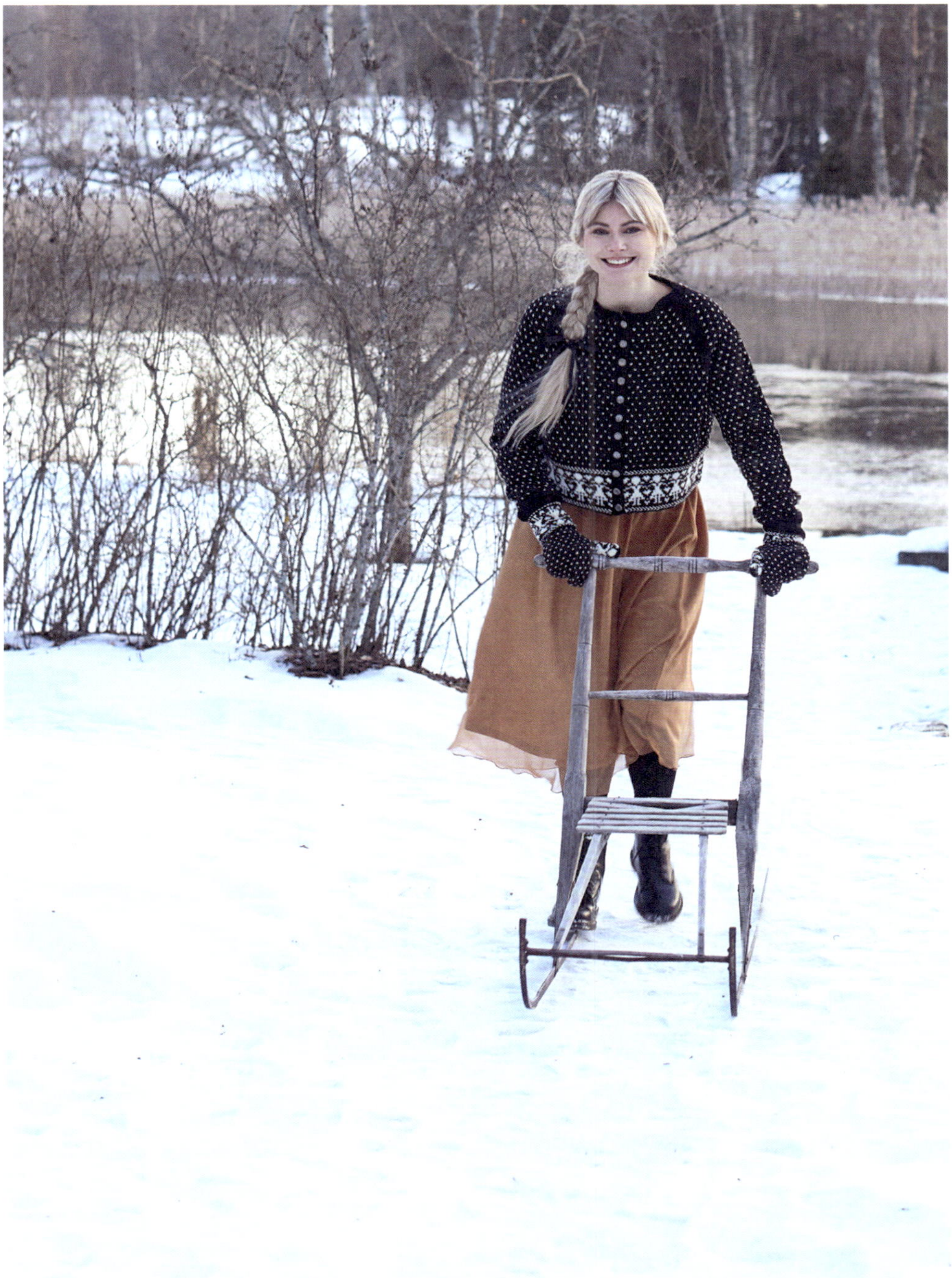

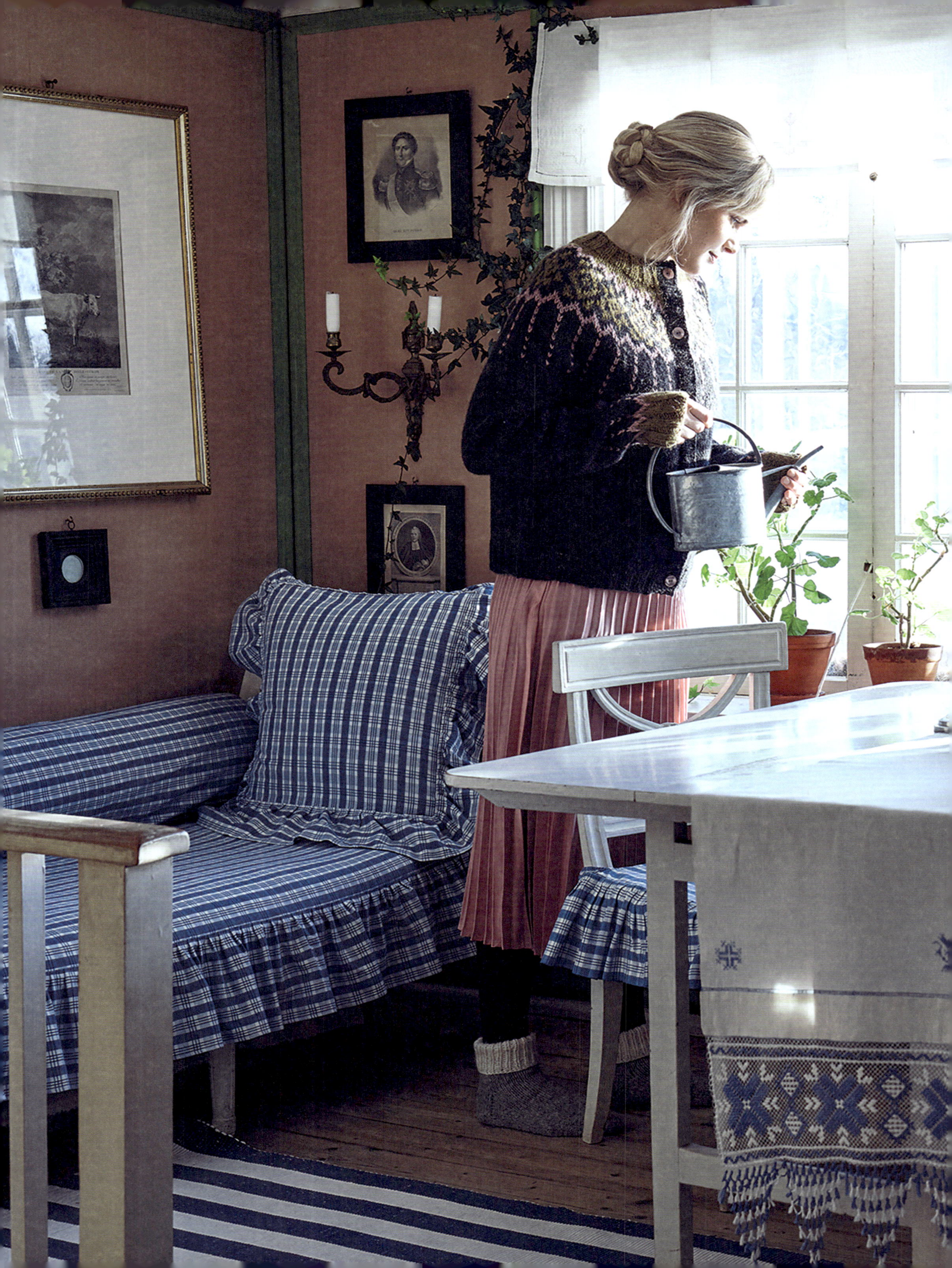

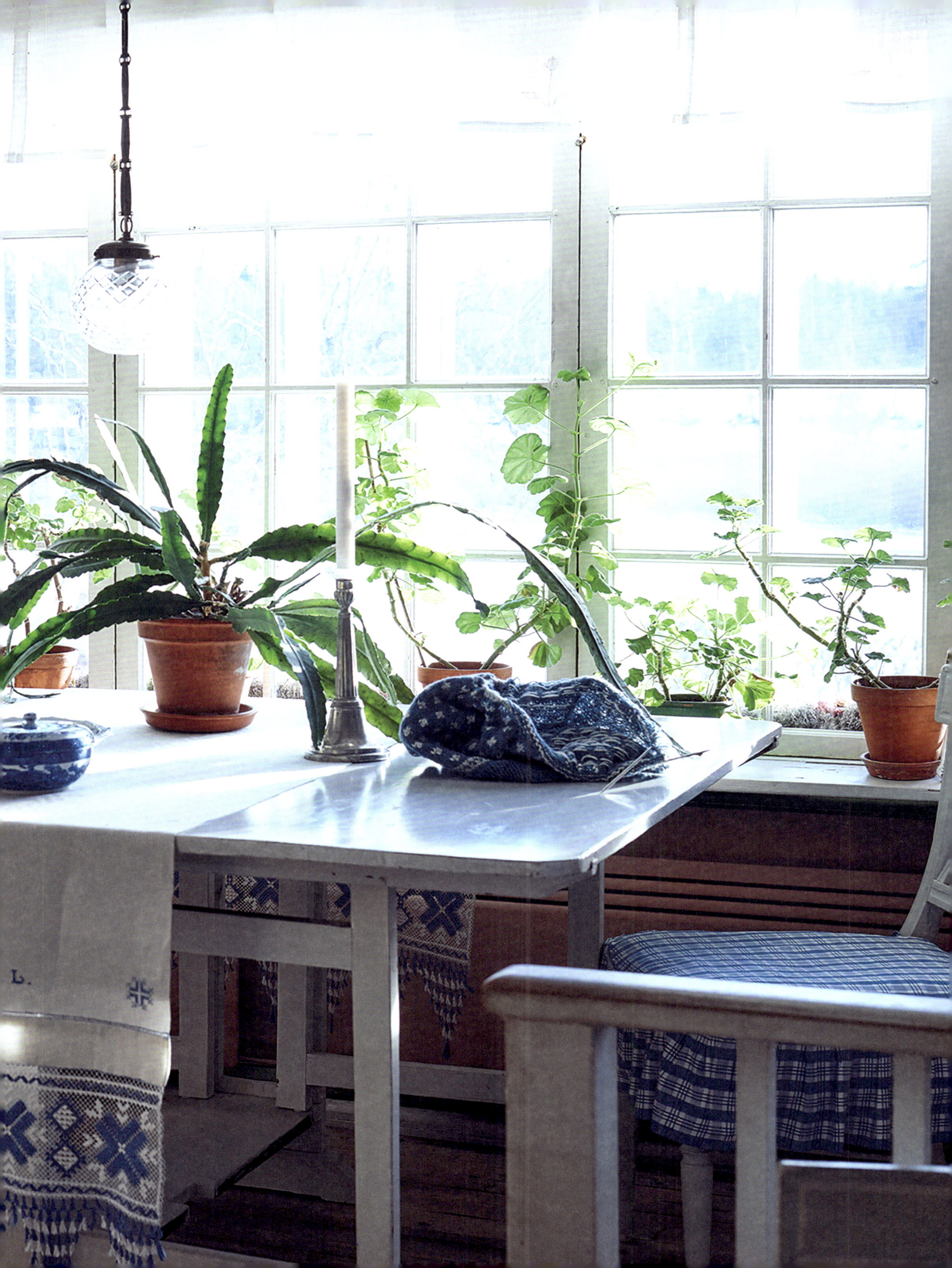

Im Winter legt sich Stille übers Land. Zugefrorene Seen, kühle Weite und eine besinnliche Stille – all das bildet den ruhigen Hintergrund zur alltäglichen Arbeit.

Meistens will ich einfach nur stricken. Ruhige Maschen am Kachelofen, Scheit um Scheit nachlegen, dem Knistern lauschen und in die Welt des Musterstrickens eintauchen. In der Weihnachtszeit schlage ich dann etwas Besonderes an – ein Traumprojekt, das ich mir schon lange wünsche. Der Winter schreitet mit sanfter Macht voran, mit Jackenstricken, Plätzchen und Fichtenkränzen.

Und dann gehen wir Ski laufen, von Kopf bis Fuß in Wolle gekleidet fahren wir mit dem Tretschlitten hinunter zum See Billingen. Auf den Schlitten packen wir heiße Schokolade und Lammfelle, und dann drehen wird eine Runde auf dem See. Der Schnee knirscht unter unseren Füßen, und Rauch steigt aus den Schornsteinen.

Wieder zu Hause, schlage ich eine neue Jacke an. Genau das braucht der Winter.

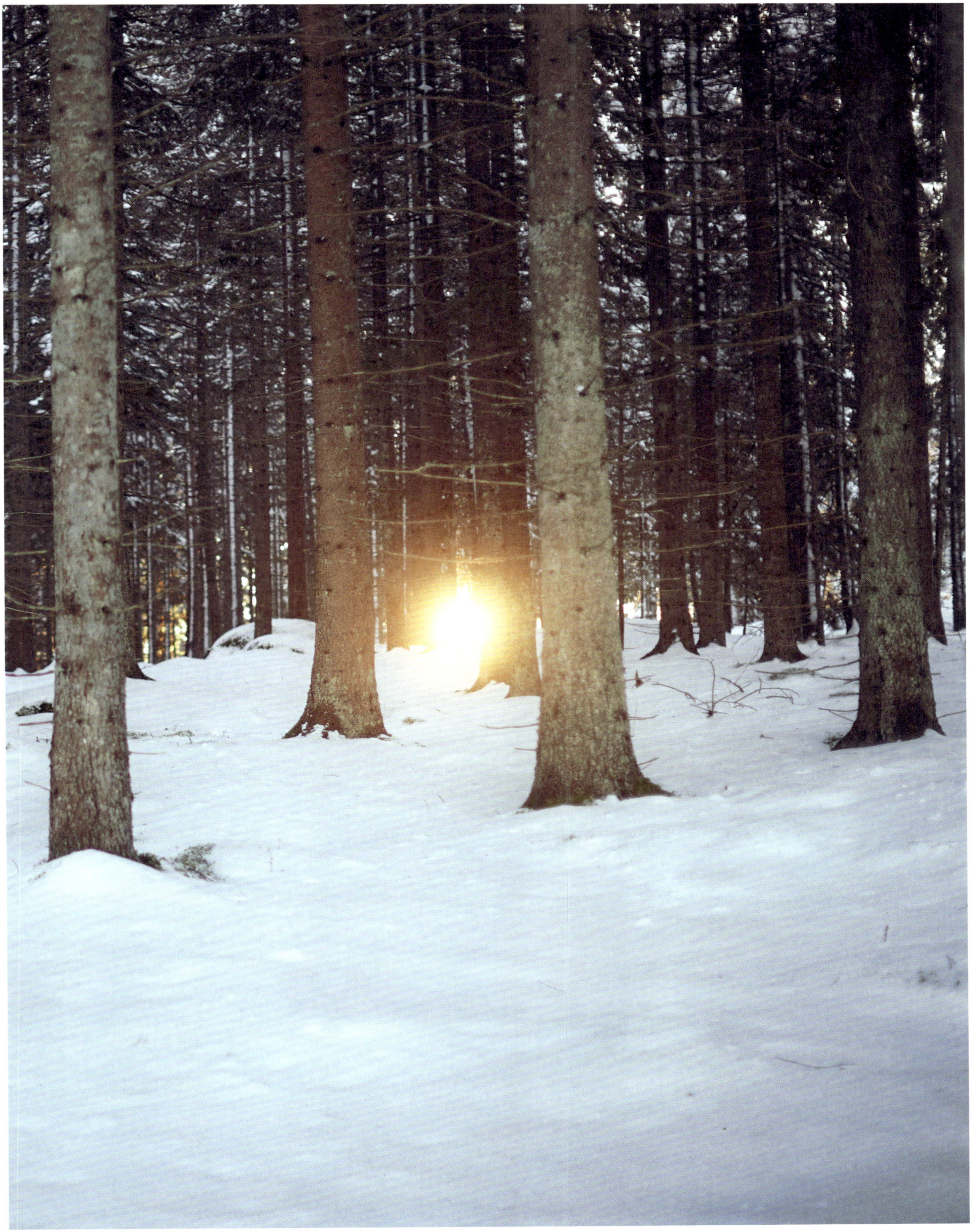

Kranz

Winter

Ein Kranz hat keinen Beginn und kein Ende – seine Form ist unendlich. Er kann Ehre und Ruhm symbolisieren, aber auch den Lauf der Sonne am Himmel und das ewige Leben. Vielleicht binden Sie selbst einen Kranz, den Sie im Advent an die Tür hängen? Ich mag das klassische Wintergrün, das auch Vorbild für das Passenmuster dieser Jacke war.

Die Winterjacke »Kranz« passt wunderbar zu einem festlichen Weihnachten oder zu knirschenden Schneespaziergängen. Der Bund wird mit verschränkten Rippen gestrickt und mit lettischen Flechtzöpfen geschmückt, wodurch er besonders schön ausgearbeitet wirkt.

Material: Léttlopi von Ístex (100 % isländische Wolle, 50 g = 100 m)
Maschenprobe: 18 m × 24 R glatt rechts im Muster auf Nadel 5 mm = 10 × 10 cm
Größe: XS (S) M (L) XL (2XL) 3XL (4XL)
Brustumfang: 85 (94) 98 (107) 120 (134) 143 (156) cm
Länge: 55 (55,5) 59 (60) 63 (64,5) 66,5 (68) cm
Ärmellänge: 44 (45) 47 (49) 51 (52) 52 (52) cm
Menge: Fb 1 = 350 (400) 450 (500) (500) 550 (600) (600) g Light Ash Heather (Nr. 10054)
Fb 2 = 150 (150) 150 (150) 150 (150) 200 (200) g Pine Green Heather (Nr. 11407)
Nadelspiel: 4,5 mm und 5 mm
Rundstricknadel: 4,5 mm und 5 mm, 80 cm
Zubehör: 10 Knöpfe (15 mm Durchmesser), Maschenhalter, evtl. Stoffband
Schwierigkeitsgrad: 3 von 3
Konstruktion: Körper und Ärmel werden getrennt von unten nach oben gestrickt und dann auf eine Rundnadel genommen. Jetzt wird die Passe mit Musterband, Abnahmen, verkürzten Reihen am Rücken und dem Halsausschnitt gestrickt. Schließlich wird die Jacke aufgeschnitten (siehe Strickkurs Seite 160) und die Knopfleisten werden angestrickt. Die Rippen oben und unten werden in Reihen gestrickt.
Strickkurs: Da die Steekmaschen in R 1 des lettischen Flechtzopfs aufgeschlagen werden, ist es gut, wenn sie abwechselnd mit Fb 1 und Fb 2 angeschlagen werden.
M re ver = verschränkte rechte M, eine Masche durch das hintere Maschenglied rechts str.
M li ver = verschränkte linke M, eine Masche durch das hintere Maschenglied links str.
1 M li neig zun = 1 M links neigend zunehmen, siehe Strickkurs Seite 163.
1 M re neig zun = 1 M rechts neigend zunehmen, siehe Strickkurs Seite 163.

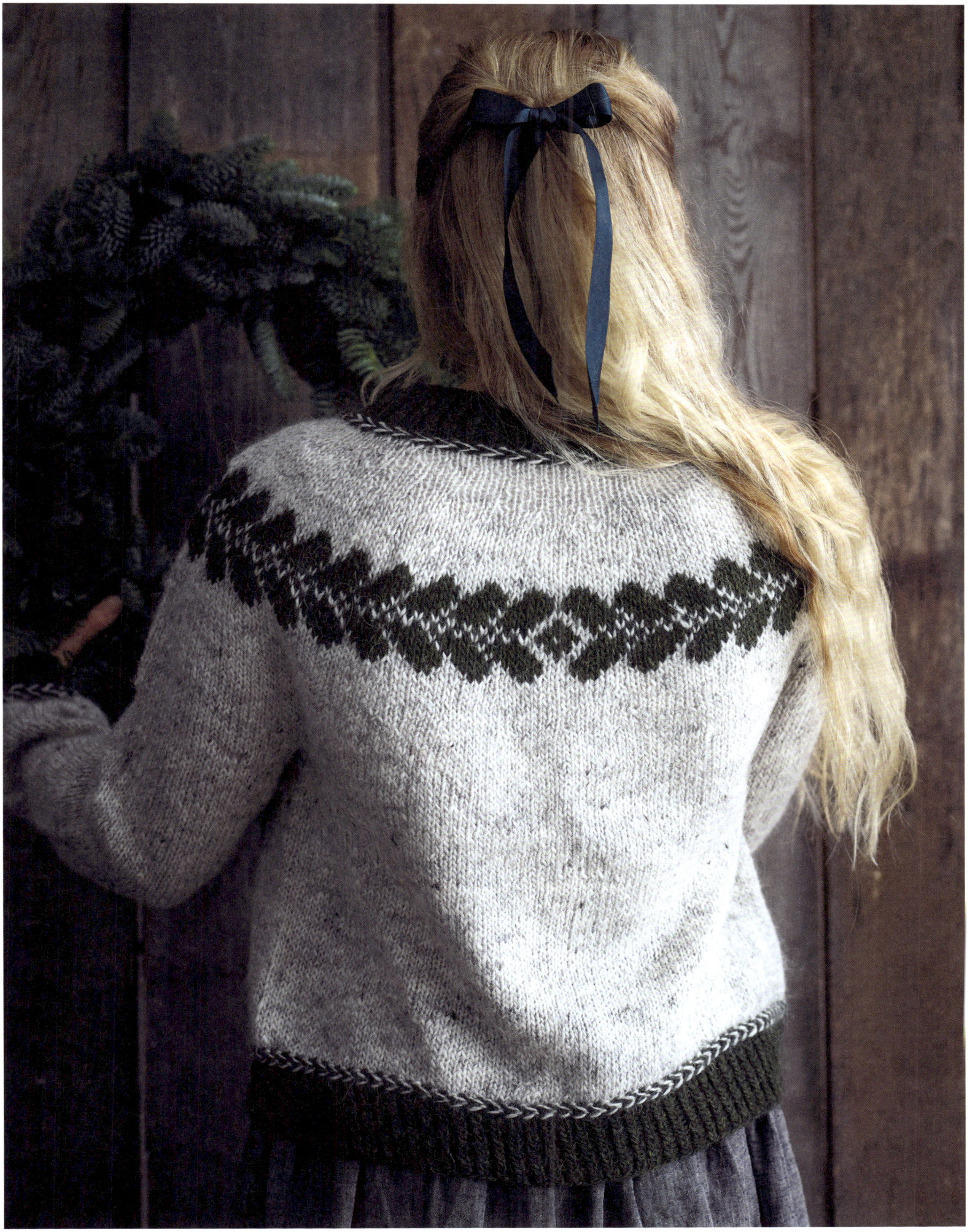

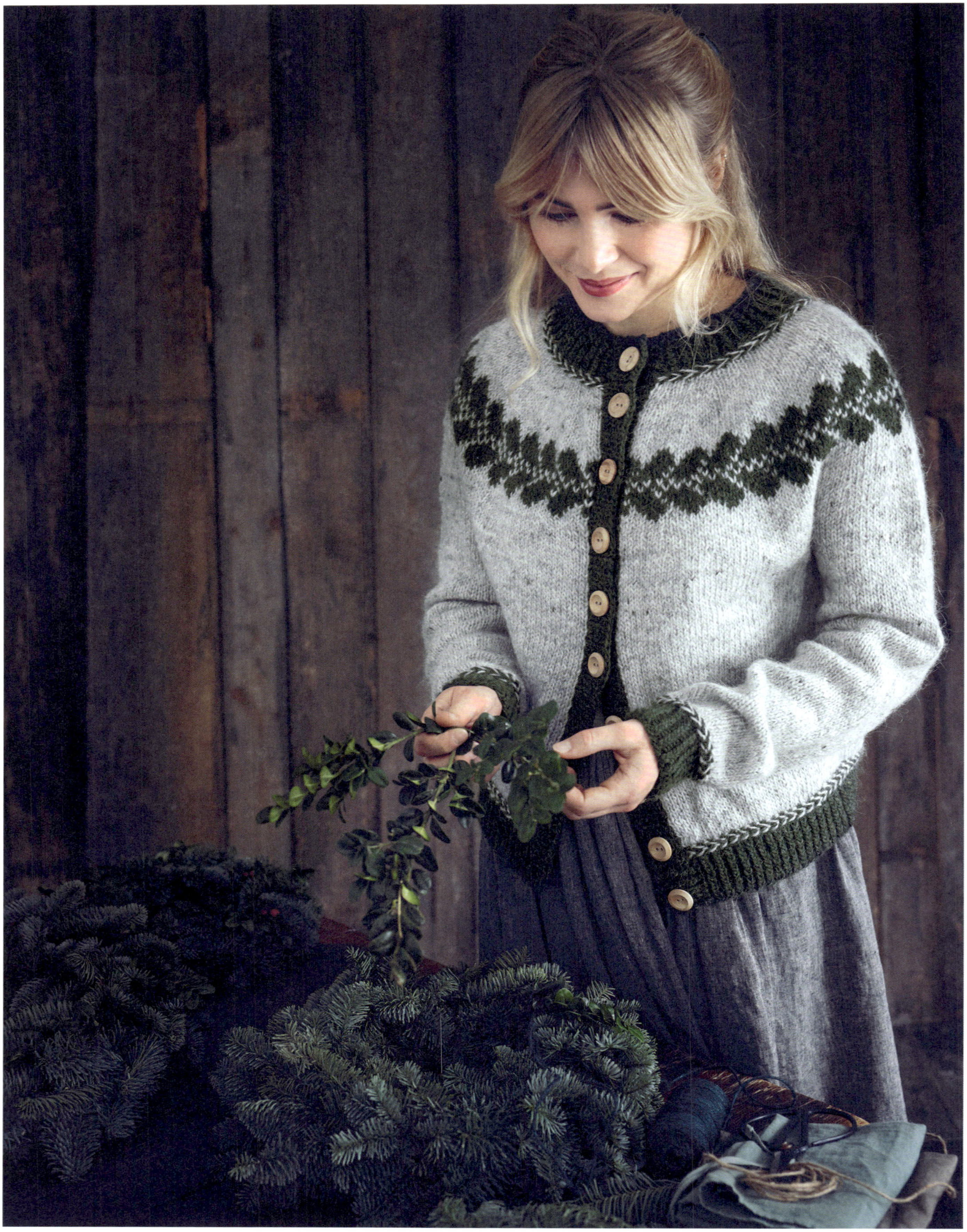

Körper

Mit Rundnadel 4,5 mm und Fb 2: 145 (161) 173 (189) 213 (233) 249 (273) M anschlagen.

Wie folgt ver Rippen str:

R 1 (RückR): *1 M li ver, 1 M re*, von *–* bis zur letzten 1 M wdh, 1 M li versch.

R 2 (HinR): *1 M re ver, 1 M li*, von *–* bis zur letzten 1 M wdh, 1 M re versch.

R 3: *1 M li ver, 1 M re*, von *–* bis zur letzten 1 M wdh, 1 M li versch.

R 2 und 3 wdh, bis die Rippen 5 cm messen.

Achtung! Die Rippen mit einer RückR beenden.

Lettischer Flechtzopf

Rd 1: Mit Rundnadel 5 mm 1 M re mit Fb 2, *1 M re mit Fb 1, 1 M re mit Fb 2*, von *–* bis RdEnde wdh. Jetzt 5 Steekmaschen zweifarbig aufschlingen (siehe Videolinks im Strickkurs auf Seite 164). Die SteekM markieren auch den Rd-Beginn. (Denken Sie daran, dass die SteekM nicht zur Gesamtmaschenzahl dazugezählt werden, und dort nicht ab- oder zugenommen wird.)

Rd 2: 1 M li mit Fb 2, *1 M li mit Fb 1, 1 M li mit Fb 2*, von *–* bis RdEnde wdh. **Achtung!** Beide Fäden beim Stricken vor der Arbeit halten. Beim Farbwechsel wird die neue Farbe unter dem bisherigen Arbeitsfaden geführt.

Rd 3: 1 M li mit Fb 2, *1 M li mit Fb 1, 1 M li mit Fb 2*, von *–* bis RdEnde wdh. **Achtung!** Beide Fäden beim Stricken vor der Arbeit halten. Beim Farbwechsel wird die neue Farbe über dem bisherigen Arbeitsfaden geführt.

Fortsetzung Körper

Mit Fb 1: 1 Rd rechts.

Alle M re dabei 8 (8) 4 (4) 4 (8) 8 (8) M gleichmäßig verteilt zunehmen = 153 (169) 177 (193) 217 (241) 257 (281) M.

Weiter glatt rechts stricken (= alle Rd re), bis der Körper 25 (26) 27 (28) 29 (30) 31 (32) cm oder die gewünschte Länge misst. Beiseitelegen.

Ärmel

Mit Nadelspiel 4,5 mm und Fb 2: 40 (40) 40 (40) 40 (44) 44 (44) M anschlagen. 5 cm ver Rippen str (1 M re ver, 1 M li).

Lettischer Flechtzopf

Rd 1: Mit Nadelspiel 5 mm *1 M re mit Fb 2, 1 M re mit Fb 1*, von *–* bis RdEnde wdh.

Rd 2: *1 M li mit Fb 2, 1 M li mit Fb 1*, von *–* bis RdEnde wdh. **Achtung!** Beide Fäden beim Stricken vor der Arbeit halten. Beim Farbwechsel wird die neue Farbe unter dem bisherigen Arbeitsfaden geführt.

Rd 3: *1 M li mit Fb 2, 1 M li mit Fb 1*, von *–* bis RdEnde wdh. **Achtung!** Beide Fäden beim Stricken vor der Arbeit halten. Beim Farbwechsel wird die neue Farbe über dem bisherigen Arbeitsfaden geführt.

Mit Fb 1: 1 Rd rechts.

Weiter glatt rechts stricken dabei 8 (8) 8 (8) 8 (4) 4 (4) M gleichmäßig verteilt zunehmen = 48 (48) 48 (48) 48 (48) 48 (48) M.

Mit Fb 1: 14 Rd str.

ZunahmeRd: *1 M re, 1 M li neig zun (siehe Strickkurs), bis zur letzten M str, 1 M re neig zun (siehe Strickkurs), 1 M re.

19 (13) 9 (7) 5 (3) 3 (3) Rd ohne Zunahmen str.*

Von *–* insgesamt 2 (4) 6 (10) 14 (18) 21 (23)-mal wdh = 52 (56) 60 (68) 76 (84) 90 (94) M.

Weiterstricken, bis der Ärmel 44 (45) 47 (49) 51 (52) 52 (52) cm oder die gewünschte Länge misst.

Nächste Rd: Bis zu den letzten 4 (5) 5 (6) 7 (7) 8 (8) M str. Die folgenden 8 (10) 10 (12) 14 (14) 16 (16) M stilllegen (= M fürs Armloch).

Faden abschneiden und die restlichen 44 (46) 50 (56) 62 (70) 74 (78) ÄrmelM stilllegen.

Beiseitelegen und den zweiten Ärmel genauso stricken.

Körper und Ärmel zusammennehmen

Weiter in Runden glatt rechts stricken.

Mit Rundnadel 5 mm und Fb 1: Das rechte Vorderteil str – 34 (37) 39 (42) 47 (53) 56 (62) M, die folgenden 8 (10) 10 (12) 14 (14) 16 (16) M stilllegen, den rechten Ärmel str – 44 (46) 50 (56) 62 (70) 74 (78) M, das Rückenteil str – 69 (75) 79 (85) 95 (107) 113 (125) M, die folgenden 8 (10) 10 (12) 14 (14) 16 (16) M stilllegen, den linken Ärmel str – 44 (46) 50 (56) 62 (70) 74 (78) M, das linke Vorderteil str – 34 (37) 39 (42) 47 (53) 56 (62) M = 225 (241) 257 (281) 313 (353) 373 (405) M.

1 Rd stricken.

Nächste Rd, Größe XS, S, M, 2XL: Alle M re. Größe L, XL, 3XL, 4XL: 8 (8) 4 (4) M gleichmäßig verteilt abnehmen = 225 (241) 257 (273) 305 (353) 369 (401) M.

Passe

11 (12) 13 (14) 16 (17) 18 (19) Rd str.

AbnahmeRd 1: 1 M re, *6 M re, 2 M re zus*, von *–* bis RdEnde wdh = 197 (211) 225 (239) 267 (309) 323 (351) M.

5 Rd str.

AbnahmeRd 2, Größe XS, M und 2XL: 7 M re, *2 M re zus, 12 M re*, von *–* wdh, bis noch 8 M übrig sind, 2 M re zus, 6 M re = 183 (-) 209 (-) - (287) - (-) M.

AbnahmeRd 2, Größe S, L, XL, 3XL und 4XL: 7 M re, *2 M re zus, 12 M re*, von *–* wdh, bis noch 8 M übrig sind, 8 M re = - (197) - (223) 249 (-) 301 (327) M.

1 Rd stricken.

Im Muster laut Strickschrift, Rd 1–12. Während der Rd jeweils M 2–7 (1–6) 1–6 (6–11) 5–10 (4–9) 3–8 (2–7) insgesamt 14 (15) 16 (18) 20 (23) 24 (26)-mal wdh, dann M 8–22 (7–23) 7–23 (12–18) 11–19 (10–20) 9–21 (8–22) insgesamt 1-mal str, schließlich M 23–28 (24–29) 24–29 (19–24) 21–26 (22–27) 22–27 (23–28) bis RdEnde wdh.

1 Rd str dabei 0 (1) 0 (1) 1 (0) 1 (1) M abnehmen = 183 (196) 209 (222) 248 (287) 300 (326) M.

AbnahmeRd 3: 2 M re, *2 M re zus, 11 M re*, von *–* wdh, bis noch 12 M übrig sind, 2 M re zus, 10 M re.

2 Rd stricken.

AbnahmeRd 4: 3 M re, *2 M re zus, 4 M re*, von *–* wdh, bis noch 4 M übrig sind, 2 M re zus, 2 M re.

5 Rd stricken.

AbnahmeRd 5: 3 M re, *2 M re zus, 3 M re*, von *–* wdh, bis noch 3 M übrig sind, 2 M re zus, 1 M re.

2 Rd stricken.

AbnahmeRd 6: 2 M re, *2 M re zus, 2 M re*, von *–* wdh, bis noch 3 M übrig sind, 2 M re zus,1 M re = 85 (91) 97 (103) 115 (133) 139 (151) M.

Verkürzte Reihen am Rückenteil

Zu verkürzten Reihen und Wickelmaschen siehe Strickkurs Seite 162. Jetzt wird in Reihen gestrickt mit rechten und linken verkürzten Reihen: 56 (60) 64 (68) 76 (88) 92 (100) M re, Wickelmasche und wenden. 28 (30) 32 (34) 38 (44) 46 (50) M li, Wickelmasche und wenden. *Bis 4 M vor dem Wendepunkt re, Wickelmasche und wenden. Bis 4 M vor dem Wendepunkt li, Wickelmasche und wenden*.

Von *–* insgesamt 2 (2) 3 (3) 4 (4) 5 (5)-mal wdh, dann bis REnde str und dabei die Wickel mit den M zusammenstricken, wie im Strickkurs beschrieben. Noch 1 Rd re, in der die letzten Wickelmaschen gestrickt werden.

Halsausschnitt

1 Rd re dabei 4 (2) 4 (2) 2 (12) 14 (22) M gleichmäßig verteilt abnehmen = 81 (89) 93 (101) 113 (121) 125 (129) M.

Lettischer Flechtzopf

Rd 1: Mit Rundnadel 5 mm 1 M re mit Fb 2, *1 M re mit Fb 1, 1 M re mit Fb 2*, von *–* bis RdEnde wdh.

Rd 2: 1 M li mit Fb 2, *1 M li mit Fb 1, 1 M li mit Fb 2*, von *–* bis RdEnde wdh. **Achtung!** Beide Fäden beim Stricken vor der Arbeit halten. Beim Farbwechsel wird die neue Farbe unter dem bisherigen Arbeitsfaden geführt.

Rd 3: 1 M li mit Fb 2, *1 M li mit Fb 1, 1 M li mit Fb 2*, von *–* bis RdEnde wdh. **Achtung!** Beide Fäden beim Stricken vor der Arbeit halten. Beim Farbwechsel wird die neue Farbe über dem bisherigen Arbeitsfaden geführt.

Halsausschnitt Fortsetzung

Auf Rundnadel 4,5 mm wechseln und die 5 SteekM in der vorderen Mitte abketten. Dann wie folgt verschränkte Rippen str:

R 1 (HinR): Rechts.

R 2 (RückR): *1 M li ver, 1 M re*, von *–* bis zur letzten M wdh, 1 M li ver.

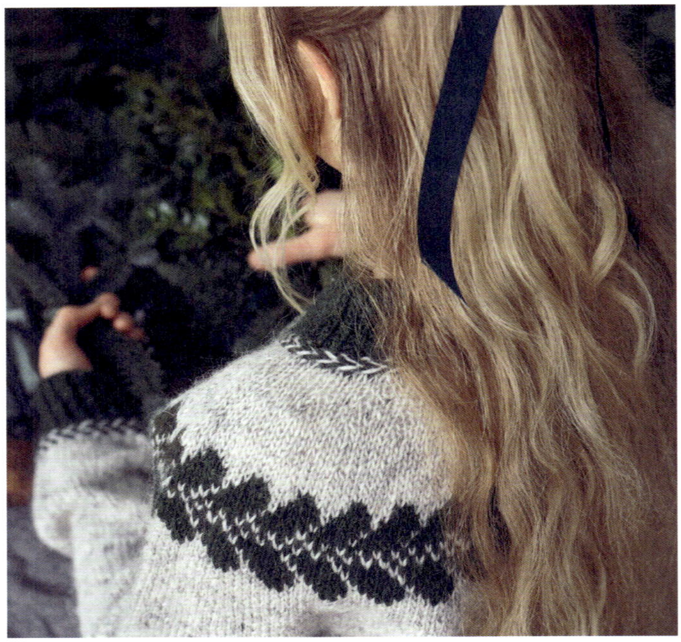

R 3: *1 M re ver, 1 M li*, von *–* bis zur letzten M wdh, 1 M re ver.

R 4 (RückR): *1 M li ver, 1 M re*, von *–* bis zur letzten M wdh, 1 M li ver.

R 3 und 4 wdh, bis die Rippen 4 cm messen. Mit einer RückR enden.

AbnahmeR: *1 M re ver, 1 M li, 2 M re ver zus*, von *–* 19 (21) 22 (24) 27 (29) 30 (31)-mal wdh und bis REnde im Rippenmusster str.

Ärmelmaschen zusammenstricken

Mit 3 Nadelspielnadeln 3 mm: Die M unter den Ärmeln durch Abketten mit 3 Nadeln zusammenstricken (siehe Strickkurs Seite 164). Fäden vernähen.

Knopfleisten

linke Knopfleiste

Mit Rundnadel 4,5 mm und Fb 2 (HinR): Neue Maschen an der linken Vorderkante aufnehmen, oben beginnen. Damit die Kante dehnbar bleibt, nimmt man 2 von 3 M auf (d.h. *2 M aufn, die 3. M überspringen*, von *–* wdh). Es muss eine ungerade Maschenzahl sein.

Jetzt verschränkte Rippen str:

R 1 (RückR): *1 M li ver, 1 M re*, von *-*bis zur letzten M wdh, 1 M li ver.

R 2 (HinR): *1 M re ver, 1 M li*, von *–* bis zur letzten M wdh, 1 M re ver.

R 3: *1 M li ver, 1 M re*, von *–* bis zur letzten M wdh, 1 M li ver.

R 2 und 3 insgesamt 4-mal wdh (= 9 R insgesamt).

Im Rippenmuster abketten.

RECHTE KNOPFLEISTE

Mit Rundnadel 4,5 mm und Fb 2 (HinR): Neue Maschen an der rechten Vorderkante aufnehmen, unten beginnen. Darauf achten, genauso viele M wie an der linken Seite aufzunehmen. 10 Knopflöcher gleichmäßig über die Kante verteilen. (Jedes Knopfloch spannt sich über 2 M.)

3 R ver Rippen stricken wie bei der linken Knopfleiste.

R 4 (KnopflochR 1, HinR): Bis zum 1. Knopfloch Rippen str. Dann wie folgt stricken: *2 M abketten, bis zum nächsten Knopfloch Rippen str*, von *–* wdh, bis alle Knopflöcher begonnen wurden, bis REnde Rippen stricken.

R 5 (KnopflochR 2, RückR): Bis zum 1. Knopfloch Rippen str, dann wie folgt: *2 M zweifarbig aufschlingen, bis zum nächsten Knopfloch Rippen str*, von *–* wdh, bis alle Knopflöcher fertig sind, bis REnde Rippen stricken.

4 R ver Rippen str und dann im Rippenmuster abketten.

Jacke aufschneiden

Siehe Strickkurs Seite 160. Beidseitig der mittleren SteekM eine Verstärkungsnaht mit Nähgarn nähen (z.B. von Hand im Steppstich). Die Jacke vorsichtig mitten in der mittleren Steek-Masche aufschneiden. (Die Schnittkanten rollen sich auf der linken Seite ein.)

Ausarbeiten

Fäden vernähen. Die Jacke vorsichtig spannen, wie im Strickkurs auf Seite 161 erklärt. Die Knöpfe gegenüber den Knopflöchern annähen. Eventuell die Schnittkanten innen mit einem Stoffband abdecken oder umklappen und unsichtbar innen annähen (siehe Strickkurs Seite 160–161).

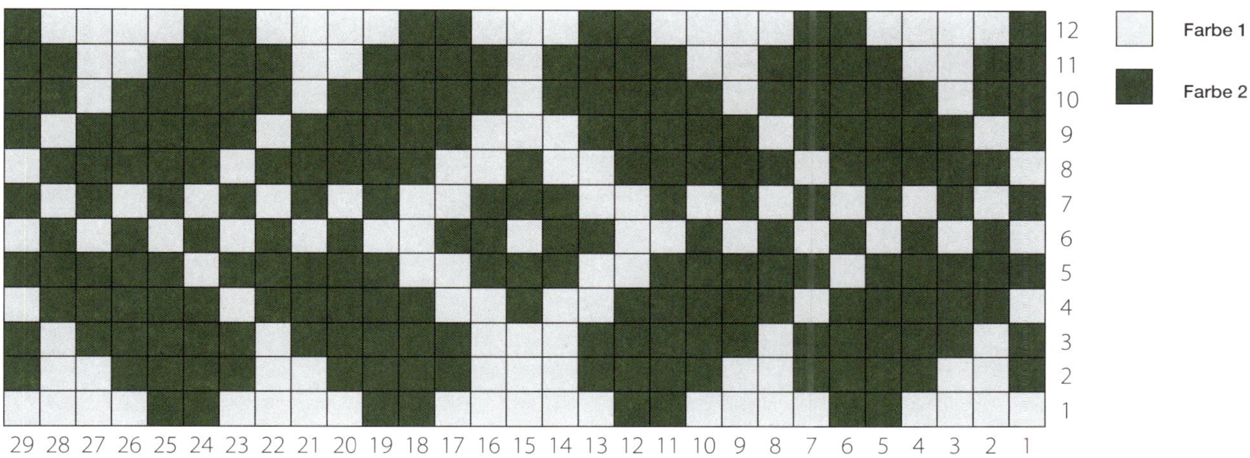

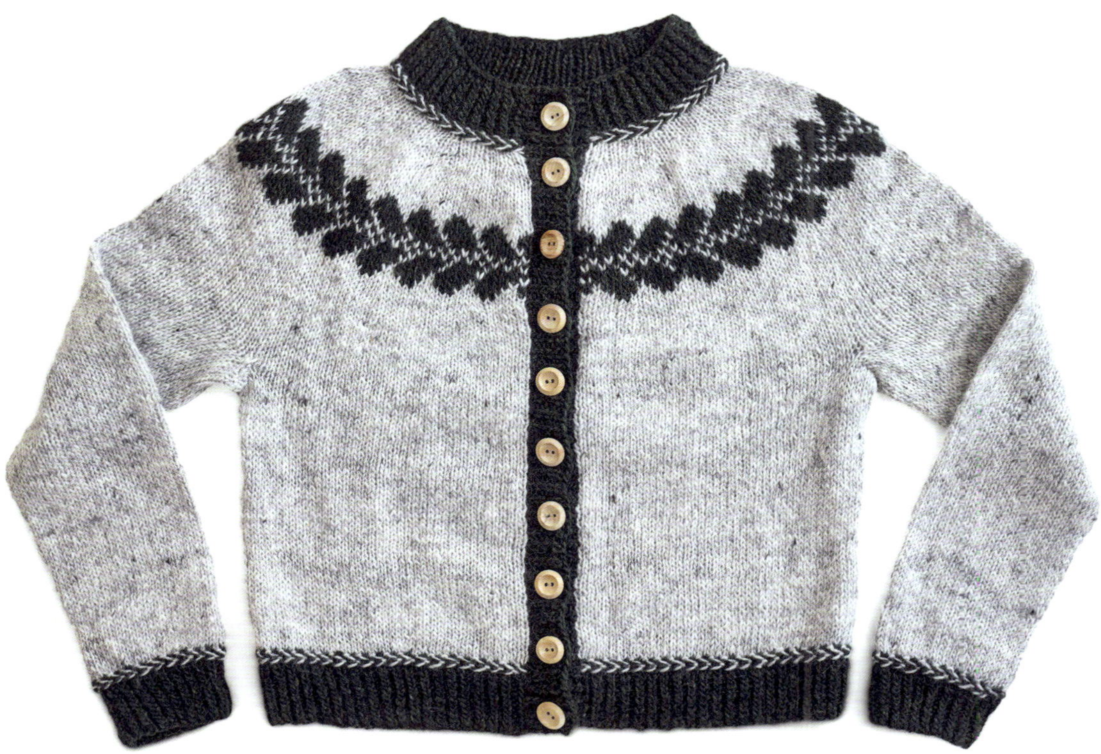

Weihnachten in Bergslagen

Winter

Viele Weihnachten habe ich in Guldsmedshyttan verbracht – dem Dorf meiner Kindheit. Wenn das Eis den See Råsvalen bedeckt, herrscht friedliche Stille im alten Bergarbeiterdorf. Die Kirche steht prächtig da und in den Fenstern von Bergsgården leuchten die Kerzen. Zu Hause hat Papa ein Feuer gemacht – im Kamin knistert es gemütlich, und die alte Standuhr tickt leise. Mama hat den zarten Weihnachtsengel aus Porzellan hervorgeholt, den Oma als Kind geschenkt bekam. So feiert man in Bergslagen Weihnachten. Leise und gemütlich, ohne großes Getue.

Die Jacke »Weihnachten in Bergslagen« ist extra kurz, passend zu Kleidern. Mit großen, festlichen Knöpfen können Sie sie besonders schick machen. Ich hatte diese roten Vintageknöpfe für etwas Besonderes aufgehoben. Sie passen doch perfekt zu dieser Jacke?

Material: Schwedische Wolle 3-fädig von Järbo (100 % schwedische Wolle, 100 g = 180 m)
Maschenprobe: 21 m × 28 R glatt rechts im Muster auf Nadel 4 mm = 10 × 10 cm
Größe: XS (S) M (L) XL (2XL) 3XL (4XL)
Brustumfang: 80 (88) 96 (104) 116 (128) 140 (152) cm
Länge: 38 (40) 42 (45) 48 (53) 57 (60) cm
Ärmellänge: 15 (15) 15 (16) 16 (17) 17 (17) cm
Menge: Fb 1 = 250 (250) 300 (350) 350 (350) 450 (550) g Wasa Crisp (Nr. 59021)
Fb 2 = 100 (100) 100 (100) 100 (100) 100 (100) g Lingonberry Jam (Nr. 59018)
Nadelspiel: 3,5 und 4 mm
Rundstricknadel: 3,5 und 4 mm, 60 cm
Zubehör: 5 Knöpfe (25 mm), 4 Maschenmarkierer, Maschenhalter
Schwierigkeitsgrad: 3 von 3
Konstruktion: Die Jacke ist taillenkurz und hat ein Musterband unten am Körper. Sie hat kurze Ärmel und wird von unten in einem Stück gestrickt. Dann wird die Jacke aufgeschnitten (siehe Strickkurs auf Seite 160) und die Knopfleisten werden angestrickt.
Strickkurs: 1 M li neig zun = 1 M links neigend zunehmen, siehe Strickkurs Seite 163.
1 M re neig zun = 1 M rechts neigend zunehmen, siehe Strickkurs Seite 163.
2 M li ver zus = 2 M links verschränkt zusammenstricken. 2 M nacheinander li abh, zurück auf die linke Nadel schieben und durch das hintere Maschenglied zusammenstricken.
MM = Maschenmarkierer, siehe Strickkurs Seite 163.
Raglanabnahmen in linken Reihen = bis 3 M vor MM str, 2 M li ver zus, 1 M li, MM, 1 M li, 2 M li zus*. Von *–* noch 3-mal = 8 M abgenommen.

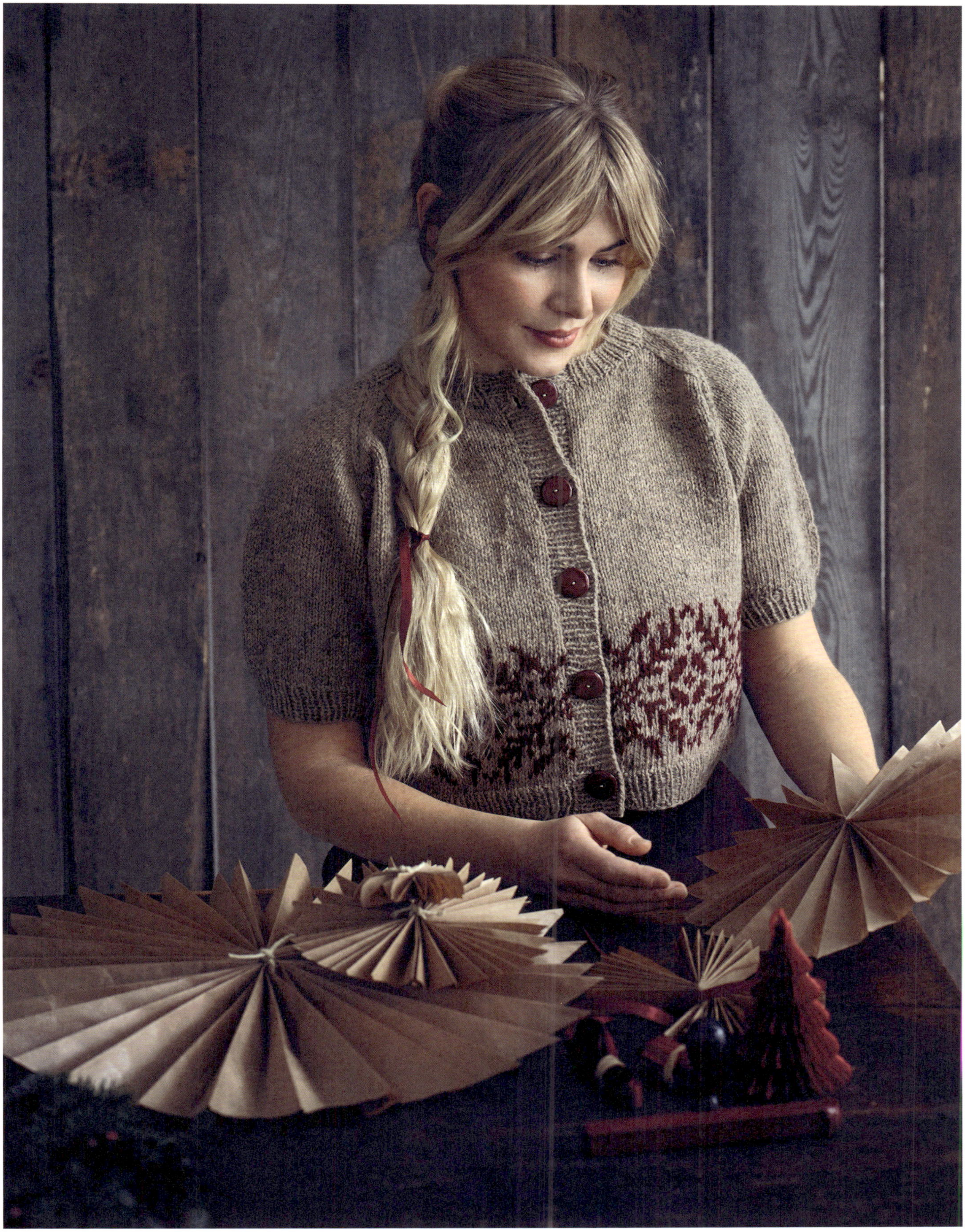

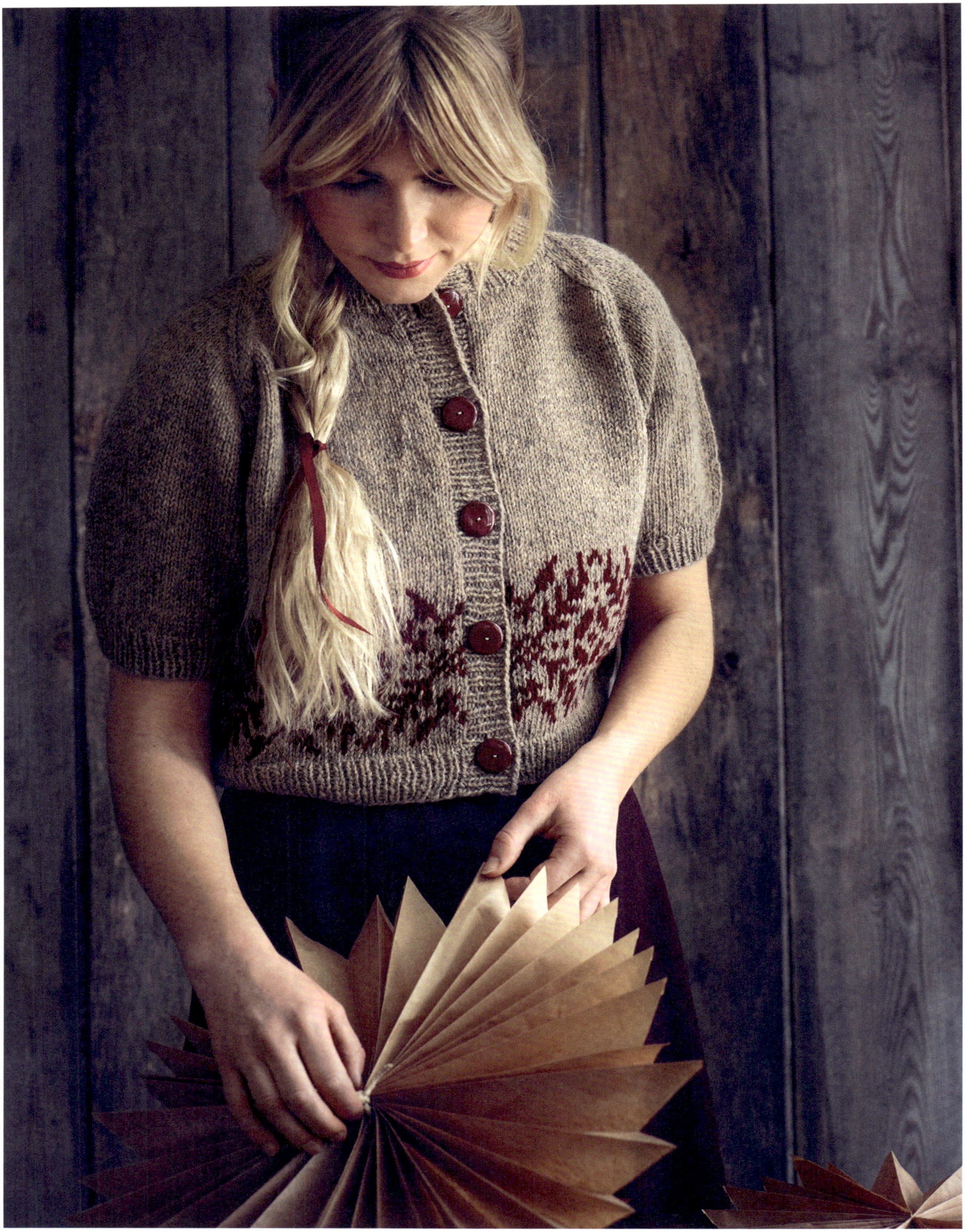

Körper

Mit Rundnadel 3,5 mm und Fb 1: 169 (181) 193 (217) 229 (265) 289 (313) M anschlagen.

Wie folgt Rippen stricken:

R 1 (RückR): *1 M li, 1 M re*, von *–* bis zur letzten M wdh, 1 M li.
R 2 (HinR): *1 M re, 1 M li*, von *–* bis zur letzten M wdh, 1 M re.
R 3: *1 M li, 1 M re*, von *–* bis zur letzten M wdh, 1 M li.

R 2 und 3 wdh, bis die Rippen 4 cm messen. **Achtung!** Die Rippen mit einer RückR beenden.

Ab jetzt den Körper in Runden glatt rechts stricken (= alle Rd re).

Mit Rundnadel 4 mm: Bis REnde re. Jetzt 5 Steekmaschen zweifarbig aufschlingen (siehe Videolinks im Strickkurs auf Seite 164). Die SteekM markieren auch den Rd-Beginn. (Denken Sie daran, dass die SteekM nicht zur Gesamtmaschenzahl dazugezählt werden, und dort nicht ab- oder zugenommen wird.)

Dann noch 1 Rd re str.

Im Muster laut Strickschrift stricken, R 1–27 mit folgender Aufteilung je nach Größe:

XS: M 1–24 insgesamt 7-mal, dann M 1.
S: M 19–24, dann M 1–24 insgesamt 7-mal, dann M 1–7.
M: M 1–24 insgesamt 8-mal, dann M 1.
L: M 1–24 insgesamt 9-mal, dann M 1.
XL: M 19–24, dann M 1–24 insgesamt 9-mal, dann M 1–7.
2XL: M 1–24 insgesamt 11 Mal, dann M 1.
3XL: M 1–24 insgesamt 12 Mal, dann M 1.
4XL: M 1–24 insgesamt 13 Mal, dann M 1.

Mit Fb 1: 2 Rd stricken.

In der nächsten Rd XS, M, XL: 4 (-) 4 (-) 2 (-) - (-) M gleichmäßig verteilt zunehmen.

L, 2XL, 3XL und 4XL: 4 M gleichmäßig verteilt abnehmen = 173 (181) 197 (213) 231 (261) 285 (309) M.

Achtung! Bei Größe S verändert sich die Maschenzahl nicht.

Weiterstricken, bis der Körper 24 (25) 25 (26) 26 (28) 29 (31) cm oder die gewünschte Länge misst. Beiseitelegen.

Ärmel

Mit Nadelspiel 3,5 mm und Fb 1: 48 (50) 56 (62) 72 (82) 92 (102) M anschlagen.

4 cm Rippen (1 M re, 1 M li) in Runden stricken.

Auf Nadelspiel 4 mm wechseln und weiter glatt rechts stricken, dabei 10 (10) 10 (10) 10 (10) 10 (10) M gleichmäßig verteilt zunehmen = 58 (60) 66 (72) 82 (92) 102 (112) M.

2 Rd stricken.

ZunahmeRd: *1 M re, 1 M li neig zun, bis zur letzten M str, 1 M re neig zun (siehe Strickkurs), 1 M re.

2 Rd stricken*.

Von *–* insgesamt 5-mal wdh = 68 (70) 76 (82) 92 (102) 112 (122) M.

Weiterstricken, bis der Ärmel 15 (15) 15 (16) 16 (17) 17 (17) cm oder die gewünschte Länge misst.

Nächste Rd: Bis zu den letzten 3 (4) 4 (5) 5 (6) 7 (8) M str, die folg 6 (8) 8 (10) 10 (12) 12 (14) M stilllegen (= M fürs Armloch).

Faden abschneiden, die restlichen 62 (62) 68 (72) 82 (90) 100 (108) ÄrmelM stilllegen. Beiseitelegen und den zweiten Ärmel genauso stricken.

Körper und Ärmel zusammennehmen

Nun werden Ärmel und Körper zusammen auf eine Rundnadel genommen. Es wird weiter in Runden gestrickt.

Mit Rundnadel 5 mm und Fb 1: Das rechte Vorderteil str – 40 (41) 45 (48) 52 (59) 64 (69) M, MM setzen (siehe Strickkurs Seite 163) und die folgenden 6 (8) 8 (10) 10 (12) 14 (16) M stilllegen, den rechten Ärmel str – 62 (62) 68 (72) 82 (90) 100 (108) M und MM setzen, das Rückenteil str – 81 (83) 91 (97) 107 (119) 129 (139) M, MM setzen und die folgenden 6 (8) 8 (10) 10 (12) 14 (16) M stilllegen, den linken Ärmel str – 62 (62) 68 (72) 82 (90) 100 (108) M und MM setzen, das linke Vorderteil str – 40 (41) 45 (49) 53 (60) 65 (70) M = 285 (289) 317 (337) 375 (417) 457 (493) M.

2 (3) 3 (4) 4 (4) 5 (5) Rd str.

Raglanabnahmen

AbnahmeRd, Raglan: *bis 3 M vor MM str, 2 M re zus, 1 M re, MMabh, 2 M überzog zus str*, von *–* noch 3-mal wdh = 8 M abgenommen.

So in jeder 2. Rd insgesamt 10 (10) 12 (13) 15 (16) 18 (18)-mal abnehmen, dann in jeder Rd noch 8 (8) 9 (10) 10 (13) 14 (15)-mal = 141 (145) 149 (153) 175 (185) 201 (229) M. **Achtung!** Die letzte AbnahmeRd wie folgt stricken: Bis zu den letzten 8 (9) 10 (11) 12 (13) 14 (15) M vor den SteekM str. Dann für den Halsausschnitt abketten, siehe nächster Abschnitt.

Halsausschnitt

21 (23) 25 (27) 29 (31) 33 (35) M abketten. **Achtung!** Die 5 SteekM, die jetzt auch abgekettet werden, zählen zur Maschenzahl mit) = 125 (127) 129 (131) 151 (159) 163 (199) M.

Die restliche Passe wird ab jetzt glatt rechts in Reihen gestrickt.

Weiter in jeder R Raglanabnahmen str. Für die Raglanabnahmen in linken R (siehe Strickkurs). **Achtung!** Gleichzeitig wie folgt den Halsausschnitt formen:

R 1 und 2: Zu Beginn beider R 4 M abketten = 101 (103) 105 (107) 127 (135) 139 (175) M.

R 3 und 4: Zu Beginn beider R 3 M abketten = 79 (81) 83 (85) 105 (113) 117 (153) M.

R 5 und 6: Zu Beginn beider R 2 (2) 2 (2) 2 (3) 3 (3) M abketten = 59 (61) 63 (65) 85 (91) 95 (131) M.

R 7 und 8: Zu Beginn beider R 1 (1) 1 (1) 2 (2) 2 (2) M abketten = 41 (43) 45 (47) 65 (71) 75 (111) M.

R 9 und 10: Zu Beginn beider R 1 (1) 1 (1) 2 (2) 2 (2) M abketten = 23 (25) 27 (29) 43 (51) 55 (79) M.

Jetzt sind die Abnahmen für die Raglannähte und den Halsausschnitt für Größe XS–L beendet.

XL, 2XL, 3XL und 4XL: In R 11 und 12 zu Beginn beider R 1 M abketten.

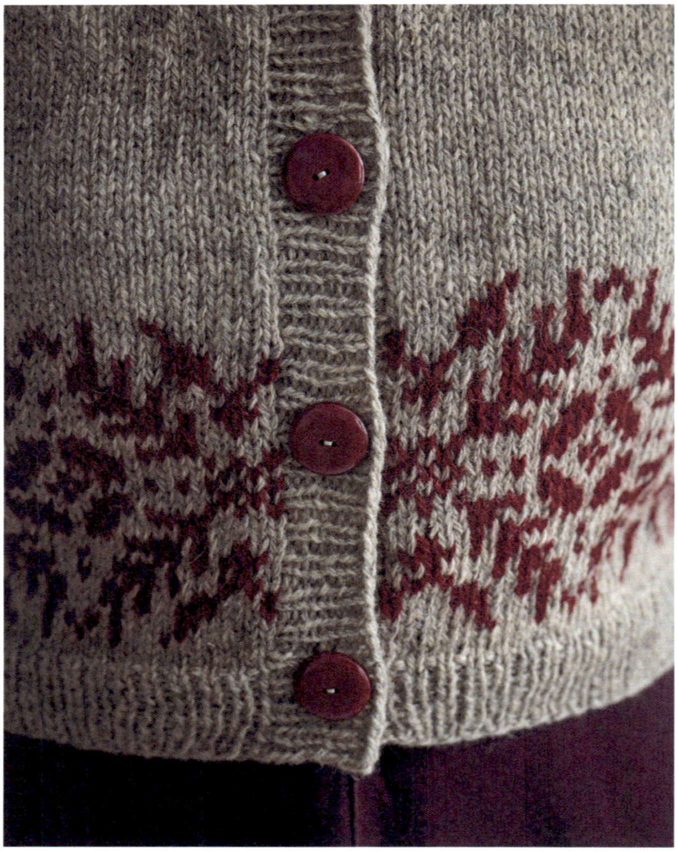

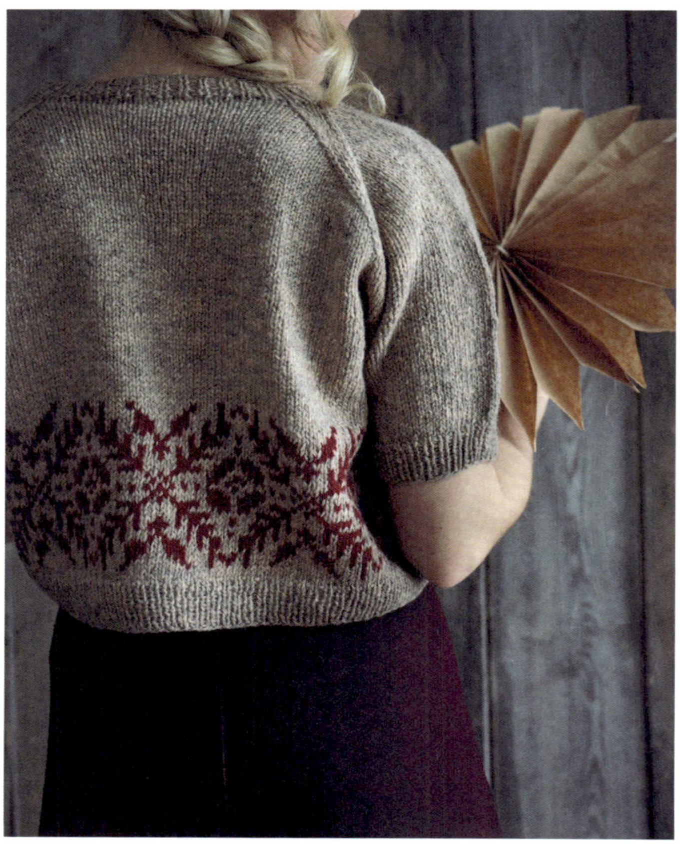

Achtung! In R 12 gibt es keine Raglanabnahmen in Größe XL = - (-) - (-) 33 (33) 37 (73) M.

Jetzt sind die Abnahmen für die Raglannähte und den Halsausschnitt für Größe XL–3XL beendet.

4XL: In Rd 13 und 14 jeweils 1 M am RdBeginn abketten = - (-) - (-) - (-) - (55) M.

Insgesamt noch 23 (25) 27 (29) 33 (33) 37 (55) M.

Halsausschnitt

Auf der rechten Seite mit Rundnadel 3,5 mm und Fb 1 16 (17) 18 (19) 21 (21) 26 (30) neue M entlang einer Seite des Halsausschnitts aufnehmen, die restlichen Halsmaschen stricken, dann 16 (17) 18 (19) 21 (21) 26 (30) neue M an der anderen Seite des Halsausschnitts aufnehmen, insgesamt 55 (59) 63 (67) 75 (75) 89 (115) M.

In Reihen stricken:

R 1 (RückR): *1 M li, 1 M re*, von *–* bis zur letzten M wdh,1 M li.

R 2 (HinR): *1 M re, 1 M li*, von *–* bis zur letzten M wdh, 1 M re.

R 3: *1 M li, 1 M re*. Von *–* bis zur letzten M wdh, 1 M li.

R 2 und 3 insgesamt 4-mal wdh. Mit einer RückR enden.

Locker im Rippenmuster abk.

Knopfleisten

LINKE KNOPFLEISTE

Mit Rundnadel 3,5 mm und Fb 1 (HinR): Neue M an der linken Vorderkante aufnehmen, oben beginnen. Damit die Kante dehnbar bleibt, nimmt man 2 von 3 M auf (d.h. *2 M aufn, die 3. M überspringen*, von *–* wdh). Es muss eine ungerade Maschenzahl sein.

Jetzt Rippen str:

R 1 (RückR): *1 M li, 1 M re*, von *–* bis zur letzten M wdh, 1 M li.

R 2 (HinR): *1 M re, 1 M li*, von *–* bis zur letzten M wdh, 1 M re.

R 3: *1 M li, 1 M re*, von *–* bis zur letzten M wdh, 1 M li.

R 2 und 3 insgesamt 5-mal wdh = 11 R insgesamt.

Im Rippenmuster abketten.

RECHTE KNOPFLEISTE

Mit Rundnadel 3,5 mm und Fb 1 (HinR): neue Maschen an der rechten Vorderkante aufnehmen, unten beginnen. Darauf achten, genauso viele M wie an der linken Seite aufzunehmen. 5 Knopflöcher gleichmäßig über die Kante verteilen. (Jedes Knopfloch spannt sich über 3 M.)

5 R Rippen stricken wie bei der linken Knopfleiste.

R 6 (KnopflochR 1, HinR): Bis zum 1. Knopfloch Rippen str. Dann wie folgt stricken: *3 M abketten, bis zum nächsten Knopfloch Rippen str*, von *–* wdh, bis alle Knopflöcher begonnen wurden, bis REnde Rippen stricken.

R 7 (KnopflochR 2, RückR): Bis zum 1. Knopfloch Rippen str, dann wie folgt: *3 M zweifarbig aufschlingen, bis zum nächsten Knopfloch Rippen str*, von *–* wdh, bis alle Knopflöcher fertig sind, bis REnde Rippen stricken.

Noch 4 R Rippen str und dann im Rippenmuster abketten.

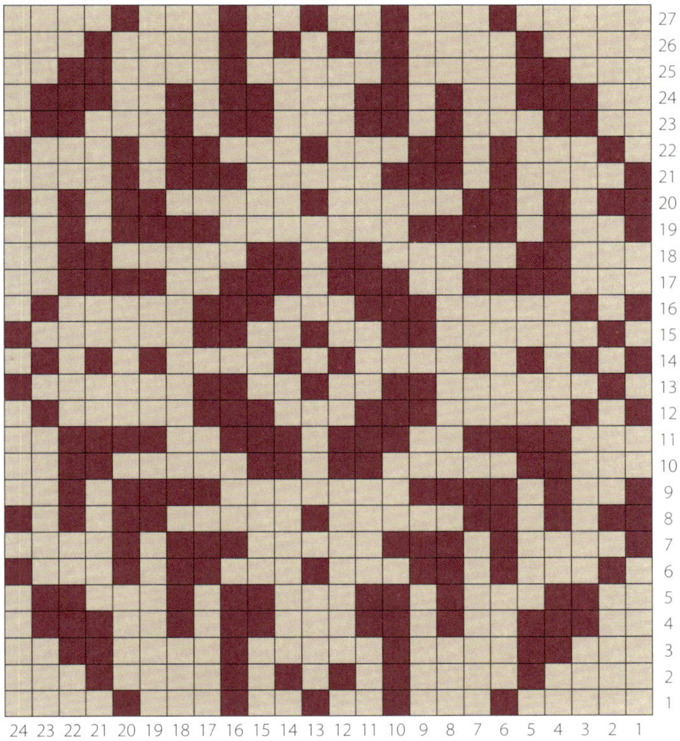

Farbe 1

Farbe 2

Jacke aufschneiden

Siehe Strickkurs Seite 160. Beidseitig der mittleren SteekM eine Verstärkungsnaht mit Nähgarn nähen (z.B. von Hand im Steppstich). Die Jacke vorsichtig mitten in der mittleren Steek-Masche aufschneiden. (Die Schnittkanten rollen sich auf der linken Seite ein.)

Ausarbeiten

Die Löcher unter den Ärmeln im Maschenstich schließen. Fäden vernähen. Die Jacke vorsichtig spannen, wie im Strickkurs auf Seite 161 erklärt. Die Knöpfe gegenüber den Knopflöchern annähen. Eventuell die Schnittkanten innen mit einem Stoffband abdecken oder umklappen und unsichtbar innen annähen (siehe Strickkurs Seite 160–161).

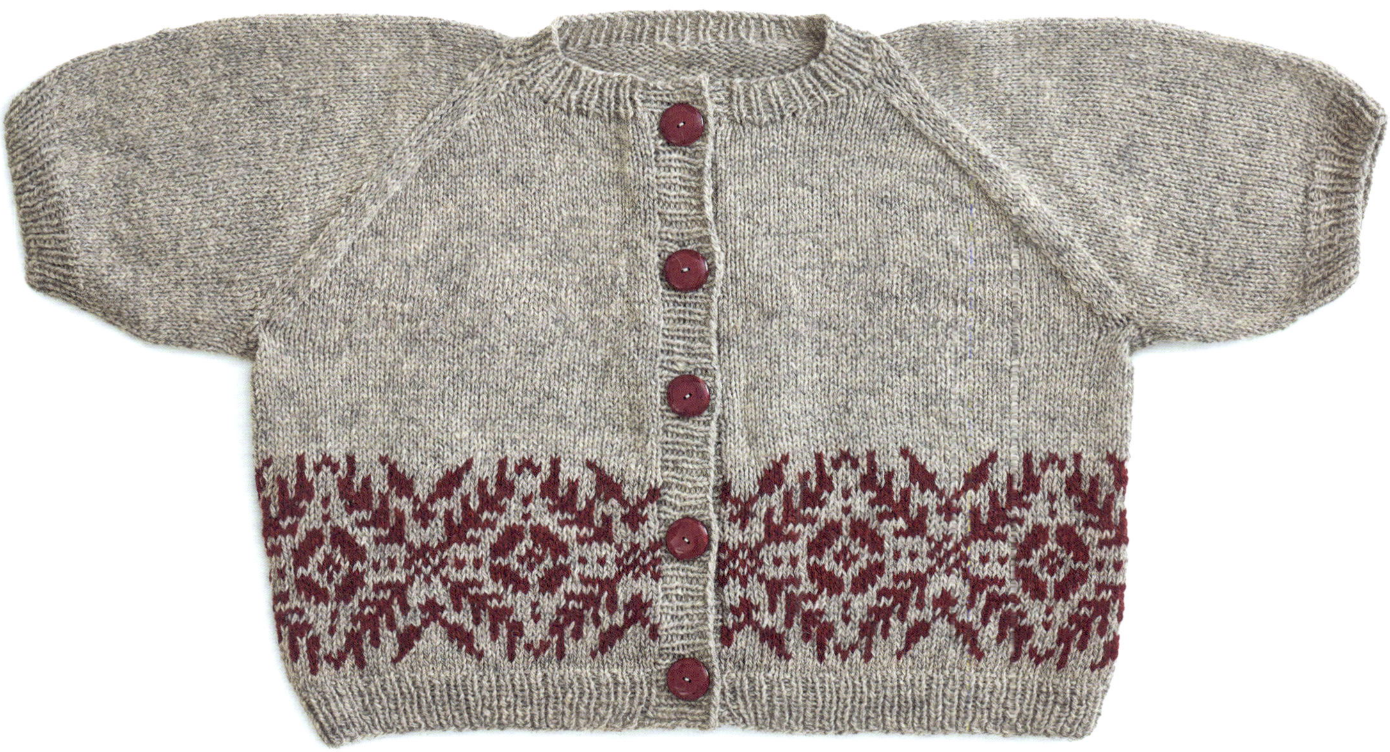

Schmuck

WINTER

Die Jacke »Schmuck« entstand, weil ich mir überlegte, dass ein Strickstück auch eine Art Schmuckstück ist. Ich bin in einem Zuhause aufgewachsen, in dem die Schmuckkunst immer präsent war, weil meine Eltern beide Goldschmiede sind. Schmuck ist tragbare Kunst. Man kann ihn nah am Herzen tragen. Vielleicht erinnert er daran, dass die Zeit fliegt? Oder man fühlt sich besonders schick, wenn man ihn trägt.

Das gilt auch für Strickjacken – sie stehen für dieselben Werte: Innerlichkeit, Geschichte und Schönheit. Diese Jacke schmückt eine Spitzenpasse. Wie ein Perlencollier legt sie sich um den Hals. Ihr eigener Schmuck!

Die Wolle wurde nicht gesponnen, weswegen man beim Stricken sehr vorsichtig sein muss. Ziehen Sie nicht zu fest daran. Sollte der Faden reißen, kann man ihn wieder aneinander filzen: die Hände befeuchten, die Enden übereinanderlegen und zusammenzwirbeln.

Material: Plötulopi von Ístex (100 % isländische Wolle, 100 g = 300 m)
Maschenprobe: 19 m × 26 R glatt rechts auf Nadel 4 mm = 10 × 10 cm
Größe: S (M) L (XL) 2XL
Brustumfang: 100 (108) 116 (124) 132 cm
Länge: 50 (52) 54 (57) 60 cm
Ärmellänge: 39 (40) 41 (41) 42 cm
Menge: 300 (300) 350 (400) 500 g Ivory Beige (Nr 1038)
Nadelspiel: 3,5 mm und 4 mm
Rundstricknadel: 3,5 mm und 4 mm, 80 cm
Zubehör: Maschenhalter, 11 Knöpfe (15 mm Durchmesser), evtl. Stoffband
Schwierigkeitsgrad: 3 von 3
Konstruktion: Die Jacke wird von oben nach unten gestrickt mit einem Spitzenmuster in der Passe. Wenn die Passe fertig ist, werden am Rücken verkürzte Reihen gestrickt, um den hinteren Halsausschnitt höher zu machen. Danach werden Körper und Ärmel gestrickt. Schließlich wird die Jacke aufgeschnitten (siehe Strickkurs Seite 160) und die Knopfleisten werden angestrickt. Die Rippen oben und unten werden in Reihen gestrickt.

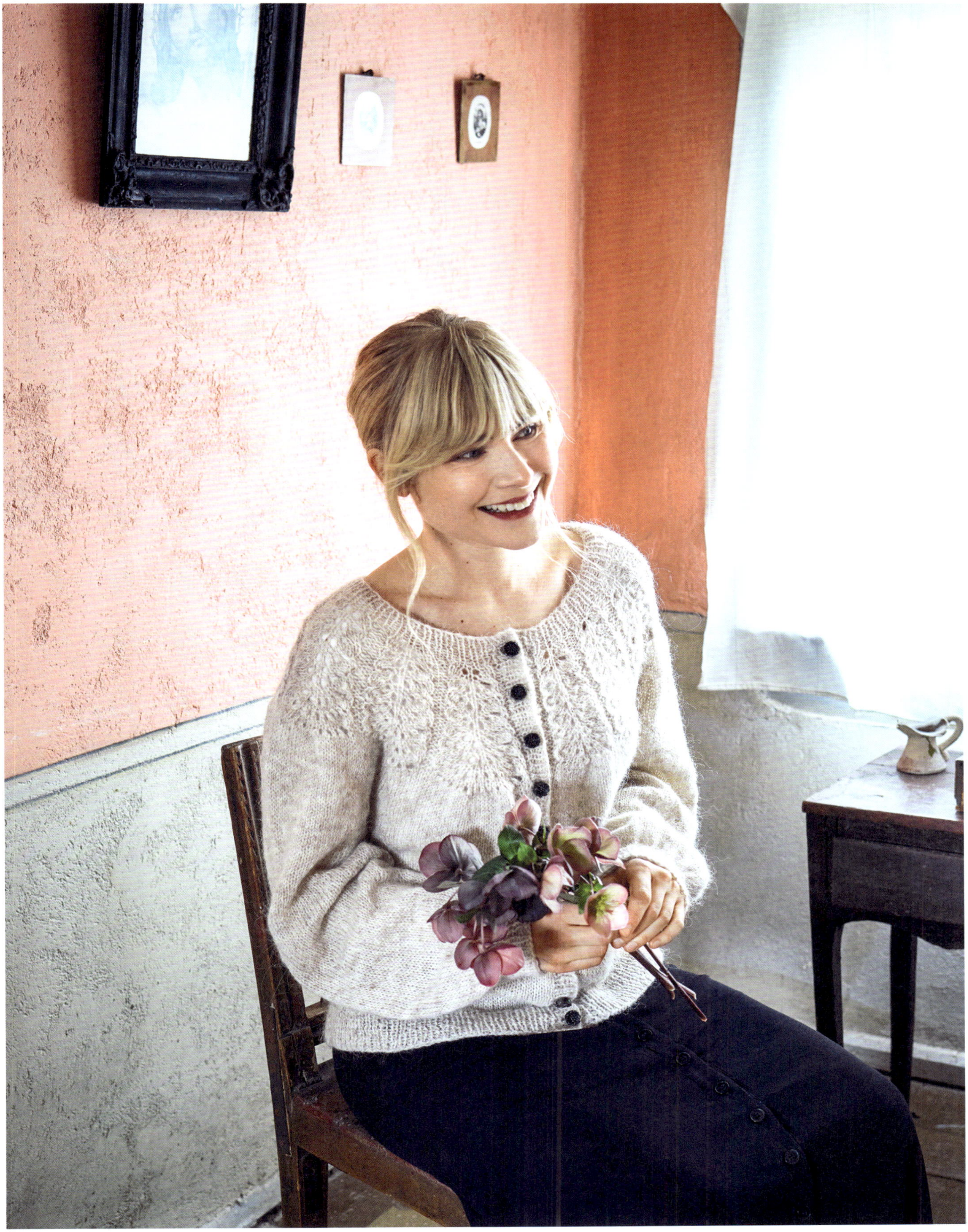

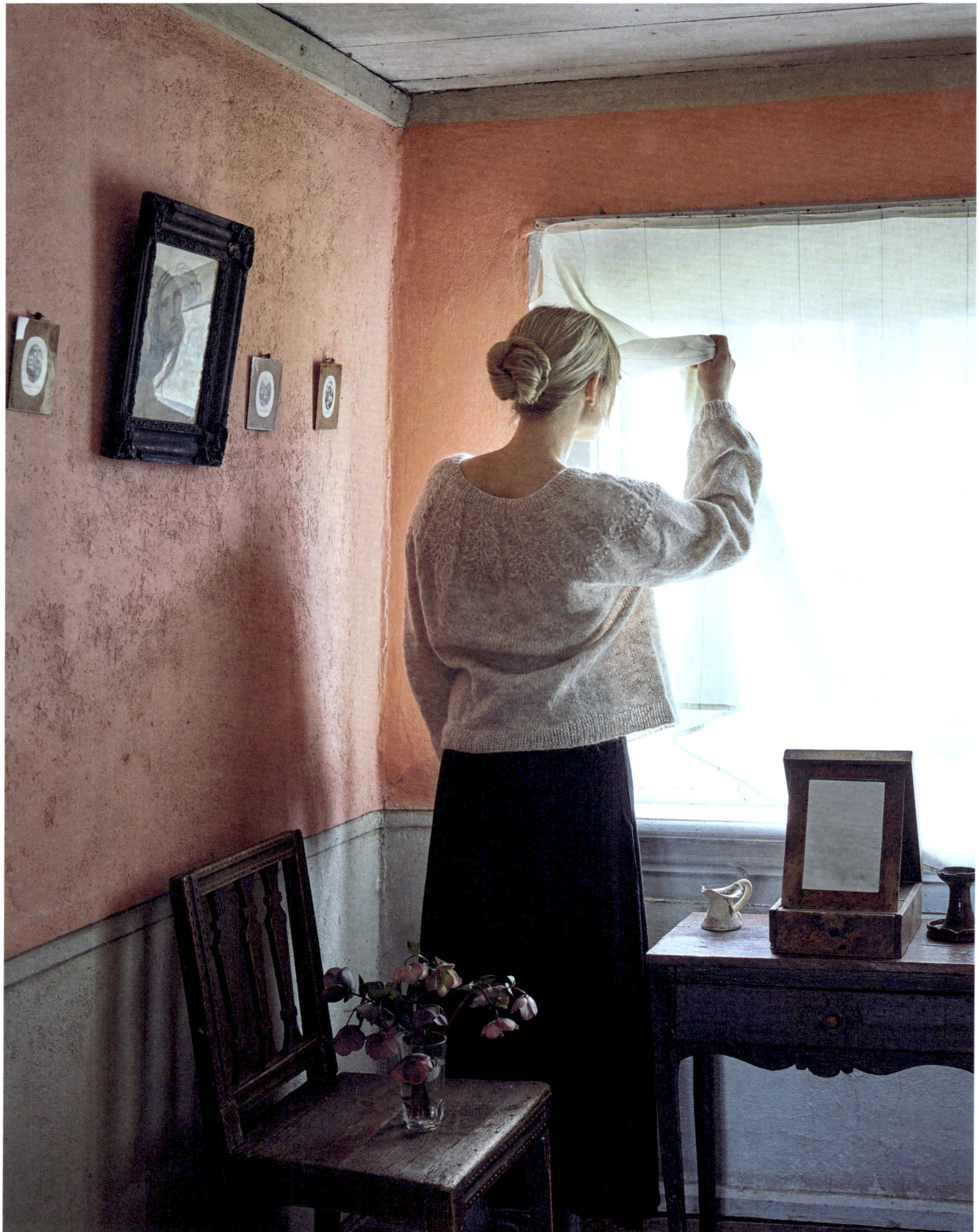

Passe

Rippenbund

Mit Rundnadel 3,5 mm: 107 (109) 111 (111) 113 M anschlagen.
R 1 (RückR): 1 M li, *1 M re, 1 M li*, von *–* bis REnde wdh.
R 2 (HinR): 1 M re, *1 M li, 1 M re*, von *–* bis REnde wdh.
R 3: 1 M li, *1 M re, 1 M li*, von *–* bis REnde wdh.

R 2 und 3 wdh, bis die Rippen 4 cm messen.

Ab jetzt wird in Runden gestrickt.

Auf Rundnadel 4 mm: Im Muster laut Rd 1 der Strickschrift str: M 2–9, dann M 1–9 bis zur letzten M wdh, mit M 1 enden – gleichzeitig 1 (8) 15 (15) 22 M gleichmäßig verteilt zunehmen = 108 (117) 126 (126) 135 m.

Jetzt 5 Steekmaschen zweifarbig aufschlingen (siehe Videolinks im Strickkurs auf Seite 164). Die SteekM markieren auch den Rd-Beginn. (Denken Sie daran, dass die SteekM nicht zur Gesamtmaschenzahl dazugezählt werden, und dort nicht ab- oder zugenommen wird.)

Rd 2–30 der Strickschrift stricken und wie dort angegeben zunehmen = 276 (299) 322 (322) 344 M.

Glatt rechts str, bis die Arbeit 25 (26) 27 (27) 28 cm ab dem Halsausschnitt misst.

Die Ärmel abtrennen

40 (43) 48 (48) 51 M (= Linkes Vorderteil), linke ÄrmelM 58 (64) 66 (66) 70 M stilllegen, 8 (8) 8 (12) 12 M für das linke Armloch zweifarbig aufschlingen, MM A setzen (siehe Strickkurs Seite 163), weitere 8 (8) 8 (12) 12 M zweifarbig aufschlingen, 80 (85) 94 (94) 102 M (= Rückenteil), rechte ÄrmelM 58 (64) 66 (66) 70 M stilllegen, 8 (8) 8 (12) 12 M für das rechte Armloch zweifarbig aufschlingen, MM B setzen, weitere 8 (8) 8 (12) 12 M zweifarbig aufschlingen, die restlichen 40 (43) 48 (48) 51 M (= rechtes Vorderteil) str. Insgesamt 192 (203) 222 (238) 252 M.

Körper

Den Körper mit verkürzten Reihen formen. Zu verkürzten Reihen und Wickelmaschen siehe Strickkurs Seite 162.
Verkürzte R 1 (HinR): Re bis MM B, Wickelmasche, wenden.
Verkürzte R 2 (RückR): Li bis MM A, Wickelmasche, wenden.
Verkürzte R 3: Bis zur Wickelmasche re, die Wickelmasche und den Wickel re zus str, Wickelmasche, wenden.
Verkürzte R 4: Bis zur Wickelmasche li, die Wickelmasche und den Wickel li zus str, Wickelmasche, wenden. R 3–4 noch 4-mal wdh (= insgesamt 12 verkürzte R). Dann die Rd re zu Ende str.

Weiter glatt rechts stricken, bis der Körper 23 (24) 25 (28) 30 cm ab dem Armloch misst.

Noch 1 Rd str, dabei 1 (0) 1 (1) 1 M abnehmen = 191 (203) 221 (237) 251 M.

Noch 1 Rd str und am Ende die 5 SteekM abketten.

Auf Rundnadel 3,5 wechseln und wie folgt Rippen in Reihen stricken:
R 1 (HinR): 1 M re, *1 M li, 1 M re*, von *–* bis REnde wdh.
R 2 (RückR): 1 M li, *1 M re, 1 M li* von *–* bis REnde wdh.

R 2 und 3 wdh, bis die Rippen 4 cm messen.

Locker im Rippenmuster abk.

Ärmel

Die 58 (64) 66 (66) 70 ÄrmelM auf einem Nadelspiel 4 mm verteilen. 10 (9) 10 (11) 11 neue M aufnehmen, mit Beginn in der unteren Armmitte, 58 (64) 66 (66) 70 M str und 10 (9) 10 (11) 11 M unterm Arm aufnehmen = 78 (82) 86 (86) 92 M. MM für den RdBeginn setzen und in Runden glatt rechts str (= alle Rd re).

Weiterstricken, bis der Ärmel 36 (37) 38 (38) 39 cm ab dem Armloch misst.

AbnahmeR: *2 M re zus*, von *–* bis zu den letzten 2 (2) 2 (2) 0 M M wdh, 2 (2) 2 (2) 0 M re = 40 (42) 44 (44) 46 M.

Auf Nadel 3,5 mm wechseln und 4 cm Rippen (1 M re, 1 M li) str. Locker im Rippenmuster abketten. Den zweiten Ärmel genauso stricken.

Knopfleisten

Linke Knopfleiste

Mit Rundnadel 4 mm (HinR): Neue Maschen an der linken Vorderkante aufnehmen, oben beginnen. Damit die Kante dehnbar bleibt, nimmt man 3 von 4 M auf (d.h. *3 M aufn, die 4. M überspringen*, von *–* wdh). Es muss eine ungerade Maschenzahl sein.
Jetzt Rippen str:
R 1 (RückR): *1 M li, 1 M re*, von *–* bis zur letzten M wdh, 1 M li.
R 2 (HinR): *1 M re, 1 M li*, von *–* bis zur letzten M wdh, 1 M re.
R 3: *1 M li, 1 M re*, von *–* bis zur letzten M wdh, 1 M li.

R 2 und 3 insgesamt 3-mal wdh. Im Rippenmuster abketten.

Rechte Knopfleiste

Mit Rundnadel 4 mm (HinR): Neue M an der rechten Vorderkante aufnehmen, unten beginnen. Darauf achten, genauso viele M wie an der linken Seite aufzunehmen. 11 Knopflöcher gleichmäßig über die Kante verteilen. (Jedes Knopfloch spannt sich über 2 M.)

3 R Rippen stricken wie bei der linken Knopfleiste.
R 4 (KnopflochR 1, HinR): Bis zum 1. Knopfloch Rippen str. Dann wie folgt stricken: *2 M abketten, bis zum nächsten Knopfloch Rippen str*, von *–* wdh, bis alle Knopflöcher begonnen wurden, bis REnde Rippen stricken.
R 5 (KnopflochR 2, RückR): Bis zum 1. Knopfloch Rippen str, dann wie folgt: *2 M zweifarbig aufschlingen, bis zum nächsten Knopfloch Rippen str*, von *–* wdh, bis alle Knopflöcher fertig sind, bis REnde Rippen stricken.

Noch 2 R Rippen str und dann im Rippenmuster abketten.

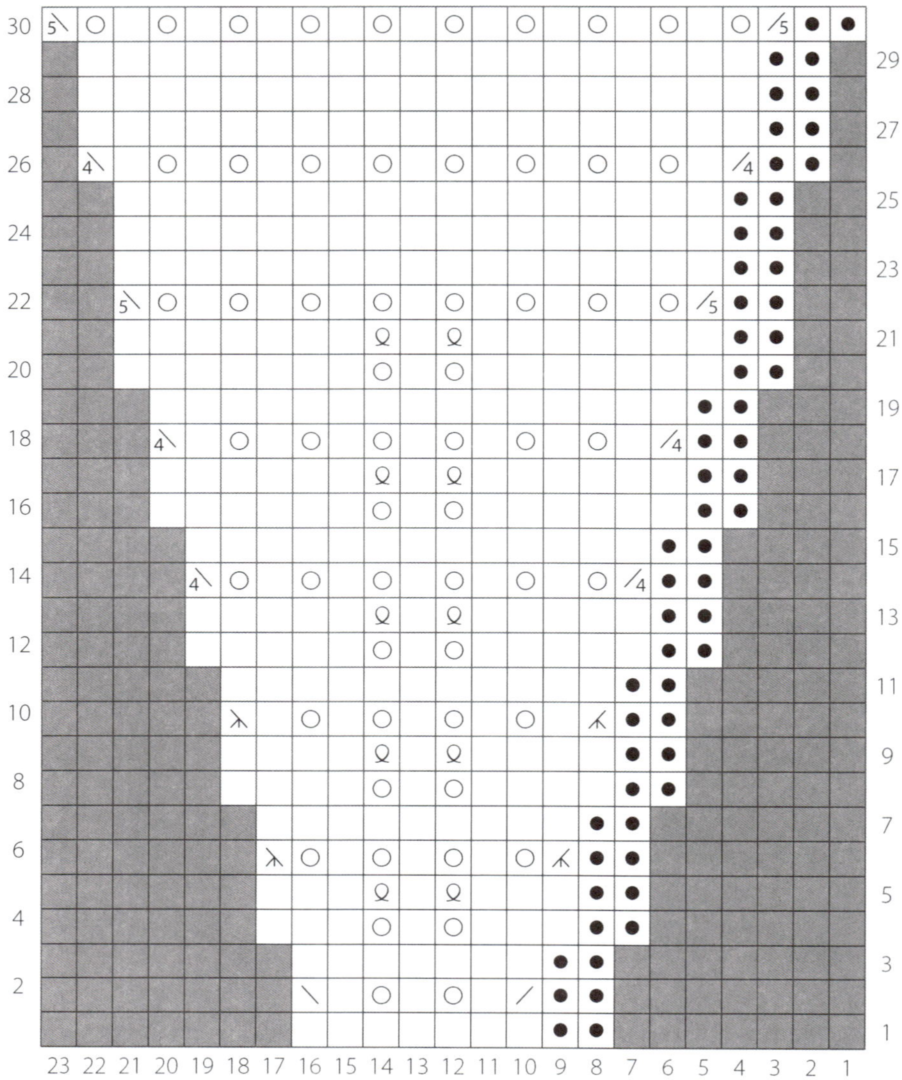

= Rechte Masche

= Linke Masche

= 2 Maschen rechts zusammen

= 1 M abh, 1 M re, die abgehobene M darüberziehen

= Umschlag

= den Umschlag re verschränkt str

= 3 M re zus

= 2 M abh, 1 M re, die abgehobenen M darüberziehen

= 4 M re zus

= 3 M abh, 1 M re, die abgehobenen M darüberziehen

= 5 M re zus

= 4 M abh, 1 M re, die abgehobenen M darüberziehen

= Keine Masche

Jacke aufschneiden

Siehe Strickkurs Seite 160. Beidseitig der mittleren SteekM eine Verstärkungsnaht mit Nähgarn nähen (z.B. von Hand im Steppstich). Die Jacke vorsichtig mitten in der mittleren Steek-Masche aufschneiden. (Die Schnittkanten rollen sich auf der linken Seite ein.)

Ausarbeiten

Fäden vernähen. Die Jacke vorsichtig spannen, wie im Strickkurs auf Seite 161 erklärt. Die Knöpfe gegenüber den Knopflöchern annähen. Eventuell die Schnittkanten innen mit einem Stoffband abdecken oder umklappen und unsichtbar innen annähen (siehe Strickkurs Seite 160).

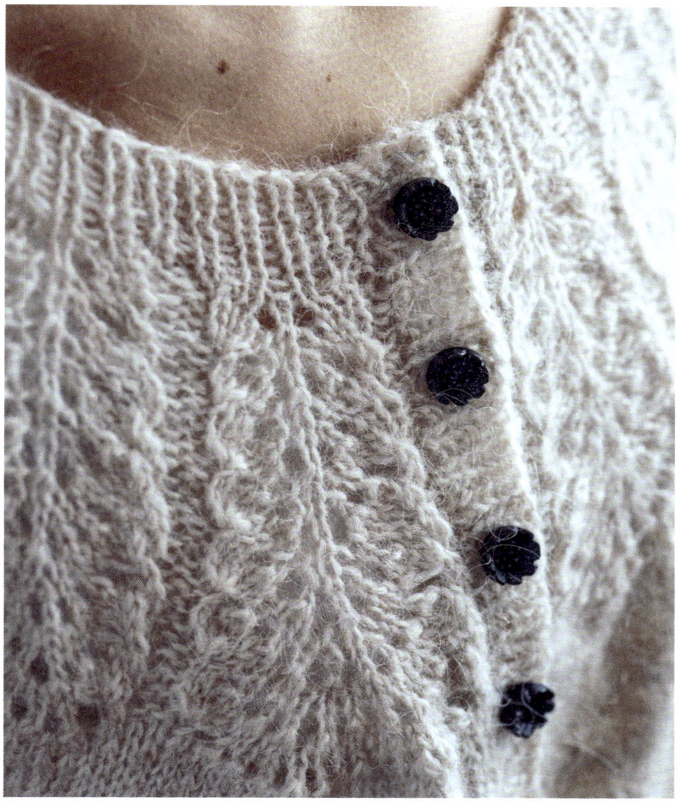

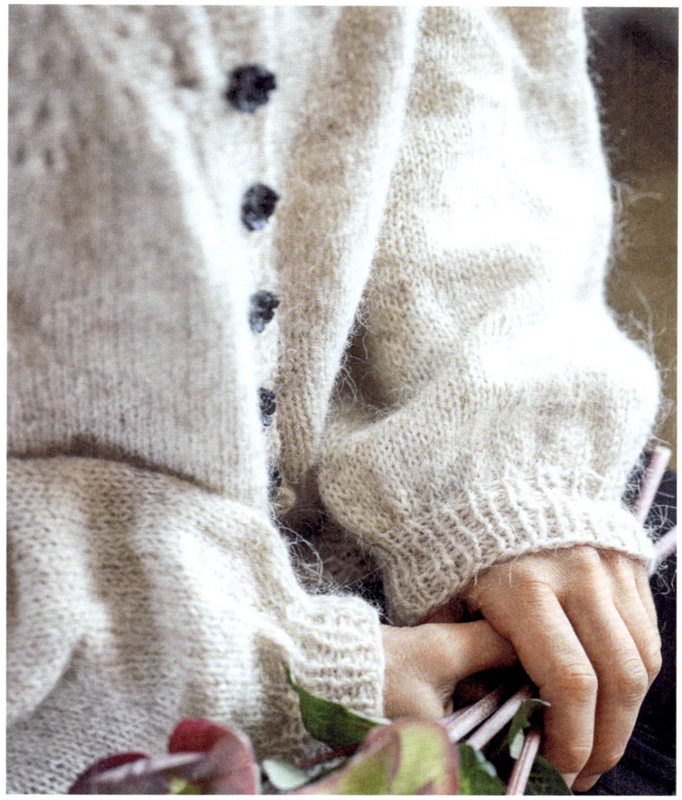

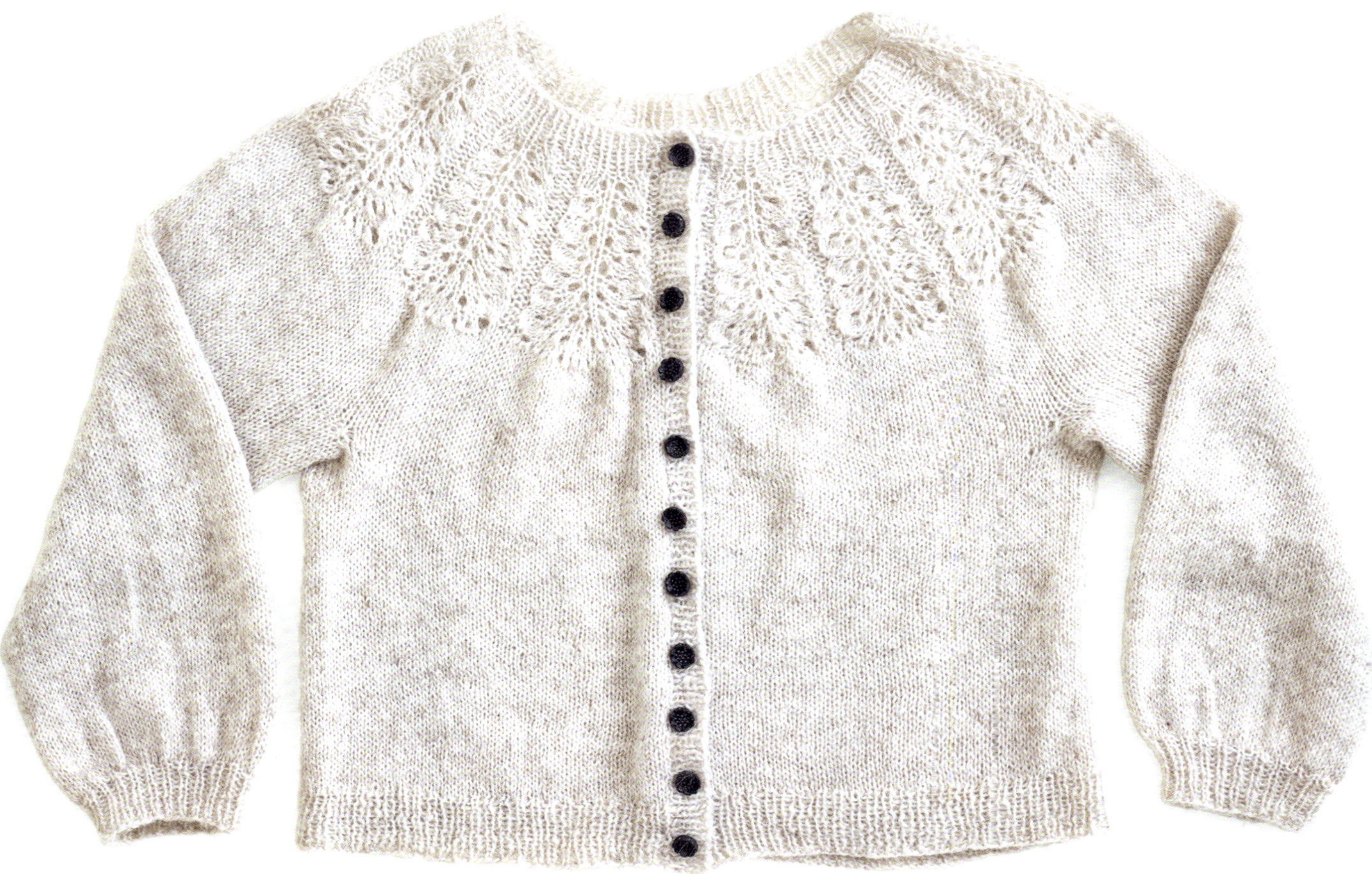

Skathi

Winter

Skathi oder Skade ist in der nordischen Mythologie die Göttin der Jagd und des Skifahrens. Sie ist im Gebirge zu Hause, wo sie mit Pfeil und Bogen jagt. In der Sage heißt es, dass sie kurze Zeit mit dem Meeresgott Njörd verheiratet war. Die Ehe war jedoch nicht sehr glücklich. Njörd sehnte sich nach dem Meer und den Möwen und Skathi nach den Bergen und den Wölfen. Also kehrte sie zurück nach Hause und lebte allein auf dem Hof ihres Vaters. Man kann sich doch gut vorstellen, wie sie dort zwischen den Bergen Ski fährt?

Die Jacke »Skathi« ist von den weißen Gebirgsweiten inspiriert und sollte zu einer Skigöttin passen. Die Taille wird durch Zöpfe geformt und auch an den Ärmeln befinden sich Zöpfe. Wenn Sie bisher noch keine Zöpfe gestrickt haben, ist Skathi ein gutes erstes Projekt!

Material: Järbo 2-fädige Wolle (100 % Wolle, 100 g = 300 m)
Maschenprobe: 21 m × 28 R glatt rechts auf Nadel 4 mm = 10 × 10 cm
Größe: S (M) L (XL)
Brustumfang: 90 (100) 110 (120) cm
Länge: 45 (45) 46 (46) cm
Ärmellänge: 45 (46) 47 (48) cm
Menge: 300 (350) 400 (450) g Nostalgia (Nr. 74103)
Rundstricknadel: 3,5 mm (60 cm) und 4 mm (60 cm)
Nadelspiel: 3,5 mm und 4 mm
Zubehör: 16 Knöpfe (15 mm Durchmesser), 12 Maschenmarkierer, Zopfnadel, Maschenhalter
Schwierigkeitsgrad: 3 von 3
Konstruktion: Die Jacke ist nahtlos und wird von oben nach unten in Reihen und in einem Stück gestrickt. Die Puffärmel werden beim Stricken durch Zu- und Abnahmen geformt. Die Knöpfe sitzen auf dem Rücken.
Strickkurs: MM = Maschenmarkierer, siehe Strickkurs Seite 163.
Zunahmen in Hinreihen
1 M re neig zun = 1 M rechts neigend zunehmen, siehe Strickkurs Seite 163.
1 M li neig zun = 1 M links neigend zunehmen, siehe Strickkurs Seite 163.
1 M tief zun = 1 M tiefer gestochen zunehmen, siehe Strickkurs Seite 163.
Gegengleiche Zunahmen in Rückreihen
1 M re neig zun = aus dem Querfaden von vorn eine M aufn und links ins vordere Maschenglied str
1 M li neig zun = aus dem Querfaden von vorn eine M aufn und links ins hintere Maschenglied str
ZÖPFE
6 M li zopfen = 3 M vor der Arbeit auf eine Zopfnadel legen, 3 M re, die 3 M von der Zopfnadel re.
13 M li zopfen = 6 M vor der Arbeit auf eine Zopfnadel legen, 1 M li, 6 M re, die 6 M von der Zopfnadel re.
Achtung! Die Mustererklärung geht auf der nächsten Seite weiter.

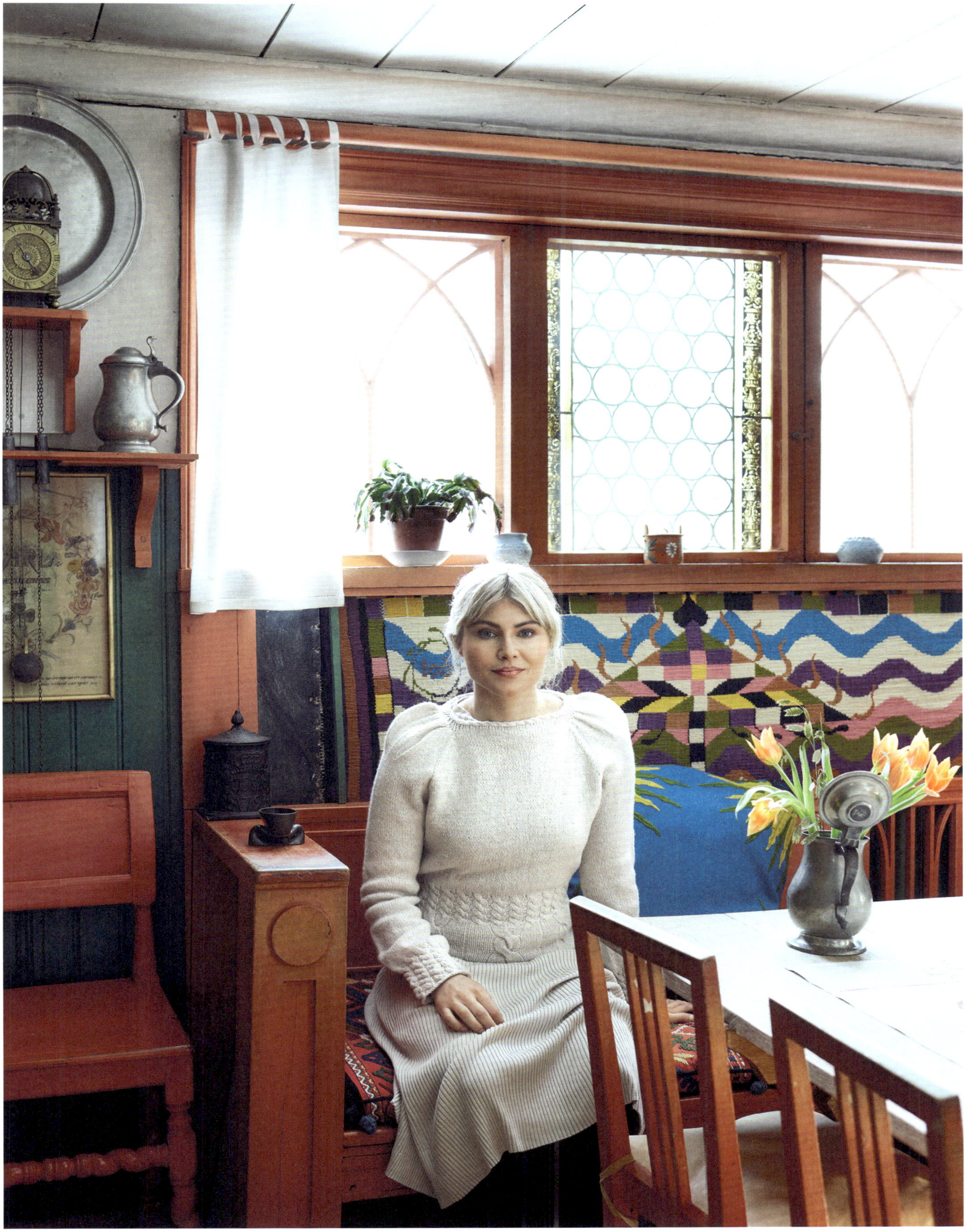

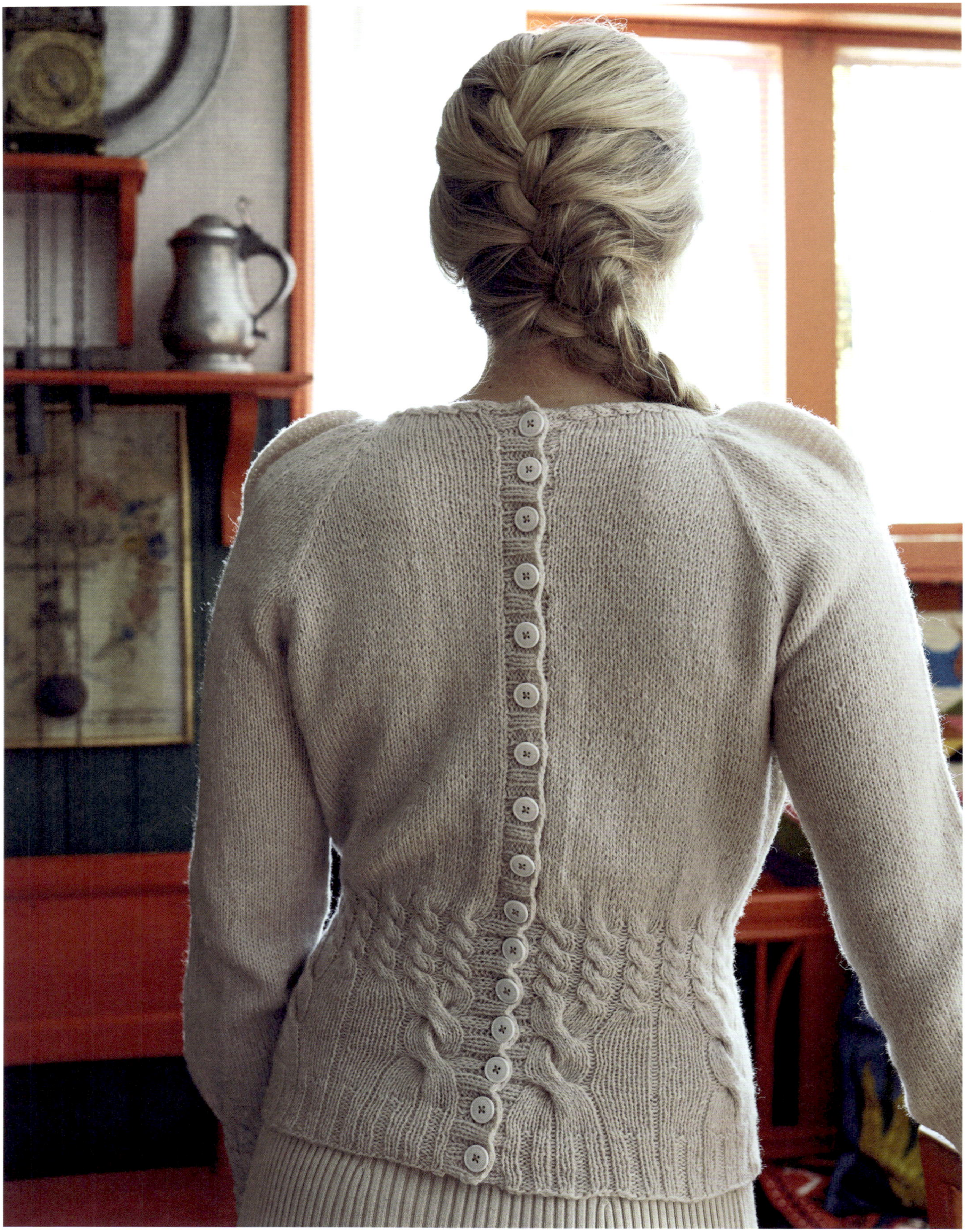

Fortsetzung Mustererläuterung

Zopfmuster 1 (Musterwiederholung 7 + 1 M).

R 1 und 3 (HinR): *1 M li, 6 M re*, von *–* bis zur letzten M wdh, 1 M li.

R 2 und die folgenden geraden R: Die M str, wie sie erscheinen (re M re, li M li).

R 5: *1 M li, 6 M li zopfen*, von *–* bis zur letzten M wdh, 1 M li.

R 6: Wie R 2.

R 1–6 für das Muster wdh.

Zopfmuster 2 (Musterwiederholung 28 + 15 M)

R 1, 3, 5, 7, 9 (HinR): *1 M li, 6 M re, 1 M li, 6 M re*, von *–* bis zur letzten M wdh, 1 M li.

R 2 und die folgenden geraden Rd: Die M str, wie sie erscheinen (re M re, li M li).

R 11: *1 M li, 13 M li zopfen, 1 M li, 6 M re, 1 M li, 6 M re*, von *–* wdh, bis noch 15 M übrig sind, 1 M li, 13 M li zopfen, 1 M li.

R 12: Wie R 2.

R 1–12 für das Muster wdh.

Passe

Zopfkante

Achtung! Die Zopfkante wird getrennt gestrickt, dann werden die Passenmaschen aus der Kante aufgenommen. Mit Nadel 4 mm: 6 M anschlagen.

R 1 (RückR): 2 M re, 4 M li.

R 2 (HinR): 4 M re, 2 M li.

R 3: 2 M re, 4 M li.

R 4: 2 M auf einer Zopfnadel hinter die Arbeit legen, 2 M re, dann die 2 M von der Zopfnadel re, 2 M li.

R 5: 2 M re, 4 M li.

R 2–5 insgesamt 31 Mal wdh.

Mit Rundnadel 4 mm: Für die Passe neue Maschen an der Zopfkante aufnehmen. Die rechte Seite zu sich haltend und ungefähr 3 von 4 M aufn (d.h. *3 M aufn, die 4. M überspringen*, von *–* wdh) = 93 M.

Fortsetzung Passe

R 1 (RückR): Links, dabei wie folgt Maschenmarkierer setzen (siehe Strickkurs Seite 163): Zwischen M 16–17 = MM D, zwischen M 28–29 = MM C, zwischen M 65–66 = MM B und zwischen M 77–78 = MM A.

Weiter glatt rechts stricken, wenn nichts anderes angegeben wird. Zu verkürzten Reihen und Wickelmaschen siehe Strickkurs Seite 162.

R 2 (HinR, verkürzte R): Re bis MM A, MMabh, 6 M re, Wickelmasche, wenden.

R 3 (RückR, verkürzte R): Bis REnde li, wenden.

R 4 (verkürzte R): Re bis MM B, MMabh, Wickelmasche, wenden.

R 5 (verkürzte R): Bis REnde li.

R 6: Bis REnde re.

R 7 (verkürzte R): Li bis MM D, MMabh, 6 M li, Wickelmasche, wenden.

R 8 (verkürzte R): Bis REnde re.

R 9 (verkürzte R): Li bis MM C, MMabh, Wickelmasche, wenden.

R 10 (verkürzte R): Bis REnde re.

R 11: Links.

R 12: Alle M re.

R 13: Links.

Jetzt mit den Raglanzunahmen und den Zunahmen für die Puffärmel beginnen:

R 14: Bis 1 M vor MM A re, 1 M re neig zun (siehe Strickkurs Seite 163), 1 M re, MMabh, 1 M re, 1 M li neig zun (siehe Strickkurs Seite 163), [1 M tief zun] 10-mal (siehe Strickkurs Seite 163), 1 M re neig zun, 1 M re, MM B, 1 M re, 1 M li neig zun, re bis 1 M vor MM C, 1 M re neig zun, 1 M re, MMabh, 1 M re, 1 M li neig zun, [1 M tief zun] 10-mal, 1 M re neig zun, 1 M re, MM D, 1 M re, 1 M li neig zun, bis REnde re = 28 neue M = 121 M.

R 15 (S): Links. (M/L/XL): Bis 1 M vor MM D li, 1 M re neig zun, 1 M li, MMabh, 1 M li, 1 M li neig zun, li bis 1 M vor MM C, 1 M re neig zun, 1 M li, MMabh, 1 M li, 1 M li neig zun, li bis 1 M vor MM B, 1 M re neig zun, 1 M li, MMabh, 1 M li, 1 M li neig zun, li bis 1 M vor MM A, 1 M re neig zun, 1 M li, MMabh, 1 M li, 1 M li neig zun, bis REnde stricken.

R 16: Bis 1 M vor MM A re, 1 M re neig zun, 1 M re, MMabh, 1 M re, 1 M li neig zun, 0 (1) 1 (1) M re, [1 M tief zun] 22-mal, 0 (1) 1 (1) M re, 1 M re neig zun, 1 M re, MMabh, 1 M re, 1 M li neig zun, re bis 1 M vor MM C, 1 M re neig zun, 1 M re, MMabh, 1 M re, 1 M li neig zun, 0 (1) 1 (1) M re, [1 M tief zun] 22-mal, 0 (1) 1 (1) M re, 1 M re neig zun, 1 M re, MMabh, 1 M re, 1 M li neig zun, bis REnde re = 173 (181) 181 (181) M.

R 17: Wie R 15.

R 18: Bis 1 M vor MM A re, 1 M re neig zun, 1 M re, MMabh, 1 M re, 1 M li neig zun, re bis 1 M vor MM B, 1 M re neig zun, 1 M re, MMabh, 1 M re, 1 M li neig zun, re bis 1 M vor MM C, 1 M re neig zun, 1 M re, MMabh, 1 M re, 1 M li neig zun, re bis 1 M vor MM D, 1 M re neig zun, 1 M re, MMabh, 1 M re, 1 M li neig zun, bis REnde re.

R 19 (S/M): Links. (L/XL): Li bis 1 M vor MM D, 1 M re neig zun, 1 M li, MMabh, 1 M li, 1 M li neig zun, li bis 1 M vor MM C, 1 M re neig zun, 1 M li, MMabh, 1 M li, 1 M li neig zun, li bis 1 M vor MM B, 1 M re neig zun, 1 M li, MMabh, 1 M li, 1 M li neig zun, li bis 1 M vor MM A, 1 M re neig zun, 1 M li, MMabh, 1 M li, 1 M li neig zun, bis REnde stricken.

R 20: Wie R 18.

R 21: Wie R 19.

R 22: Wie R 18.

R 23: Wie R 19.

R 24: Wie R 18.

R 25 (S/M/L): Links. (XL): Li bis 1 M vor MM D, 1 M re neig zun, 1 M li, MMabh, 1 M li, 1 M li neig zun, li bis 1 M vor MM C, 1 M re neig zun, 1 M li, MMabh, 1 M li, 1 M li neig zun, li bis 1 M vor MM B, 1 M re neig zun, 1 M li, MMabh, 1 M li, 1 M li neig zun, li bis 1 M vor MM A, 1 M re neig zun, 1 M li, MMabh, 1 M li, 1 M li neig zun, bis REnde stricken.

R 26: Wie R 18.
R 27 (S/M/L): Links. (XL): Li bis 1 M vor MM D, 1 M re neig zun, 1 M li, MMabh, 1 M li, 1 M li neig zun, li bis 1 M vor MM C, 1 M re neig zun, 1 M li, MMabh, 1 M li, 1 M li neig zun, li bis 1 M vor MM B, 1 M re neig zun, 1 M li, MMabh, 1 M li, 1 M li neig zun, li bis 1 M vor MM A, 1 M re neig zun, 1 M li, MMabh, 1 M li, 1 M li neig zun, bis REnde stricken.
R 28: Wie R 18.
R 29: Wie R 27.
R 30: Wie R 18.
R 31: Links.
R 32: Wie R 18.
R 33: Wie R 31, dabei werden 8 PuffärmelMM gesetzt.
S: Ab MM D zählen und einen MM zwischen M 12 und 13, 23 und 24, 41 und 42 sowie M 52 und 53 setzen. Dasselbe ab MM B wdh.
M: Ab MM D zählen und einen MM zwischen M 14 und 15, 25 und 26, 43 und 44 sowie M 54 und 55 setzen. Dasselbe ab MM B wdh.
L: Ab MM D zählen und einen MM zwischen M 17 und 18, 28 und 29, 46 und 47 sowie M 57 und 58 setzen. Dasselbe ab MM B wdh.
XL: Ab MM D zählen und einen MM zwischen M 20 und 21, 31 und 32, 49 und 50 sowie M 60 und 61 setzen. Dasselbe ab MM B wdh.

Die Raglanzunahmen gehen weiter und es wird für die Puffärmel abgenommen:
R 34: Bis 1 M vor MM A re, 1 M re neig zun, 1 M re, MM, 1 M re, 1 M li neig zun, [bis zum PuffärmelMM re, MMabh, 2 M überzog zus] 2-mal, [re bis noch 2 M vor dem PuffärmelMM, 2 M re zus, MMabh] 2-mal, re bis 1 M vor MM B, 1 M re neig zun, 1 M re, MMabh, 1 M re, 1 M li neig zun, re bis 1 M vor MM C, 1 M re neig zun, 1 M re, MMabh, 1 M re, 1 M li neig zun, [bis zum PuffärmelMM re, MMabh, 2 M überzog zus] 2-mal, [bis 2 M vor dem PuffärmelMM re, 2 M re zus] 2-mal, re bis 1 M vor MM D, 1 M re neig zun, 1 M re, MMabh, 1 M re, 1 M li neig zun, bis REnde re.
R 35: Links.
R 36–45: R 34 und 35 noch 5-mal wdh = 237 (253) 277 (301) M. Jetzt wurden 7 AbnahmeR gestrickt und die Puffärmelabnahmen sind fertig. Die PuffärmelMM entfernen.
R 46: Wie R 18.
R 47: Links.
R 48: Wie R 18.
R 49: Links. Jetzt sind die Raglanzunahmen für Größe XL beendet. Insgesamt wurden 27 Zunahmen gestrickt = 317 M.
R 50 (S/M/L): Wie R 18.
R 51: Links.
R 52: Wie R 18.
R 53: Links. Jetzt sind die Raglanzunahmen für Größe L beendet. Insgesamt wurden 26 Zunahmen gestrickt = 309 M.
R 54 (S/M): Wie R 18.
R 55: Links.
R 56: Wie R 18.
R 57: Links. Jetzt sind die Raglanzunahmen für Größe M beendet. Insgesamt wurden 25 Zunahmen gestrickt = 301 M.
R 58 (S): Wie R 18.
R 59: Links. Jetzt sind die Raglanzunahmen für Größe S beendet. Insgesamt wurden 24 Zunahmen gestrickt = 293 M.

Weiter für den Körper zunehmen, dafür R 60–61 insgesamt 4 (7) 10 (13)-mal wdh.
R 60: Bis 1 M vor MM A re, 1 M re neig zun, 1 M re, MMabh, bis MM B re, MMabh, 1 M re, 1 M li neig zun, bis 1 M vor MM C re, 1 M re neig zun, 1 M re, MMabh, re bis MM D, MMabh, 1 M re, 1 M li neig zun, bis REnde re.
R 61: Links. Insgesamt 309 (329) 349 (369) M.

Körper und Ärmel trennen

R 1: 45 (48) 52 (56) M str (= rechtes Vorderteil), MMabh (markiert die Seite), 64 (66) 68 (70) M stilllegen (= rechter Ärmel), MM entfernen, 91 (101) 109 (117) M re (= Rückenteil), MMabh (markiert die Seite), 64 (66) 68 (70) M stilllegen (= linker Ärmel), MM entfernen, 45 (48) 52 (56) M (= linkes Vorderteil) = 181 (197) 213 (229) M.
R 2: Links.

Körper

Glatt rechts str, bis die Arbeit 2 cm ab der Teilung misst. Mit einer RückR enden.

Jetzt durch seitliche Abnahmen den Körper formen:
AbnahmeR (HinR): *bis 3 M vor dem seitlichen MM re, 2 M überzog zus str, 1 M re, MMabh, 1 M re, 2 M re zus*, von *–* 1-mal wdh, bis REnde re = 4 M abgenommen.

Weiter glatt rechts stricken und die AbnahmeR 0 (0) 1 (2)-mal in jeder 6. R wdh, dann 3 (4) 3 (2)-mal in jeder 8. Rd und 1 (0) 0 (0)-mal in der 10. R = 161 (177) 193 (209) M. Weiterstricken, bis die Arbeit 14 (14) 15 (15) cm ab der Teilung misst. Mit einer RückR enden.
ZunahmeR: 22 (6) 18 (2) M gleichmäßig verteilt zunehmen = 183 (183) 211 (211) M.

1 R links.

Zopfpartie

Zopfmuster 1, R 1–6, insgesamt 4-mal.
Zopfmuster 2, R 1–12, insgesamt 2-mal.
R 1 (HinR): *1 M li, 6 M re*, von *–* bis zur letzten M wdh, 1 M li.
R 2 (RückR): *1 M re, 6 M li*, von *–* bis zur letzten M wdh, 1 M re.

R 1 und 2 noch 5-mal wdh = insgesamt 12 R.

Rippenbund

Rippenmuster: *1 M li, 2 M re, 2 M li, 2 M re*, von *–* wdh, bis noch 1 M übrig ist, 1 M li.

4 cm Rippen stricken. Mit einer RückR enden.

Locker im Rippenmuster abketten.

Ärmel

Die M eines Ärmels 64 (66) 68 (70) M auf ein Nadelspiel 4 mm so gleichmäßig wie möglich verteilen.

1 M unterm Arm aufnehmen, 64 (66) 68 (70) M re, noch 1 M unterm Arm aufn, MM für den Rd-Beginn setzen = 66 (68) 70 (72) M.

Bis der Ärmel 36 (37) 38 (39) cm misst, glatt rechts stricken.

Grösse S: In der nächsten Rd 4 M gleichmäßig verteilt zunehmen = 70 M.

Grösse M: In der nächsten Rd 2 M gleichmäßig verteilt zunehmen = 70 M.

Grösse L: 1 Rd re ohne Zu- oder Abnahmen str = 70 M.

Grösse XL: In der nächsten Rd 2 M gleichmäßig verteilt abn = 70 M.

Zopfpartie

Rd 1 und 3: *1 M li, 6 M re*, von *–* bis RdEnde wdh.

Rd 2 und die folgenden geraden Rd: Die M str, wie sie erscheinen (re M re, li M li).

Rd 5: *1 M li, 6 M li zopfen*, von *–* bis RdEnde wdh.

Rd 6: Wie Rd 2.

Rd 1–6 insgesamt 6-mal wdh. Locker rechts abketten.

Den zweiten Ärmel genauso stricken.

Knopfleisten

Linke Knopfleiste

Mit Rundnadel 3,5 (HinR): 130 M entlang der linken Vorderkante aufnehmen, oben beginnen.

R 1 (RückR): *2 M li, 2 M re*, von *–* bis zu den letzten 2 M wdh,
2 M li.

R 2 (HinR): *2 M re, 2 M li*, von *–* bis zu den letzten 2 M wdh,
2 M re.

R 3: *2 M li, 2 M re*, von *–* bis zu den letzten 2 M wdh,
2 M li.

R 1 und 2 noch 2-mal wdh = insgesamt sind 7 R gestrickt.

Im Rippenmuster abketten.

Rechte Knopfleiste

Mit Rundnadel 3,5 (HinR): 130 M entlang der rechten Vorderkante aufnehmen, unten beginnen.

R 1 (RückR): *2 M li, 2 M re*, von *–* bis zu den letzten 2 M wdh,
2 M li.

R 2 (HinR): *2 M re, 2 M li*, von *–* bis zu den letzten 2 M wdh,
2 M re.

R 3: *2 M li, 2 M re*, von *–* bis zu den letzten 2 M wdh,
2 M li.

R 4 (KnopflochR 1): *2 M re, 2 M li, 2 M re, 1 U, 2 M re zus*, von *–* wdh, bis noch 2 M übrig sind, 2 M re. Jetzt wurden insgesamt 16 Knopflöcher gestrickt.

R 5 (KnopflochR 2): *2 M li, 2 M re*, von *–* bis zu den letzten
2 M wdh, 2 M li.

R 1 und 2 noch 1-mal wdh = insgesamt 7 R.

Im Rippenmuster abketten.

Ausarbeiten

Fäden vernähen. Die Jacke vorsichtig spannen, wie im Strickkurs auf Seite 161 erklärt. Die Knöpfe gegenüber den Knopflöchern annähen.

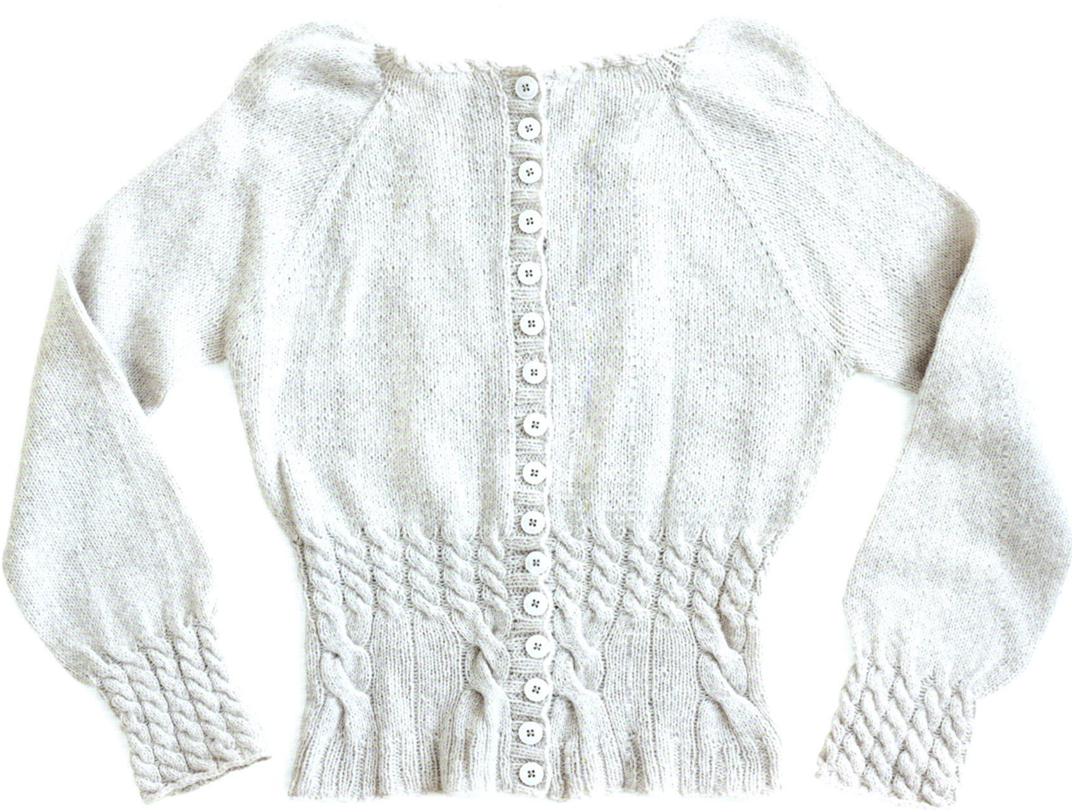

Silhouette

Winter

»Silhouette« ist weich und wärmt in der kältesten Zeit des Jahres. Sie sitzt eher eng, sodass sie gut unter einen Pullover oder einen Mantel passt. Und ist gleichzeitig perfekt, um sie abends nach einem langen Tag auf der Loipe in der Skihütte zu tragen.

Weil »Silhouette« aus einer exklusiven Woll-Seiden-Mischung gestrickt ist, kann sie sich auch in eine schicke Silvesterjacke verwandeln, wenn Sie zum Beispiel glitzernde Knöpfe wählen und Perlen und Samtrock dazu tragen.

Tipp! Diese Jacke ist eng mit dem Handschuh Kontur verwandt, den Sie in meinem Buch »Schwedische Handschuhe stricken« finden. Kombinieren Sie beides gern für eine richtig schicke Wintergarderobe.

Material: Llama Silk von Järbo (70 % weiches Babylama, 30 % Maulbeerseide, 50 g = 165 M)
Maschenprobe: 26 m × 37 R glatt rechts auf Nadel 3,5 mm = 10 × 10 cm
Größe: XS (S) M (L) XL (2XL) 3XL (4XL)
Brustumfang: 84 (92) 100 (108) 118 (128) 138 (150) cm
Länge: 37 (39) 41 (43) 45 (47) 49 (51) cm
Ärmellänge: 45 (46) 47 (48) 49 (50) 51 (51) cm
Menge: 250 (300) 350 (400) 450 (500) 550 (600) g Graphite Grey (Fb 12206)
Rundstricknadel: 3 mm und 3,5 mm, 80 cm
Zubehör: 5 Knöpfe (10–15 mm), Maschenhalter
Schwierigkeitsgrad: 2 von 3
Konstruktion: Die Jacke wird in fünf Teilen gestrickt, die dann mit seitlichen Nähten zusammengenäht werden.
Strickkurs: 1 M tief zun = 1 M tiefer gestochen zunehmen, siehe Strickkurs Seite 163.

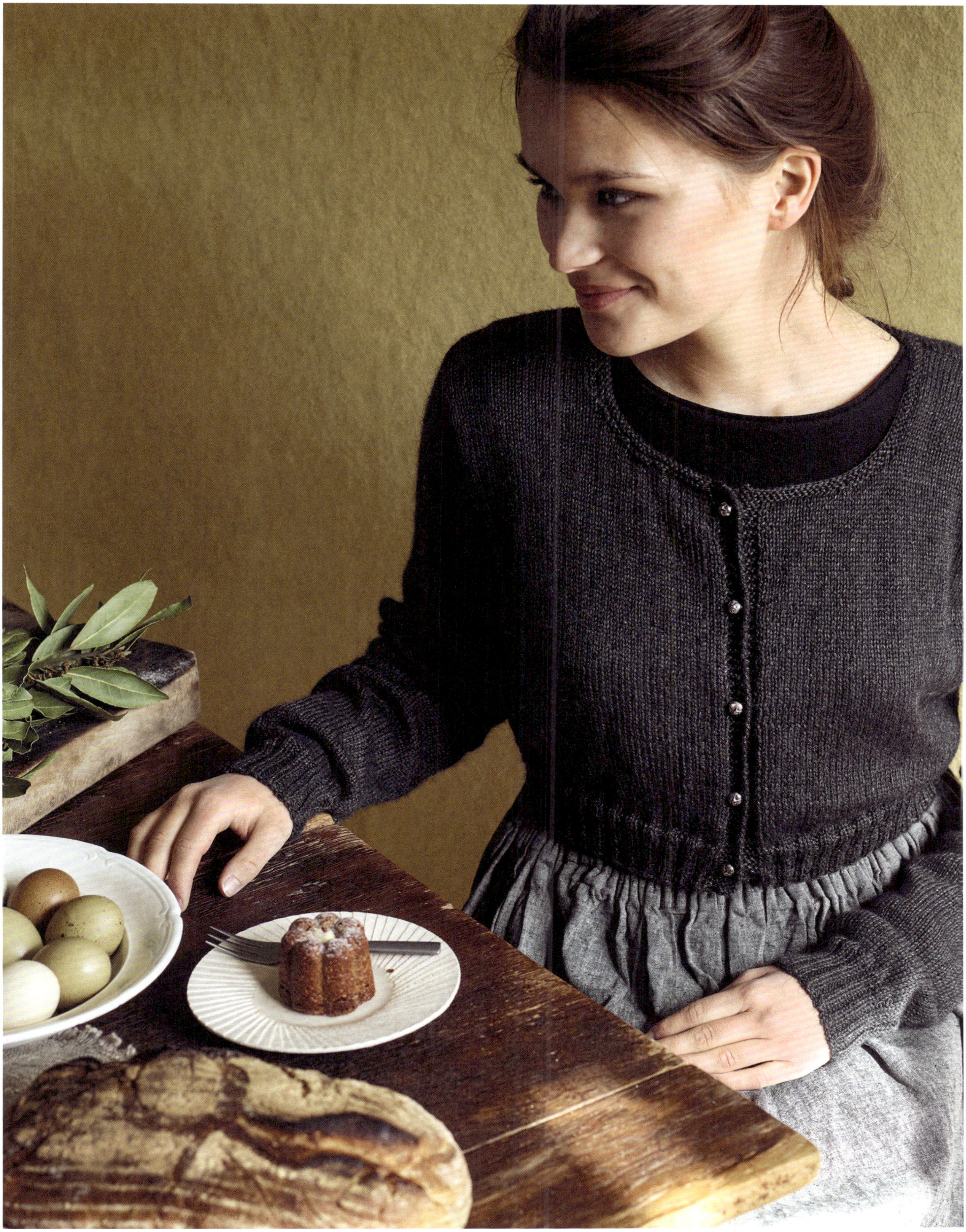

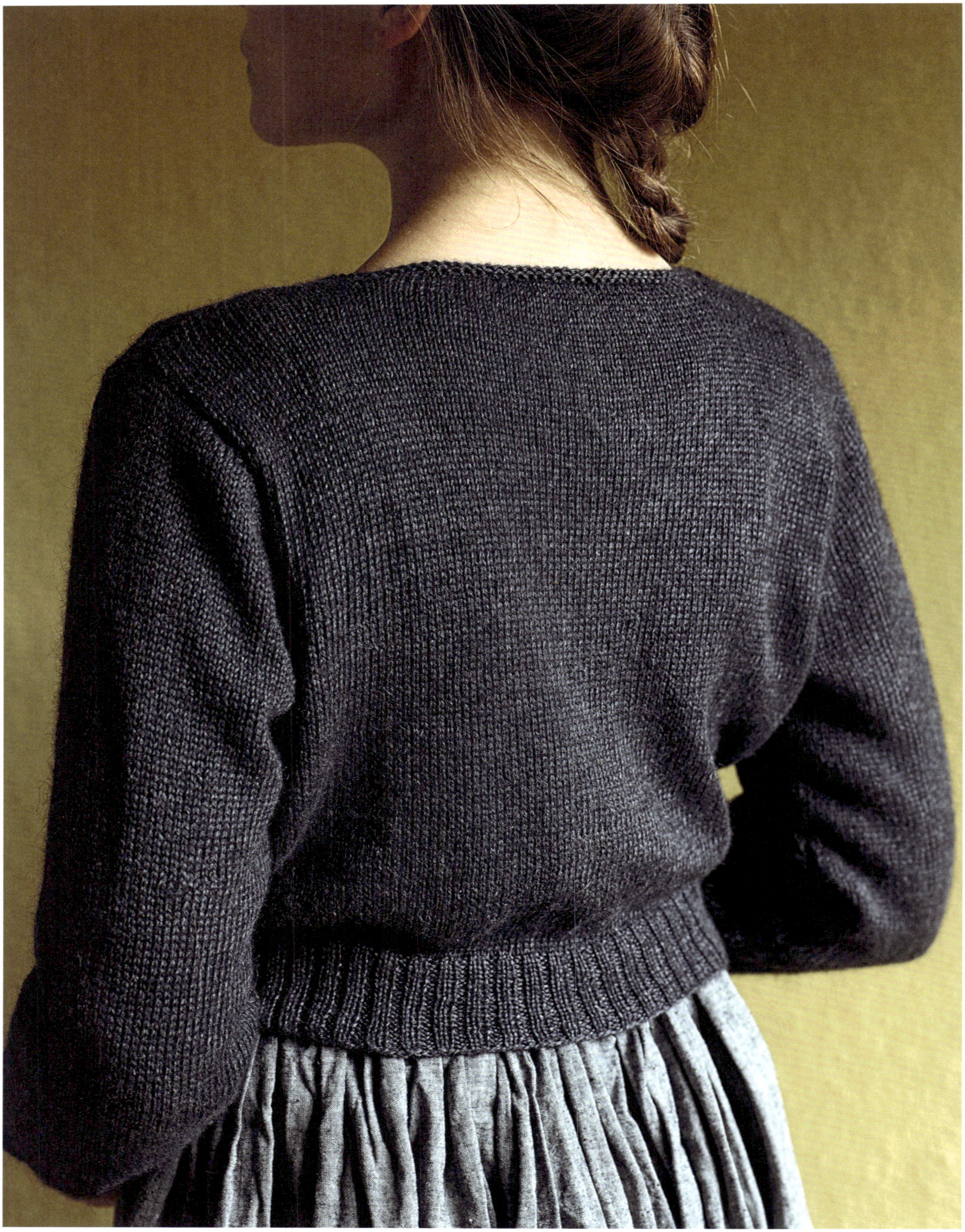

Rückenteil

Mit Rundnadel 3 mm: 106 (118) 126 (138) 150 (162) 174 (186) M anschlagen.

Wie folgt Rippen stricken:

R 1 (RückR): 2 M re, *2 M li, 2 M re*, von *–* bis REnde wdh.

R 2 (HinR): 2 M li, *2 M re, 2 M li*, von *–* bis REnde wdh.

R 3: 2 M re, *2 M li, 2 M re*, von *–* bis REnde wdh.

R 2 und 3 wdh, bis die Rippen 5 cm messen.

Weiter glatt rechts stricken (= HinR rechts, RückR links).

Auf Rundnadel 3,5 mm wechseln und in der 1. R 0 (2) 0 (2) 0 (0) 0 (0) M abnehmen = 106 (116) 126 (136) 150 (162) 174 (186) M.

Weiterstricken, bis die Arbeit 8 (9) 9 (10) 10 (10) 10 (10) cm misst. Mit einer RückR enden.

ZunahmeR: 1 M re, 1 M tief zun (siehe Strickkurs), bis zu den letzten 2 M str, 1 M tief zun, 1 M re.

Die ZunahmeR noch 2-mal alle 3 cm wdh = 112 (122) 132 (142) 156 (168) 180 (192) M.

Weiterstricken, bis die Arbeit 18 (19) 20 (21) 21 (22) 22 (23) cm misst. Mit einer RückR enden.

Wie folgt seitlich fürs Armloch abketten: Beidseitig 5 (6) 6 (7) 7 (7) 7 (7) M abketten, dann 3 M beidseitig abketten. Danach beidseitig 1 (2) 3 (3) 4 (4) 4 (4)-mal 2 M und schließlich beidseitig 3 (2) 3 (4) 4 (4) 4 (4)-mal 1M abketten = 86 (92) 96 (102) 112 (124) 136 (148) M.

Weiterstricken, bis das Armloch 17 (18) 19 (20) 21 (22) 23 (24) cm misst. Mit einer RückR enden.

Für den Halsausschnitt in der hinteren Mitte 40 (40) 40 (42) 42 (44) 46 (48) M abketten.

Dann wie folgt jede Seite getrennt beenden: am linken Halsausschnitt 2 M abketten, dann weiterstricken, bis das Armloch 19 (20) 21 (22) 23 (24) 25 (26) cm misst. Mit einer RückR enden.

Die restlichen 21 (24) 26 (28) 33 (38) 43 (48) M für die Schulter abketten und die rechte Seite des Halsausschnitts gegengleich stricken.

Linkes Vorderteil

Mit Rundnadel 3 mm: 57 (63) 67 (73) 79 (85) 91 (97) M anschlagen.

R 1 (RückR): 5 M re, *2 M li, 2 M re*, von *–* bis zu den letzten 0 (2) 2 (0) 2 (0) 2 (0) M wdh, 0 (2) 2 (0) 2 (0) 2 (0) M li.

R 2 (HinR): Bis zu den letzten 5 M Rippen str, 5 M re.

R 3: 5 M re, bis REnde Rippen str.

R 2 und 3 wdh, bis die Arbeit 5 cm misst.

Ab jetzt über die Rippen glatt rechts und über die 5 M am linken Rand (von vorn gesehen) kraus rechts stricken.

Auf Nadel 3,5 mm wechseln und in der ersten R 0 (1) 0 (1) 0 (0) 0 (0) M abnehmen = 57 (62) 67 (72) 79 (85) 91 (97) M.

Weiterstricken, bis die Arbeit 8 (9) 9 (10) 10 (10) 10 (10) cm misst. Mit einer RückR enden.

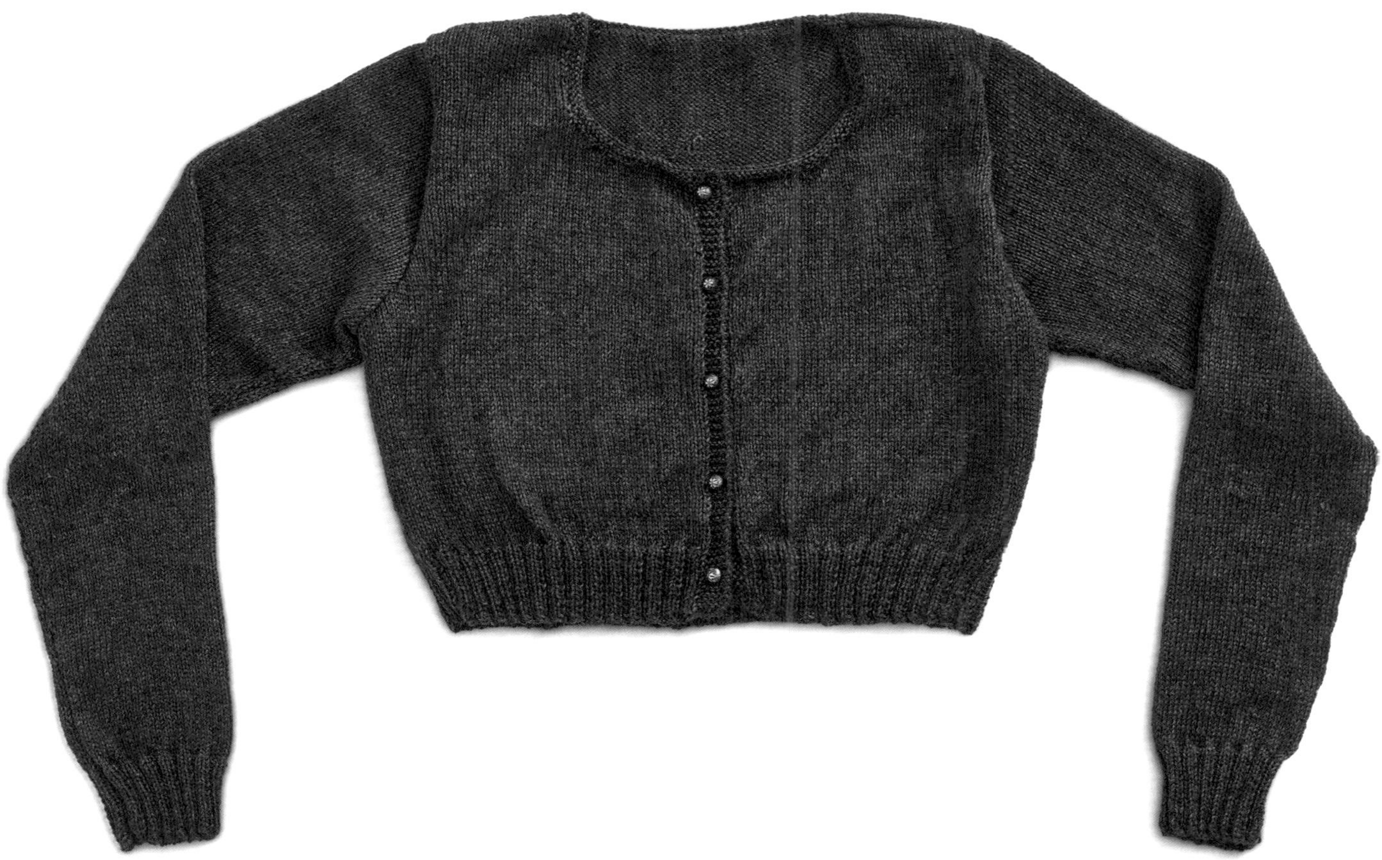

ZunahmeR: 1 M re, 1 M tief zun und wie bisher glatt rechts und kraus rechts stricken.

Die ZunahmeR noch 2-mal alle 3 cm wdh = 60 (65) 70 (75) 82 (88) 94 (100) M.

Weiterstricken, bis die Arbeit 18 (19) 20 (21) 21 (22) 22 (23) cm misst. Mit einer RückR enden.

Fürs Armloch an der rechten Seite (= von vorn gesehen) in jd 2. R wie folgt abketten: 5 (6) 6 (7) 7 (7) 7 (7) M dann 3 M abketten. Dann 1 (2) 3 (3) 4 (4) 4 (4)-mal 2 M abketten und schließlich 3 (2) 3 (4) 4 (4) 4 (4)-mal 1 M = 47 (50) 52 (55) 60 (66) 72 (78) M.

Weiterstricken, bis das Armloch 9 (10) 11 (12) 13 (14) 15 (16) cm misst.

Für den Halsausschnitt die 17 (17) 17 (18) 18 (16) 17 (18) M links (= von vorn gesehen) stilllegen. An der linken Seite in jeder 2. R abketten: 1-mal 3 M, 2-mal 2 M und dann 1-mal 2 M.

Weiterstricken, bis das Armloch 19 (20) 21 (22) 23 (24) 25 (26) cm misst. Mit einer RückR enden.

Die restlichen 21 (24) 26 (28) 33 (41) 46 (51) M abketten.

Mit Sicherheitsnadeln an der krausrechten Kante die Stellen markieren, an denen die Knöpfe angenäht werden sollten. Das unterste Knopfloch sollte 2 cm oberhalb der Saumkante liegen und das oberste 1 cm unter dem Halsausschnitt. Die restlichen drei Knopflöcher werden gleichmäßig dazwischen verteilt.

Rechtes Vorderteil

Das rechte Vorderteil wird wie das linke gestrickt, aber gegengleich. Das bedeutet, dass die krausrechte Kante rechts liegt (von vorn gesehen) und links für das Armloch abgekettet wird. Für die korrekte Einteilung wie folgt beginnen:

R 1 (RückR): 0 (2) 2 (0) 2 (0) 2 (0) M li, *2 M re, 2 M li*, von *–* bis zu den letzten 5 M wdh, 5 M re.

R 2 (HinR): 5 M re, wie bisher Rippen stricken.

R 3: Wie bisher Rippen bis zu den letzten 5 M str, 5 M re.

Achtung! Das Knopfloch wie folgt auf Höhe der Knopfmarkierungen am linken Vorderteil in die krausrechte Kante einstricken:

KnopflochR (HinR): 2 M re, 2 M re zus, 1 U, bis REnde im Muster stricken.

Ärmel

Mit Rundnadel 3 mm: 60 (60) 64 (64) 68 (68) 72 (72) M anschlagen.

R 1 (RückR): 1 M li, 2 M re *2 M li, 2 M re*, von *–* bis zur letzten M wdh, 1 M li.

R 2 (HinR): 1 M re, 2 M li ,*2 M re, 2 M li*, von *–* bis zur letzten M wdh, 1 M re.

R 3: 1 M li, 2 M re, *2 M li, 2 M re*, von *–* bis zur letzten M wdh, 1 M li.

R2 und 3 wdh, bis die Rippen 5 cm messen.

Weiter glatt rechts str.

Auf Nadel 3,5 mm wechseln und weiterstricken, bis die Arbeit 12 (9) 12 (10) 15 (15) 15 (15) cm misst. Mit einer RückR enden.

ZunahmeR: 1 M re, 1 M tief zun (siehe Strickkurs), bis zu den letzten 2 M re str, 1 M tief zun, 1 M re.

Die ZunahmeR alle 3 (3) 2,5 (2) 2 (2) 2 (2) cm noch 9 (11) 12 (14) 15 (17) 17 (19)-mal wdh = 80 (84) 90 (94) 100 (104) 108 (112) M.

Weiterstricken, bis die Arbeit 33 (34) 35 (36) 36 (37) 38 (38) cm misst. Mit einer RückR enden.

Wie folgt abketten: Beidseitig 4 (4) 5 (5) 6 (6) 6 (6) M, dann beidseitig 3 M. Danach beidseitig 2 M und 9 (10) 11 (12) 13 (14) 14 (14)-mal 1 M, dann 2 M und schließlich 3 M. Die restlichen 34 (36) 38 (40) 42 (44) 48 (52) M abketten. Den zweiten Ärmel genauso stricken.

Ausarbeiten

Die Jacke vorsichtig spannen, wie im Strickkurs auf Seite 161 erklärt. Die Schulternähte schließen.

Halsausschnitt

Mit Rundnadel 3 mm und der rechten Seite oben: Die 17 (17) 17 (18) 18 (16) 17 (18) stillgelegten M vom linken Vorderteil, 94 (94) 96 (96) 96 (104) 106 (104) M entlang des Halsausschnitts aufnehmen, 17 (17) 17 (18) 18 (16) 17 (18) M des rechten Vorderteils: Insgesamt 128 (128) 130 (132) 132 (136) 140 (140) M. 3 R rechts str. Locker rechts abketten.

Die Seitennähte schließen, dann die Ärmelnähte und die Ärmel in den Armlöchern annähen.

Fäden vernähen. Die 5 Knöpfe gegenüber den Knopflöchern annähen.

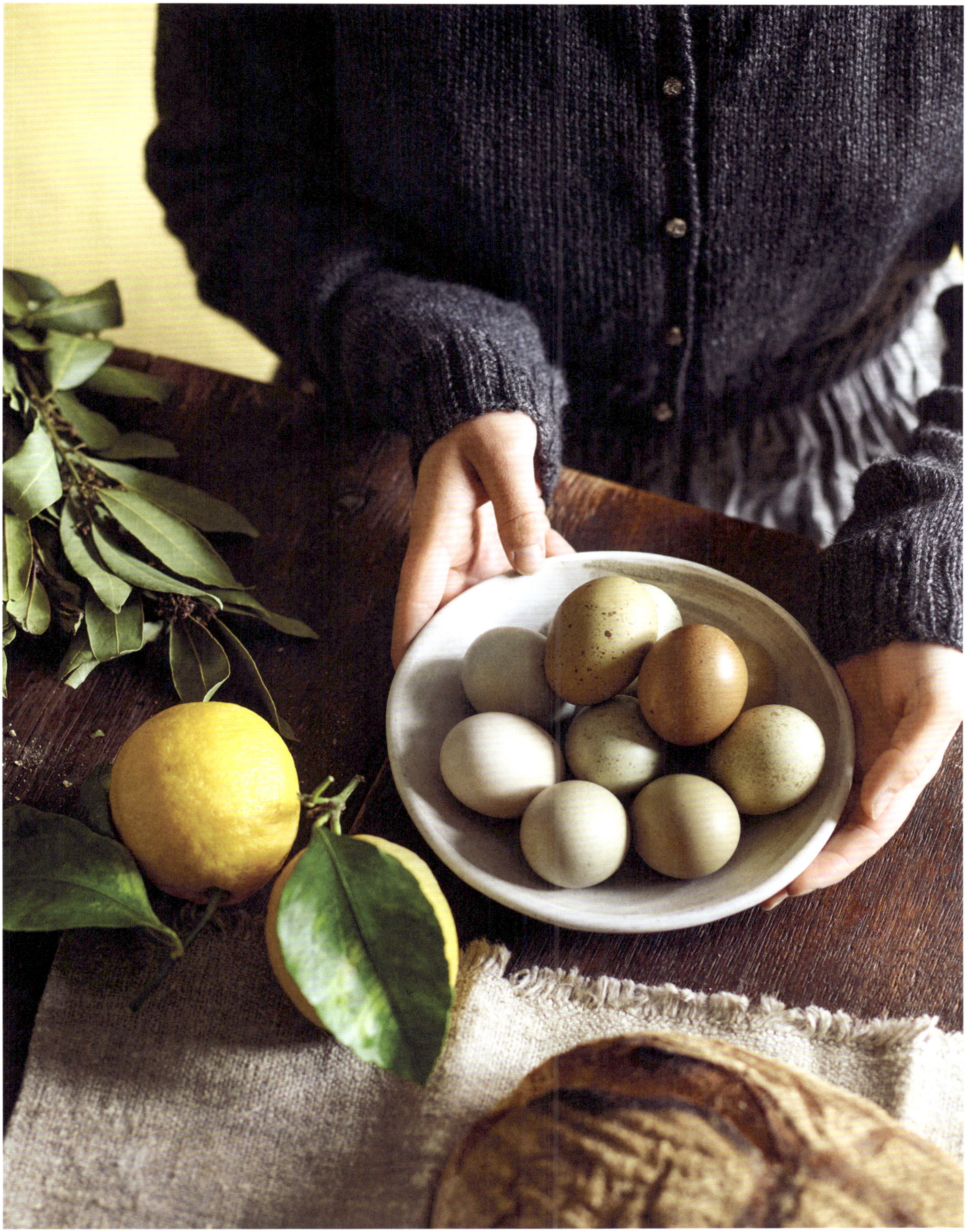

Tante Anita

WINTER

Es gibt ein Kinderfoto von meiner Tante Anita, auf dem Sie zusammen mit zwei anderen Kindern auf einem Ausflug ist, im Hintergrund sieht man den Förderturm der Grube Stripa. Anita trägt eine karierte Strickjacke, die natürlich auf den ersten Blick mein Interesse geweckt hat.

Ich habe mit dem einfachen Karomuster gespielt und meine eigene Variante erdacht. Ein klassisches Modell, das man entweder taillenkurz, wie auf dem Foto, stricken kann oder auch normal lang, wenn einem das lieber ist. Als kleinen Bonus kann man sogar seine Initialen oder eine Jahreszahl in die Ärmel einstricken. Dafür einfach die gewünschten Buchstaben oder Zahlen mithilfe der Strickschrift und des Alphabets auf Seite 165 einstricken.

Material: Järbo 2-fädige Wolle (100 % Wolle, 100 g = 300 m)
Maschenprobe: 25 m × 30 R glatt rechts im Muster auf Nadel 3 mm = 10 × 10 cm
Größe: XS (S) M (L) XL (2XL) 3XL
Brustumfang: 87 (96) 105 (115) 125 (134) 143 cm
Länge: 42 (43) 45 (46) 48 (51) 53 cm
Ärmellänge: 48 (49) 50 (50) 50 (53) 53 cm
Menge: Fb 1 = 300 (300) 300 (400) 450 (450) 500 g Silver Stream (Nr. 74104)
Fb 2 = 100 (100) 100 (150) 150 (150) (200) g Sheer Red (Nr. 74121)
Rundstricknadel: 2,5 und 3 mm, 80 cm
Nadelspiel: 2,5 mm und 3 mm
Zubehör: 5 Maschenmarkierer, Maschenhalter, 11 Knöpfe (10 mm Durchmesser), evtl. ca. 1 m Stoffband
Schwierigkeitsgrad: 3 von 3
Konstruktion: Die Jacke wird von unten nach oben in Runden gestrickt, Körper und Ärmel getrennt voneinander. An der Passe werden sie zusammengenommen. Schließlich wird die Jacke aufgeschnitten (siehe Strickkurs Seite 160) und die Knopfleisten werden angestrickt. Ein Rautenmuster schmückt die Jacke, in die Ärmel kann man ein Monogramm und eine Jahreszahl einstricken.
Länge anpassen: Auf dem Bild ist die Jacke taillenkurz. Hätten Sie stattdessen lieber eine »normal lange« Jacke, verlängern Sie den Körper, indem Sie 10 cm mehr stricken oder bis zur gewünschten Länge. Für eine 10 cm längere Jacke, braucht man 70–100 g mehr von Fb 1 und 25–40 g von Fb 2.
Strickkurs: 1 M li neig zun = 1 M links neigend zunehmen, siehe Strickkurs Seite 163.
1 M re neig zun = 1 M rechts neigend zunehmen, siehe Strickkurs Seite 163.
Raglanabnahmen = bis 3 M vor RaglanMM str, 1 M abh, 1 M re, die abgehobene M über die gestrickte ziehen, 1 M re, MM auf die rechte Nadel heben, 1 M re, 2 M re zus. An allen RaglanMM widerholen.

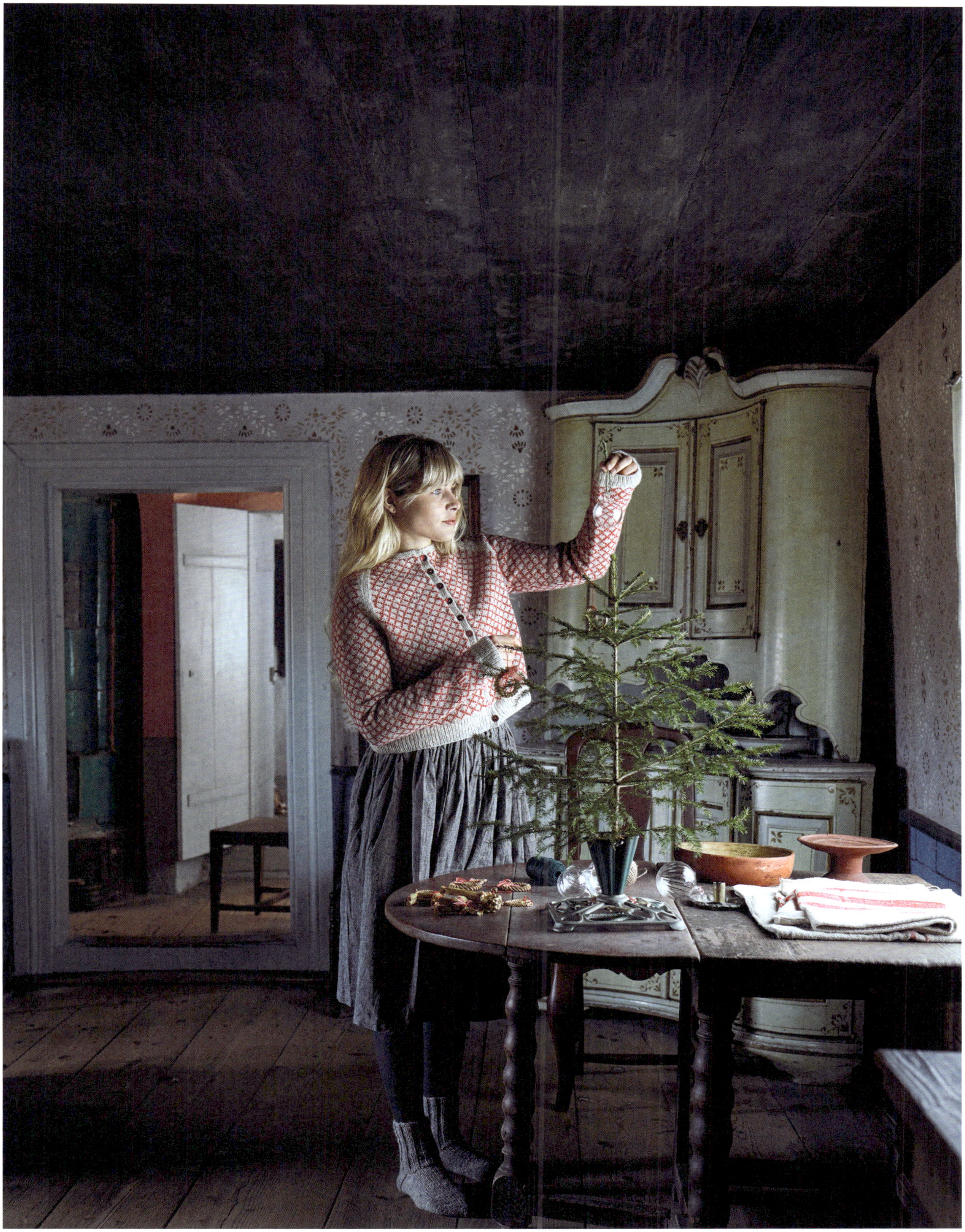

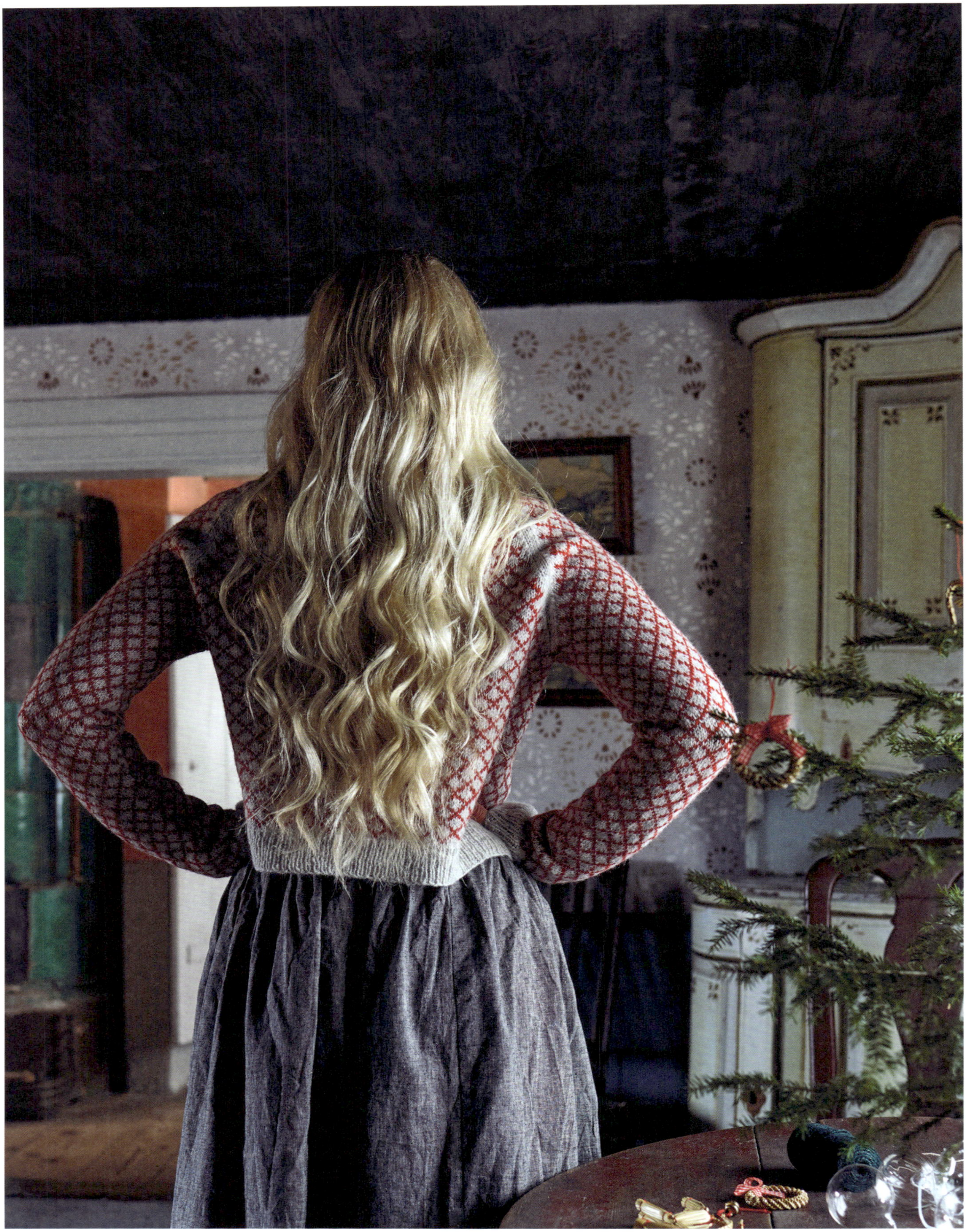

Körper

Mit Rundnadel 2,5 mm und Fb 1: 217 (241) 265 (289) 313 (337) 361 M anschlagen.

Wie folgt Rippen stricken:

R 1 (RückR): *1 M li, 1 M re*, von *–* bis zur letzten M wdh, 1 M li.

R 2 (HinR): *1 M re, 1 M li*, von *–* bis zur letzten M wdh, 1 M re.

R 3: *1 M li, 1 M re*, von *–* bis zur letzten M wdh,1 M li.

R2 und 3 wdh, bis die Rippen 5 cm messen. **Achtung!** Die Rippen mit einer RückR beenden.

Vorbereitende Rd: Bis REnde re, jetzt 5 Steekmaschen zweifarbig aufgeschlingen (siehe Videolinks im Strickkurs auf Seite 164). Die SteekM markieren auch den Rd-Beginn. (Denken Sie daran, dass die SteekM nicht zur Gesamtmaschenzahl dazugezählt werden, und dort nicht ab- oder zugenommen wird.)

Ab jetzt den Körper in Runden glatt rechts (= alle Rd re) stricken. Im Muster laut Strickschrift A, R 1–6 (M 1–6 bis zur letzten M wdh, dann M 1 der Strickschrift). R 1–6 wdh, bis die Arbeit 26 (26) 27 (28) 30 (32) 34 cm oder die gewünschte Länge misst. **Achtung!** Mit R 1 oder 4 der Strickschrift enden.

Wie folgt abketten: 50 (55) 60 (65) 70 (75) 80 M str, 9 (11) 13 (15) 17 (19) 21 M abketten (nach dem Abketten ist noch 1 M auf der rechten Nadel übrig), 98 (108) 118 (128) 138 (148) 158 M re, 9 (11) 13 (15) 17 (19) 21 M abketten (nach dem Abketten ist noch 1 M auf der rechten Nadel übrig), 49 (54) 59 (64) 69 (74) 79 M re = 198 (218) 238 (258) 278 (298) 318 M.

Die Körpermaschen stilllegen und beiseitelegen.

Rechter Ärmel

Mit Nadelspiel 2,5 mm und Fb 1: 60 (60) 60 (60) 66 (66) 66 M anschlagen. 5 cm Rippen (1 M re, 1 M li) in Runden stricken.

Die Ärmel ab jetzt glatt rechts stricken. Auf Nadelspiel 3 mm wechseln, 1 Rd str und dabei 0 (0) 0 (0) 6 (6) 6 M gleichmäßig verteilt zunehmen = 60 (60) 60 (60) 72 (72) 72 M.

Im Muster laut Strickschrift A, Rd 1–6 (M 1–6 in der Rd wdh) stricken. **Achtung!** MM für den RdBeginn setzen – dadurch kann man einfacher kontrollieren, dass das Muster aufgeht.

Achtung! Soll ein Monogramm oder eine Jahreszahl eingestrickt werden, dann in der Ärmelmitte und beginnend in der nächsten Rd (= Rd 7 des Musters), dafür Strickschrift B oder C über M 22–40 (22–40) 22–40 (22–40) 28–46 (28–46) 28–46 stricken. Ansonsten weiter im bisherigen Rautenmuster stricken.

Strickschrift A, Rd 1–6 noch einmal wdh, und gleichzeitig das individuelle Muster einstricken, wenn gewünscht.

Jetzt beginnen die Zunahmen, dabei wird gleichzeitig weiter laut Strickschrift A (und eventuell laut Strickschrift B oder C, wenn diese eingestrickt wird) gestrickt. Die neu zugenommenen M werden ins Rautenmuster integriert.

Achtung! Die Strickschrift geht in mehreren Rd nicht auf. Deswegen ist es wichtig, den Beginn mit einem MM zu markieren, wenn das Muster seitlich breiter wird.

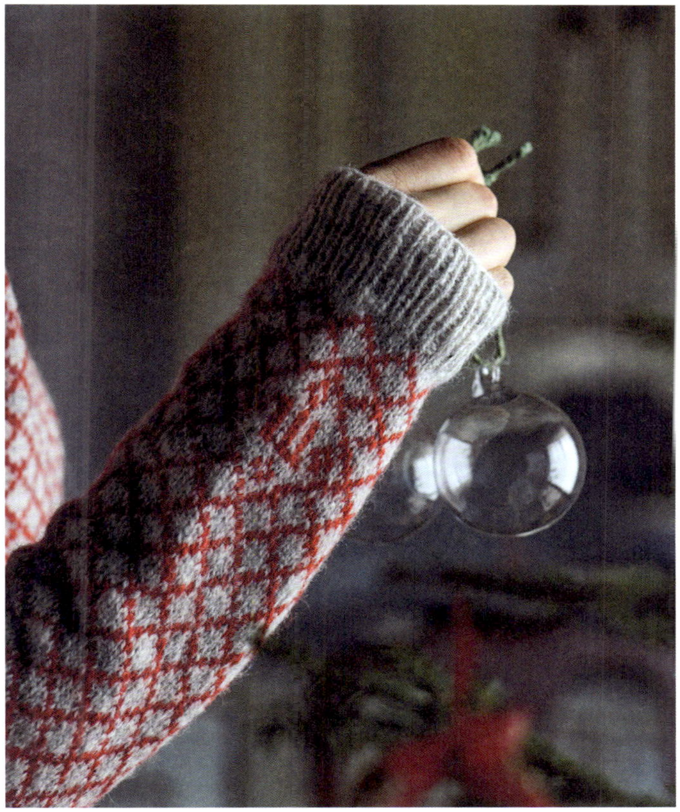

ZunahmeRd: 1 M re, 1 M li neig zun (siehe Strickkurs), bis zur letzten M re, 1 M re neig zun (siehe Strickkurs), 1 M re.

Weiter glatt rechts im Muster stricken und die ZunahmeRd mit 2,5 (2,5) 2,5 (2) 2 (2) 2 cm Abstand wdh, bis 82 (86) 90 (96) 100 (106) 110 M auf der Nadel sind.

Weiterstricken, bis der Ärmel ca. 48 (49) 50 (50) 50 (53) 53 cm misst, die Länge ans Muster anpassen. **Achtung!** Mit Rd 6 oder 3 der Strickschrift enden, damit die nächste Rd dieselbe Schlussrunde ist wie beim Körper (= Rd 1 oder Rd 4 der Strickschrift).

Wie folgt unter dem Arm abketten: 4 (5) 6 (7) 8 (9) 10 M abketten, bis zu den letzten 5 (6) 7 (8) 9 (10) 11 M str, 5 (6) 7 (8) 9 (10) 11 M abketten = 73 (75) 77 (81) 83 (87) 89 M. Die Ärmelmaschen stilllegen und den Ärmel beiseitelegen.

Linker Ärmel

Wie den rechten Ärmel stricken, aber die Strickschrift gegengleich stricken, damit die Ärmel von vorn gleich aussehen. Wenn man will, kann man ein Monogramm über die folgenden Maschen stricken: M 21–39 (21–39) 21–39 (21–39) 27–45 (27–45) 27–45.

Passe

Jetzt werden alle Teile im etablierten Rautenmuster zusammengestrickt. **Achtung!** Die 4 M vor und nach den RaglanMM ab jetzt mit Fb 1 stricken.

Mit Rundnadel 3 mm und die rechte Seite zu sich haltend, wie im Folgenden erläutert, die einzelnen Teile auf die Rundnadel nehmen.

Achtung! Gleichzeitig wie folgt MM setzen: 1 MM an den Rd-Beginn. 1 RaglanMM am Übergang von rechtem Vorderteil und rechtem Ärmel, 1 RaglanMM am Übergang von rechtem Ärmel und Rückenteil, 1 RaglanMM am Übergang von Rückenteil und linkem Ärmel und 1 RaglanMM am Übergang von linkem Ärmel und linkem Vorderteil.

Rechtes Vorderteil: 50 (55) 60 (65) 70 (75) 80 M.

Rechter Ärmel: 73 (75) 77 (81) 83 (87) 89 M.

Rückenteil: 99 (109) 119 (129) 139 (149) 159.

Linker Ärmel: 73 (75) 77 (81) 83 (87) 89 M.

Linkes Vorderteil: 50 (55) 60 (65) 70 (75) 80 M.

Insgesamt 345 (369) 393 (421) 445 (473) 497 M.

Weiter das Rautenmuster laut Strickschrift A stricken, mit derselben Maschenverteilung wie vorher am jeweiligen Teil. Die Rauten werden in den einzelnen Teilen durch die Raglanabnahmen nach und nach weniger. Dafür die 4 M vor und nach den MM immer in allen Rd mit Fb 1 stricken.

Raglanabnahmen: Glatt rechts str und die Raglanabnahmen (siehe Strickkurs) in jeder Rd insgesamt 7 (8) 8 (9) 10 (12) 14-mal wdh. Dann in jeder 2. R insgesamt 19 (21) 23 (24) 25 (23) 23-mal abnehmen = 137 (137) 145 (157) 165 (193) 201 M.

Halsausschnitt

Bis 10 (10) 10 (11) 11 (12) 12 M vor den SteekM stricken, dann 20 (20) 20 (22) 22 (24) 24 M sowie die 5 SteekM in der Mitte für den Halsausschnitt abketten.

Die Rd, die mit dem Abketten begann, weiterstricken und die Raglanabnahmen wie vorher stricken. Ab jetzt wird die Jacke in Reihen gestrickt – das Rautenmuster beibehalten. Wenden und 2 M li zus, dann bis REnde links.

Ab jetzt glatt rechts stricken (= HinR rechts, RückR links). Außerdem zu Beginn jeder R wie folgt 1 M abnehmen: In der HinR 2 M überzog zus str. In der RückR 2 M li zus. In der HinR weiterhin die Raglanabnahmen stricken, bis insgesamt 24 (26) 28 (29) 30 (30) 31 in jeder 2. R gestrickt sind. (Die 7 (8) 8 (9) 10 (12) 14 vorherigen Raglanabnahmen sind hier nicht mitgezählt.)

Achtung! Die letzten zwei AbnahmeR werden nicht im Muster, sondern nur mit Fb 1 gestrickt. Nach der letzten R mit Raglanabnahmen, noch wie folgt eine abschließende linke R str: 2 M li zus, bis zu den letzten 2 M li, 2 M li zus = 67 (67) 75 (85) 93 (99) 97 M.

Diese Maschen stilllegen.

Knopfleisten

Rechte Knopfleiste (mit Knopfloch)

Mit Nadel 3 mm und Fb 1 (HinR): 116 (116) 118 (120) 124 (128) 132 M an der rechten Vorderkante aufnehmen, unten beginnen.

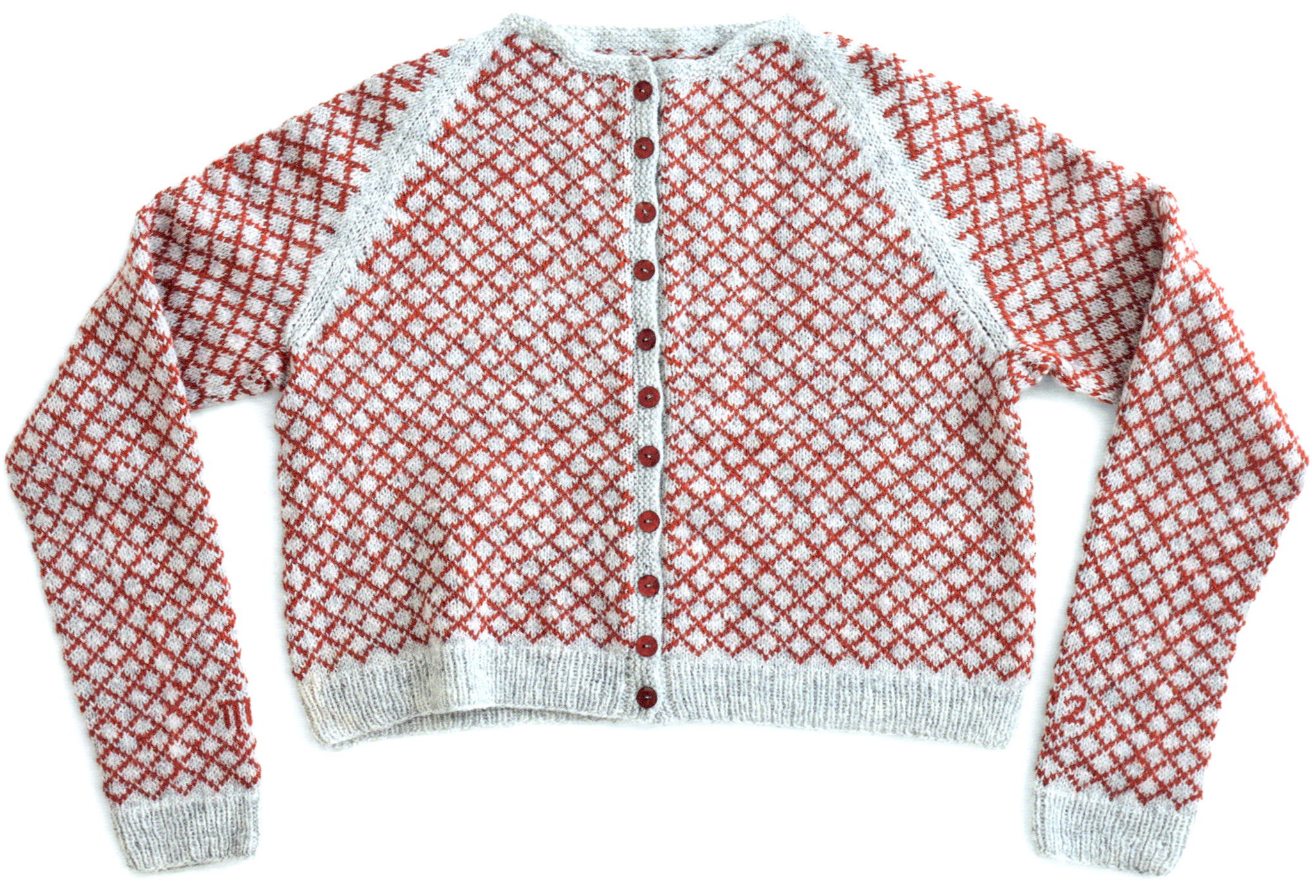

Damit die Kante dehnbar bleibt, nimmt man 3 von 4 M auf (d.h. *3 M aufn, die 4. M überspringen*, von *–* wdh).

3 R rechts.

Jetzt werden die Knopflöcher gestrickt:

XS: 2 M re, * 2 M re zus, 1 U, 9 M re*, von *–* noch 9-mal wdh, 2 M re zus, 1 U, 2 M re.

S: 2 M re, *2 M re zus, 1 U, 9 M re*, von *–* noch 9-mal wdh, 2 M re zus, 1 U, 2 M re.

M: 3 M re, *2 M re zus, 1 U, 9 M re*, von *–* noch 9-mal wdh, 2 M re zus, 1 U, 3 M re.

L: 4 M re, *2 M re zus, 1 U, 9 M re*, von *–* noch 9-mal wdh, 2 M re zus, 1 U, 4 M re.

XL: 6 M re, *2 M re zus, 1 U, 9 M re*, von *–* noch 9-mal wdh, 2 M re zus, 1 U, 6 M re.

2XL: 3 M re, *2 M re zus, 1 U, 10 M re*, von *–* noch 9-mal wdh, 2 M re zus, 1 U, 3 M re.

3XL: 5 M re, *2 M re zus, 1 U, 10 M re*, von *–* noch 9-mal wdh, 2 M re zus, 1 U, 5 M re.

3 R rechts str.

Für eine stabile Kante, die beim Tragen nicht ausleihert, wie folgt beim Abketten jede 4. M abnehmen: *3 M abketten, 2 M re zus, die zusammengestrickten M abketten*, von *–* wdh, bis alle M abgekettet sind. (**Achtung!** Das Abketten kann mitten in einer Musterwiederholung enden.)

Linke Knopfleiste

Mit Nadel 3 mm und Fb 1 (HinR): 116 (116) 118 (120) 124 (128) 132 M entlang der linken Vorderkante aufnehmen, oben beginnen. 7 R rechts.

Wie an der rechten Knopfleiste abketten.

Halsausschnitt

Die rechte Seite zu sich haltend und an der rechten Knopfleiste beginnend, mit Nadel 3 mm und Fb 1: Entlang dem rechten Halsausschnitt neue M aufnehmen – 1 M aus jeder der folgenden 3 M, 1 M überspringen, bis zu den stillgelegten M wdh, 67 (67) 75 (85) 93 (99) 97 M str, dann am linken Halsausschnitt dieselbe Maschenzahl aufnehmen wie zu RBeginn an der linken Halsseite.

5 R rechts. Wie an der rechten Knopfleiste abketten.

Jacke aufschneiden

Siehe Strickkurs Seite 160. Beidseitig der mittleren SteekM eine Verstärkungsnaht mit Nähgarn nähen (z.B. von Hand im Steppstich). Die Jacke vorsichtig mitten in der mittleren Steek-Masche aufschneiden. (Die Schnittkanten rollen sich auf der linken Seite ein.)

Ausarbeiten

Die Löcher unter den Ärmeln im Maschenstich schließen. Fäden vernähen. Die Jacke spannen, siehe Anleitung im Strickkurs Seite 161. Die Knöpfe gegenüber den Knopflöchern annähen. Eventuell die Schnittkanten innen mit einem Stoffband abdecken oder umklappen und unsichtbar innen annähen (siehe Strickkurs Seite 160).

Strickschrift A

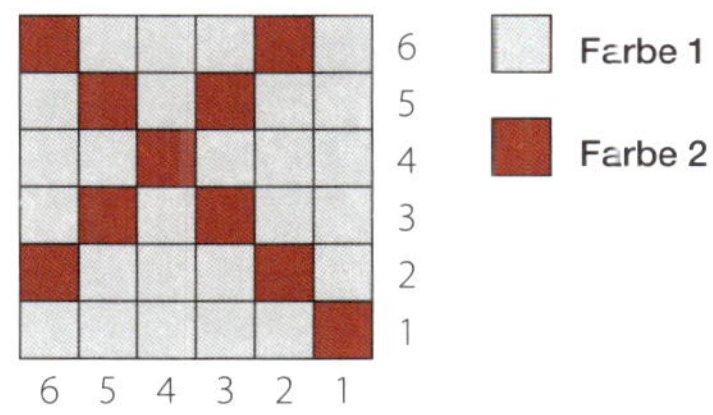

Strickschrift B

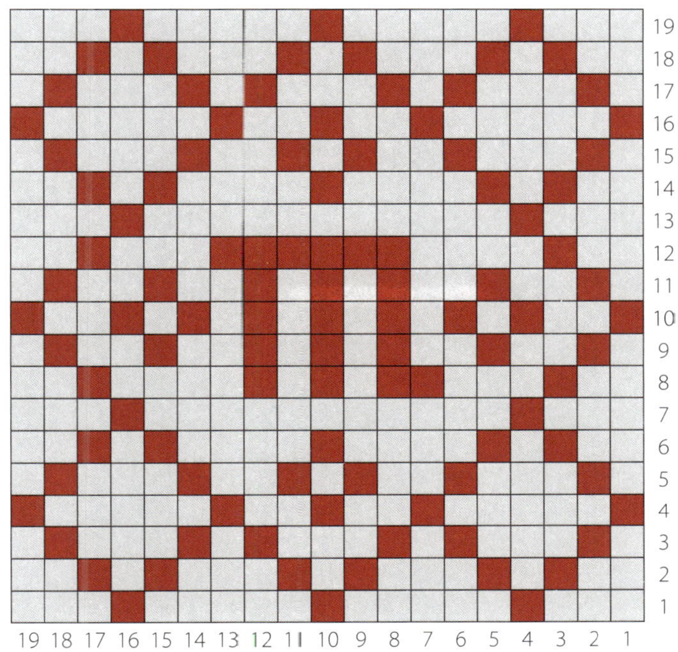

Strickschrift C

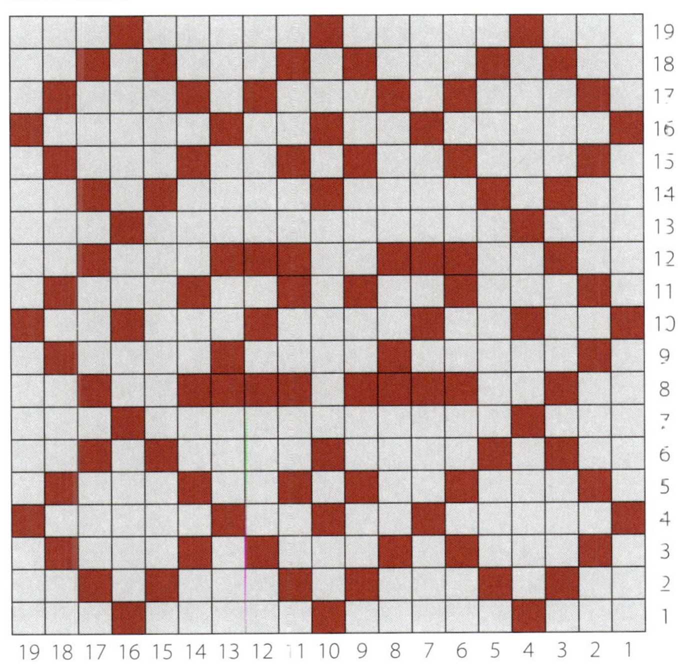

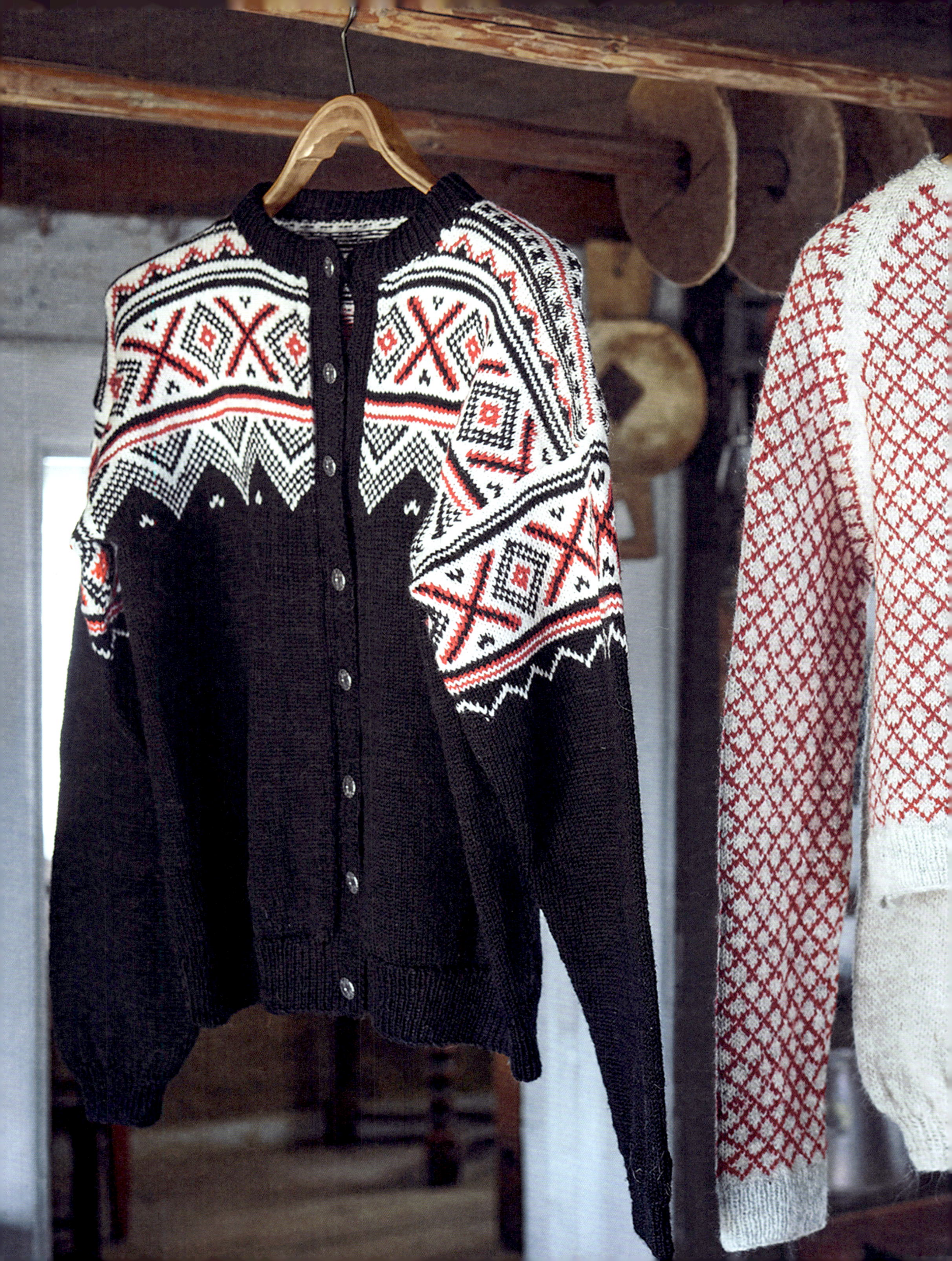

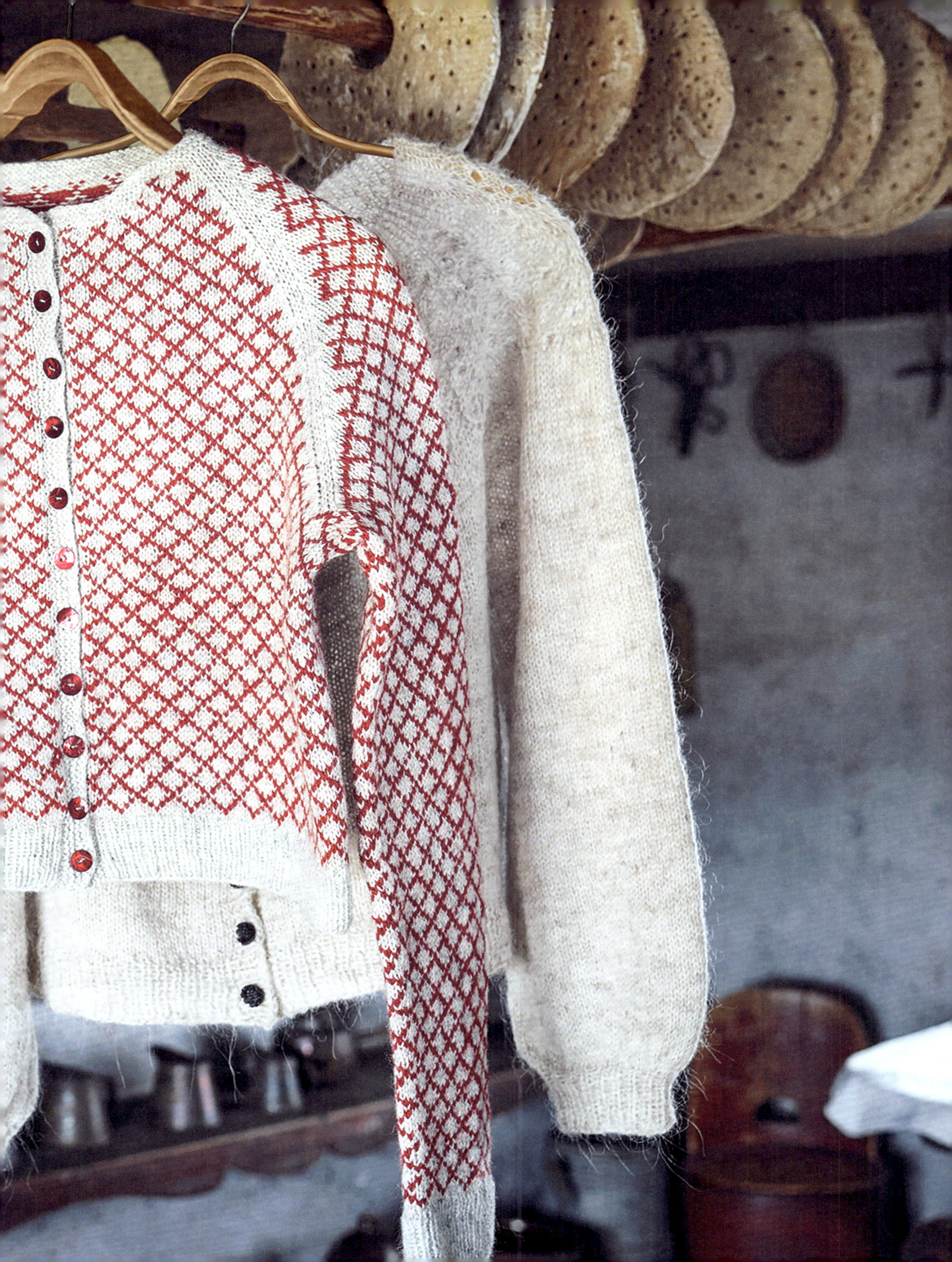

Strickkurs

Übers Jackenstricken

Die Strickjacken im Buch

Folgende Konstruktionen haben die Jacken im Buch:

1. von oben nach unten rundgestrickt mit Passe,
Modelle: Mittsommer (Seite 48) und Schmuck (Seite 134);

2. von unten nach oben rundgestrickt mit Passe,
Modelle: Mirage (Seite 36), Kranz (Seite 122), Leora (Seite 110), Kiefer (Seite 78) und Sundborn (Seite 86);

3. von unten nach oben rundgestrickt mit Raglanärmeln,
Modelle: Weihnachten in Bergslagen (Seite 128), Tante Anita (Seite 152) und Schwesternschaft (Seite 104);

4. in Teilen gestrickt und zusammengenäht,
Modell: Silhouette (Seite 146);

5. nahtlos mit angestrickten Ärmeln,
Modelle: Prim (Seite 24) und Teichbinse (Seite 30);

6. nahtlos von oben nach unten gestrickt mit Raglanärmeln,
Modelle: Dahlie (Seite 54), Skathi (Seite 140), Lilie (Seite 66), Frühlingswäsche (Seite 18) und Novelle (Seite 92);

7. von unten nach oben rundgestrickt mit eingesetztem Ärmel,
Modell: Erbe (Seite 98);

8. von unten nach oben gestrickte, nahtlose Weste,
Modell: Hortensie (Seite 60).

Größe wählen und Bewegungszugabe berechnen

Die Bewegungszugabe entscheidet über die Passform, also wie weit ein Kleidungsstück sitzt. Bevor Sie eine Größe auswählen, müssen Sie zuerst überlegen, welche Passform Sie haben möchten, und dann ein paar Zentimeter zu Ihrem Brustumfang addieren.

So funktioniert's:

- Figurnahe Passform = plus 0–5 cm Bewegungszugabe
- Normale Passform = plus 5–15 cm Bewegungszugabe
- Oversize Passform = plus 20–40 cm Bewegungszugabe

Das bedeutet, wenn Sie eine Jacke mit normaler Passform wünschen und Ihr Brustumfang z. B. 100 cm beträgt, sollten Sie eine Jacke mit einem Brustumfang von ca. 110 cm stricken. Damit haben Sie 10 cm Bewegungszugabe. Wählen Sie also die Größe, die den 110 cm am nächsten kommt.

Die meisten Anleitungen im Buch gehen von einer normalen Passform aus. Wenn ein Modell figurnah oder oversize sitzen soll, geht das aus der Anleitung hervor.

Eine Jacke rundstricken

Im Norden wurden Jacken traditionell rundgestrickt, weil man so nur rechte Masche arbeitet, wodurch das Musterstricken einfacher ist. Man muss also kein Muster mit linken Maschen stricken, was viel langsamer wäre. Eine rundgestrickte Jacke wird hinterher aufgeschnitten, sodass eine Öffnung entsteht. Geschnitten wird in eine Reihe Steekmaschen, die zusätzlich zur eigentlichen Maschenzahl angeschlagen werden. Dieser Steek bildet sozusagen eine Brücke zwischen den Vorderteilen.

Die Technik des Aufschneidens wird in diesem Kapitel beschrieben. Es ist beruhigend zu wissen, dass die Maschen ziemlich fest ineinander hängen, dank der Fähigkeit von Wolle zu filzen. Es besteht also nicht das Risiko, dass sich das Gestrick beim Aufschneiden aufribbelt – wenn Sie sich an die folgende Anleitung halten. Aber denken Sie bitte daran, dass glattere Garne, wie Baumwolle oder Polyacryl, nicht zusammenhalten wie Wolle, falls Sie mit anderen Garnen als im Buch angegeben stricken.

Verstärkungsnaht neben der Schnittkante

Ich nähe die Verstärkungsnaht immer im Steppstich von Hand, mit normalem Nähgarn und Nähnadel. Dadurch habe ich das Gestrick unter Kontrolle und kann darauf achten, dass es weder gedehnt wird, noch Falten schlägt. Indem ich von Hand nähe, erhalte ich auf einfache und elegante Weise eine flexible und korrekt platzierte Naht. Man näht zwei Verstärkungsnähte, eine rechts und eine links der Mittelmasche.

Eine rundgestrickte Jacke aufschneiden

Wenn die Verstärkungsnähte fertig sind, wird die Jacke aufgeschnitten: Legen Sie die Jacke auf einen flachen Untergrund und achten Sie auf genügend Freiraum zur Bewegung.

Benutzen Sie eine scharfe und saubere Handarbeitsschere und arbeiten Sie langsam und methodisch. Lassen Sie die linke Hand (oder die rechte, wenn Sie Linkshänder sind) unterhalb der Schere mitgehen, um zu kontrollieren, dass Vorderteil und Rückenteil voneinander getrennt sind, und nicht versehentlich ins Rückenteil zu schneiden.

Die Jacke an der Mittellinie der Mittelmasche entlang aufschneiden!

Tipp: Um Vorder- und Rückenteil komplett voneinander zu trennen, kann man die Jacke zum Schneiden auch auf ein Bügelbrett ziehen. (Von unten auf das Brett ziehen, sodass der untere Bund ungefähr in der Mitte des Bügelbretts landet und der Halsausschnitt ganz außen, wo das Brett schmäler wird.) Dadurch hat man eine ebene Fläche, auf der man arbeiten kann.

Schnittkanten versäubern

Die Schnittkanten, die sich nach dem Aufschneiden aufrollen, kann man mit Wolle und Stopfnadel mit unsichtbaren Überwendlichstichen innen annähen. Oder man deckt sie ab, indem man ein Ripsband annäht.

Schnittkanten mit einem Band besetzen

Die Schnittkanten einer Jacke mit einem Stoff- oder Ripsband zu kaschieren, macht die Vorderkanten stabiler. Man braucht 1–2 m Band, je nach Jackenlänge, ich empfehle eines, das mindestens 1,5 cm breit ist.

Ich arbeite gern mit Bändern aus Naturmaterial wie Baumwolle, Wolle oder Leinen. Natürlich kann man genauso welche aus Synthetik verwenden, allerdings sollten sie nicht zu glatt sein, sonst rutschen sie beim Nähen leicht weg. Ein Band mit einer matteren/raueren Oberfläche verbindet sich besser mit dem Gestrick und bleibt liegen, was das Nähen erleichtert. Bänder mit eingewebtem statt aufgedrucktem Muster eignen sich gut und halten lange. Aber auch all die vielen Bänder mit lustigen und hübschen Drucken, die es heute gibt, sind geeignet. Schließlich: Wählen Sie immer ein Band von guter Qualität, damit das Muster nicht beim Waschen verschwindet.

Wenn Sie Bänder einnähen möchten, ist es wichtig, dass beide Kanten gleich lang sind, d. h., dass man beim Einnähen keine Kante stärker dehnen darf als die andere. Deswegen schneidet man zuerst zwei gleich lange Stücke Band zu. Messen Sie die Länge einer Schnittkante, wenn sie normal gedehnt ist. Geben Sie dann 2 cm Nahtzugabe an beiden Enden dazu (insgesamt 4 cm).

Stecken Sie beide Bänder innen an der Jacke fest, sodass sie die Schnittkante bedecken, und klappen Sie die Enden um. Achten Sie darauf, dass die Schnittkanten darunter gleichmäßig gedehnt sind, nähen Sie das Band dann rundherum mit Nähgarn und kleinen, unsichtbaren Stichen fest.

Zwei Ärmel gleichzeitig stricken

Mit zwei Nadelspielen oder zwei kurzen Rundstricknadeln – alternativ einer langen Rundstricknadel (80 cm) und der Magic-Loop-Technik – kann man beide Ärmel parallel stricken. Man strickt dann abwechselnd ein Stückchen an jedem Ärmel oder jede Runde gleichzeitig, wenn man die Magic-Loop-Variante wählt. (Auf Youtube gibt es Videos, die die Magic-Loop-Technik erklären.)

Auf diese Weise stellt man sicher, dass Ab- und Zunahmen und eventuelle Änderungen bei beiden gleich sind, weil man alles frisch in Erinnerung hat. Außerdem besteht kein Risiko, dass der zweite Ärmel ewig ungestrickt bleibt, entstehen doch beide gleichzeitig.

Löcher unterm Arm vermeiden

Wenn man einen Ärmel anstrickt, kann am Übergang zwischen den neuen und den stillgelegten Maschen leicht ein Loch entstehen. Ich vermeide das, indem ich eine Masche aus einem der Maschenglieder direkt im Übergang aufnehme und auf die linke Nadel hebe, um sie dann mit der ersten stillgelegten Masche zusammenzustricken.

Dann die restlichen stillgelegten Maschen stricken. Am nächsten Übergang ebenfalls eine Masche aus einem Maschenglied im Übergang aufnehmen und mit einer regulär neu aufgenommenen Masche zusammenstricken. Dann die restlichen neuen Maschen aufnehmen.

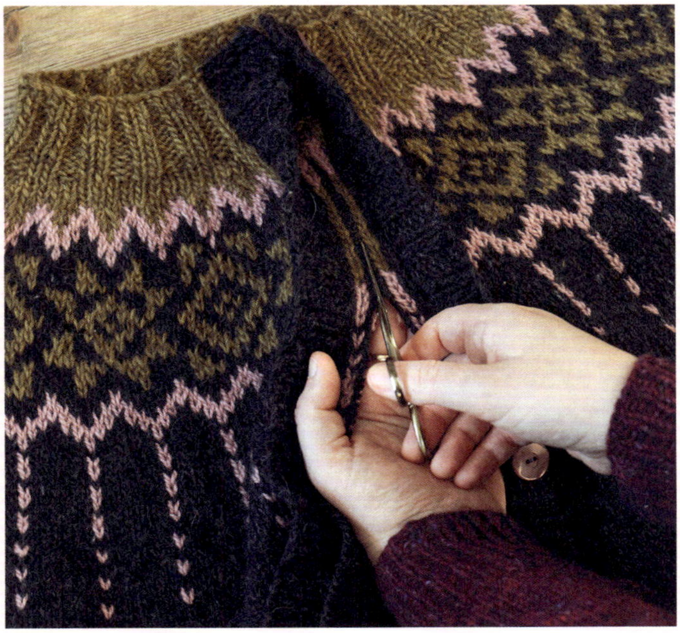

In der Mittelmasche wird die Jacke vorsichtig aufgeschnitten. Halten Sie die freie Hand gern darunter, als Stütze und Schutz, um nicht versehentlich ins Rückenteil zu schneiden.

Waschen und Spannen

Jacke waschen

1. Ein Waschbecken oder einen Eimer mit lauwarmem Wasser füllen.
2. Einen Schuss Wollwaschmittel dazugeben. (Es gibt unterschiedliche Varianten, mit Duft oder ohne – und die meisten dienen auch als Weichspüler.)
3. Die Jacke vorsichtig befeuchten. Nicht reiben oder ziehen, sondern einfach das Wasser einziehen lassen, indem man das Strickstück wendet und sanft im Wasser bewegt.
4. Die Jacke dann 2–3-mal mit klarem Wasser ausspülen. Auch dieses Wasser sollte lauwarm sein, also dieselbe Temperatur wie vorher haben.

Trocknen und in Form bringen

1. Die Jacke aus dem Wasser nehmen und auf ein trockenes, sauberes Frotteehandtuch legen. Das Wasser ausdrücken, dafür das Handtuch samt Jacke zusammenrollen. Die Rolle auf den Boden legen und darauf treten, damit so viel Wasser wie möglich herausgepresst wird.
2. Die Jacke auf einer ebenen, sauberen und trockenen Unterlage ausbreiten – zum Beispiel einem trockenen Frotteehandtuch, einem Flickenteppich oder einer Spannmatte.
3. Die Jacke so hinlegen, dass sie faltenfrei ist und die Proportionen gut aussehen. Das geht am einfachsten, wenn Sie eine Spannmatte haben, denn auf deren rauer Oberfläche bleibt die Jacke in der gewünschten Lage liegen. Auf einer Spannmatte kann man die Teile auch mit Nadeln festpinnen. Das Kleidungsstück sollte nicht zu stark gezogen werden, aber bei Bedarf kann man vorsichtig an Teilen ziehen, die nicht die richtigen Proportionen haben – zum Beispiel eine Knopfleiste, die etwas kürzer als die Jacke ist, oder ein Ärmel, der schmaler scheint als der andere. Nehmen Sie sich ruhig Zeit, um die Jacke so genau wie möglich in Form zu bringen.
4. Lassen Sie die Jacke dann im Liegen ganz trocknen, gern an einem warmen Ort. Wiederholen Sie diese Prozedur, wenn die Jacke erneut gewaschen werden musste.

Knopfwahl

Knöpfe sind ein wichtiges und hübsches Detail an Ihrer Jacke. Im Buch gibt es Knöpfe aus vielen unterschiedlichen Materialien: Perlmutt, Holz, Leder, Porzellan, Metall und Plastik.

Ich mag Knöpfe aus Naturmaterial, wie Holz oder Perlmutt (und ganz besonders antike von guter Qualität). Dieses Material passt wunderbar zu Wolle und altert im Gebrauch sehr schön. Aber auch Plastik, Glas oder Porzellan können toll sein, vor allem, wenn man eine bestimmte Musterfarbe aufgreifen will.

Knöpfe annähen

Ich nähe meine Knöpfe immer mit einem doppelten Faden Nähgarn an. Das habe ich von meiner Freundin Kerstin gelernt. Das geht tatsächlich doppelt so schnell.

So geht's: Fädeln Sie den Faden ein und ziehen ihn durch, sodass die Mitte im Öhr sitzt. Verknoten Sie die Fadenenden und nähen dann den Knopf an.

Ellenbogen flicken

Sollten die Ellenbogen der Strickjacke dünn geworden sein, kann man sie durch Maschenstiche verstärken. In diesem Video zeige ich, wie das geht: **www.bit.ly/3tsrPFS**

Kaputte Bündchen flicken

Sollten die Rippenbündchen an Ihrer Jacke zerschlissen sein, können Sie neue anstricken. So geht's:

Die Bundmaschen auf vier Nadelspielnadeln nehmen, dafür jedes zweite Maschenglied aufnehmen, und zwar an einer Stelle, an der die Struktur noch intakt ist. Schneiden Sie den kaputten Teil ab, aber lassen Sie einen guten Zentimeter Rippen an den Nadeln stehen.

Mit demselben oder einem ähnlichen Garn wie das, mit dem die Jacke gestrickt wurde, neue Rippen bis zur gewünschten Länge anstricken und dann abketten. Die stehengelassenen Rippen aufziehen und die Fäden auf der Rückseite vernähen.

Das Flicken erleichtern

Es ist gut, wenn man innen an der Jacke einen zusätzlichen Knopf annäht, als Reserve, sollte einer verloren gehen. Man kann auch etwas Wolle zum Stopfen um eine Banderole wickeln und in einem Ordner oder einer Mappe aufbewahren. Dann findet man schnell das richtige, Garn, wenn etwas zu flicken ist, und die Jacke »lebt« länger.

Techniken im Buch

Einstrickmuster

In der schwedischen und skandinavischen Stricktradition sind Einstrickmuster üblich. Da die Wolle doppelt liegt, ergibt diese Technik eine feste und warme Struktur.

Man kann die Fäden unterschiedlich führen. In Schweden hält man sie meist in der linken Hand – einen Faden über dem Zeige- und einen über dem Mittelfinger, dann nimmt man die Fäden mit Ring- und kleinem Finger in der Hand zusammen. Aber man kann die Fäden auch anders halten – ich habe z. B. einen Faden über dem Daumen und einen über dem Zeigefinger. Probieren Sie aus, was Ihnen liegt! Am wichtigsten ist, dass man bei beiden Fäden eine gleichmäßige Fadenspannung erzielt, damit die unbenutzte Farbe auf der Rückseite nicht alles zusammenzieht.

Wenn man zweifarbige Muster strickt, gilt eine Farbe als Musterfarbe (die hervortreten soll) und die andere als Hauptfarbe (der Hintergrund). Der Faden der Musterfarbe soll näher an der Arbeit liegen und immer von unten kommen. Dadurch werden diese Maschen dominant und heben sich deutlich vom Hintergrund ab. Der Faden der Hauptfarbe sollte weiter von der Arbeit weg liegen und immer von oben kommen. Es ist wichtig, das konsequent anzuwenden, sonst wird das Muster undeutlich.

Die nicht gebrauchte Farbe läuft auf der Rückseite mit und sollte dieselbe Spannung haben wie das restliche Strickstück, sonst wirft es Falten (wenn man zu fest zieht) oder wird konturlos (wenn man zu locker lässt).

Bei mehr als 3–4 Maschen in einer Farbe ist es sinnvoll, die Spannfäden auf der Rückseite zu verschränken. So vermeidet man zu lange Spannfäden, an denen man beim Anziehen hängen bleibt.

Achten Sie darauf, die Fäden nicht über mehrere Reihen an derselben Stelle zu verschränken, sondern ändern Sie die Stelle in jeder Reihe, sonst kann ein Faden nach vorn durchschimmern.

Für ein schönes Ergebnis beim Stricken mit mehreren Farben ist also Folgendes wichtig:

◊ eine möglichst gleichmäßige Fadenspannung
◊ die Spannfäden nicht zu stramm und nicht zu locker zu lassen
◊ Muster- und Hauptfarbe immer gleich zu führen
◊ Spannfäden über mehr als 3–4 Maschen auf der Rückseite zu verschränken
◊ die Spannfäden nicht über mehrere Reihen an derselben Stelle zu verschränken

Das Rückenteil oben verlängern

An mehreren der nahtlosen Jacken im Buch strickt man das obere Rückenteil mit verkürzten Reihen etwas länger als das Vorderteil, weil die Jacke so besser sitzt und gut am Hals anliegt.

Verkürzte Reihen

Eine verkürzte Reihe strickt man, indem man die Arbeit vor dem Reihenende wendet, man also nur einen Teil der Maschen strickt. Damit am Wendepunkt kein Loch entsteht, werden die Maschen dort umwickelt.

Wickelmasche

In einer rechten Reihe: Den Faden vor die Arbeit legen, die nächste Masche auf die rechte Nadel heben, den Faden hinter die Arbeit und die Masche zurück auf die linke Nadel heben. Wenden. Der Faden liegt jetzt um die Masche.

In einer linken Reihe: Den Faden hinter die Arbeit legen, die nächste Masche auf die rechte Nadel heben, den Faden vor die Arbeit und die Masche zurück auf die linke Nadel heben. Wenden.

Die Wickelmasche stricken: Wenn man später die Wickelmasche erreicht, strickt man sie mit dem Wickel zusammen ab, je nach Reihe rechts oder links.

Maschenmarkierer

Maschenmarkierer aus Plastik oder Metall sind praktisch. Man hängt sie auf die Nadel zwischen zwei Maschen und hebt sie von der linken auf die rechte Nadel, wenn man sie beim Stricken erreicht. Im Buch werden sie genutzt, um zum Beispiel die Lage der Raglannähte zu markieren. Aus zusammengeknoteten Wollresten kann man einfach selbst Maschenmarkierer machen.

Abkürzungen

1 M li neig zun = 1 Masche links neigend zunehmen
1 M re neig zun = 1 Masche rechts neigend zunehmen
1 M tief zun = 1 Masche tief zunehmen
abh = abheben
abk = abketten
abn = abnehmen/Abnahme
Fb = Farbe
GF = Grundfarbe

li = links
M = Masche/-n
MF = Musterfarbe
MM = Maschenmarkierer
MMabh = Maschenmarkierer abheben (auf die rechte Nadel heben)
R = Reihe/-n
Rd = Runde/-n
re = rechts
str = stricken
U = Umschlag
ver = verschränkt
wdh = wiederholen/Wiederholung
zun = zunehmen/Zunahme
zus = zusammen

Abnahmen

Rechts neigend abnehmen: 2 M re zusammenstricken (2M re zus).

links neigend abnehmen: 1 M abh, 1 M re, die abgehobene M darüberziehen.

Zunahmen – drei unterschiedliche Varianten

Links neigend zunehmen (1 M li neig zun)

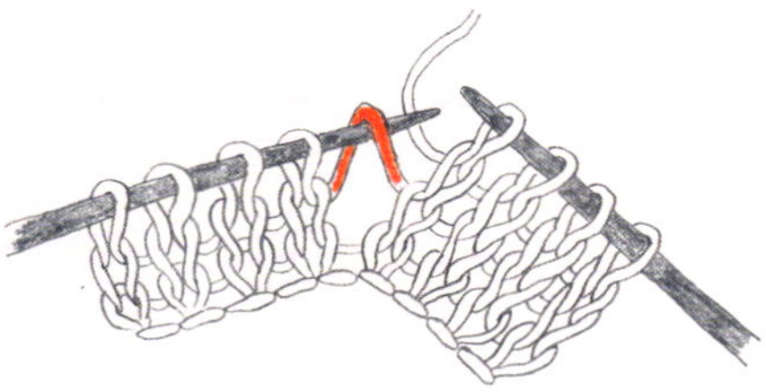

1. Mit der linken Nadel von vorn in den Querfaden zwischen den Maschen stechen, sodass eine neue Schlaufe entsteht.

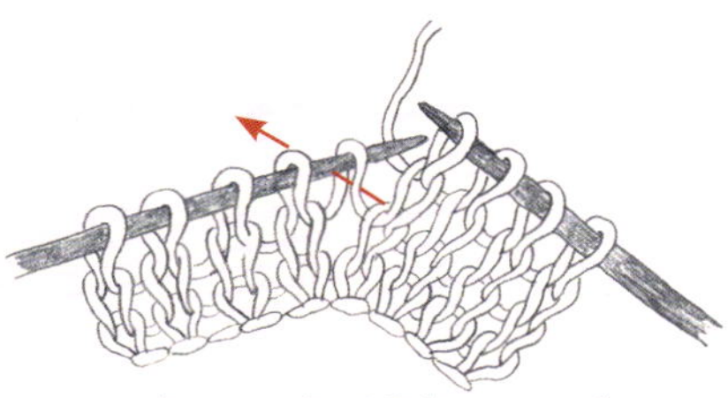

2. 1 Masche, wie der Pfeil zeigt, rechts verschränkt abstricken

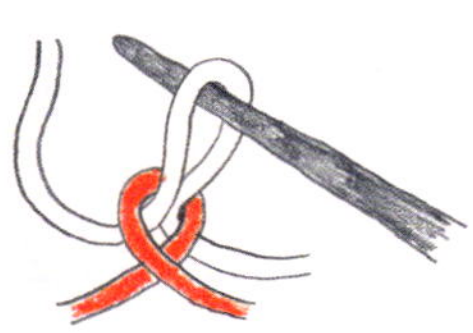

3. Eine neue, links geneigte Masche ist entstanden.

Rechts neigend zunehmen (1 M re neig zun)

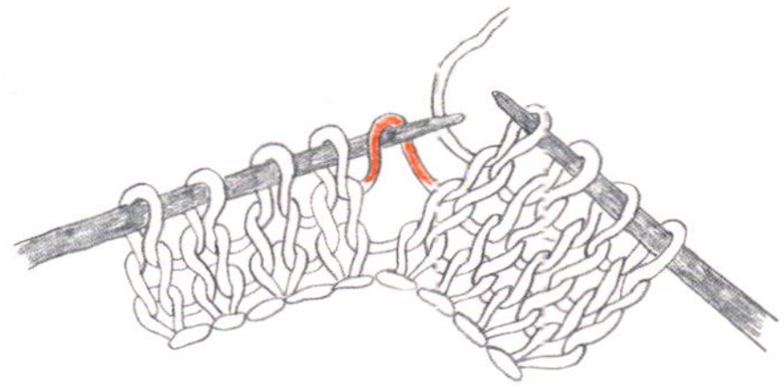

1. Mit der linken Nadel von hinten in den Querfaden zwischen den Maschen stechen, sodass eine neue Schlaufe entsteht.

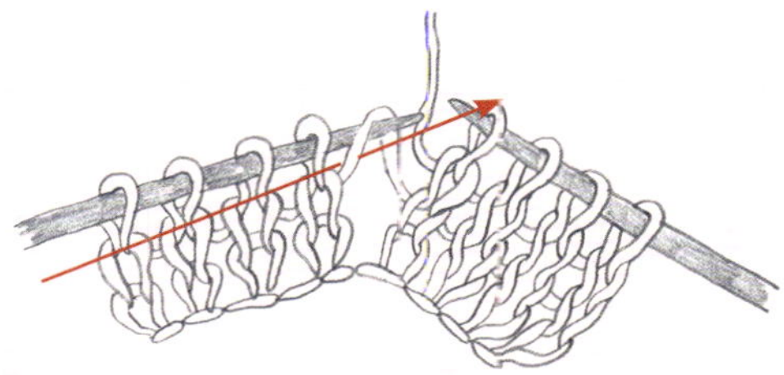

2. 1 Masche, wie der Pfeil zeigt, rechts abstricken.

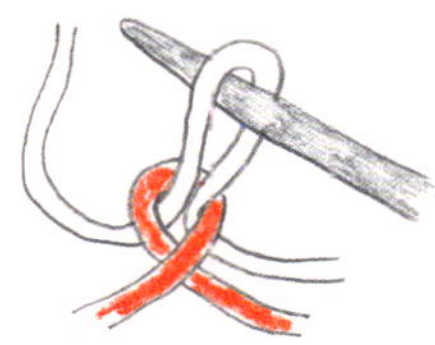

3. Eine neue, rechts geneigte Masche ist entstanden.

1 Masche unsichtbar tief gestochen zunehmen (1 M tief zun)

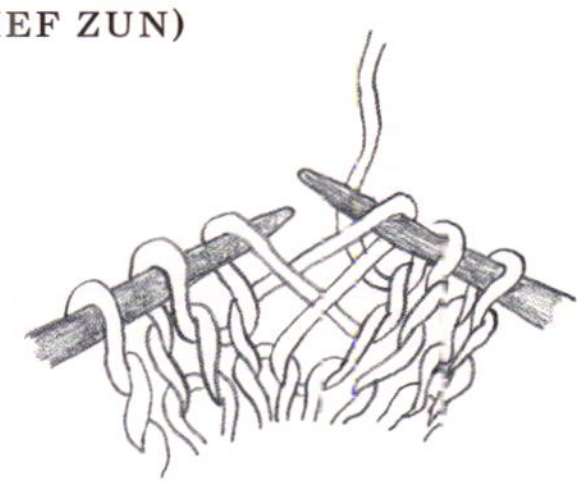

1. Mit der rechten Nadel in die Masche unter der nächsten Masche auf der linken Nadel stechen und sie auf die linke Nadel heben.

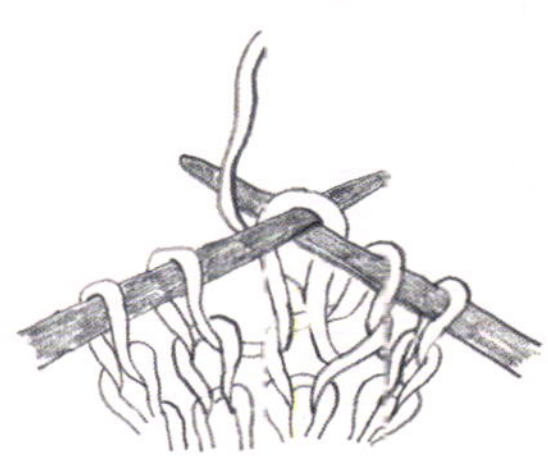

2. 1 rechte Masche in die neue Masche stricken, dann 1 rechte Masche in die ursprüngliche Masche.

Lettischer Flechtzopf

R 1: *1 M re mit Fb 1, 1 M re mit Fb 2*, von *–* bis REnde wdh.

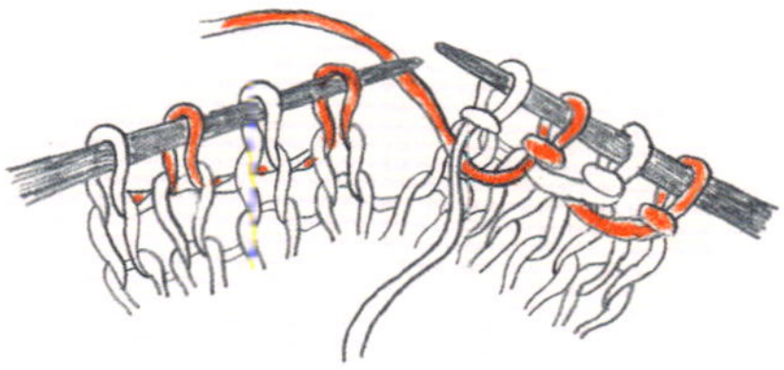

R 2: *1 M li mit Fb 1, 1 M li mit Fb 2*, von *–* bis REnde wdh. Wichtig! Bei jedem Farbwechsel muss der neue Faden unter dem gerade gestrickten geführt werden.

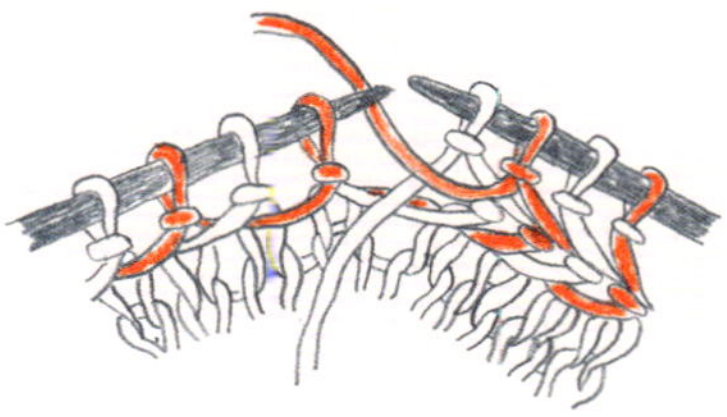

R 3: *1 M li mit Fb 1, 1 M li mit Fb 2*, von * bis * bis REnde wdh. Wichtig! Bei jedem Farbwechsel muss der neue Faden über dem gerade gestrickten geführt werden.

Im Maschenstich zusammennähen

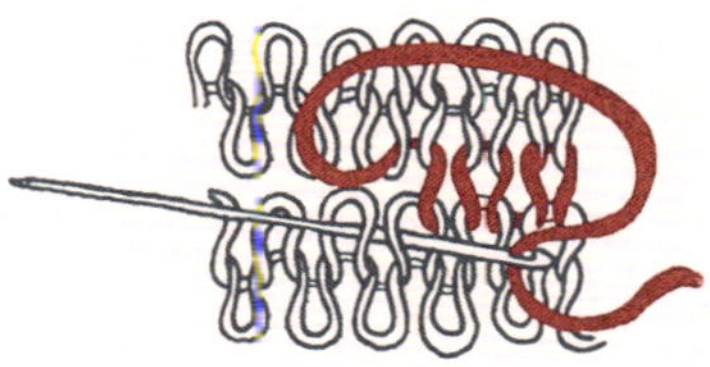

Wenn man zwei Strickstücke im Maschenstich zusammennäht, wird die Naht unsichtbar. Die Stiche passen perfekt und lückenlos in das Gestrick.

Mit drei Nadeln abketten

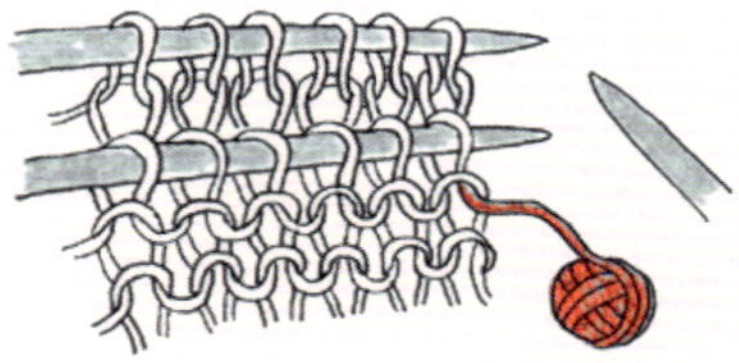

1. Faden abschneiden, aber genug zum Abketten stehen lassen. Die Maschen gleichmäßig auf 2 Nadeln verteilen – die äußeren auf eine, die inneren auf die andere und rechts auf rechts legen. Die Nadeln parallel halten.

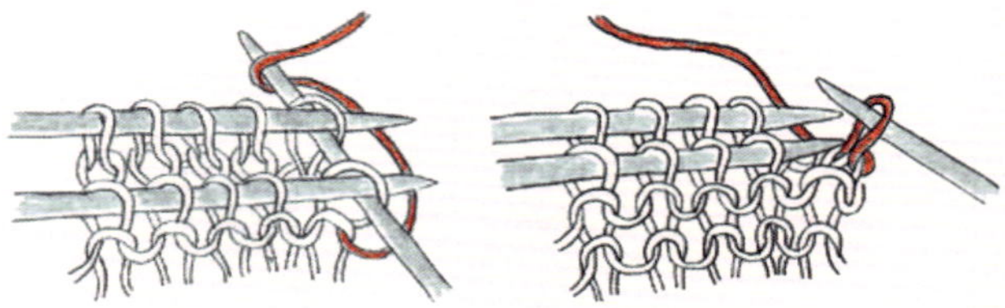

2.–3. 2 Maschen rechts zusammenstricken (= 1 M von jeder Nadel).

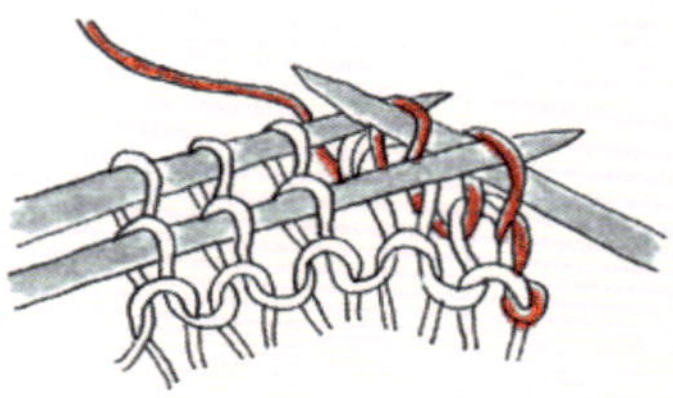

4. 2 Maschen rechts zusammenstricken.

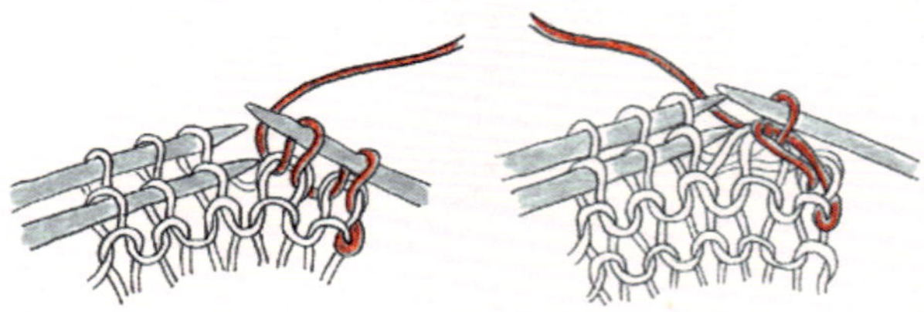

5.–6. Die zuerst gestrickte Masche über die zweite ziehen. Schritte 4–6 wiederholen, bis alle Maschen abgekettet wurden.

Videolinks

Hier ein paar Links zu Anleitungsvideos, die einige Methoden aus dem Buch zeigen (Untertitel auf Schwedisch).

Zweifarbig aufschlingen = **www.bit.ly/3xjjdCs**
Italienisch anschlagen = **www.bit.ly/3O8ywVg**
Italienisch abketten = **www.bit.ly/3zz3rGj**

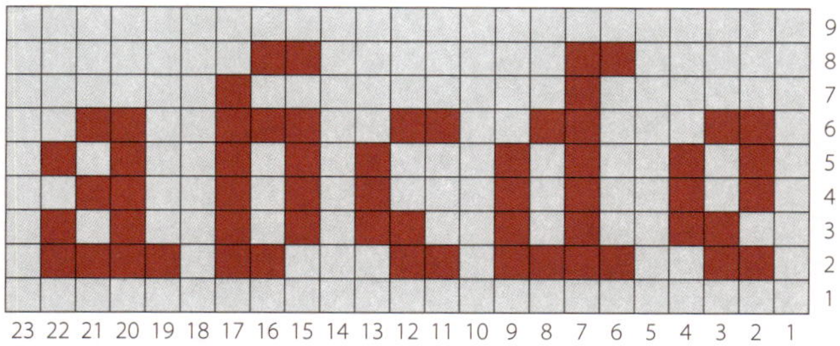

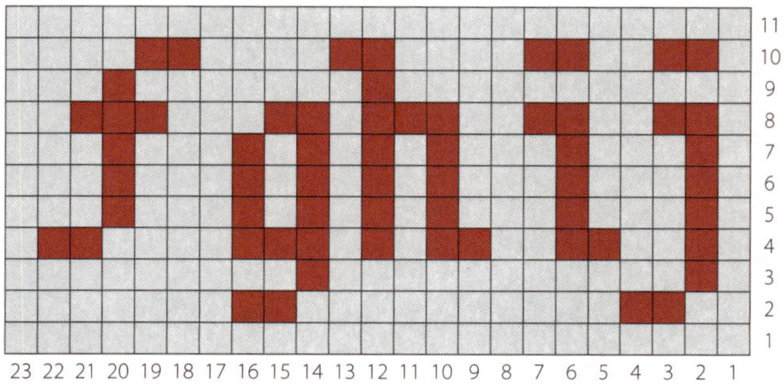

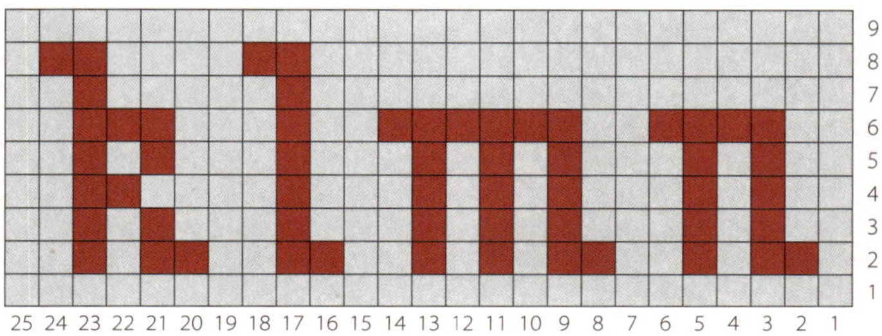

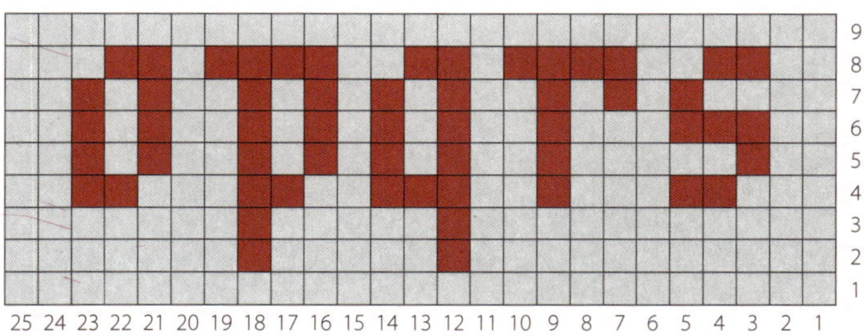

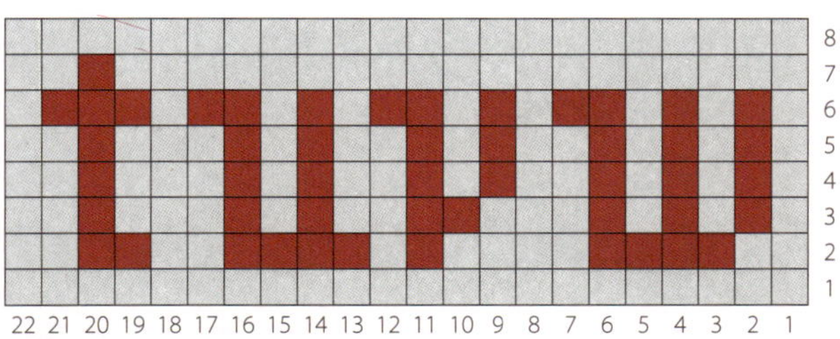

Wenn Sie möchten, können Sie die Jacken mit Einstrickmuster mit einem Monogramm oder einer Jahreszahl versehen.

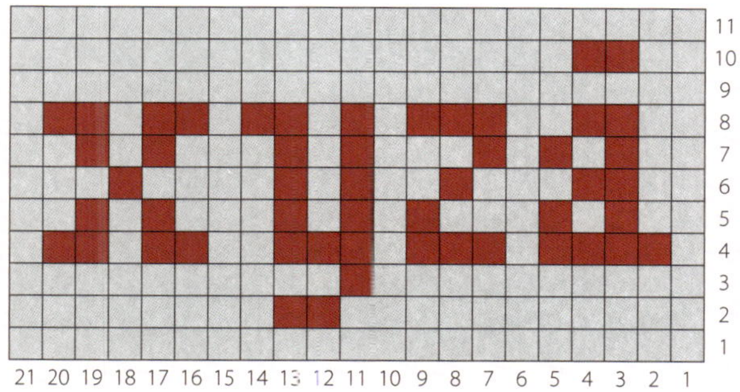

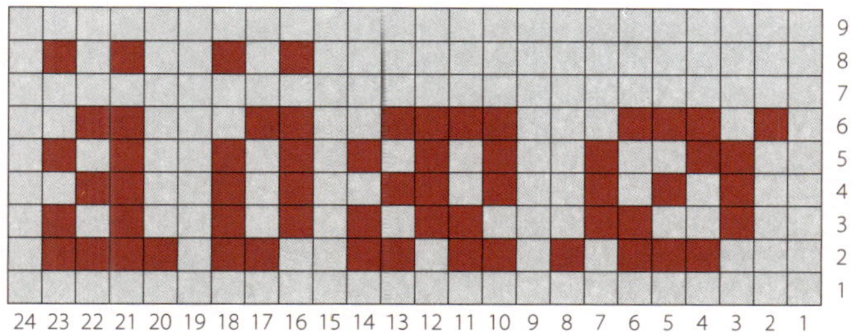

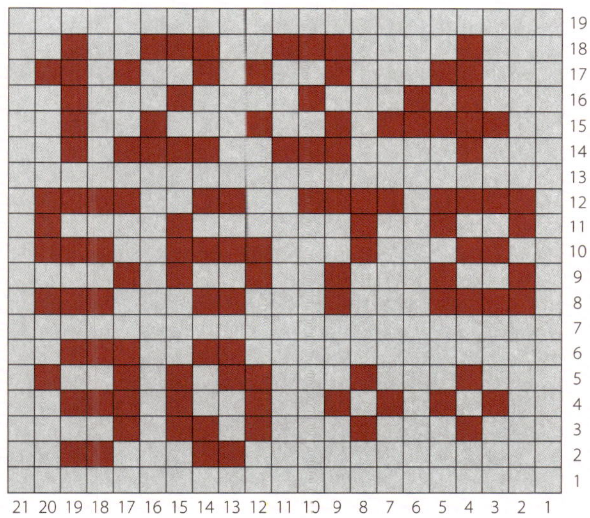

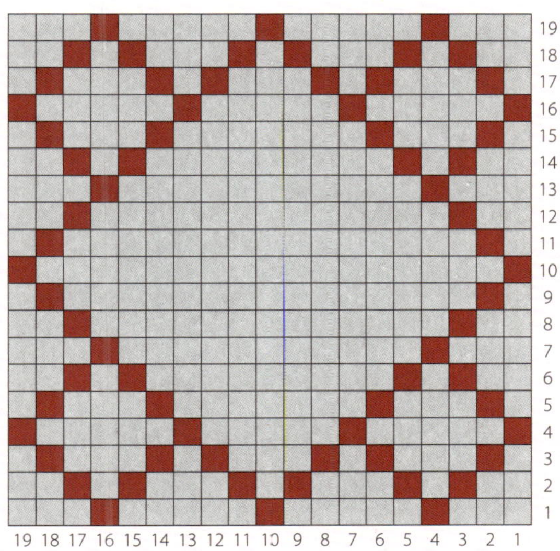

Strickschrift zu »Tante Anita« auf Seite 152. Hier können Sie die Initialen oder Jahreszahlen einzeichnen. Zum Beispiel an einem Ärmel die Jahreszahl und am anderen ein Monogramm.

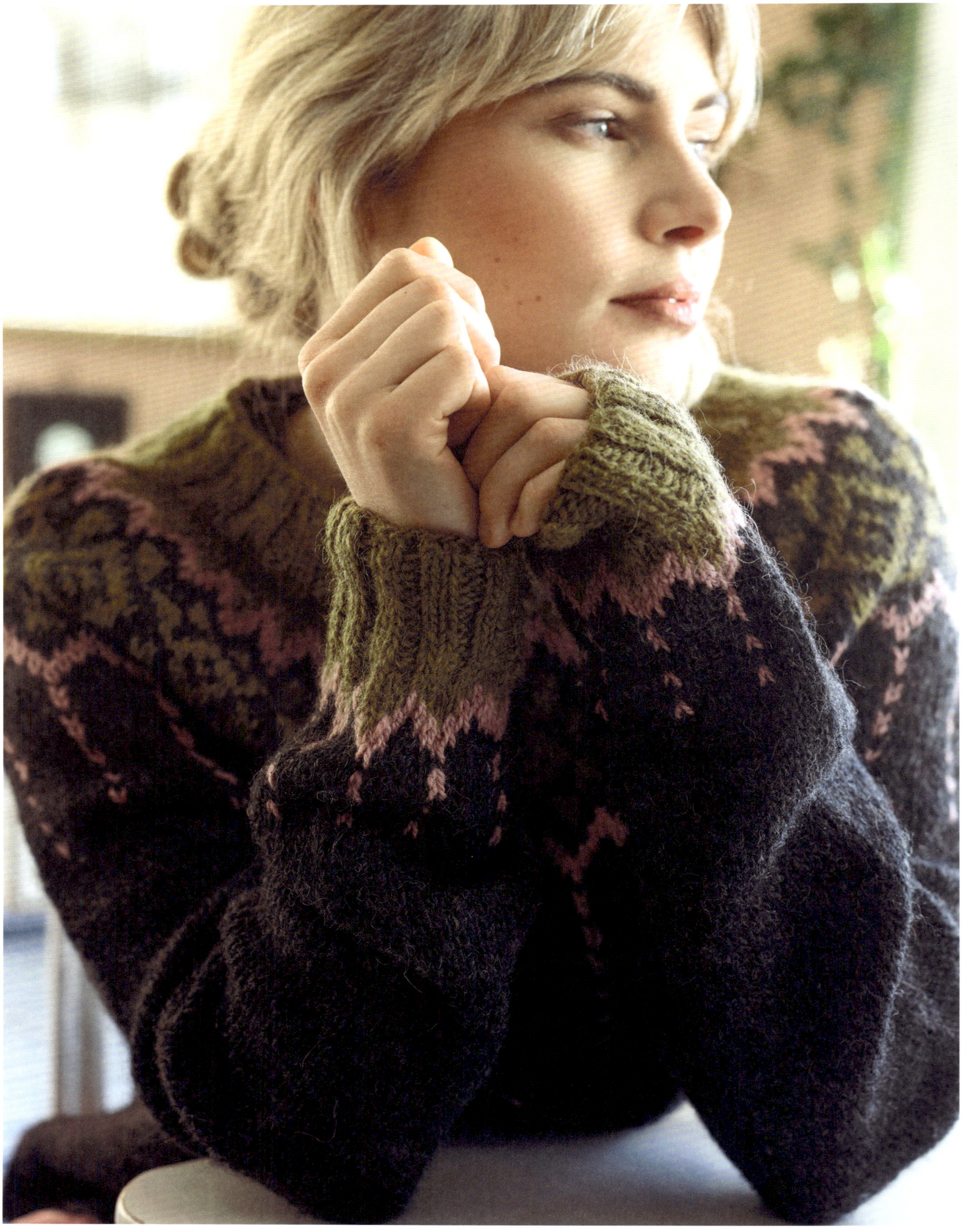

Register

Wolle im Buch

Järbo

Järbo ist eine schwedische Wollfirma, deren textile Tradition bis ins 19. Jahrhundert reicht.
www.jarbo.se

Fin Mohair Seide
72 % Mohair, 28 % Seide
25 g = 210 m

Järbo 2-fädige Wolle
100 % reine Schurwolle
100 g = 300 m

Llama Silk
70 % weiches Babylama, 30 % Maulbeerseide
50 g = 165 m

Select no. 1 (Mohair Tweed Yarn from Donegal)
70 % Merino, 30 % Mohair
50 g = 110 m

Schwedische Wolle 3-fädig
100 % schwedische Wolle
100 g = 180 m

Ístex

Ístex ist eine isländische Wollfirma, deren Produktion einheimischer Wollgarne Wurzeln im 19. Jahrhundert hat.
www.istex.is

Léttlopi
100 % isländische Wolle
50 g = 100 m

Plötulopi
100 % isländische Wolle
100 g = 300 m

Rauma Garn

Rauma Ullvarefabrikk stellt traditionelles Wollgarn aus norwegischer Wolle her. Die Firma gibt es seit 1927.
www.raumaull.no

Rauma Finullgarn
100 % reine Schurwolle
50 g = 175 m

Sandnes

Sandnes Garn stellen Handstrickgarne aus Wolle und anderem Material her. Die Firma besteht seit 1888.
www.sandnesgarn.no

Børstet Alpakka
96 % Gebürstetes Alpaka, 4 % Nylon
ca. 50 g = 110 m

Sandnes Sisu
80 % Wolle, 20 % Nylon
ca. 50 g = 175 m

Danke

Helén – die beste Fotografin! Jedes Buch ist wie ein Abenteuer – ich arbeite so gern mit dir!
Anna-Karin – für elegante Form und clevere Lösungen!
Annika – weil du mir mit deiner Ruhe und Erfahrung immer zur Seite stehst. Die Zusammenarbeit mit dir bedeutet Sicherheit!
Eva – für eine weitere tolle Zusammenarbeit. Ich bin froh, dass wir das Buch zusammen gemacht haben, und dankbar für deine Unterstützung des kreativen Prozesses.
Carol – für guten Rat und unschätzbare Hilfe bei der Korrektur.
Lina – für Geschick, Präzision und Hilfsbereitschaft. Du bist der Hammer!
Bonnier Fakta, mein toller Verlag – fürs Vertrauen!
Pernilla Olesen – für großartige Strickhilfe, als mir die Zeit ausging.
Lydias Garn – für Garnsponsoring und stetiges Aufmuntern. Ihr seid wichtig für mich!
Kerstin E – weil du mich immer unterstützt und auf schöne Weise aus Zweifeln Freude machst!
Kerstin C – für gemütliche Strickabende, die leckersten Kuchen und deine Umsicht!
Fredrika – für alles, liebe Freundin! Ich freue mich, mit dir die Buchpremiere zu feiern!
Monika – für tolle Stunden zu zweit. Und weil wir beide das Interesse am Stricken teilen!
Anita – weil gerade du meine Tante bist. Ich bin sehr froh, dass deine kleine Jacke in meinem Buch groß werden durfte!
Lisa – für die Schwesternschaft! Wie wunderbar, dass du jetzt auch strickst.
Mama und Papa – für alles, was ihr tut und weil ich jeden Schritt der Arbeit am Buch mit euch teilen durfte. Das macht einen großen Unterschied!
Daniel und Greta – für Liebe, Geduld und Unterstützung bei allem. Ihr seid meine Besten!
Familie, Freunden und Kollegen – fürs Anfeuern im Alltag, wenn ich es brauchte.
Strickern, Lesern und Followern – weil es so schön ist, dass ihr meine Muster strickt.
Dieses Buch ist für euch!

Fotosets

Carl Larsson-Hof in Sundborn (**www.carllarsson.se**)
Siggebohyttans Bergsmansgård (**www.olm.se**)
Dahlieparken in Enskede (**www.Dahlieentusiasterna.se**)
Danke das Ausleihen des Ruderboots auf Ljusterö!
Danke Lena, weil wir deine Fischerhütte in Undal nutzen durften!

Fotomodelle

Sophia Brännvall
Anna Karlsson
Greta Nolgård
Franka Sjöström
Zelda Sjöström
Johanna Wahlberg
Euch allen meinen wärmsten Dank!

Make-up & Frisur

Michelle Vallin– Danke für dein fantastisches Engagement!
Angelica Nilsson – großartig, dass du eingesprungen bist, als es dringend nötig war!

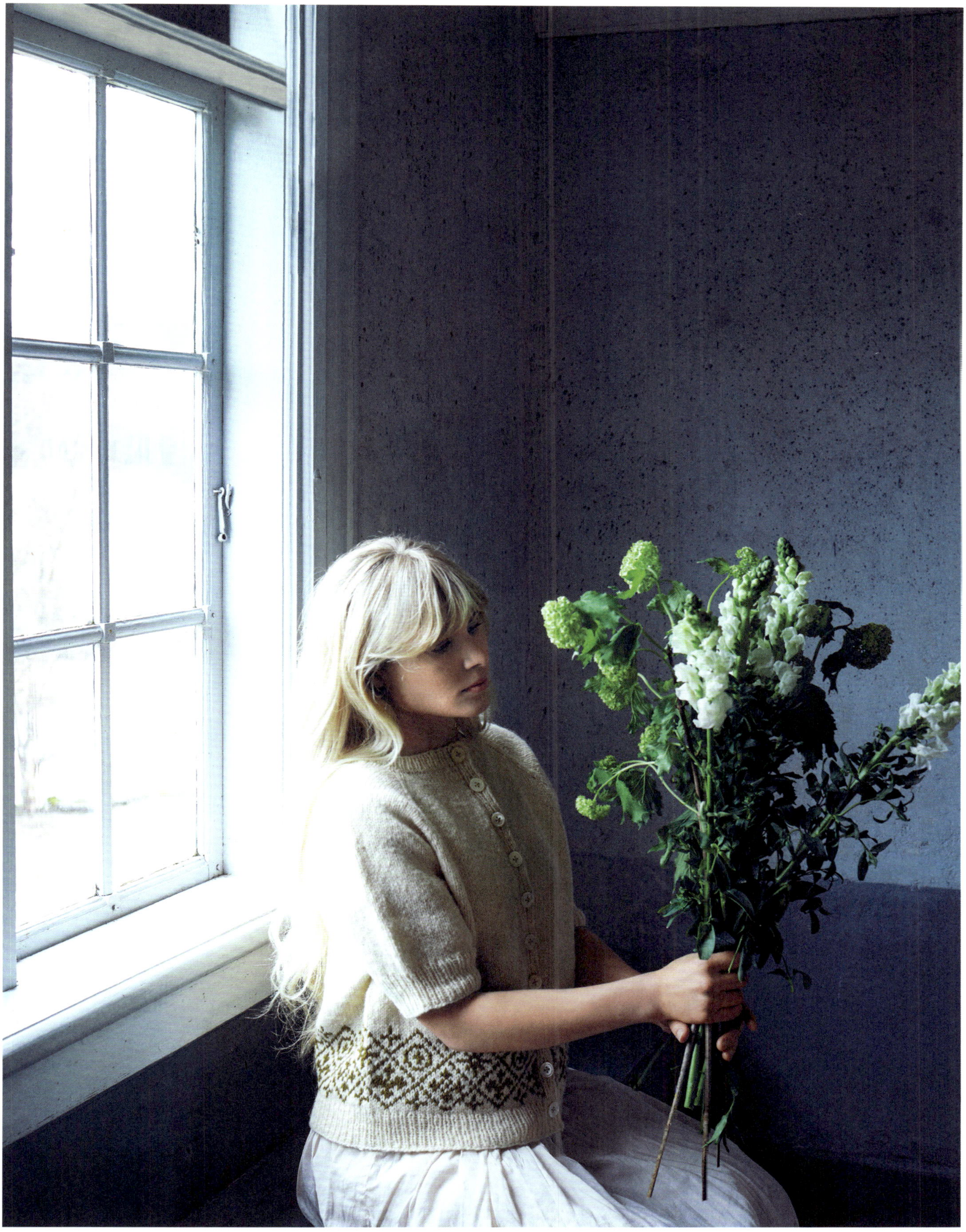

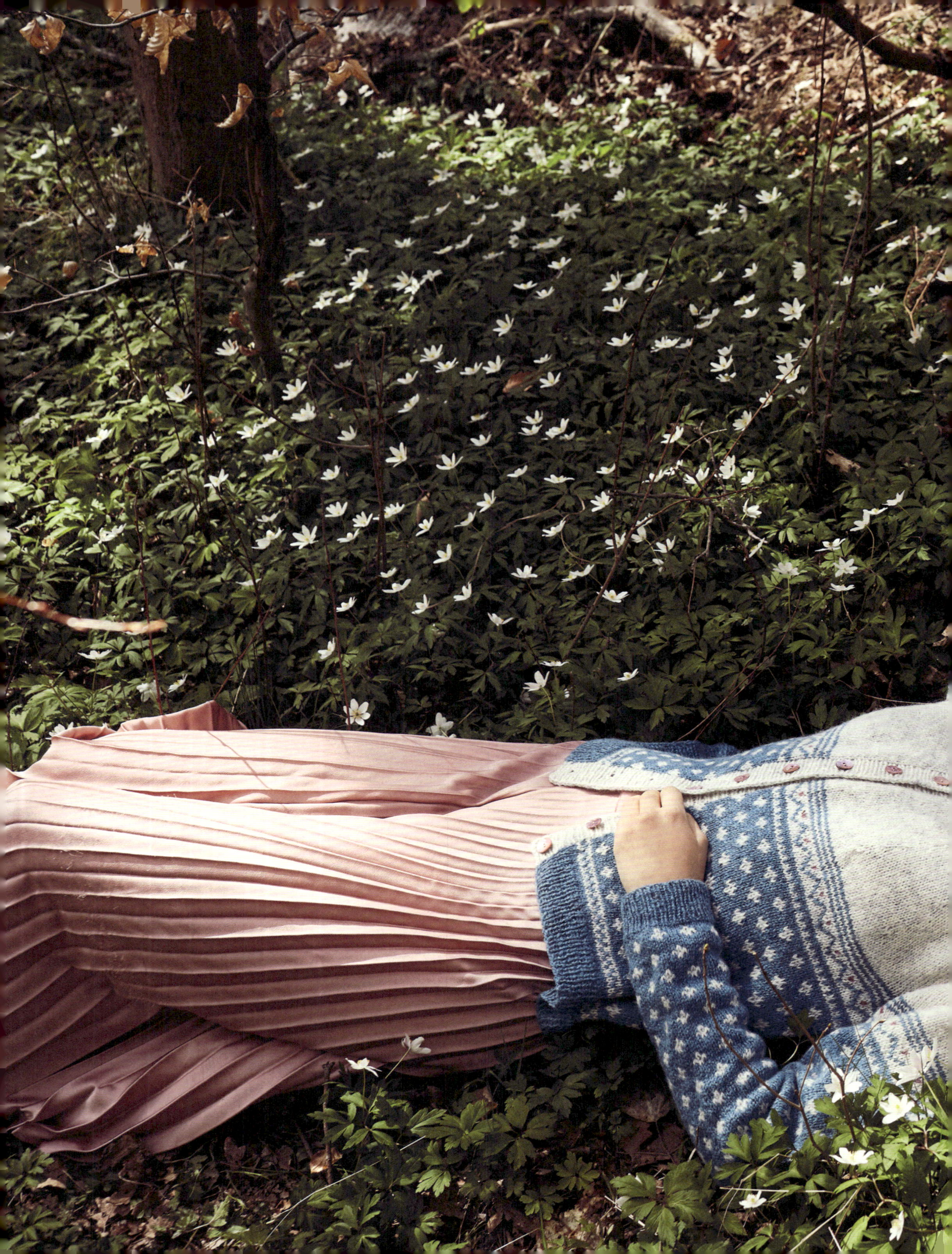

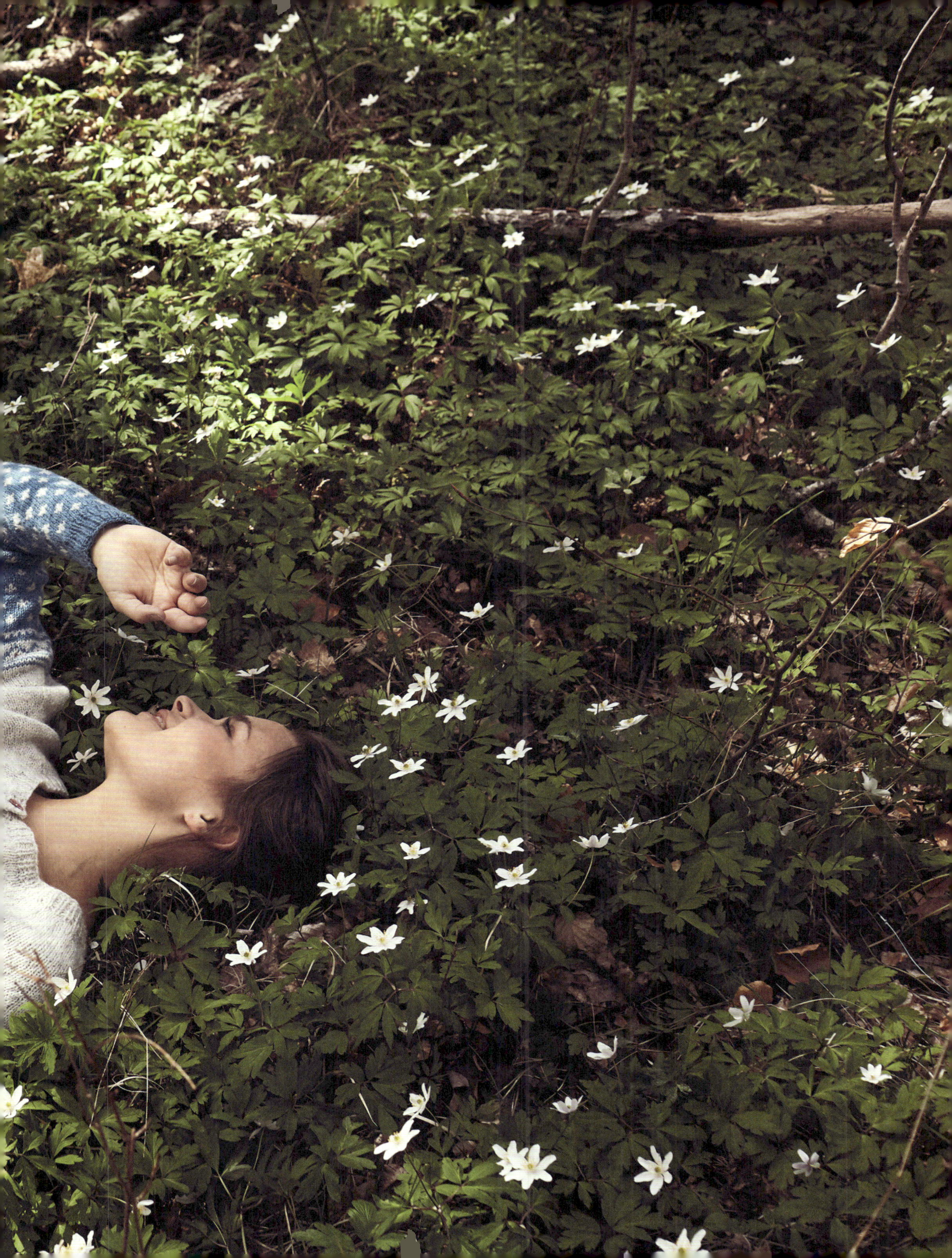

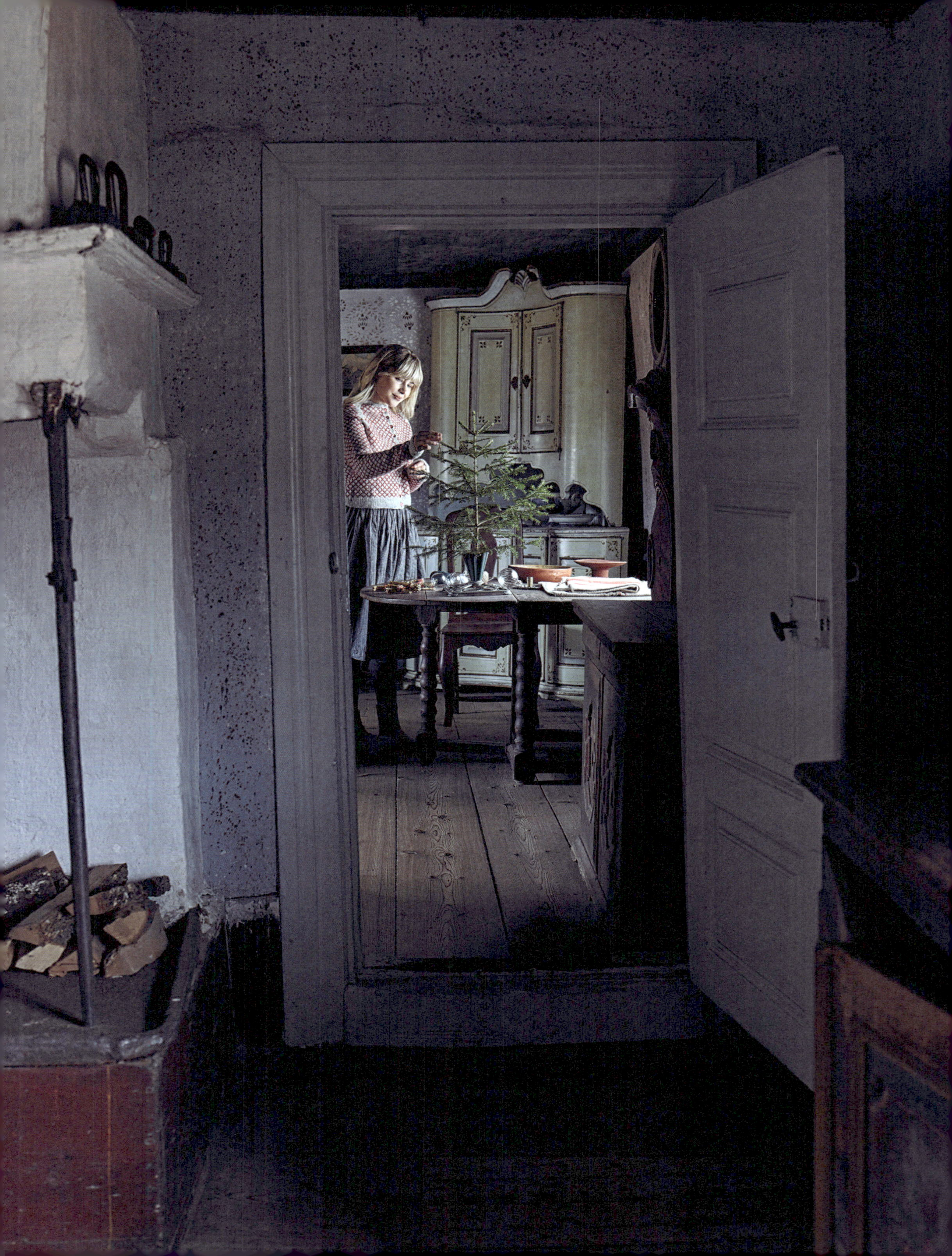

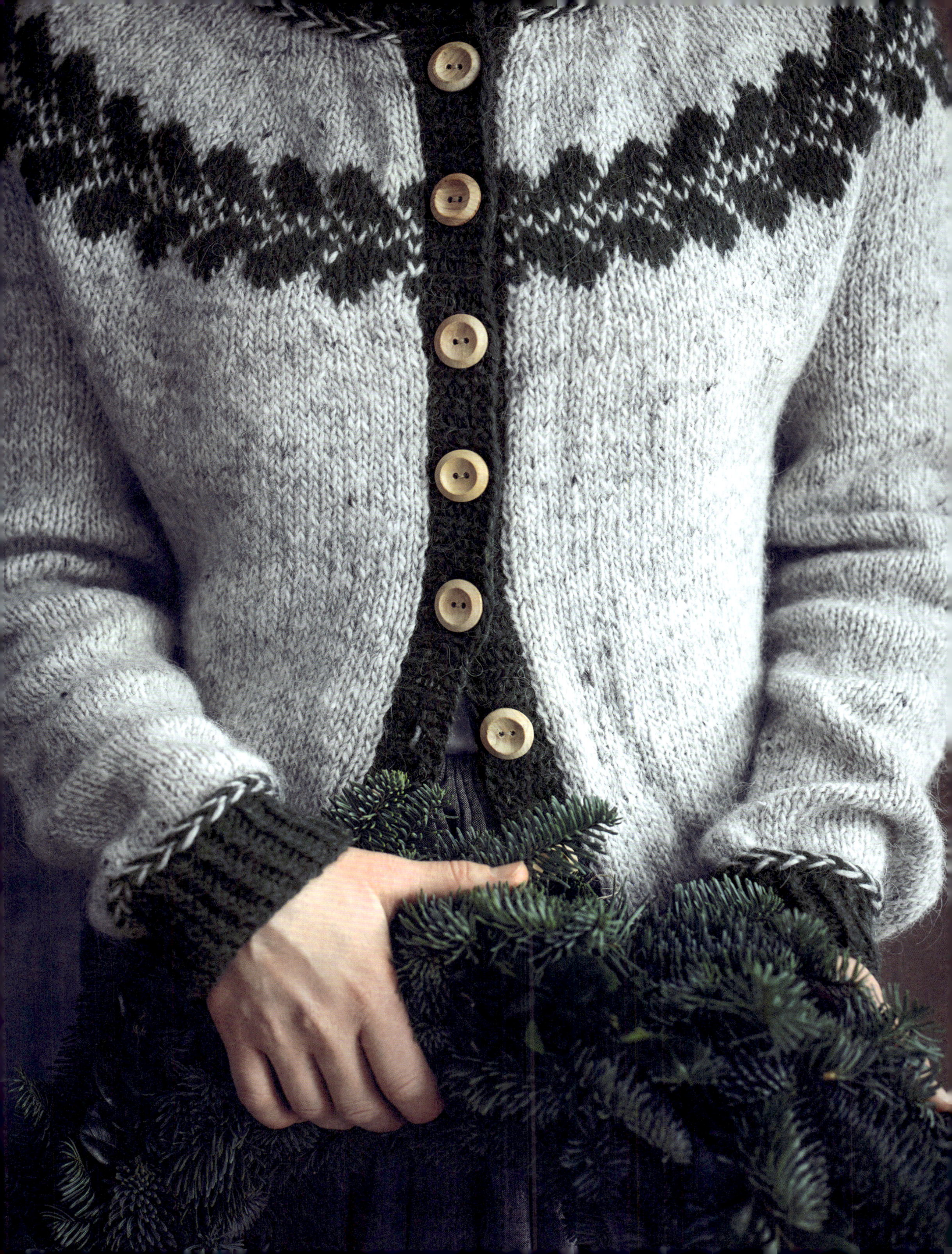

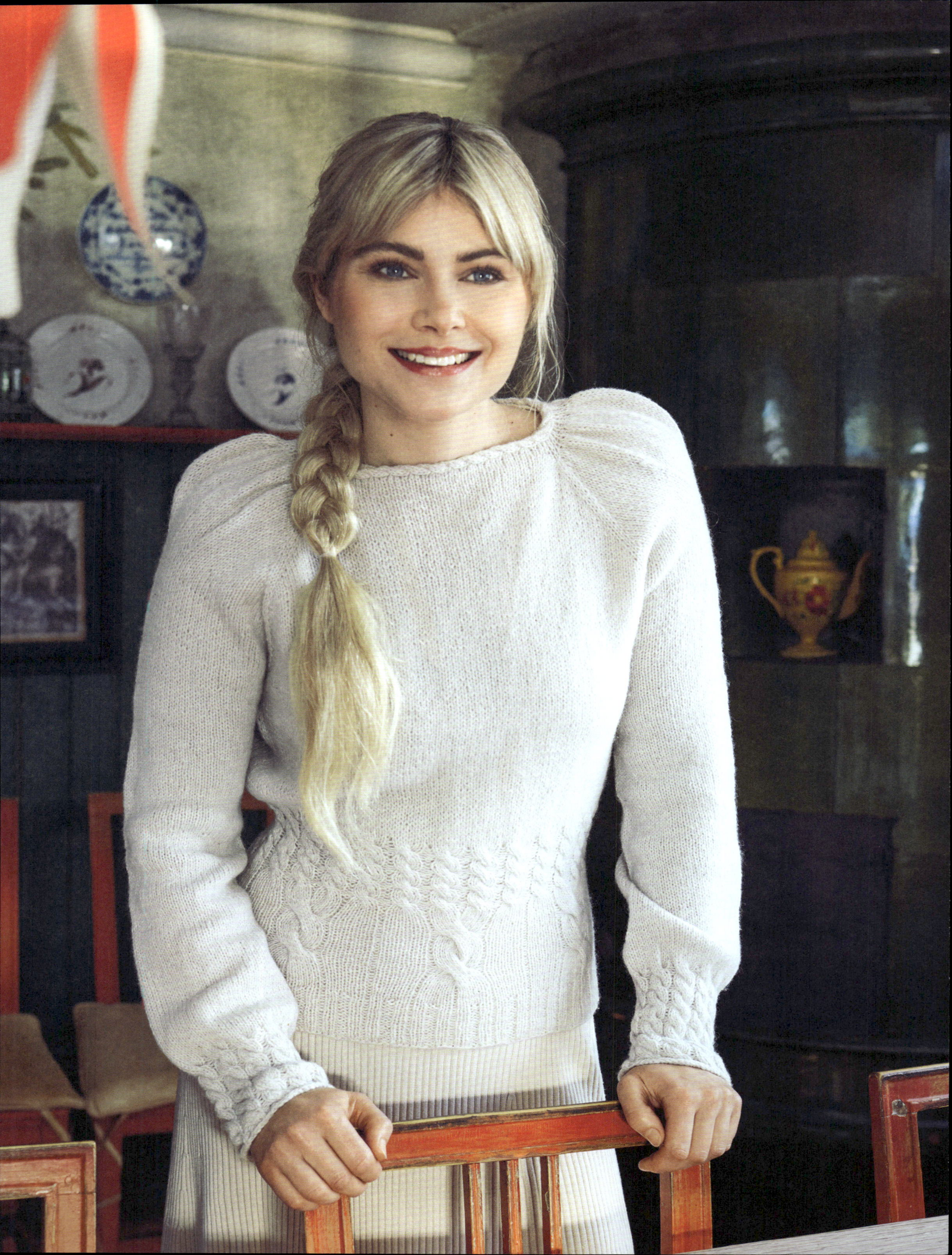

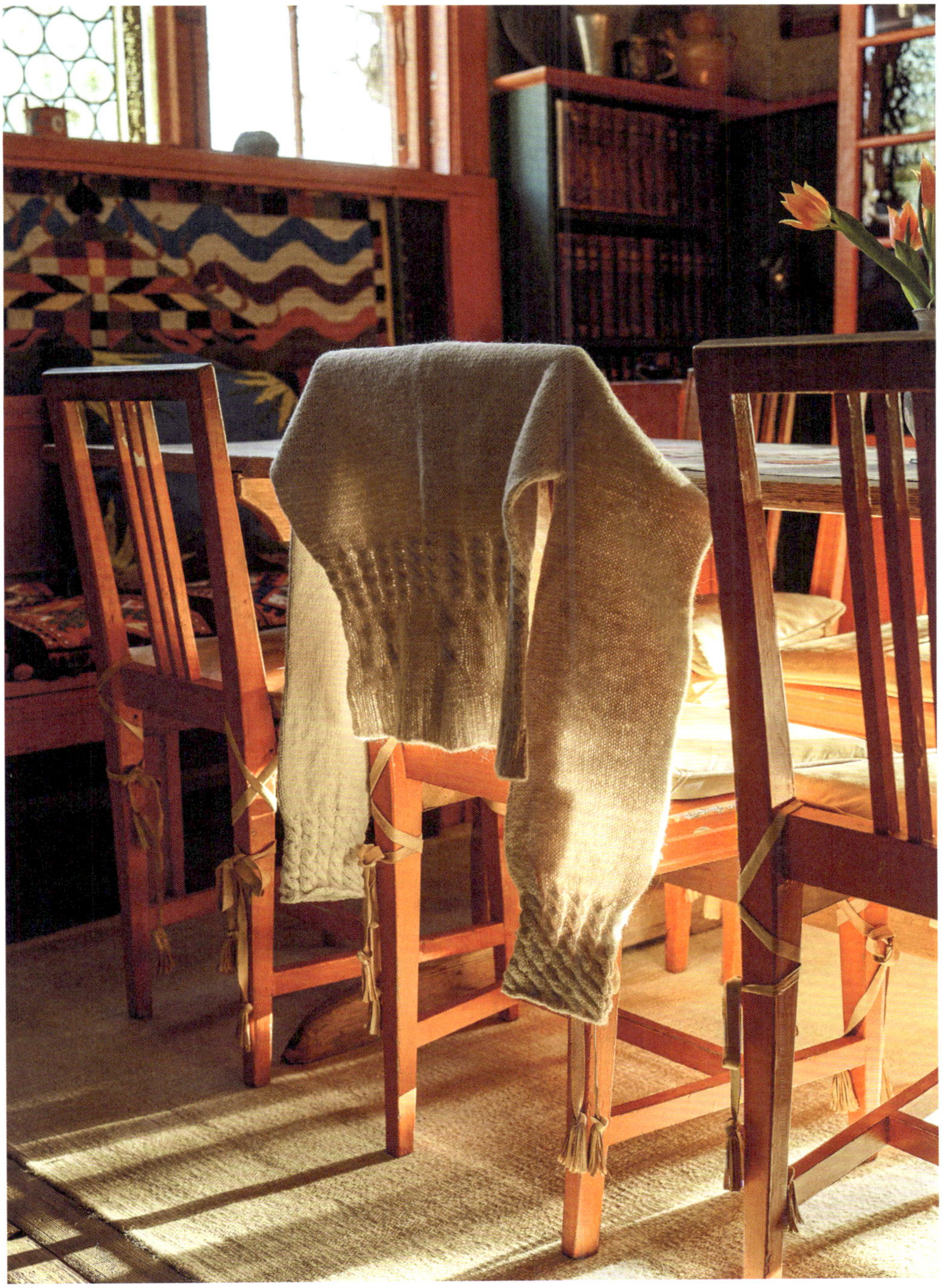

Liebe Leser: innen,

wir freuen uns, dass wir Sie mit diesem Buch inspirieren und Teil Ihrer kreativen Reise sein dürfen. Noch mehr Inspiration, originelle Ideen und besondere Themen finden Sie auf unserer Verlagsseite www.stiebner.com.

Lassen Sie uns zusammen kreativ werden!

Wir sind immer offen für Ihre Anregungen, Wünsche und Kritik – schreiben Sie uns gerne unter verlag@stiebner.com.

Da geteilte Freude bekanntlich doppelte Freude ist: Zeigen Sie uns Ihre kreativen Ideen und fertigen Projekte auf Social Media! Markieren Sie uns mit @stiebnerverlag oder nutzen Sie die folgenden Hashtags:

#StiebnerKreativ #SchwedischeStrickjacken

Erstmals erschienen unter dem Titel »Koftor« bei Bonnier Fakta, Stockholm, Schweden.

Copyright © 2022 Maja Karlsson.

Copyright der deutschen Ausgabe © 2024 Stiebner Verlag GmbH, Lothstrasse 4, 80335 München
Diese Ausgabe wurde mit einer Lizenzvereinbarung mit Bonnier Rights, Stockholm, Schweden, produziert.

Text: Maja Karlsson
Fotografie: Helén Pe
Übersetzung aus dem Schwedischen: Christine Heinzius
Projektleitung und Lektorat: Stefanie Klapetek, Stiebner Verlag
Covergestaltung und Satz: Danai Afrati, Stiebner Verlag
Druck & Bindung: Belvedere Art Books, Niederlande/ www.TheArtOfMakingBooks.de

FSC www.fsc.org MIX Papier | Fördert gute Waldnutzung FSC® C016391

Bibliografische Information der Deutschen Nationalbibliothek:
Die Deutsche Nationalbibliothek verzeichnet diese Publikation in der Deutschen Nationalbibliografie; detaillierte bibliografische Daten sind im Internet über http://dnb.dnb.de abrufbar.

Die Anleitungen in diesem Buch wurden von der Autorin und den Mitarbeiterinnen des Verlags sorgfältig geprüft. Eine Garantie wird jedoch nicht übernommen. Autorin und Verlag können für eventuell auftretende Schäden nicht haftbar gemacht werden.

Die automatisierte Analyse des Werkes, um daraus Informationen insbesondere über Muster, Trends und Korrelationen gemäß § 44b UrhG (»Text and Data Mining«) zu gewinnen, ist untersagt.

Wir produzieren unsere Bücher mit großer Sorgfalt und Genauigkeit. Trotzdem lässt es sich nicht ausschließen, dass uns in Einzelfällen Fehler passieren. Auf unserer Webseite finden sich bei dem jeweiligen Titel eventuelle Korrekturen (Errata). Sollten Sie in diesem Buch einen Fehler finden, so bitten wir um einen Hinweis an verlag@stiebner.com. Für solche Hinweise sind wir sehr dankbar, denn sie helfen uns, besser zu werden.

www.stiebner.com